21 世纪高职高专财经类能力本位型规划教材
财会专业教学改革教材

电算会计综合实习

主 编 陈立稳 陈 健

北京大学出版社
PEKING UNIVERSITY PRESS

内容简介

本书包括两个实训项目，通过大量企业实际运用的业务实践来训练学生对财务软件的操作技能。实训项目一是用友 ERP 财务应用，模拟广州市保温瓶有限公司 2011 年 12 月份的账务，内容包括实习企业概况、企业会计政策与内部会计核算办法、实习目的及实习组织、用友总账系统操作流程、建立核算体系、日常会计业务处理（含会计报表管理）等；实训项目二是金蝶 KIS 财务应用，模拟金源国际科技有限公司 2011 年 3 月份的账务，内容包括实习企业概况、企业会计政策与内部会计核算办法、实习目的及实习组织、金蝶软件操作流程、建立核算体系、日常会计业务处理（含工资核算、固定资产核算、会计报表管理）等。本书内容全面，素材丰富，操作步骤清晰，实用性极强。

本书可作为高职高专财会专业电算会计模拟实习、实训课程的教材，也可作为在职财务管理人员岗位培训教材或自学用书。

图书在版编目(CIP)数据

电算会计综合实习/陈立稳，陈健主编. —北京：北京大学出版社，2012.8

(21 世纪高职高专财经类能力本位型规划教材)

ISBN 978-7-301-21096-3

Ⅰ. ①电…　Ⅱ. ①陈…②陈…　Ⅲ. ①会计电算化—高等职业教育—教材　Ⅳ. ①F232

中国版本图书馆 CIP 数据核字(2012)第 187093 号

书　　名：电算会计综合实习

著作责任者：陈立稳　陈　健　主编

策 划 编 辑：蔡华兵

责 任 编 辑：陈颖颖

标 准 书 号：ISBN 978-7-301-21096-3/F・3284

出　版　者：北京大学出版社

地　　址：北京市海淀区成府路 205 号　100871

网　　址：http://www.pup.cn　http://www.pup6.cn

电　　话：邮购部 62752015　发行部 62750672　编辑部 62750667　出版部 62754962

电 子 邮 箱：pup_6@163.com

印　刷　者：三河市北燕印装有限公司

发　行　者：北京大学出版社

经　销　者：新华书店

787 毫米×1092 毫米　16 开本　22 印张　350 千字

2012 年 8 月第 1 版　2012 年 8 月第 1 次印刷

定　　价：38.00 元

前　言

对于高职高专财会专业的学生而言，未来工作岗位对实践操作能力的要求很高，会计电算化专业尤其如此。因此，该专业的学生就更应注重自身电算会计实践操作能力的培养。然而，目前大多数学校的会计专业校内实践教学过程往往存在手工会计实践教学与电算会计实践教学“两张皮”的问题，即手工会计实践教学采用一套业务数据资料，而电算会计实践教学采用另外一套业务数据资料。一般情况下，电算会计实践教学方面的教材中会计业务较简单且业务量少，只是实验性质的，若用作手工会计实践教学则达不到学生会计岗位实际操作的能力要求，初始数据的结构也不适合于手工会计实践教学；虽然手工会计实践教学方面的教材中会计业务量多且还有一定的难度，能够训练学生的动手操作能力，但初始数据的结构也不适合于电算化会计实践教学。

本书正是为解决上述实践教学“两张皮”的问题而编写的，既可用于电算化会计实践教学，又可用于手工会计实践教学。

本书编写突出了以下特色。

实用：本书以目前较成熟、功能较全、使用范围较广的用友财务软件和金蝶财务软件作为学生学习的平台，模拟两家公司，训练软件的具体操作，让学生能够熟练操作软件。

新颖：本书实训项目一用友 ERP 财务应用依据用友 ERP-U871 软件财务应用部分的功能结构进行编写，实训项目二金蝶 KIS 标准版应用依据金蝶 KISV8.0 软件的功能结构进行编写，实践教学所用账务资料素材源于企业真实应用，并且采用 2007 新会计制度进行财务处理。

适用：本书适用于高职高专财会专业学生的电算会计实训课程的教学，具体可用于会计电算化各岗位、财务软件各功能模块的操作训练，实现校内教学与企业实际工作岗位需要的零对接。本书同时可以作为手工会计模拟实习用书，一套账务数据资料运用两种手段完成实习，真正训练学生的模拟实践操作能力。

通俗：本书内容简明，将复杂的理论用规范化的语句加以表述，如设置部门档案、录入初始数据、建立项目档案、填制凭证等语句，并且对部分操作较难的内容添加了操作提示和图片提示，以便学生进行操作。

系统：本书中模拟企业一至两个月的全盘账务，整个操作流程使用同一套账务资料，数据前后衔接有较强的系统性，训练“建立账套→设置基础信息→初始化期初数据→日常业务处理→期末会计处理→报表编制”。

全面：本书训练的功能模块（会计电算化岗位需要的技能）齐全。基础设置包括建立账套、基础信息设置、基本档案建立、初始数据处理；日常业务处理包括凭证处理、工资核算、固定资产核算、往来业务处理、出纳管理、账簿管理；期末业务处理包括自动转账处理、会计报表编制及对账、结账。

本书实训项目一由陈立稳编写，实训项目二由陈健编写。本书在编写过程中得到了广东白云教育集团职业教育研究所专家的大力支持和精心指导。

由于电算化会计会随着计算机技术和网络技术的发展而不断更新，加之编者水平有限、编写时间仓促，书中难免会存在疏漏之处，敬请广大师生批评指正。

编　者

2012 年 6 月

目　　录

实训项目一　用友 ERP-U871 财务应用 1

第一部分　实训准备 3

1.1 实习企业概况 3

1.1.1 注册资金、企业类型与经营范围 3

1.1.2 企业内部组织机构 3

1.1.3 对外长期股权投资 4

1.1.4 生产工艺流程 4

1.2 企业会计政策与内部会计核算办法 6

1.2.1 财务会计部内部分工 6

1.2.2 外币业务核算方法 6

1.2.3 坏账准备的计提方法 6

1.2.4 备用金核算方法 6

1.2.5 材料核算方法及流程图 6

1.2.6 固定资产核算方法 7

1.2.7 与工资有关的各项经费、保险费和公积金的计提方法(均指企业负担的部分) 8

1.2.8 水费、电费的分配方法 8

1.2.9 辅助生产费用的归集与分配方法 9

1.2.10 生产工人薪酬、基本生产车间制造费用的分配方法 9

1.2.11 在产品计价方法 9

1.2.12 产品成本计算方法 9

1.2.13 自制半成品及产成品发出的计价方法 9

1.2.14 存货、持有至到期投资、长期股权投资、固定资产和无形资产减值准备的提取方法 9

1.2.15 销售收入的确认及销售核算方法 10

1.2.16 对外长期股权投资核算方法 10

1.2.17 税金及附加的计提 10

1.2.18 所得税费用核算方法 11

1.2.19 提取法定盈余公积 11

1.2.20 现金等价物确认条件 11

1.2.21 借款利息的处理 11

1.3 实习目的及实习组织 12

1.3.1 实习选用软件 12

1.3.2 实习目的 12

1.3.3 实习组织 12

第二部分　实训实施 13

1.4 用友总账系统操作流程 13

1.4.1 初次启用的操作流程......13
1.4.2 新年度启用的操作流程......14
1.5 建立核算体系......15
1.5.1 系统管理......15
1.5.2 建立账套......17
1.5.3 设置编码方案与数据精度......21
1.5.4 启用系统......23
1.5.5 设置用户及权限......24
1.5.6 设置部门与职员档案......25
1.5.7 设置往来单位......31
1.5.8 建立存货档案......39
1.5.9 设置外币......46
1.5.10 建立会计科目档案......47
1.5.11 设置凭证类别......60
1.5.12 建立项目档案......61
1.5.13 设置结算方式......67
1.5.14 建立常用摘要库......68
1.5.15 设置开户银行......69
1.5.16 初始化期初数据......71
1.5.17 创建多栏式明细账......78
1.6 日常会计业务处理......81
1.6.1 对 2011 年 12 月份发生的经济业务进行数据计算和凭证处理......81
1.6.2 账表管理......157
1.6.3 出纳事务管理......158
1.6.4 编制会计报表......160
1.6.5 期末对账、结账......160
第三部分 数据参考答案与提示......161
实训项目二 金蝶 KIS 标准版财务应用......211
第一部分 实训准备......213
2.1 实习企业概况......213
2.1.1 注册资金、企业类型与经营范围......213
2.1.2 企业内部组织机构及人员分布......214
2.1.3 生产工艺流程......216
2.2 企业会计政策与内部会计核算办法......216
2.2.1 财务会计部内部分工......216
2.2.2 外币业务核算方法......216
2.2.3 固定资产核算方法......217
2.2.4 水费、电费的分配方法......217

2.2.5　辅助生产费用的归集与分配方法......217
2.2.6　在产品计价方法......217
2.2.7　存货核算方法......217
2.2.8　成本项目设置......217
2.2.9　工资核算方法......218
2.2.10　凭证类别与结算方式......218
2.2.11　低值易耗品摊销方法......218
2.2.12　坏账核算方法......218
2.3　实习目的及实习组织......219
2.3.1　实习选用软件......219
2.3.2　实习目的......219
2.3.3　实习组织......219
第二部分　实训实施......220
2.4　金蝶软件操作流程......220
2.5　建立核算体系......221
2.5.1　建立账套......221
2.5.2　设置初始化信息......225
2.5.3　初始化期初数据......245
2.5.4　启用套账......256
2.5.5　用户管理......258
2.6　日常会计业务处理......260
2.6.1　对 2011 年 3 月份发生的经济业务进行数据计算和凭证处理......260
2.6.2　固定资产核算......278
2.6.3　工资核算......286
2.6.4　期末业务处理......296
2.6.5　账簿管理......305
2.6.6　会计报表管理......311
2.6.7　财务分析......319
2.6.8　出纳事务管理......319
2.6.9　往来业务处理......331
2.6.10　期末对账、结账......331
第三部分　数据参考答案与提示......332
参考文献......343

实训项目一

用友 ERP-U871 财务应用

第一部分　实训准备

1.1　实习企业概况

1.1.1　注册资金、企业类型与经营范围

企业名称：广州市保温瓶有限公司

地　　址：广州市东风东路 528 号

联系电话：020-86567890

法定代表人：赵海亮(董事长)

注册资金：壹仟贰佰伍拾万元整

其中 80%为立信股份有限公司投入资本，20%为广州瓶胆总厂投入资本

企业类型：有限责任公司(国内合资)

经营范围：生产、销售金属壳保温瓶和塑料壳保温瓶。其中大部分销售业务为内销，有小部分产品自营出口销往东南亚国家

纳税人登记号：310225511415054

企业代码：410203829

该公司银行开户及证券公司开户情况如下所述。

基本存款账户：工商银行广州分行东风路支行　　账号 267-03012345

一般存款账户：中国银行广州分行　　账号 410-06833068

证券资金账户：广州证券有限公司　　账号 012-16688

社保基金专户：工商银行广州分行东风路支行　　账号 267-08111678

1.1.2　企业内部组织机构

广州市保温瓶有限公司内部组织机构分布如下所示。

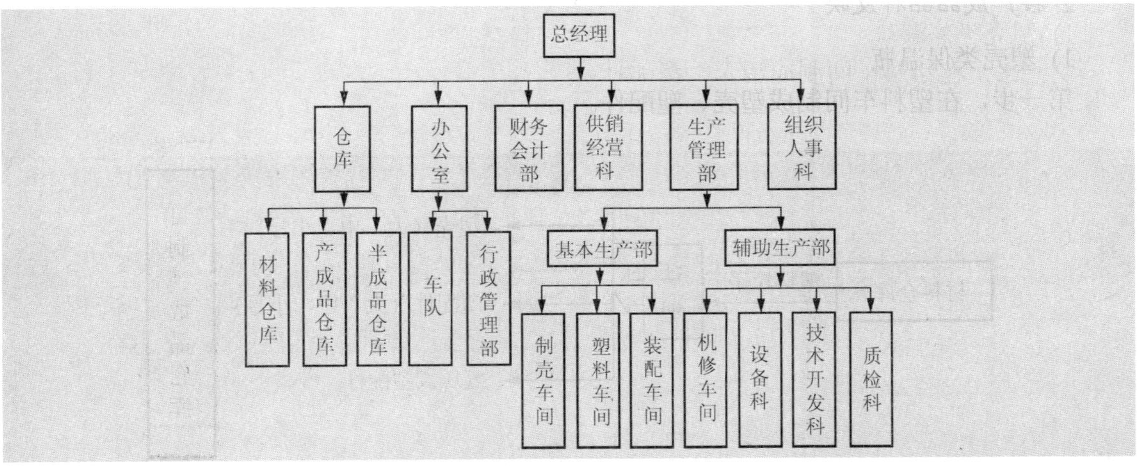

1.1.3 对外长期股权投资

广州市保温瓶有限公司对外投资一览表

接受投资单位	注册资金	出资比例	所得税率
信谊百货公司	8 000 000	45%	33%
高庄铝制品厂	900 000	30%	33%
彩虹塑料厂	4 000 000	10%	33%

1.1.4 生产工艺流程

1. 按全厂反映

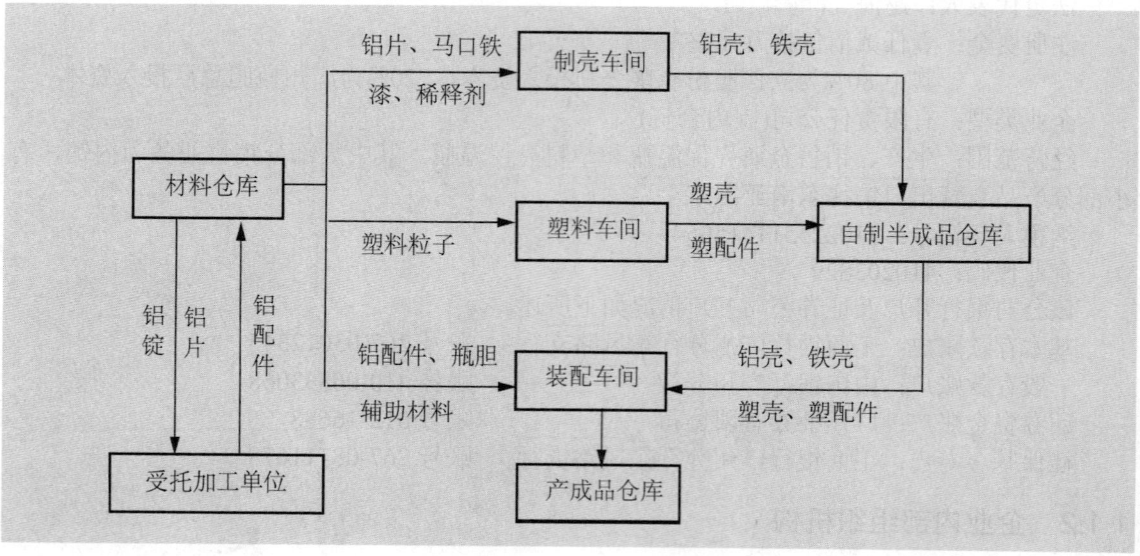

2 按产成品品种反映

1) 塑壳类保温瓶

第一步，在塑料车间制成塑壳、塑配件。

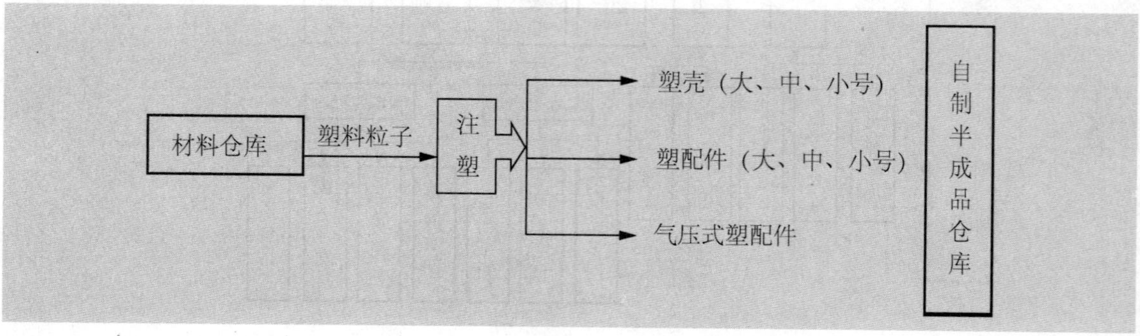

第二步，在装配车间装配成塑壳保温瓶。

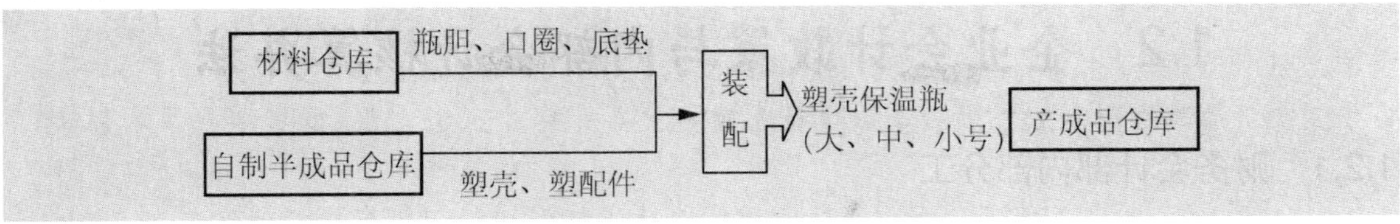

2) 铁壳保温瓶

第一步，在制壳车间制成铁壳。

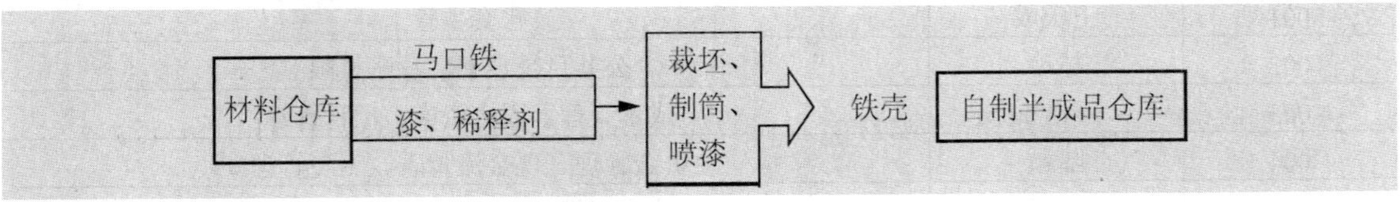

第二步，在装配车间装配成铁壳保温瓶。

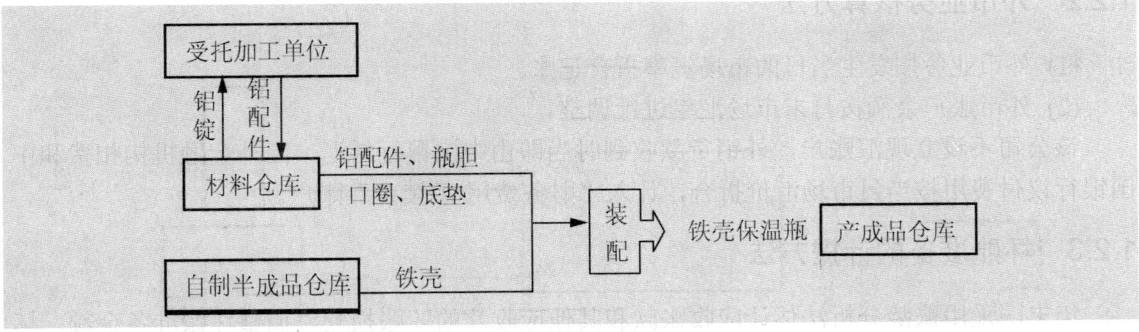

3) 铝壳气压保温瓶

第一步，在制壳车间制成铝壳。

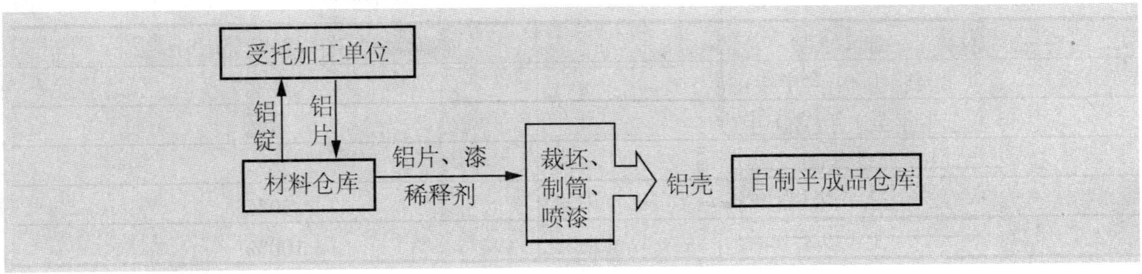

第二步，在装配车间装配成铝壳气压保温瓶。

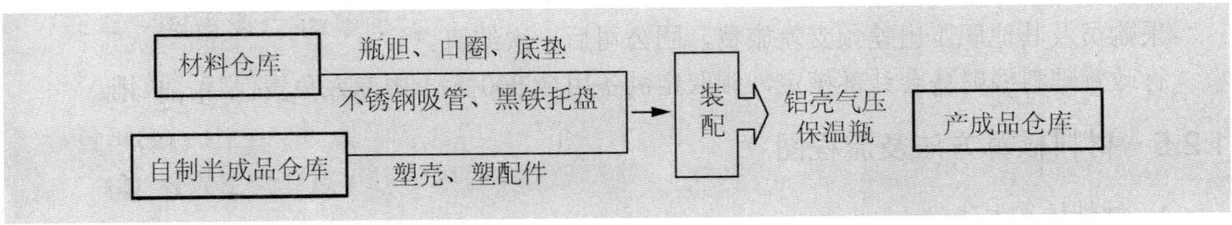

1.2 企业会计政策与内部会计核算办法

1.2.1 财务会计部内部分工

广州市保温瓶有限公司财务会计部内部分工一览表

编 号	姓 名	权 限
001	王庆成	账套主管
002	林玲	公共目录设置、总账权限
003	李浩平	成本管理、固定资产、项目管理
004	陆颖	资金管理、现金流量表、工资管理
005	郭三	应收、应付、销售管理

1.2.2 外币业务核算方法

(1) 外币业务按发生当日的市场汇率折合记账。

(2) 外币账户余额按月末市场汇率进行调整。

该公司不设立现汇账户，外销货款收到时当即由中国银行结汇，国外金融机构扣费和中国银行议付费用按当日市场汇价折合，计入“财务费用/手续费”账户。

1.2.3 坏账准备的计提方法

年末，采用账龄分析法估计应收账款和其他应收款的坏账损失，调整坏账准备余额。坏账准备的计提比例具体如下所示。

广州市保温瓶有限公司坏账准备计提方法一览表

账 龄	计提比例
半年以内(含半年)	2%
半年至 1 年(含 1 年)	5%
1 年至 2 年(含 2 年)	20%
2 年至 3 年(含 3 年)	50%
3 年以上	100%

1.2.4 备用金核算方法

采购员及其他职工出差预支差旅费，回公司后一次结清。

行政管理科经财务会计部核定，领取定额备用金 800 元，由专人负责保管、报销。

1.2.5 材料核算方法及流程图

1. 材料核算方法

(1) 原材料、低值易耗品按计划成本进行日常核算。计划成本表详见“建立核算体系”中的“存货档案”。“材料采购”、“材料成本差异”按相同口径分类进行明细核算，分类项目包括铝材、铝配件、马口铁、塑料粒子、瓶胆、辅助材料、低值易耗品共7类。

(2) 在低值易耗品中一般工具采用一次摊销法，压力表、电动机采用五五摊销法。

(3) 将铝锭发外加工成铝片和铝配件。一般本月发出，下月加工完成。发出铝锭按本月材料成本差异率分摊差异。铝锭、铝片、铝配件的计划成本详见“建立核算体系”中的“存货档案”。

(4) 逐笔编制结转入库材料计划成本及材料成本差异的记账凭证。

(5) 根据领料单、退料单逐笔编制结转生产领用(退回)材料计划成本的记账凭证。

(6) 根据本月收料单、领料单、退料单，以及“材料采购”、“委托加工物资”、“材料成本差异”明细账记录，编制“原材料、低值易耗品收、发、存月报表”，计算本月材料成本差异率，并据此编制分摊材料差异的记账凭证。

(7) 每年11月份或12月份对原材料等的存货进行清查，并根据盘点结果编制盈亏报告单，报经分管领导审批后在年末结账前处理完毕。

2. 材料核算流程简图

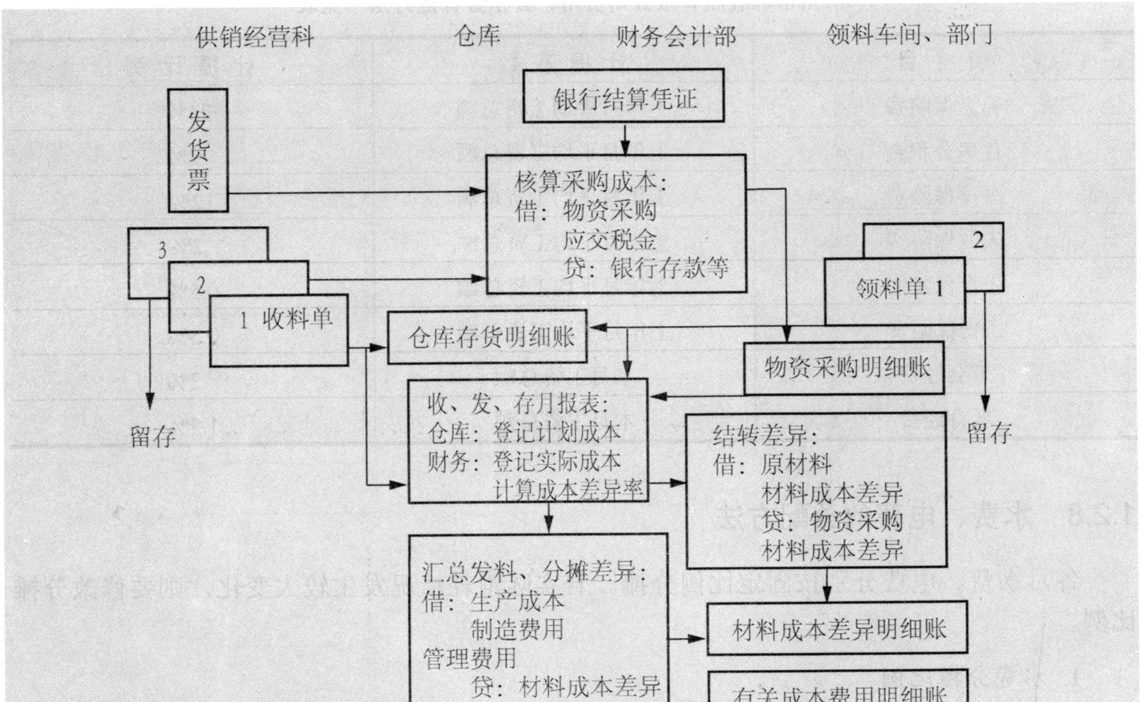

1.2.6 固定资产核算方法

(1) 固定资产是指同时具备下列特征的有形资产：① 为生产商品、提供劳务、出租或经营管理而持有的；② 使用寿命超过一个会计年度。

(2) 对固定资产按平均年限分类计提折旧，净残值率均为4%。折旧方法和净残值率都与税法保持一致。各类固定资产预计使用年限如下：

房屋、建筑物	35年	生产设备	10年
管理设备	5年	运输工具	5年

(3) 固定资产增加必须填验收单，并办理有关手续。

(4) 固定资产清理应由设备科提出报告，经技术部门鉴定后，报分管领导审批后进行处理。

(5) 把符合下列条件的固定资产在使用过程中发生的更新改造支出和修理费用等后续支出计入固定资产成本：① 与该固定资产有关的经济利益很可能流入企业；② 该固定资产的成本能够可靠地计量，否则在发生时要计入当期损益。

(6) 财产保险费率为固定资产原价(扣除车辆原价)的 3.7%(年)，按季预付，分月摊销。机动车辆单独保险，按年预付，分月摊销。

(7) 每年末对固定资产进行清查，根据盘点结果编制盘盈盘亏报告单。如果固定资产盘盈的金额较大(占固定资产总额的 10%及以上)，作为前期差错直接调整年初未分配利润，计入“以前年度损益调整”账户；如果固定资产盘盈金额不大，直接计入当期损益增加“营业外收入”账户。盘亏的固定资产报经分管领导审批后要在年末结账前处理完毕。

1.2.7 与工资有关的各项经费、保险费和公积金的计提方法(均指企业负担的部分)

广州市保温瓶有限公司费用、公积金计提方法一览表

项　目	计提基数	计提比例
养老保险费	上年月平均工资总额	22%
住房公积金	上年月平均工资总额	7%
医疗保险费	上年月平均工资总额	12%
失业保险费	上年月平均工资总额	2%
生育保险费	上年月平均工资总额	0.5%
工伤保险费	上年月平均工资总额	0.5%
工会经费	本月工资总额	2%
教育经费	本月工资总额	1.5%

1.2.8 水费、电费的分配方法

各月水费、电费分别按固定比例分摊。若实际消耗情况发生较大变化，则要修改分摊比例。

1. 水费分摊比例

制壳车间	50%
塑料车间	27%
装配车间	5%
机修车间	5%
行政管理部门	13%
合计	100%

2. 电费分摊比例

制壳车间	48%
塑料车间	36%
装配车间	3%
机修车间	3%
行政管理部门	10%
合计	100%

1.2.9　辅助生产费用的归集与分配方法

该公司机修车间为辅助生产车间，其所发生的全部生产费用直接计入“生产成本/辅助生产成本(机修)”账户，并按各基本生产车间、行政管理部门、在建工程实际耗用修理工时的比例分配。

1.2.10　生产工人薪酬、基本生产车间制造费用的分配方法

生产工人薪酬和基本生产车间制造费用均按生产产品的定额工时比例进行分配。

1.2.11　在产品计价方法

(1) 制壳车间在产品按定额成本计价。

(2) 塑料车间在产品完工程度为100%，只是尚未验收，因而按完工产品成本计价。

(3) 装配车间在产品成本只计料费不计工费，按所耗材料的定额成本计价。

1.2.12　产品成本计算方法

(1) 铝壳气压保温瓶：逐步结转分步法(不要求成本还原)。

(2) 铁壳保温瓶：逐步结转分步法(不要求成本还原)。

(3) 塑壳保温瓶(大、中、小号)：逐步结转分步法与分类法相结合。塑壳类和塑配件类自制半成品，类内大、中、小号规格的成本划分均采用系数法。

1.2.13　自制半成品及产成品发出的计价方法

自制半成品、产成品发出均按全月一次加权平均法计价。

该公司自制半成品通过仓库收发，并单独设置“自制半成品”账户单独核算。

1.2.14　存货、持有至到期投资、长期股权投资、固定资产和无形资产减值准备的提取方法

(1) 存货按其可变现净值低于账面价值的差额单项计提存货跌价准备。

(2) 持有至到期投资按单项进行减值测试，根据其未来现金流量现值低于其账面价值的差额计提资产减值准备；如果单独测试未发生减值，则以相同信用风险为特征进行资产组合后再进行减值测试，根据资产组合未来现金流量现值低于其账面价值的差额计提资产减值准备。

(3) 长期股权投资、固定资产、无形资产按其未来可收回金额低于账面价值的差额计提资产减值准备。

(4) 当期确认的存货、持有至到期投资、长期股权投资、固定资产和无形资产减值损失均借记“资产减值损失”账户，分别贷记“存货跌价准备”、“持有至到期投资减值准备”、“长期股权投资减值准备”、“固定资产减值准备”和“无形资产减值准备”账户。其中，除存货和持有至到期投资所确认的减值损失外，其余的资产减值损失一经确认，在之后的会计期间不得转回。

1.2.15 销售收入的确认及销售核算方法

1. 销售收入确认的条件

企业销售商品能同时满足以下 5 个条件时，确认为销售收入。

(1) 企业已将商品所有权上的主要风险和报酬转移给购货方。

(2) 企业既没有保留通常与所有权相联系的继续管理权，也没有对已售出的商品实施有效控制。

(3) 收入的金额能够可靠计量。

(4) 相关的经济利益很可能流入企业。

(5) 相关的已发生或将发生的成本能够可靠计量。

2. 收入确认的具体条件

(1) 内销。采用支票、银行汇票、商业汇票、汇兑等方式结算货款或赊销的，均在开出发票并发出产品以后确认销售收入；若采用委托收款、托收承付结算方式，则应在开出发票、发出商品，并向银行办妥托收或托收承付手续后确认销售收入。

(2) 外销。采用信用证结算方式结算货款，开具商业发票，备齐有关单证，连同买方银行开出的信用证一起提交银行办理结算，作为销售实现。

1.2.16 对外长期股权投资核算方法

公司对其他单位的投资属于下列情况之一的，采用权益法核算：① 对被投资单位实施共同控制；② 对被投资单位具有重大影响。

公司对其他单位的投资属于下列情况之一的，采用成本法核算：① 对被投资单位的影响力在重大影响以下，且投资在活跃市场没有报价，公允价值不能可靠计量；② 对被投资单位实施控制。

1.2.17 税金及附加的计提

(1) 企业所得税税率为 33%。

(2) 增值税税率：生产及销售保温瓶为 17%(该企业为增值税一般纳税人)。

(3) 营业税税率：出租房屋为 5%，作为持有至到期投资的委托贷款为 5%(由银行代扣代缴)。

(4) 城市维护建设税税率为 7%(根据企业实际缴纳的增值税、消费税、营业税三税额计征)。

(5) 教育费附加率为 3%。

(6) 房产税。

该公司自己用房：应纳房产税额=房产账面价值×(1－扣除率 20%)×年税率 1.2%÷12

出租房屋：应纳房产税额=月房产租金收入×税率 12%（房产税按月计提后，每年分两次于 5 月、11 月缴纳）。

(7) 土地使用税：年税额 5 元/平方米（土地使用税按月计提后，每年分两次于 5 月、11 月缴纳）。

(8) 车船使用税。

轿车：年税额 320 元/辆，车船使用税按年计征，因金额较小，直接计入当月管理费用。

(9) 印花税：印花税在购买印花税票时计入当月管理费用。

(10) 个人所得税：由企业根据职工的每月工资所得，按 9 级超额累进税率代扣代缴。

1.2.18　所得税费用核算方法

采用纳税影响会计法对所得税费用进行核算。

1.2.19　提取法定盈余公积

按当期税后利润的 10%提取法定盈余公积。

1.2.20　现金等价物确认条件

同时具备持有期限短、流动性强的易于转换为已知金额的现金，价值变动风险小的投资，确认为现金等价物。

1.2.21　借款利息的处理

借款利息处理分为以下 3 种情况。

(1) 为需要经过相当长时间的购建或者生产才能达到预定可使用或可销售状态的固定资产、投资性房地产和存货等而发生的借款利息，应当在同时满足以下 3 个条件时开始资本化：① 资产支出已发生；② 借款费用已经发生；③ 为使资产达到预定可使用或者可销售状态所必要的购建或者生产活动已经开始。当所购建资产达到预定可使用或可销售状态时，应停止资本化。

(2) 按月计算借款利息资本化的金额。对于专门借款，用其当月实际发生的利息费用减去尚未动用的该借款资金存入银行的利息收入或进行暂时性投资取得的投资收益后的金额，确定为予以资本化的利息金额；对于所占用的一般借款，应根据累计资产支出超过专门借款部分的资产支出加权平均数乘以该一般借款的资本化率，计算确定为予以资本化的利息金额，其中资本化率应当根据一般借款加权平均利率计算确定。

(3) 不符合借款费用资本化条件的借款利息均计入发生当期的财务费用。

1.3 实习目的及实习组织

1.3.1 实习选用软件

本次模拟实习建议选用用友 ERP-U871 以上版本，所有操作均在终端机上完成。

1.3.2 实习目的

通过本次实习，让学生能比较系统、全面地掌握工业企业会计核算的基本程序和具体方法，有利于加强学生对会计基本理论的理解、基本方法的运用和基本技能的训练，将专业理论与会计实务操作紧密结合。通过本次实习，让学生熟悉财务软件的操作流程，掌握财务软件的基本功能，熟练掌握各功能模块的操作使用，为将来从事会计各岗位工作打下扎实的基础。

1.3.3 实习组织

(1) 本实习可与手工会计综合实习同步进行(一周手工实习紧接着进行一周电算化实习)，或者将电算化实习安排在手工会计综合实习之后。

(2) 本次实习预计需要 80 个课时左右，即 3 周时间。

(3) 按 25 名学生配备一名指导实习的专职教师的标准，组织和指导学生实习的全过程，并对学生实习的全过程进行考核。

(4) 本实习可以单独一人完成全部内容，也可分小组进行，2～4 人一组，共同完成所有操作内容。

第二部分　实训实施

1.4　用友总账系统操作流程

1.4.1　初次启用的操作流程

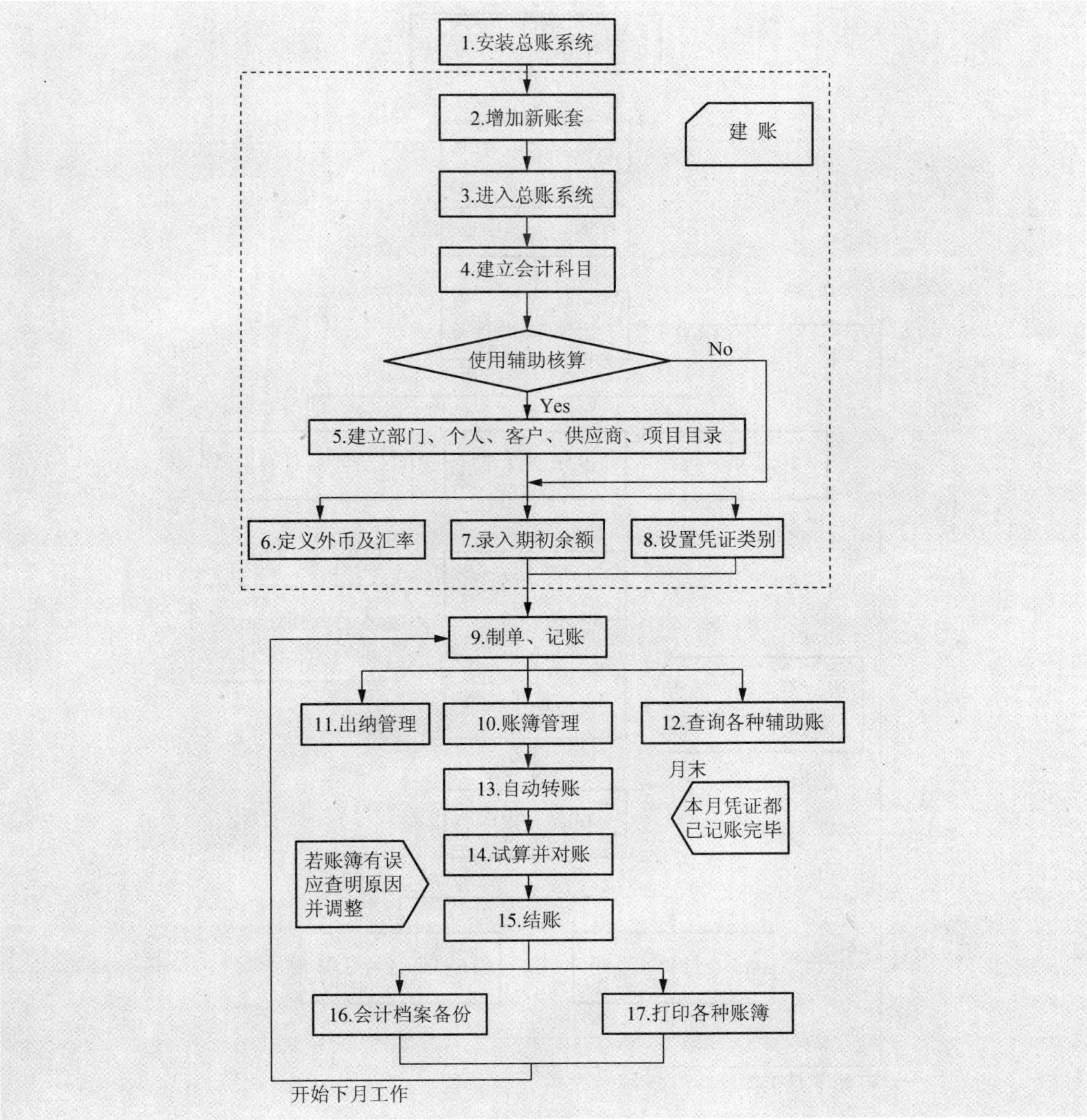

1.4.2 新年度启用的操作流程

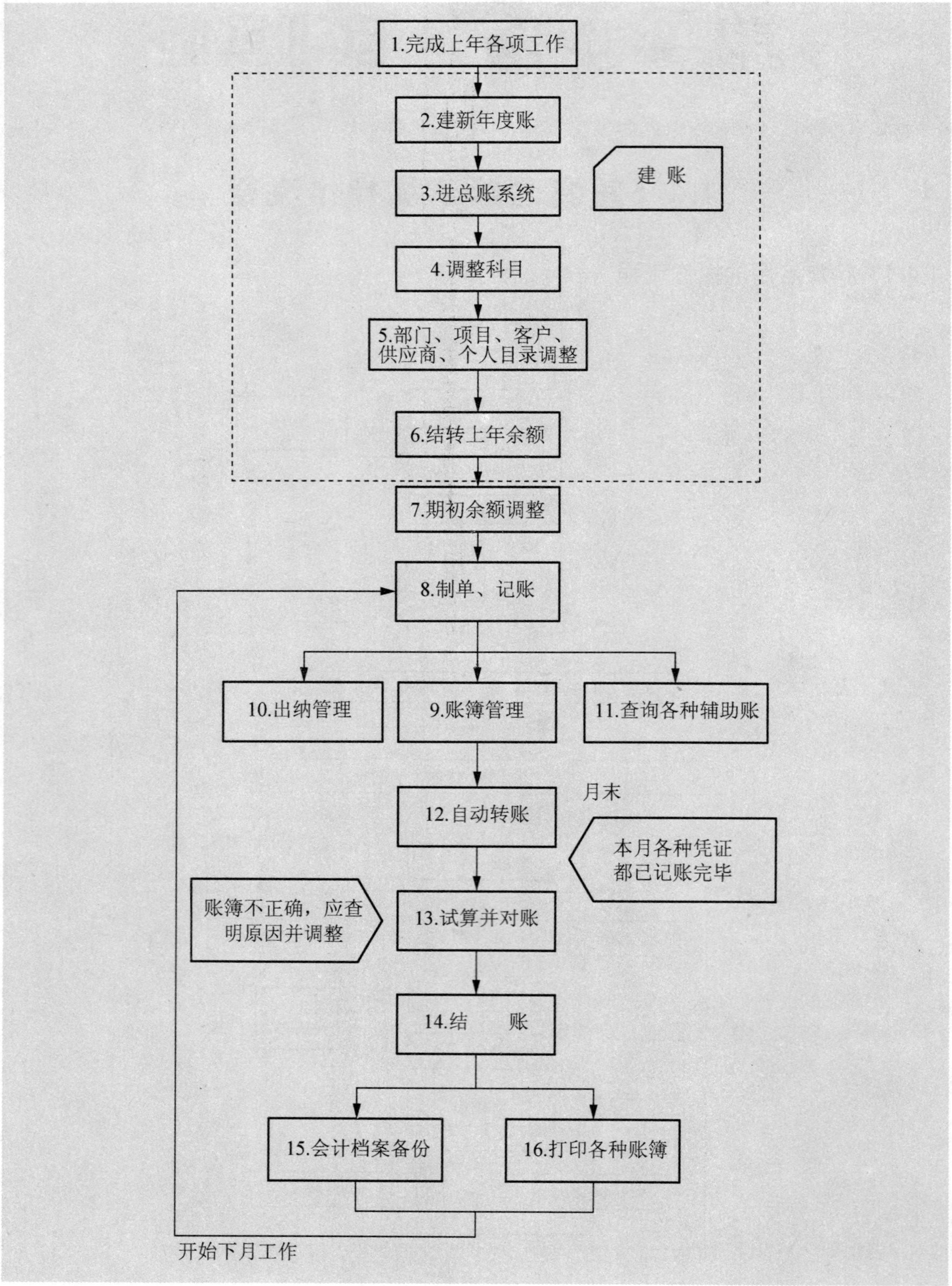

1.5 建立核算体系

1.5.1 系统管理

1. 注册系统管理员

操作提示

第一步，打开“系统管理”窗口。

单击【开始】|【用友 ERP-U871】|【系统服务】|【系统管理】命令，打开“系统管理”窗口，如图 1.1 所示。

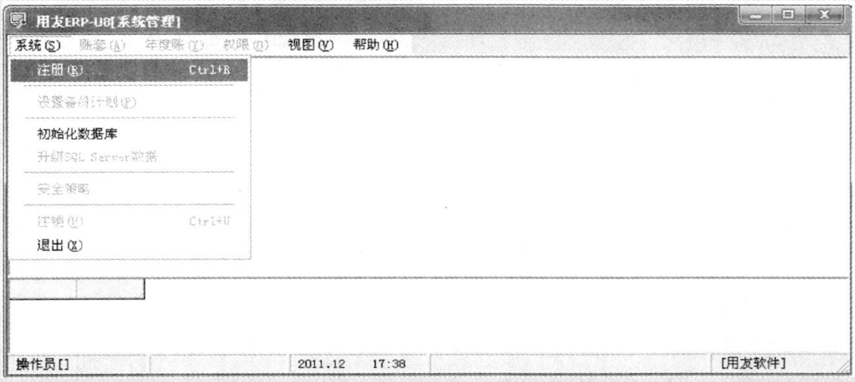

图 1.1 “系统管理”窗口

第二步，注册系统管理员。

在“系统管理”窗口中，单击【系统】菜单中的【注册】命令，打开“登录”对话框，输入操作员名称“admin”（密码为空），单击【确定】按钮，如图 1.2 所示。

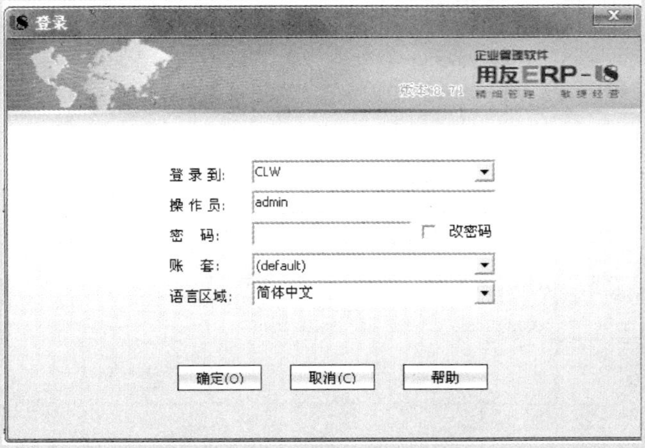

图 1.2 注册系统管理员

知识提示

(1) 系统管理员名称默认为“admin”，且密码为空。

(2) 为了保证系统安全，打开“系统管理”窗口后要立即设置系统管理员密码，并牢记。

(3) 只有系统管理员才能执行退出“系统管理”窗口的操作，且必须先关闭所有子系统。

2. 备份账套数据

操作提示

第一步，备份账套。

在“系统管理”窗口中，单击【账套】菜单中的【输出】命令，在打开的“账套输出”对话框中选择要备份的账套号，如图 1.3 所示，然后单击【确认】按钮。

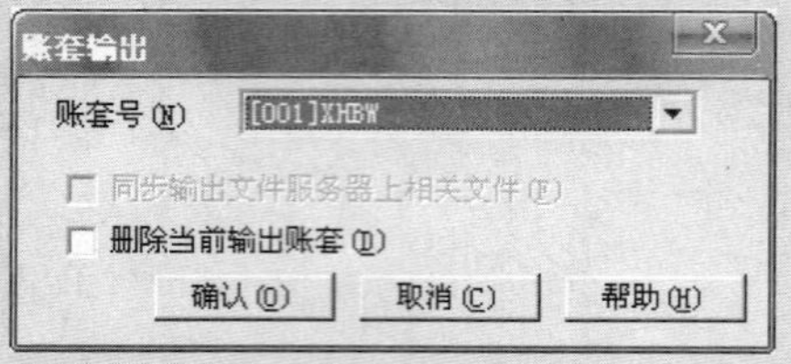

图 1.3　选择备份账套

第二步，保存备份数据。

数据复制完成后，系统弹出“请选择财套备份路径”对话框，此时选择数据保存位置，如图 1.4 所示，然后单击【确定】按钮。

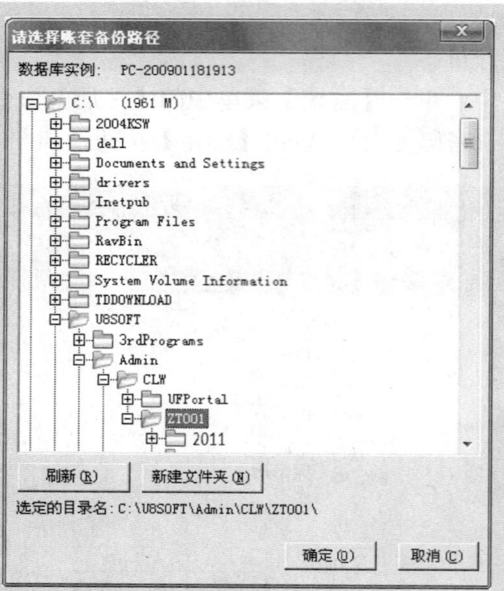

图 1.4　选择备份路径

3. 恢复账套数据

操作提示

在“系统管理”窗口中，单击【账套】菜单中的【引入】命令，在打开的“请选择账套备份文件”对话框中，查找要恢复的数据所在的位置，单击账套备份文件名，如图 1.5 所示，然后单击【确定】按钮。

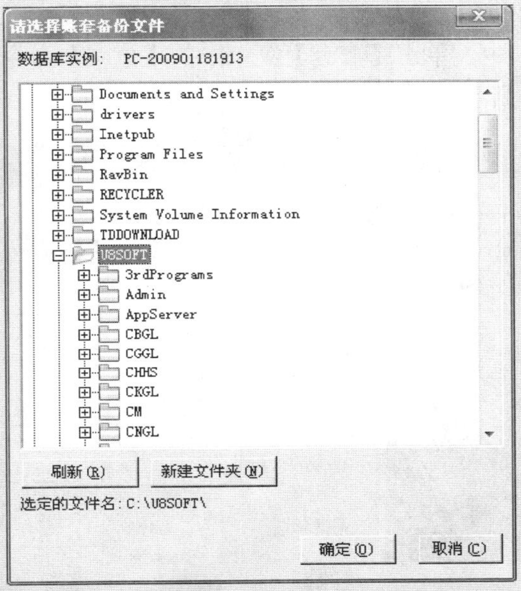

图 1.5 选择备份文件

1.5.2 建立账套

账套参数如下所示。

账套号：001-999(任选一个三位数作为账套号)

账套名称：XHBW

账套路径：使用默认路径

启用会计期间：2011 年 12 月

单位名称：广州市保温瓶有限公司

单位简称：广州保温瓶

单位地址：广州市东风东路 528 号

法人代表：赵海亮(董事长)

邮政编码：410524

联系电话：020-86567890 传真：020-86567891

税　　号：31022551145054

本位币代码：RMB　　　　本位币名称：人民币

企业类型：工业　　　　　行业性质：2007 新会计制度科目

账套主管：[SYSTEM]SYSTEM 或[UFSOFT]UFSOFT 或[demo]demo(系统提供)

存货是否分类：“√”(分类)　　　客户是否分类：“√”(分类)

供应商是否分类：“√”(分类)　　　有无外币核算：“√”(有外币核算)

操作提示

第一步，录入(设置)账套信息。

在“系统管理”窗口中，单击【账套】菜单中的【建立】命令，打开“创建账套—账套信息”对话框，如图 1.6 所示输入(设置)相关信息。

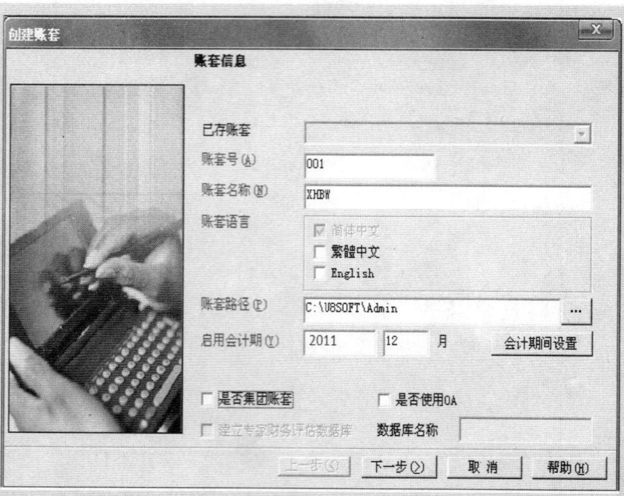

图 1.6　“创建账套—账套信息”对话框

知识提示

(1) 已存账套：系统将现有的账套通过下拉列表框在此栏目中显示出来，用户只能参照，而不能输入或修改。在用户建立新账套时显示出已经存在的账套，可以避免用户重复建立。

(2) 账套号：用来输入新建账套的编号，用户必须输入，可输入 3 个字符(只能是 001～999 范围的数字，而且不能是已存账套中的账套号)。

(3) 账套名称：用来输入新建账套的名称，其作用是标识新账套的信息，用户必须输入，可以输入 40 个字符。

(4) 账套语言：用来选择账套数据支持的语种，以后也可以通过语言扩展对所选择的语种进行扩充。

(5) 账套路径：用来输入新建账套的保存路径，用户必须输入，可以参照输入，但不能是网络路径。

(6) 启用会计期：用来输入新建账套将被启用的时间，具体到“月”，用户必须输入。

(7) 会计期间设置：因为企业的实际核算期间可能和正常的自然日期不一致，所以系统提供此项功能用于对其进行设置。用户在输入“启用会计期”后，单击【会计期间设置】按钮，弹出会计期间设置界面。系统会根据前面“启用会计期”的设置，自动将启用月份之前的日期标识为不可修改的部分，而将启用月份之后的日期(仅限于各月的截止日期，至于各月的初始日期则随上月截止日期的变动而变动)标识为可以修改的部分，用户可以任意设置。

例如，本企业需要于每月 25 日结账，那么就可以在“会计日历—建账”界面双击可修改的日期部分(灰色部分)，在显示的会计日历上输入每月结账日期，下月的开始日期为上月截止日期的下一天，即 26 日，12 月份以 12 月 31 日为截止日期。设置完成后，企业每月 25 日为结账日，25 日以后的业务记入下个月。每月的结账日期可以不同，但其开始日期为上一个截止日期的下一天。

相关信息设置完成后，单击【下一步】按钮，系统将弹出“创建账套—单位信息”对话框，如图 1.7 所示，进行第二步设置。单击【取消】按钮，则取消此次建账操作。

第二步，输入单位信息。

在“创建账套—单位信息”对话框中，分别设置“单位名称”、“单位简称”、“单位地址”、“法人代表”等相关单位信息，如图 1.7 所示。

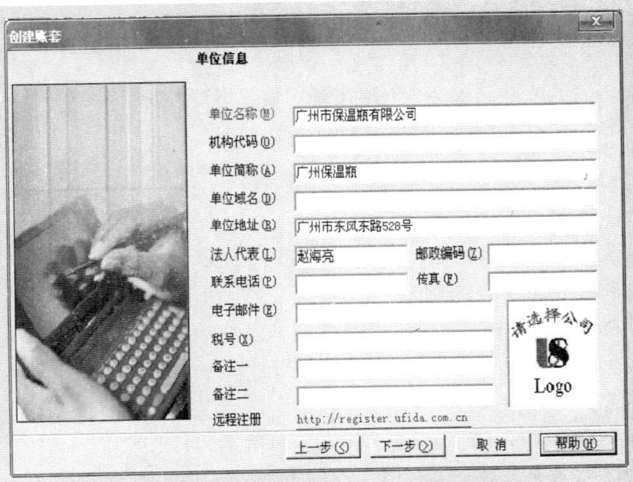

图 1.7　“创建账套—单位信息”对话框

相关的单位信息设置完成后，单击【下一步】按钮，系统将弹出“创建账套—核算类型”对话框如图 1.8 所示 ，进行第三步设置。

知识提示

(1) 单位名称是必须录入的，其他信息可以根据实际情况录入。
(2) 单位信息将在以后进行会计信息输出时自动调用显示。

第三步，设置核算信息。

在“创建账套—核算类型”对话框中，设置“本币代码”、“本币名称”、“企业类型”、“行业性质”、“科目预置语言”、“账套主管”、“是否按行业性质预置科目”等相关信息，如图 1.8 所示。

设置完成后，单击【下一步】按钮，系统将弹出“创建账套—基础信息”对话框，如图 1.9 所示，进行第四步设置。

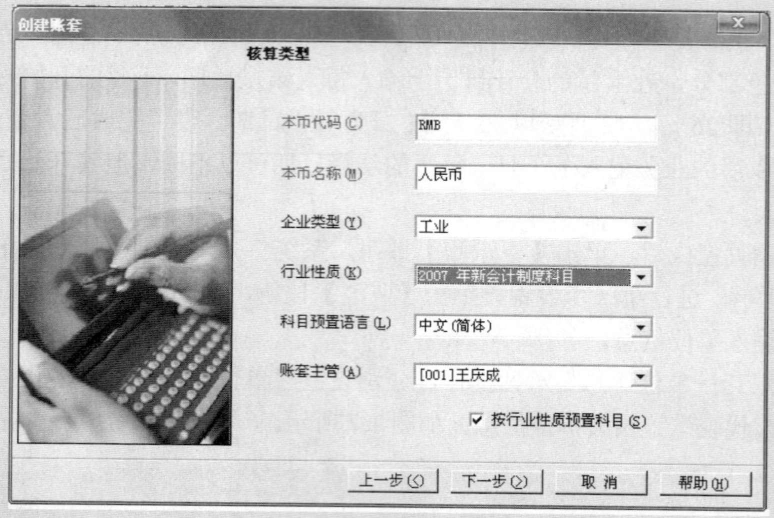

图 1.8 “创建账套－核算类型”对话框

知识提示

(1) 本币代码：用来输入新建账套所用的本位币的代码，系统默认的是“人民币”的代码“RMB”。

(2) 本币名称：用来输入新建账套所用的本位币的名称，系统默认的是“人民币”，此项为必填项。

(3) 账套主管：用来确认新建账套的账套主管，用户只能从下拉列表框中选择一项。

(4) 企业类型：用户必须从下拉列表框中选择与自己企业类型相同或最相近的类型。系统提供“工业”、“商业”和“医药流通”3 个选项。

(5) 行业性质：用户必须从下拉列表框中选择本单位所属的行业性质。

用友软件提供行政、工业企业、商品流通、旅游饮食、施工企业、外商投资、铁路运输、对外合作、房地产、交通运输、民航运输、金融企业、保险企业、邮电通信、农业企业、股份制、科学事业、医院、建设单位、种子、国家物资储备、中小学校、高校、新会计制度科目、社会保险—医疗、社会保险—失业、社会保险—养老、社会保险—其他、律师行业、中国铁路等不同的行业性质选项。选择适用于本企业的行业性质，以为下一步“是否按行业预置科目”确定科目范围，并且系统会根据企业所选行业如工业和商业预置一些行业的特定方法和报表。

(6) 是否按行业性质预置科目：如果用户希望采用系统预置所属行业的标准一级科目，则选中该选项，那么进入后，会计科目已经由系统自动设置；如果未选中该选项，则由用户自己设置会计科目。

第四步，设置基础信息。

在“创建账套－基础信息”对话框中，对“存货是否分类”、“客户是否分类”、“供应商是否分类”、“有无外币核算”等选项进行设置，若有分类，则选中选项，否则不要选中。

输入完成后，单击【完成】按钮，系统提示“可以创建账套了吗”，单击【是】按钮完成上述信息设置，进行下面的设置；单击【否】按钮则返回确认步骤界面；单击【上一步】按钮，返回第三步设置；单击【取消】按钮，则取消此次建账操作。

建账完成后，可以继续进行相关设置，也可以之后在“企业门户”中进行设置。

如果继续操作，将打开“编码方案”对话框，如图 1.10 所示，然后再打开“数据精度”对话框设置数据精度，如图 1.11 所示。

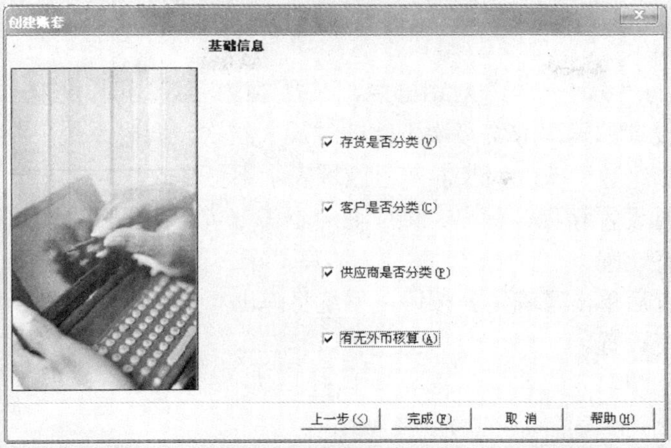

图 1.9　“创建账套—基础信息”对话框

知识提示

(1) 存货是否分类：如果单位的存货较多且类别繁多，可以选中“存货是否分类”选项，表明要对存货进行分类管理；如果单位的存货较少且类别单一，也可以选择不进行存货分类。注意，如果存货要分类，那么在进行基础信息设置时，必须先设置存货分类，然后才能设置存货档案。

(2) 客户是否分类：如果单位的客户较多，且希望进行分类管理，可以选中“客户是否分类”选项，表明要对客户进行分类管理；如果单位的客户较少，也可以选择不进行客户分类。注意，如果要对客户进行分类，那么在进行基础信息设置时，必须先设置客户分类，然后才能设置客户档案。

(3) 供应商是否分类：如果单位的供应商较多，且希望进行分类管理，可以选中“供应商是否分类”选项，表明要对供应商进行分类管理；如果单位的供应商较少，也可以选择不进行供应商分类。注意，如果要对供应商进行分类，那么在进行基础信息设置时，必须先设置供应商分类，然后才能设置供应商档案。

(4) 有无外币核算：如果单位有外币业务，如用外币进行交易业务或用外币发放工资等，可以选中此选项。

1.5.3　设置编码方案与数据精度

1. 设置分类编码方案

编码方案

项目	最大级数	最大长度	单级最大长度	第1级	第2级	第3级	第4级	第5级	第6级	第7级	第8级	第9级
科目编码级次	9	15	9	4	2	2	2					
客户分类编码级次	5	12	9	2	3	4						
供应商分类编码级次	5	12	9	2	3	4						
存货分类编码级次	8	12	9	2	2	2	2	3				
部门编码级次	5	12	9	1	2							
地区分类编码级次	5	12	9	2	3	4						
费用项目分类	5	12	9	1	2							
结算方式编码级次	2	3	3	1	2							
货位编码级次	8	20	9	2	3	4						
收发类别编码级次	3	5	5	1	1	1						
项目设备	8	30	9	2	2							
责任中心分类档案	5	30	9	2	2							

确定(O)　取消(C)　帮助(F)

图 1.10　设置编码方案

操作提示

如图 1.10 所示的“编码方案”对话框中，在要修改的级次和长度输入框中可以直接按数字键定义级长，但设置的编码方案级次不能超过最大级次，同时系统限制最大长度，只能在最大长度范围内增加级数、改变级长。灰色区域表示不可修改。

若在建立账套时设置存货、客户、供应商为不需分类，则不能在此进行存货、客户、供应商的分类编码方案设置。

完成相应的设置后单击【确定】按钮，系统将弹出“数据精度定义”对话框，如图 1.11 所示，进行数据精度设置。

知识提示

本对话框主要用于设置有级次档案的分级方式和各级编码长度。可分级设置的内容有：科目编码、客户分类编码、供应商分类编码、存货分类编码、部门编码、地区分类编码、结算方式编码、货位编码和收发类别编码等。编码级次和各级编码长度的设置将决定单位如何进行基础数据的编码，进而构成分级核算、统计和管理的基础。

情况一

在新建账套时选中“存货是否分类”、“客户是否分类”、“供应商是否分类”、“有无外币核算”选项，显示所有需要进行编码方案设置的项目名称，项目的级次和级长可以修改。

情况二

在新建账套时未选中“存货是否分类”、“客户是否分类”、“供应商是否分类”、“有无外币核算”选项，显示所有需要进行编码方案设置的项目名称，项目的级次和级长可以修改，不显示客户、存货、供应商编码方案设置。

情况三

在新建账套时未选中“是否使用预制会计科目”选项，显示科目编码每级的长度都可以修改。下面以会计科目为例。

科目编码级次：系统最大限制为 6 级 15 位，且任何一级的最大长度都不得超过 9 位编码，一般单位用 4222 即可。用户在此设定的科目编码级次和长度将决定用户单位的科目编号如何编制。例如，某单位将“科目编码级次”设为 4222，则科目编码时一级科目编码为 4 位长，二至四级科目编码均为两位长。例如，“生产成本”科目编码为 5001，“生产成本/基本生产成本”科目编码为 500101，“生产成本/基本生产成本/铝壳”科目编码为 50010101，“生产成本/基本生产成本/铝壳/主要材料”科目编码为 5001010101。

2. 设置数据精度

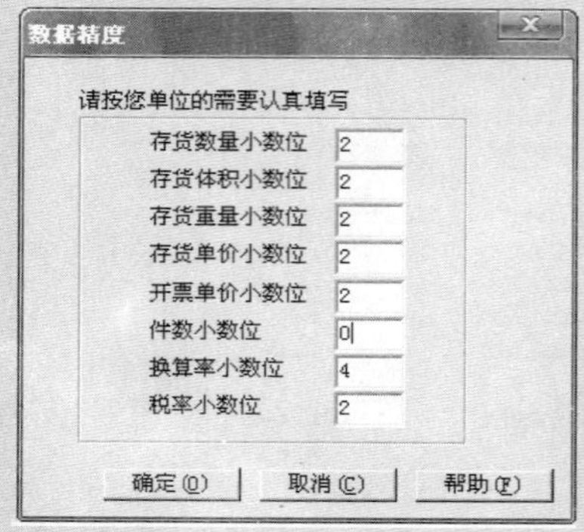

图 1.11 设置数据精度

操作提示

如图 1.11 所示的“数据精度”对话框中输入各单位的小数位数，如开票单价小数位为“2”，表示开票时允许有两位小数。设置完成后，单击【确定】按钮，即完成所有建账工作。

各企业对数量、单价的核算精度要求并不一致，为了适应各用户企业的不同需求，本系统提供了自定义数据精度的功能。需要设置的数据精度主要有：“存货数量小数位”、“存货体积小数位”、“存货重量小数位”、“存货单价小数位”、“开票单价小数位”、“件数小数位”、“换算率小数位”和“税率小数位”。用户可根据企业的实际情况来进行设置。应收、应付、销售、采购、库存、存货、采购计划系统均需使用数据精度。

知识提示

(1) 存货数量小数位：用户可根据企业的实际情况，输入进行存货数量核算时所要求的小数位数。只能输入 0~6 中的整数，系统默认值为 2 。

(2) 存货体积小数位：用户可根据企业的实际情况，输入进行存货体积核算时所要求的小数位数。只能输入 0~6 中的整数，系统默认值为 2 。

(3) 存货重量小数位：用户可根据企业的实际情况，输入进行存货重量核算时所要求的小数位数。只能输入 0~6 中的整数，系统默认值为 2 。

(4) 存货单价小数位：用户可根据企业的实际情况，输入进行存货单价核算时所要求的小数位数。只能输入 0~8 中的整数，系统默认值为 4 。

(5) 开票单价小数位：用户可根据企业的实际情况，输入进行开票单价核算时所要求的单价的小数位数。只能输入 0~8 中的整数，系统默认值为 4 。

(6) 件数小数位：用户可根据企业的实际情况，输入进行件数核算时所要求的件数小数位数。只能输入 0~6 中的整数，系统默认值为 2。

(7) 换算率小数位：用户可根据企业的实际情况，输入进行单位换算时所要求的换算率的小数位数。只能输入 0~6 中的整数，系统默认值为 2。

(8) 税率小数位：只能输入 0~6 中的整数，系统默认值为 2。

完成上述设置后，系统提示“001 套账”建立成功，可以“现在进行系统启用设置，或以后从【企业门户—基础信息】进入【系统启用】功能，是否进行系统启用设置”提示。选择“是”进入系统启用设置界面，选择“否”进入“企业门户—基础信息—基本信息”进行设置。

1.5.4 启用系统

启用“总账、固定资产、工资管理、成本管理”系统。

操作提示

在完成“数据精度”设置后单击【确定】按钮，系统将提示“是否启用系统”，若单击【是】按钮，系统将弹出如图 1.12 所示的界面。在“系统启用”界面中，勾选要启用的系统编码，在“启用会计期间”列中输入启用的年、月、日(通过“日历”对话框选择)，启用完毕后单击【退出】按钮；也可以在以后从【企业应用平台—基础设置】进入【系统启用】对话框进行设置。

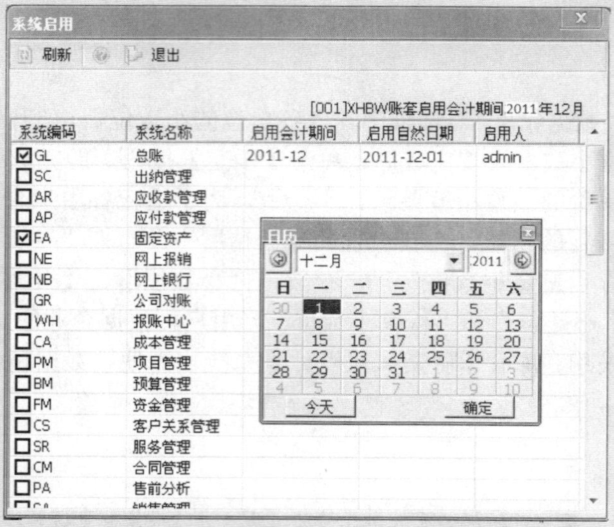

图 1.12　启动系统

1.5.5　设置用户及权限

广州市保温瓶有限公司财务软件操作人员及权限一览表

编　号	姓　名	权　限
001	王庆成	账套主管
002	林玲	公用目录设置、总账权限
003	李浩平	成本管理、固定资产、项目管理
004	陆颖	资金管理、现金流量表、工资管理
005	郭三	应收、应付、销售管理

操作提示

第一步，打开“用户管理”窗口。

在“系统管理”窗口中单击【权限】菜单中的【用户】命令，打开“用户管理”窗口，如图 1.13 所示。

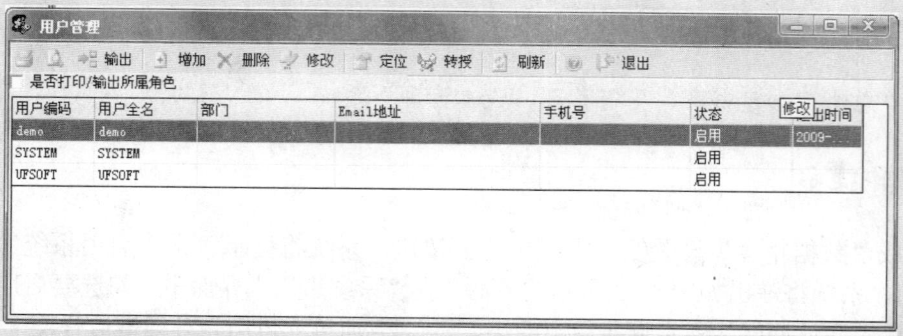

图 1.13　“用户管理”窗口

第二步，增加用户。

在“用户管理”窗口中单击【增加】按钮，在打开的“增加用户”对话框中分别录入编号、姓名、口令(密码)、确认口令等，然后再单击【增加】按钮。

第三步，设置“用户权限”。

在“系统管理”窗口中单击【权限】菜单中的【权限】命令，打开“操作员权限”窗口，如图 1.14 所示。在“操作员权限”窗口中单击下拉箭头选择对应的账套(如 002 账套)，单击选定某操作员(如“林玲”)，单击【修改】按钮，打开“增加和调整权限”对话框。在“增加和调整权限”对话框中，通过选中权限类别或取消选中进行权限设置。

设置完成后，单击【确定】按钮，再单击【退出】按钮。

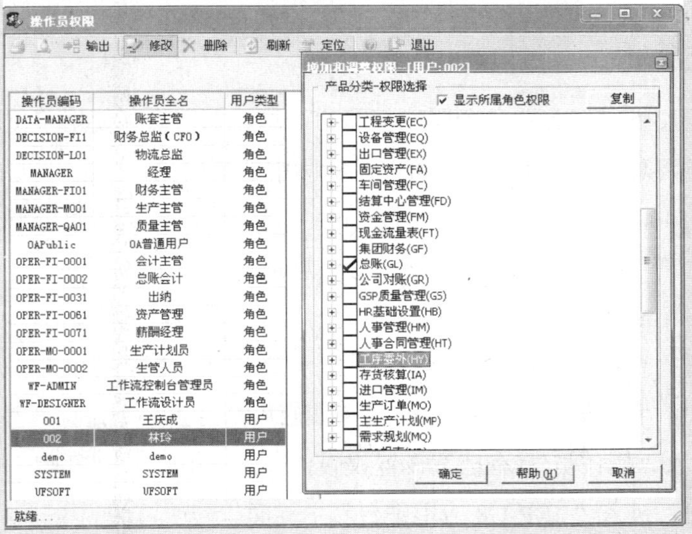

图 1.14　设置用户权限

1.5.6　设置部门与职员档案

1. 设置部门档案

广州市保温瓶有限公司部门一览表

部 门 编 号	名　称	负 责 人
01	办公室	葛跃明
0101	行政管理部	葛跃明
0102	车队	朱琴
02	财务会计部	王庆成
03	仓库	刘元
0301	材料仓库	刘元
0302	自制半成品仓库	汪华
0303	产成品仓库	张丽
04	供销经营科	吴刚
05	组织人事科	司马容

续表

部门编号	名称	负责人
06	生产管理部	张迪
0601	基本生产部	沈亚男
060101	制壳车间	张迪
060102	塑料车间	沈亚男
060103	装配车间	严力君
0602	辅助生产部	洪智明
060201	机修车间	洪智明
060202	设备科	王培根
060203	技术开发科	梁伟康
060204	质检科	林茜

操作提示

部门档案主要用于设置企业各个职能部门的信息，部门指某使用单位下辖的具有分别进行财务核算或业务管理要求的单元体，可以是实际中的部门机构，也可以是虚拟的核算单元。按照已经定义好的部门编码级次原则输入部门编号及其信息。最多可分五级，编码总长十二位，部门档案包含部门编码、名称、负责人等信息。

(1) 增加部门档案。

第一步，注册“企业应用平台”。

单击【开始】|【用友 ERP-U871】|【企业应用平台】命令，打开“登录”对话框，如图 1.15 所示。录入“操作员(具有档案设置权限)”、“密码”、“账套”等有关信息，然后单击【确定】按钮，进入“ERP-U8 应用平台”主界面。

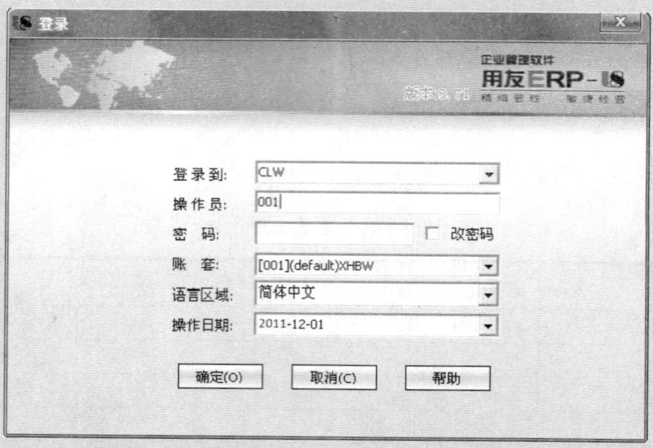

图 1.15 注册企业应用平台

第二步，增加部门档案。

在“UFIDA ERP-U8”应用平台主界面，单击【基础设置】，然后双击【基础档案】|【机构人员】|【部门档案】选项，打开“部门档案”窗口，如图 1.16 所示。再单击【增加】

按钮，可增加一条部门记录。在界面右侧输入“部门编码”、“部门名称”、“负责人”、“部门属性”、“电话”、“地址”、“电子邮件”、“信用额度”、“信用等级”、“备注”等信息。若部门“负责人”暂时无法录入，可待职员档案设置完成后再通过修改的方式添加上“负责人”。

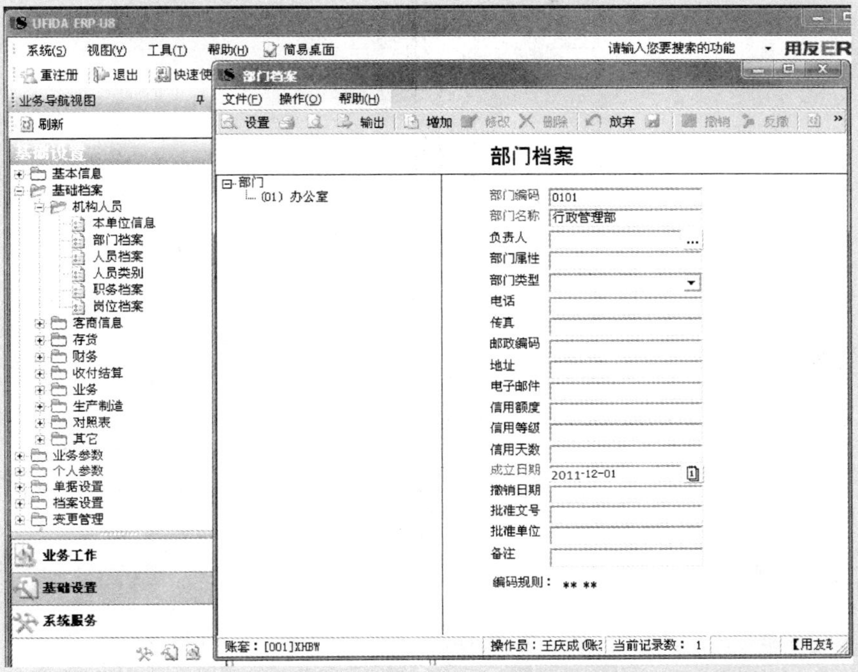

图 1.16　设置部门档案

知识提示

(1) 部门编码：符合编码级次原则。必须录入，且必须唯一。部门档案中的“部门编码”不允许与工作中心档案的“工作中心编码”重复。

(2) 部门名称：必须录入。

(3) 负责人、电话、地址、备注：部门的辅助信息，可以为空，其中地址为 255 个字符、127 个汉字。

(4) 部门属性：设置部门分类属性是车间、采购部门、销售部门等，可以为空。

(5) 传真：部门的传真号码。

(6) 邮政编码：部门所在地或通信的邮政编码。

(7) 电子邮件：部门所使用的有效电子邮件。

(8) 信用信息：包括信用额度、信用等级、信用天数，指该部门对本部门负责的客户的信用额度和最大信用天数，可以为空。如果在“销售管理系统—销售选项—信用控制页签”中选择“是否有部门信用控制”，则需要在这里输入相应信息。

(9) 成立日期：指部门的成立时间，默认为当前登录时间。

(10) 撤销日期：指部门的撤销时间，通过撤销按钮输入。

(11) 批准文号：指部门成立或撤销所依据的文件号，可输入任意字符。

(12) 批准单位：指部门成立或撤销所依据的文件发出单位或批准单位，可输入任意字符。

(2) 修改部门档案。

在部门档案界面左侧，将光标定位到要修改的“部门编码”上，单击【修改】按钮。这时界面即处于修改状态，如图 1.17 所示。除部门编码不能修改外，其他信息均可修改。

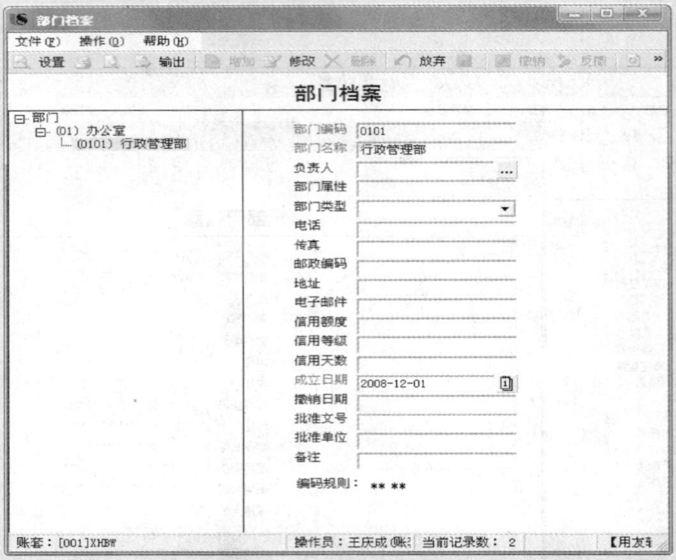

图 1.17　修改部门档案

(3) 删除部门档案。

在“部门档案”界面左侧，单击目录树中要删除的部门，背景显示蓝色则表示选中，单击【删除】按钮即可删除此部门。注意，若部门被其他对象引用，则不能将其删除。

(4) 撤销部门。

在“部门档案”界面左侧，单击目录树中要撤销的部门，背景显示蓝色则表示选中，单击【撤销】按钮，输入撤销日期，即可撤销此部门。

2. 设置职员档案

广州市保温瓶有限公司职员一览表

职员编号	职员名称	所属部门	职员属性
0001	李少琳	行政管理部	管理人员
0002	葛跃明	行政管理部	管理人员
0003	朱琴	车队	管理人员
0004	王庆成	财务会计部	管理人员
0005	朱茜	财务会计部	管理人员
0006	林玲	财务会计部	管理人员
0007	刘元	材料仓库	管理人员
0008	王红	材料仓库	管理人员
0009	汪华	自制半成品仓库	管理人员
0010	张丽	产成品仓库	管理人员
0011	张敏	供销经营科	采购员
0012	姚怡	供销经营科	采购员
0013	李强	供销经营科	采购员

续表

职员编号	职员名称	所属部门	职员属性
0014	吴刚	供销经营科	管理人员
0015	金利	供销经营科	管理人员
0016	司马容	组织人事科	管理人员
0017	江海	制壳车间	管理人员
0018	张迪	制壳车间	管理人员
0019	沈亚男	塑料车间	管理人员
0020	韩津	塑料车间	管理人员
0021	严力君	装配车间	管理人员
0022	李林	装配车间	管理人员
0023	洪智明	机修车间	管理人员
0024	王培根	设备科	管理人员
0025	梁伟康	技术开发科	技术人员
0026	林茜	质检科	检验员

操作提示

人员档案主要用于设置企业各职能部门中需要进行核算和业务管理的职员信息，必须先设置好部门档案才能在这些部门下设置相应的职员档案。除固定资产和成本管理产品外，其他产品均需使用职员档案。如果企业不需要对职员进行核算和管理，则可以不设置职员档案。

(1) 增加职员档案。

第一步，打开“人员列表”窗口。

在“UFIDA　ERP-U8”应用平台主界面上单击【基础设置】选项，然后双击【基础档案】|【机构人员】|【人员档案】选项，打开“人员列表”窗口，如图 1.18 所示。

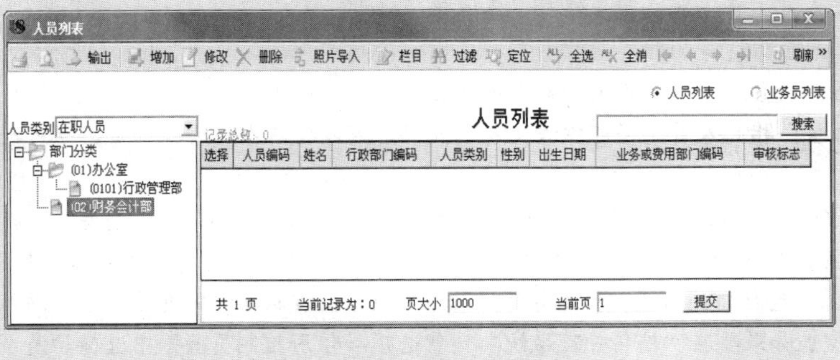

图 1.18　人员列表(一)

第二步，增加职员档案。

在“人员列表”窗口左侧的部门目录中选择要增加人员的末级部门，单击【增加】按钮，显示“人员档案”空白页，在相应的栏目中输入“人员编码”、“人员姓名”、“行政部门”、“人员属性”等信息，如图 1.19 所示。每录完一条职员档案信息后要单击【增加】按钮，保存该职员档案信息，再录入下一条信息。其中，蓝色项目为必填项。

图 1.19　增加职员档案

知识提示

(1) 人员编码：必须录入，必须唯一。

(2) 人员姓名：必须录入，可以重复。

(3) 性别：必须录入。

(4) 人员类别：必须录入，参照人员类别档案。如果“人事信息管理”未启用，则可随时修改；否则不能修改，应由 HR 业务进行处理。

(5) 行政部门：输入该职员所属的行政部门，参照部门档案。

(6) 银行：指人员工资等账户所属银行，参照银行档案。

(7) 账号：指人员工资等的账号。

(8) 人员属性：设置人员属性为采购员、库房管理人员或销售人员等。

(9) 是否操作员：指此人员是否可操作 U8 的产品，可以将本人作为操作员，也可与已有的操作员建立对应关系。

(10) 是否业务员：指此人员是否可操作 U8 其他的业务产品，如总账、库存等。

(11) 生效日期：作为业务员时可操作业务产品的日期，默认为建立人员时的登录日期，可修改。

(12) 信用信息：包括信用额度、信用等级、信用天数，指该职员对所负责的客户的信用额度和最大信用天数，可以为空。如果要在“销售管理系统—销售选项—信用控制页签”中选择“是否有业务员信用控制”，则需要在这里为销售部门从事业务的职员或者是需要进行信用管理的职员设置信用权限。

(2) 修改职员档案。

在“人员列表”窗口中，将光标定位到要修改的职员上，如图 1.20 所示，单击【修改】按钮，即可进入修改状态进行修改，操作员编码不能修改，操作员的名称可随时修改；如果本人作为操作员，则同时保存到操作员表中，同时保存到操作员表中的操作员密码默认为操作员编码。

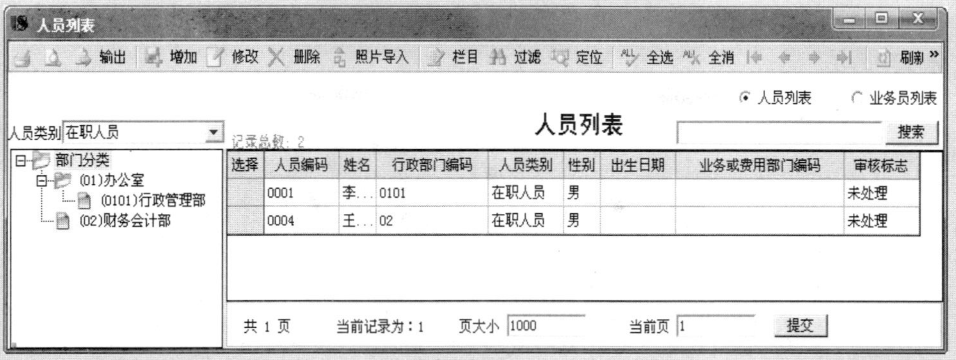

图 1.20　人员列表(二)

1.5.7　设置往来单位

1. 设置地区分类

广州市保温瓶有限公司往来单位地区分类一览表

编　号	名　称
01	国内
0101	东北地区
0102	西北地区
0103	西南地区
0104	华东地区
0105	华南地区
0106	华北地区
02	国外

操作提示

在“UFIDA　ERP-U8”应用平台主界面中，单击【基础设置】，然后双击【基础档案】|【客商信息】|【地区分类】选项，系统将弹出“地区分类”窗口，如图 1.21 所示。然后单击【增加】按钮，按要求输入各项内容，如分类编码为“01”、分类名称为“国内”、分类编码为“0101”、分类名称为“东北地区”，每输入完一项后单击【保存】按钮，保存此次增加的地区类别。

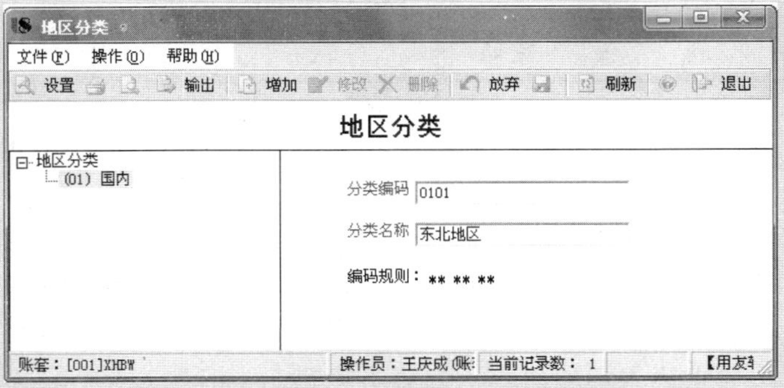

图 1.21　“地区分类”窗口

知识提示

(1) 分类编码：地区分类编码必须唯一，不允许重复，并要注意分类编码字母的大小写。

(2) 分类名称：可以是汉字或英文字母，必须唯一，不能重复，不能为空。

(3) 使用存货、应收应付账管理系统时，会用到供应商档案、客户档案。而供应商档案、客户档案中的所属地区栏目需要填写。如果企业需要对供货单位或客户按地区进行统计，那就应该建立地区分类体系。

(4) 地区分类最多有5级，企业可以根据实际需要进行分类。例如，可以按区、省、市进行分类，也可以按省、市、县进行分类。

(5) 新增的地区分类的分类编码必须与在编码原则中设定的编码级次结构相符。例如，编码级次结构为“XX-XX”，那么，“001”就是一个错误的地区分类编码。

(6) 地区分类必须逐级增加。除了一级地区分类之外，新增的地区分类的分类编码必须有上级分类编码。例如，编码级次结构为“XX-XX”，那么“0101”这个编码只有在编码“01”已存在的前提下才是正确的。

(7) 有下级分类码的地区分类前会出现带框的+符号，双击该分类码时，会出现或取消下级分类码。

2. 建立客户分类及档案

(1) 设置客户分类。

广州市保温瓶有限公司客户分类一览表

类别编码	类别名称
01	工业
02	商业

(2) 设置客户档案。

广州市保温瓶有限公司客户一览表

编号	客户名称	客户简称	所属分类码	所属地区码
11	广州保温容器公司	广州保容	02	0104
12	徐州百货公司	徐州百货	02	0104
13	信谊百货公司	信谊百货	02	0105
14	宁波百货公司	宁波百货	02	0104
15	广州东方百货公司	东方百货	02	0104
16	湖州日用百货公司	湖州百货	02	0104
17	新加坡新中贸易公司	新中贸易	02	02
18	新加坡金狮贸易公司	金狮贸易	02	02
19	泰山证券公司	泰山证券	02	0104

操作提示

(1) 设置客户分类。

在“UFIDA　ERP-U8”应用平台主界面上，单击“基础设置”，然后双击【基础档案】|【客商信息】|【客户分类】选项，系统将弹出“客户分类”窗口，如图1.22所示。然后，单击【增加】按钮，按要求输入各项内容，如分类编码为“01”、分类名称为“工业”，每输入完一个分类后，单击【保存】按钮，保存此次增加的客户分类。

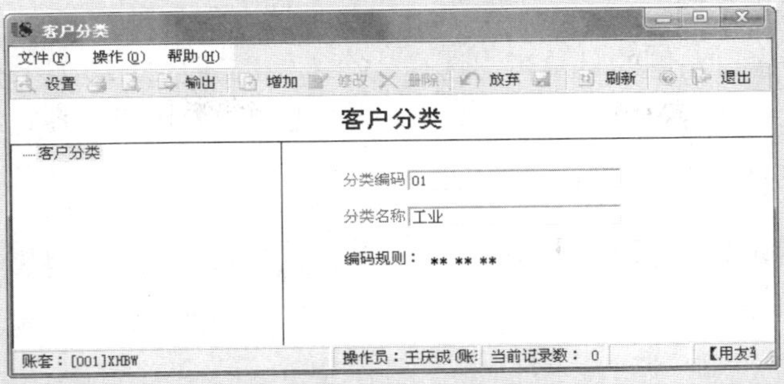

图 1.22　设置客户分类

知识提示

(1) 分类编码：客户的分类编码是系统识别不同客户的唯一标志，所以编码必须唯一，不能重复或修改。

(2) 分类名称：客户的分类名称是用户对客户的信息描述，可以是汉字或英文字母，不能为空。

(3) 如果想对客户进行分类管理，可以通过本功能建立客户分类体系。可将客户按行业、地区等进行划分。

(4) 建立客户分类后，可以将客户设置在最末级的客户分类之下。在客户档案中需要设置的客户，应通过本功能先行设定。

(5) 在有下级分类码的客户分类前会出现带框的+符号，双击该分类码时，会出现或取消下级分类码。

(6) 新增的客户分类的分类编码必须与在编码原则中设定的编码级次结构相符。例如，编码级次结构为“XX-XX”，那么，“001”是一个错误的客户分类编码。

(7) 客户分类必须逐级增加。除了一级客户分类之外，新增的客户分类的分类编码必须有上级分类编码。例如，编码级次结构为“XX-XX”，那么“0101”这个编码只有在编码“01”已存在的前提下才是正确的。

(2) 设置客户档案。

第一步，启动“客户档案”。

在“UFIDA　ERP-U8”应用平台主界面上单击“基础设置”，然后双击【基础档案】|【客商信息】|【客户档案】选项，系统将弹出“客户档案”窗口，如图 1.23 所示。

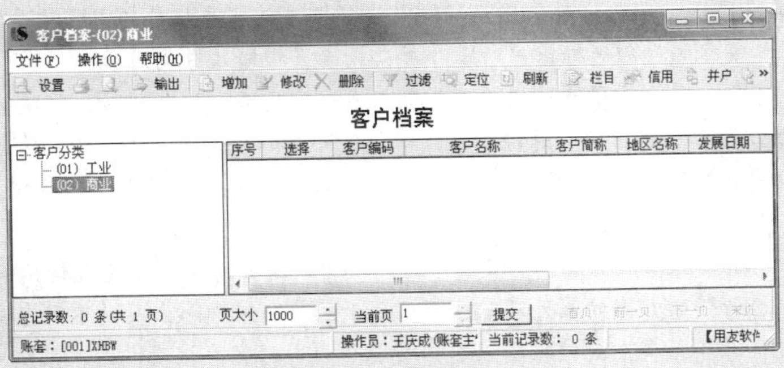

图 1.23　“客户档案”窗口

第二步，选择客户类别。

在“客户档案”窗口左侧的目录树中选择一个末级的客户分类(如果在建立账套时设置客户不分类，则不用进行选择)，如“02 商业”，单击【增加】按钮，系统将弹出“增加客户档案”对话框，如图 1.24 所示。

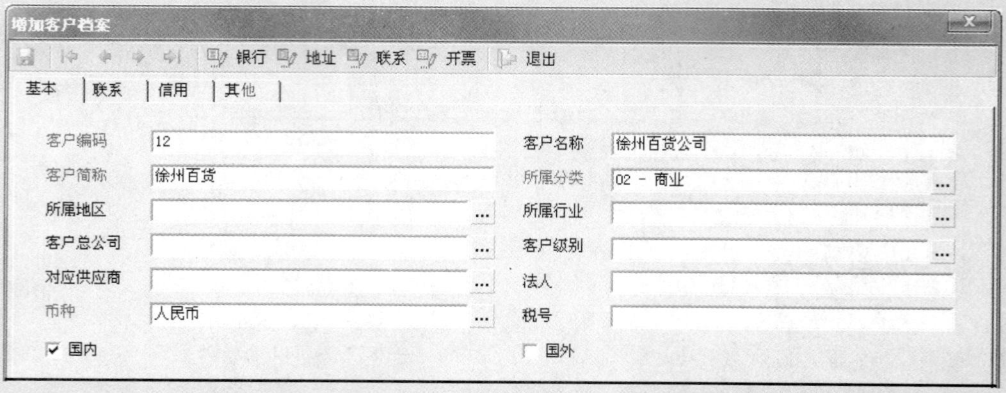

图 1.24　“增加客户档案”对话框

第三步，录入客户档案信息。

在“增加客户档案”对话框中录入相关档案信息资料，例如，“基本”选项卡中的客户编码为“12”，客户名称为“徐州百货公司”，客户简称为“徐州百货”，所属分类为“02”等。还可以选择“联系”、“信用”、“其他”选项卡输入相关信息资料。输入完成后单击【保存】按钮，则保存当前输入信息。可以在编辑状态下单击【增加】按钮，继续增加新的客户。

知识提示

(1) 客户档案对话框中名称显示为蓝字的项目为必填项。

(2) 客户编码：必须唯一，客户编码可以用数字或字符表示，最多可输入 20 位数字或字符。

(3) 客户名称：可以是汉字或英文字母，客户名称最多可写 49 个汉字(或 98 个字符)。客户名称用于销售发票的打印，即打印出来的销售发票的销售客户栏目显示的内容为销售客户的客户名称。

(4) 客户简称：可以是汉字或英文字母，客户名称最多可写 30 个汉字(或 60 个字符)。客户简称用于业务单据和账表的屏幕显示。例如，屏幕显示的销售发货单中的客户栏目的内容就是客户简称。

(5) 所属分类：单击参照按钮选择客户所属分类，或者直接输入分类编码。

(6) 所属地区：可输入客户所属地区的代码，输入系统中已存在的代码时，系统会自动将其转换成地区名称，显示在该栏目的右编辑框内。建议输入代码。也可以用参照输入法，即在输入所属地区代码时用鼠标按参照键显示所有地区选择，再双击选定行或当光标位于选定行时单击确认按钮。

(7) 所属行业：输入客户所归属的行业，可输入汉字。

(8) 客户总公司：指当前客户所隶属的最高一级的公司，该公司必须是已经使用客户档案设置功能设定的另一个客户。在进行销售开票结算处理时，对于属于同一个客户总公司的不同客户的发货业务，可以汇总在一张发票中统一开票结算。此处可输入客户所属总公司的客户编码，输入系统中已存在的编码时，系统会自动将其转换成客户简称，显示在该栏目的右编辑框内。代码也可以采用参照输入法输入。

(9) 客户级别：指客户的等级分类，参照客户级别档案输入。

(10) 对应供应商：在“增加客户档案”对话框中输入的对应供应商名称不允许重复，即不允许有多个客户对应一个供应商的情况出现。例如，当在 001 客户的客户档案中输入了对应供应商编码“666”，则在保存该客户信息时需要同时将666供应商档案中的对应客户编码记录保存为“001”。

(11) 法人：输入客户的企业法人代表的姓名，可输入25个汉字(或50个字符)。

(12) 币种：可输入5个汉字(或10个字符)，可参照选择或输入；所输入的内容应为币种档案中的记录，必须输入但可随时修改。

(13) 税号：输入客户的工商登记税号，用于销售发票税号栏内容的屏幕显示和打印输出。

(14) 国内：指国内客户，如果启用销售系统，新增客户档案默认为“国内”。

(15) 国外：指国外客户，如果未启用销售系统，只启用了出口系统，新增客户档案默认为“国外”。

(16) 开票单位：选择总公司名称或自身的名称录入，必须参照选择输入。

(17) 所属银行：指开户银行对应的总行，参照银行档案输入。

(18) 是否门店：选项为“是”或“否”，默认为“否”，可随时修改。选择“否”选项时，客户档案不下发到零售管理端；选择“是”选项时，则客户档案下发到零售管理端。

(19) 本功能完成对销售客户档案的设置和管理。在存货管理等业务中需要处理的客户档案资料应在本功能中先行设定，平时如有变动应及时在此进行调整。

(20) 已停用的客户(客户档案的停用日期小于当前单据日期的客户)，输入单据时不能再参照，否则系统会提示“此客户已停用，请选择其他客户”。

(21) 在进行单据或账表查询时，已停用的客户仍可继续查询。

(22) 档案增加时指定默认的币种，在单据中直接代出。

(23) 在对客户档案进行打印、输出、查询操作时，系统将分别检查操作员是否拥有客户档案的打印、输出、查询权限。

(24) 在Web客户档案中取消并户的功能。

(25) 按档案的编码方案自动填入档案的编码，可修改。

(26) 对于档案的改动，提供相应的Web档案的服务。

(27) 增加档案时，系统会自动将最后一条记录的编码+1代入，如果最后一位是非数值，则代入时不变。

3. 建立供应商分类及档案

(1) 设置供应商分类。

广州市保温瓶有限公司供商分类一览表

类别编码	类别名称
01	工业
02	商业

(2) 设置供应商档案。

广州市保温瓶有限公司供应商一览表

编　号	供应商名称	供应商简称	所分类码	所属地区码
11	东江有色金属公司	东江金属	01	0104
12	高庄铝制品厂	高庄铝品	01	0103
13	广州瓶胆总厂	广州瓶胆	01	0104
14	天明塑料厂	天明塑料	01	0105
15	化轻涂料供应公司	化轻涂料	02	0104
16	宏达纸品厂	宏达纸品	01	0104
17	广州新丰铝制品厂	新丰铝品	01	0104

续表

编　号	供应商名称	供应商简称	所分类码	所属地区码
18	广州黄浦运输公司	黄浦运输	02	0104
19	长虹建材公司	长虹建材	02	0104
20	广州金属材料公司	广州金材	02	0104
21	广州铝材厂	广州铝材	01	0104
22	东海无线电厂	东海无线	01	0104
23	江弯橡胶厂	江弯橡胶	01	0104
24	威力成套设备公司	威力设备	01	0104
25	光明机械设备有限公司	光明设备	01	0104

操作提示

(1) 设置供应商分类。

在“UFIDA ERP-U8”应用平台主界面上单击“基础设置”，然后双击【基础档案】|【客商信息】|【供应商分类】选项，系统将弹出“供应商分类”窗口，如图 1.25 所示。然后单击【增加】按钮，按要求输入各项内容，如分类编码为“02”、类别名称为“商业”，每输入完一类后单击【保存】按钮，保存此次增加的供应商类别。

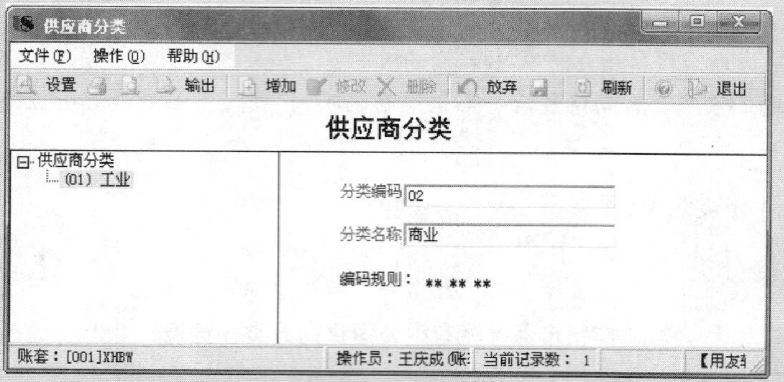

图 1.25　“供应商分类”窗口

知识提示

(1) 分类编码：供应商的分类编码是系统识别不同供应商的唯一标志，所以编码必须唯一，不能重复或修改。

(2) 分类名称：供应商的分类名称是用户对供应商的信息描述，可以是汉字或英文字母，不能为空。

(3) 企业可以根据自身管理的需要对供应商进行分类管理，建立供应商分类体系。可将供应商按行业、地区等进行划分，设置供应商分类后，根据不同的分类建立供应商档案。对供应商没有进行分类管理需求的用户可以不使用本功能。

(4) 建立起供应商分类后，可以将供应商设置在最末级的供应商分类之下。在供应商档案设置中所需要设置的供应商应通过本功能先行设定。

(2) 设置供应商档案。

第一步，启动“供应商档案”。

在“UFIDA　ERP-U8”应用平台主界面上单击“基础设置”，然后双击【基础档案】|【客商信息】|【供应商档案】选项，系统将弹出“供应商档案”窗口，如图 1.26 所示。

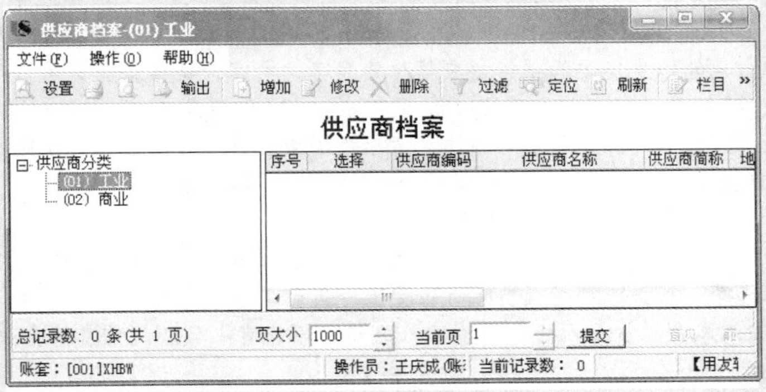

图 1.26　设置供应商档案

第二步，选择供应商类别。

在“供应商档案”窗口左侧的目录树中选择一个末级的供应商分类(如果在建立账套时设置供应商不分类，则不用进行选择)，如“(01)工业”，单击【增加】按钮，进入增加状态，如图 1.27 所示。

第三步，录入供应商档案信息。

在供应商档案卡片中录入相关档案信息资料，如“基本”选项卡中的供应商编码为“12”，供应商名称为“高庄铝制品厂”，供应商简称为“高庄铝品”，所属分类为“01”等。还可以选择“联系”、“信用”、“其他”选项卡输入相关信息资料。输入完成后单击【保存】按钮，则保存当前输入信息。可以在编辑状态下，单击【增加】按钮，继续增加新的供应商。

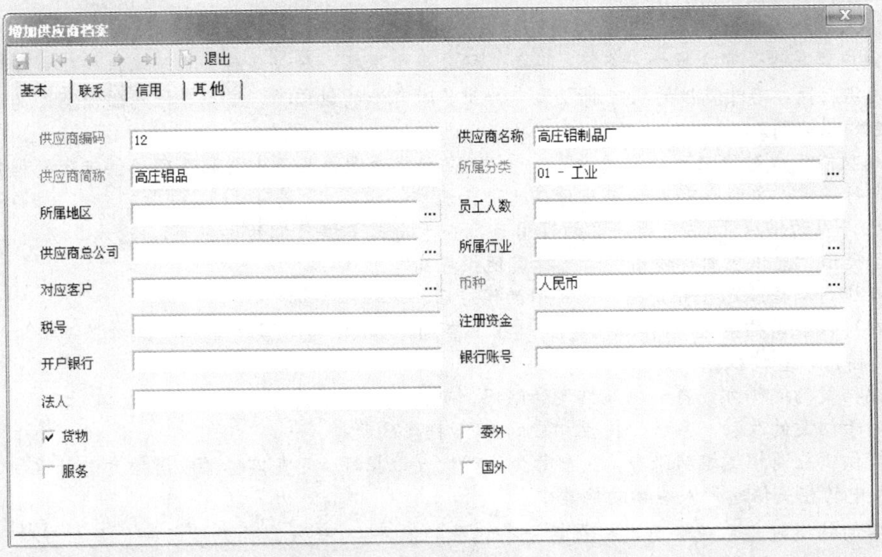

图 1.27　修改部门档案

知识提示

(1) 供应商档案卡片中名称蓝字的项目为必填项。

(2) 供应商编码：必须唯一，可以用数字或字符表示，最多可输入20位数字或字符。

(3) 供应商名称：可以是汉字或英文字母，最多可写49个汉字(或98个字符)。供应商名称用于销售发票的打印，即打印出来的销售发票的销售供应商栏目显示的内容为销售供应商的名称。

(4) 供应商简称：可以是汉字或英文字母，最多可写30个汉字(或60个字符)。供应商简称用于业务单据和账表的屏幕显示。例如，屏幕显示的销售发货单中的供应商栏目的内容为供应商简称。

(5) 所属分类：单击参照按钮选择供应商所属分类，或者直接输入分类编码。

(6) 所属地区：可输入供应商所属地区的代码，输入系统中已存在的代码时，系统会自动将其转换成地区名称，显示在该栏目的右编辑框内。建议输入代码。也可以用参照输入法，即单击参照键会显示所有地区，可在其中进行选择，双击选定行或当光标位于选定行时单击确认按钮。

(7) 员工人数：输入本企业员工人数，只能输入数值，不能有小数。此信息为企业辅助信息，可以不填，也可以随时修改。

(8) 供应商总公司：参照供应商档案选择供应商总公司编码，同时显示供应商简称。供应商总公司指当前供应商所隶属的最高一级的公司，该公司必须是已经使用供应商档案设置功能设定的另一个供应商。在进行供应商开票结算处理时，对于属于同一个供应商总公司的不同供应商的发货业务，可以汇总在一张发票中统一开票结算。

(9) 所属行业：输入供应商所归属的行业，可输入汉字。

(10) 对应客户：在供应商档案中输入的对应客户名称不允许重复，即不允许有多个供应商对应一个客户的情况出现，并且当在001供应商档案中输入了对应客户编码“666”时，则在保存该供应商信息时需要同时将666客户档案中的对应供应商编码记录保存为“001”。

(11) 币种：必须输入，可参照选择或输入，所输入的内容应为币种档案中的记录。默认为本位币。

(12) 税号：输入供应商的工商登记税号，用于销售发票税号栏内容的屏幕显示和打印输出。

(13) 注册资金：输入企业注册资金总额，必须输入数值，可以有2位小数。此信息为企业辅助信息，可以不填，可以随时修改。

(14) 开户银行：输入供应商的开户银行的名称。如果供应商的开户银行有多个，则在此处输入该企业同用户之间发生业务往来时最常用的开户银行。

(15) 银行账号：输入供应商在其开户银行中的账号，可输入50位数字或字符。银行账号应与开户银行栏目所填写的内容相对应。如果供应商在某开户银行中的银行账号有多个，则在此处输入该企业同用户之间发生业务往来时最常用的银行账号。

(16) 法人：输入供应商的企业法人代表的姓名，长度为20个汉字(或40个字符)。

(17) 供应商属性：可在货物、委外、服务三种属性中选择一种或多种，货物属性的供应商即为采购货物时可选的供应商，委外属性的供应商即为委外业务时可选的供应商，服务属性的供应商即为费用或服务业务时可选的供应商。

(18) 本功能完成对供应商档案的设置和管理。在存货管理等业务中需要处理的供应商的档案资料应在本功能中先行设定，平时如有变动应及时在此进行调整。

(19) 已停用的供应商(供应商档案的停用日期小于当前单据日期的供应商)，输入单据时不能再参照，否则系统会提示“此供应商已停用，请选择其他供应商”。

(20) 在进行单据或账表查询时，已停用的供应商仍可继续查询。

(21) 在对供应商档案进行打印(预览)、输出、查询操作时，系统会分别检查操作员是否拥有供应商档案的打印、输出、查询权限。

(22) 按档案的编码方案自动填入档案的编码，可修改。

(23) 对于档案的改动，系统会提供相应的Web档案的服务。

(24) 提供供应商档案编辑服务，在自营企业审批表维护时，可直接对供应商档案进行维护，可将自营企业审批表中的相关信息带入编辑的档案中。

(25) 增加档案时，系统会自动将最后一条记录的编码+1代入，如果最后一位是非数值，则代入时不变。

1.5.8　建立存货档案

1. 设置存货分类

广州市保温瓶有限公司存货分类一览表

序　号	分 类 编 码	分 类 名 称
1	01	原材料
2	02	低值易耗品
3	03	自制半成品
4	04	产成品

2. 设置计量单位

(1) 设置计量单位分组。例如，计量单位组编码为“01”，计量单位名称为“无分组”，计量单位组类别为“无换算”。

(2) 设置计量单位。

广州市保温瓶有限公司存货计量单位一览表

序　号	单 位 编 码	单 位 名 称	所属单位组编码
1	01	吨	01(无分组)
2	02	套	01(无分组)
3	03	把	01(无分组)
4	04	只	01(无分组)
5	05	支	01(无分组)
6	06	台	01(无分组)
7	07	升	01(无分组)
8	08	盒	01(无分组)
9	09	千克	01(无分组)

3. 建立存货档案

广州市保温瓶有限公司存货一览表

序号	存货编码	存货名称	税率	计量单位组名称	计量单位	所属分类	存货属性	计价方式	单价/元
1	0101	铝锭	17	无分组	吨	01 原材料	外购、生产耗用	计划价法	13 500
2	0102	铝片	17	无分组	吨	01 原材料	外购、生产耗用	计划价法	20 000
3	0103	铝配件	17	无分组	套	01 原材料	外购、生产耗用	计划价法	3.80
4	0104	马口铁	17	无分组	吨	01 原材料	外购、生产耗用	计划价法	5 600

续表

序号	存货编码	存货名称	税率	计量单位组名称	计量单位	所属分类	存货属性	计价方式	单价/元
5	0105	塑料粒子	17	无分组	吨	01 原材料	外购、生产耗用	计划价法	10 000
6	0106	瓶胆(大)	17	无分组	只	01 原材料	外购、生产耗用	计划价法	5
7	0107	瓶胆(中)	17	无分组	只	01 原材料	外购、生产耗用	计划价法	4
8	0108	瓶胆(小)	17	无分组	只	01 原材料	外购、生产耗用	计划价法	3
9	0109	黑铁托盘	17	无分组	只	01 原材料	外购、生产耗用	计划价法	0.85
10	0110	不锈钢吸管	17	无分组	支	01 原材料	外购、生产耗用	计划价法	0.65
11	0111	口圈	17	无分组	只	01 原材料	外购、生产耗用	计划价法	0.20
12	0112	底垫	17	无分组	只	01 原材料	外购、生产耗用	计划价法	0.15
13	0113	纸盒	17	无分组	只	01 原材料	外购、生产耗用	计划价法	1.60
14	0114	纸箱	17	无分组	只	01 原材料	外购、生产耗用	计划价法	6
15	0115	漆	17	无分组	千克	01 原材料	外购、生产耗用	计划价法	12
16	0116	稀释剂	17	无分组	千克	01 原材料	外购、生产耗用	计划价法	10
17	0117	汽油	17	无分组	升	01 原材料	外购、生产耗用	计划价法	2
18	0118	机油	17	无分组	升	01 原材料	外购、生产耗用	计划价法	9
19	0119	螺丝钉	17	无分组	盒	01 原材料	外购、生产耗用	计划价法	100
20	0201	压力表	17	无分组	只	02 低值易耗品	外购、生产耗用	计划价法	500
21	0202	电动机	17	无分组	台	02 低值易耗品	外购、生产耗用	计划价法	250
22	0203	安全钳	17	无分组	把	02 低值易耗品	外购、生产耗用	计划价法	10
23	0204	修边刀	17	无分组	把	02 低值易耗品	外购、生产耗用	计划价法	8
24	0205	扳手	17	无分组	把	02 低值易耗品	外购、生产耗用	计划价法	15

续表

序号	存货编码	存货名称	税率	计量单位组名称	计量单位	所属分类	存货属性	计价方式	单价/元
25	0301	铝壳	17	无分组	只	03 自制半成品	自制、生产耗用	全月一次平均法计价	
26	0302	铁壳	17	无分组	只	03 自制半成品	自制、生产耗用		
27	0303	塑壳(大)	17	无分组	只	03 自制半成品	自制、生产耗用		
28	0304	塑壳(中)	17	无分组	只	03 自制半成品	自制、生产耗用		
29	0305	塑壳(小)	17	无分组	只	03 自制半成品	自制、生产耗用		
30	0306	塑配件(大)	17	无分组	只	03 自制半成品	自制、生产耗用		
31	0307	塑配件(中)	17	无分组	只	03 自制半成品	自制、生产耗用		
32	0308	塑配件(小)	17	无分组	只	03 自制半成品	自制、生产耗用		
33	0309	气压式塑配件	17	无分组	只	03 自制半成品	自制、生产耗用		
34	0401	铝壳气压保温瓶	17	无分组	只	04 产成品	自制、销售		
35	0402	铁壳保温瓶	17	无分组	只	04 产成品	自制、销售		
36	0403	塑壳保温瓶(大)	17	无分组	只	04 产成品	自制、销售		
37	0404	塑壳保温瓶(中)	17	无分组	只	04 产成品	自制、销售		
38	0405	塑壳保温瓶(小)	17	无分组	只	04 产成品	自制、销售		

操作提示

1. 设置存货分类

在“UFIDA　ERP-U8”应用平台主界面上单击“基础设置”，然后双击【基础档案】|【存货】|【存货分类】选项，系统将弹出“存货分类”窗口，如图 1.28 所示。直接录入分类编码、分类名称等信息，每录完一类后，单击【保存】按钮，则保存当前输入信息，再录入下一条信息。

知识提示

(1) 分类编码：必须唯一，必须按其级次的先后建立。

(2) 分类名称：必须输入。

(3) 对应条形码：其编码需要手工输入，可以随时修改，可以为空，但不允许重复。对应条形码的数位长度必须等于【条形码定义】设置“数据源类型”为存货分类时定义的长度，否则不能生成相应的存货条码。

(4) 企业可以根据对存货的管理要求对存货进行分类管理，以便对业务数据进行统计和分析。

(5) 存货分类最多可分为 8 级，编码总长不能超过 30 位，每级级长可由用户自定义。存货分类用于设置存货分类编码、名称及所属经济分类。

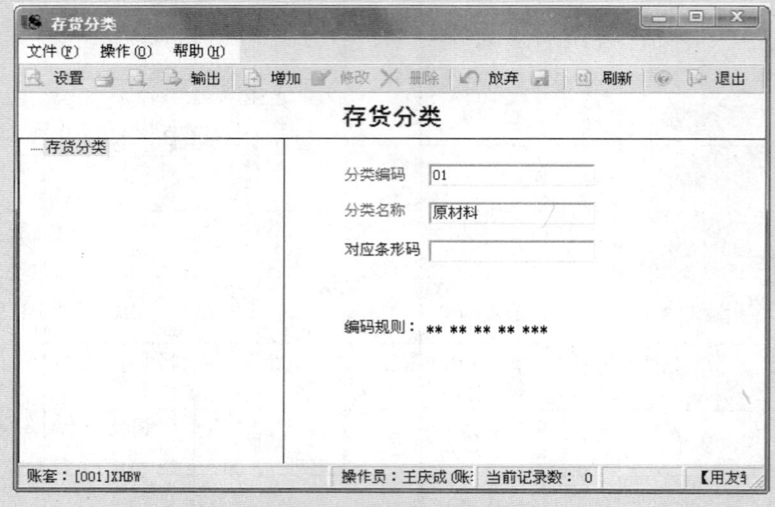

图 1.28　设置存货分类

2. 设置计量单位

第一步，设置计量单位分组。

在“UFIDA　ERP-U8”应用平台主界面上单击“基础设置”，然后双击【基础档案】|【存货】|【计量单位】选项，系统将弹出“计量单位-计量单位组”界面，如图 1.29 所示。

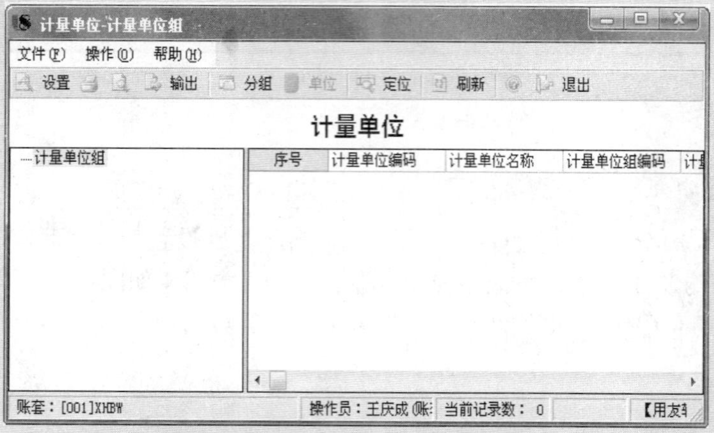

图 1.29　“计量单位-计量单位组”界面

再在“计量单位-计量单位组”主界面上单击【分组】按钮，显示计量单位分组新增界面。单击该界面上【增加】按钮，输入唯一的“计量单位组编码”、“计量单位组名称”，蓝色名称项为必须输入项。输入完成后单击【保存】按钮，保存添加的内容，如图 1.30 所示。

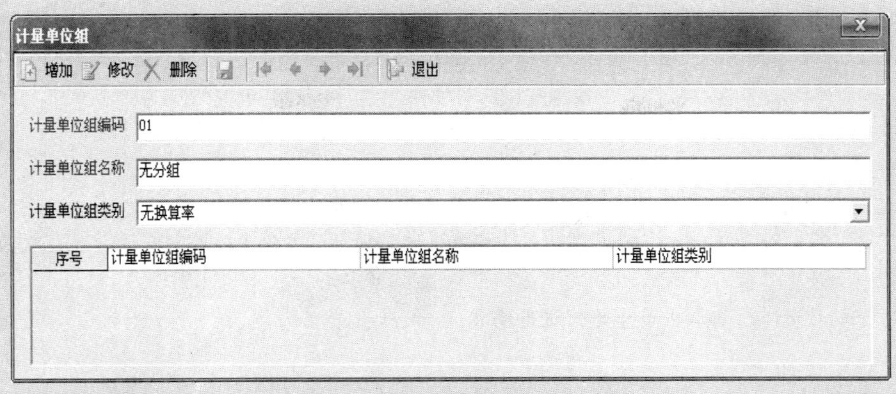

图 1.30　增加计量单位组

第二步，设置计量单位。

在“计量单位组”主界面上将光标移至要增加的计量单位组，单击【单位】按钮，弹出“计量单位”设置对话框。单击该界面上的【增加】按钮，录入计量单位编码、计量单位名称等，录入完成后单击【保存】按钮，保存添加的内容，如图 1.31 所示。

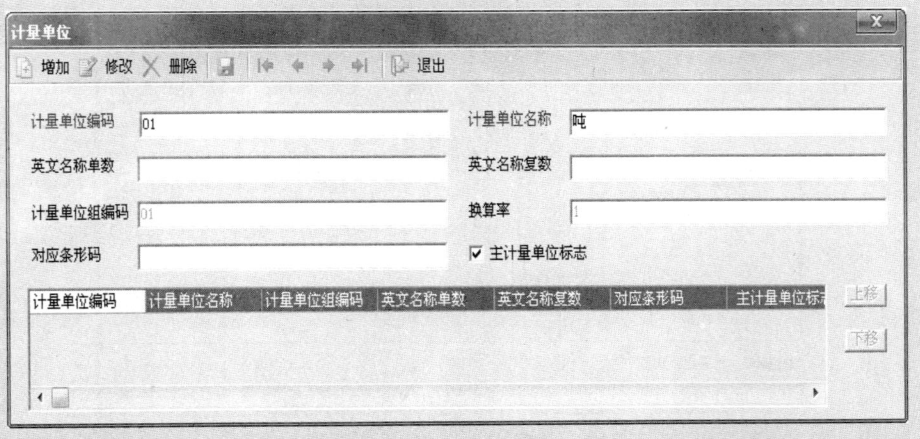

图 1.31　设置计量单位

知识提示

(1) 计量单位编码：录入，必填，保证唯一性。

(2) 计量单位名称：录入，必填。

(3) 英文名称单数：指单数计量单位的英文名称，手工输入。

(4) 英文名称复数：指复数计量单位的英文名称，手工输入且必须唯一。

(5) 计量单位组编码：根据用户建立计量单位时所在的计量单位组代入，不可修改。

(6) 换算率：录入辅计量单位和主计量单位之间的换算比，如一箱啤酒为 24 听，则 24 就是辅计量单位“箱”和主计量单位“听”之间的换算比。

- 主计量单位的换算率自动设置为“1”。
- 无换算计量单位组中不可输入换算率。
- 固定换算的计量单位组，辅计量单位的换算率必须录入。

● 浮动换算的计量单位组，可以录入，也可以为空。

● 数量(按主计量单位计量) = 件数(按辅计量单位计量)×换算率。

(7) 对应条形码：录入，可为空，可随时修改，保证唯一性。对应条形码位长必须等于条形码规则定义设置"数据源类型"为存货单位时定义的长度，否则不能生成相应的存货条形码。

(8) 主计量单位标志：勾选，不可修改。

● 无换算计量单位组下的计量单位全部默认为主计量单位，不可修改。

● 固定、浮动计量单位组：对应每一个计量单位组必须且只能设置一个主计量单位，默认值为该组下增加的第一个计量单位。

● 每个辅计量单位都和主计量单位进行换算。

3. 建立存货档案

第一步，选择存货类别。

在"UFIDA ERP-U8"应用平台主界面上单击"基础设置"，然后双击【基础档案】|【存货】|【存货档案】选项，系统将弹出"存货档案-(01)原材料"窗口，如图 1.32 所示。选择存货类，如(01)原材料，单击【增加】按钮，系统将弹出"增加存货档案"对话框，如图 1.33 所示。

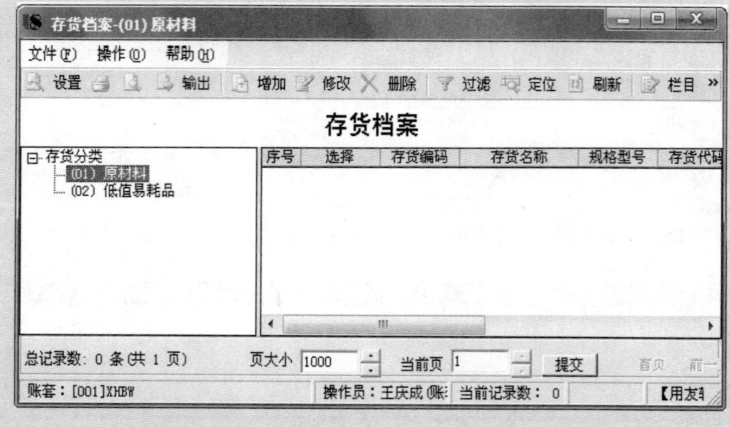

图 1.32 建立存货档案

第二步，建立存货档案卡片。

在"增加存货档案"对话框的各选项卡中录入相应的信息，如在"基本"选项卡中录入存货编码为"0101"，存货名称为"铝锭"，主计量单位为"01-吨"等信息。完成后单击【保存】按钮，这时该项存货的档案将被保存，并在"存货档案"窗口显示存货档案记录。

知识提示

(1) 存货编码：必须输入，最多可输入 20 位数字或字符。

(2) 存货名称：蓝色名称的项目为必填项。最多可输入 20 个汉字(或 40 个字符)。

(3) 规格型号：输入产品的规格编号，最多可输入 30 个汉字(或 60 个字符)。

(4) 存货代码：可输入可不输入，可重复。

(5) 英文名：若该存货为进口药品，则录入其英文药名。

(6) 通用名称：录入，可为空。

(7) 计量单位组：可参照选择录入，最多可输入 20 位数字或字符。

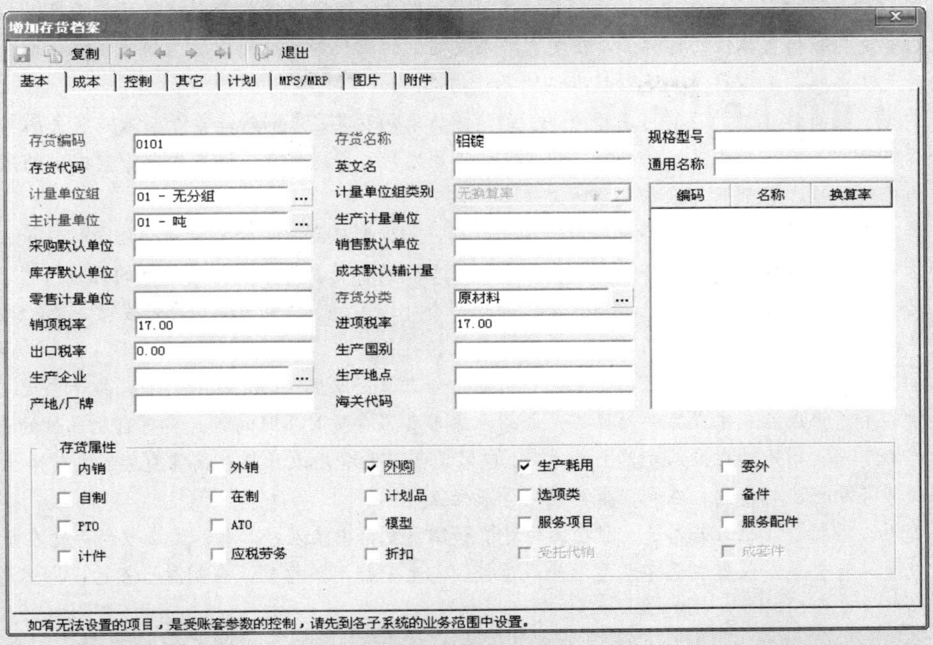

图 1.33　“增加存货档案”对话框

(8) 计量单位组类别：根据已选的计量单位组系统自动代入。

(9) 主计量单位：根据已选的计量单位组，显示或选择不同的计量单位。

(10) 生产计量单位：设置生产制造系统时默认使用的辅计量单位。对应每个计量单位组均可以设置一个生产订单系统缺省使用的辅计量单位。

(11) 库存(采购、销售、成本、零售)系统默认单位：对应每个计量单位组均可以设置一个且最多设置一个库存(采购、销售、成本、零售)系统缺省使用的辅计量单位。其中，成本默认辅计量单位，不可输入主计量单位。

(12) 存货分类：系统根据用户增加存货前所选择的存货分类自动填写，用户可以修改。

(13) 销项税率：录入，此税率为销售单据上该存货默认的销项税税率，系统默认值为 17，可修改，可以输入小数位，允许输入的小数位长根据数据精度对税率小数位数的要求进行限制，可修改。

(14) 进项税率：默认新增档案时进项税=销项税=17%，可修改。

(15) 出口税率：默认新增档案时出口税率=0，申报的时候进项税填写销项税，出口税率填“0”，可修改。

(16) 生产国别：录入，可为空，对于进口药品，需要录入其生产国别。

(17) 生产企业：录入或参照，参照内容为供应商档案，即当前药品的生产企业。如果此企业是本单位的供应商，则可以直接参照供应商档案进行选择；如果不是，则直接录入。

(18) 生产地点：即药品生产的地点。录入，可为空。

(19) 产地/厂牌：录入，可为空。

(20) 海关代码：录入，可为空。

(21) 存货属性：系统为存货设置了 18 种属性。同一存货可以设置多个属性，但当一个存货同时被设置为自制、委外和(或)外购时，MPS/MRP 系统默认“自制”为其最高优先属性而自动建议计划生产订单；而当一个存货同时被设置为委外和外购时，MPS/MRP 系统默认“委外”为其最高优先属性而自动建议计划委外订单。

(22) 内销：具有该属性的存货可用于销售。发货单、发票、销售出库单等与销售有关的单据参照存货时，参照的都是具有销售属性的存货。开在发货单或发票上的应税劳务也应设置为销售属性，否则开发货单或发票时无法参照。升级的数据默认为内销属性，新增存货档案“内销”默认为不作勾选。

(23) 外销：具有该属性的存货可用于销售。发货单、发票、销售出库单等与销售有关的单据参照存货时，参照的都是具有销售属性的存货。开在发货单或发票上的应税劳务也应设置为销售属性，否则开发货单或发票时无法参照。新增存货档案外销默认为不作勾选。

(24) 外购：具有该属性的存货可用于采购。到货单、采购发票、采购入库单等与采购有关的单据参照存货时，参照的都是具有外购属性的存货。开在采购专用发票、普通发票、运费发票等票据上的采购费用也应设置为外购属性，否则开具采购发票时无法参照。

(25) 生产耗用：具有该属性的存货可用于生产耗用，如生产产品耗用的原材料、辅助材料等。具有该属性的存货可用于材料的领用。材料出库单参照存货时参照的都是具有生产耗用属性的存货。

(26) 委外：具有该属性的存货主要用于委外管理。委外订单、委外到货单、委外发票、委外入库单等与委外有关的单据参照存货时参照的都是具有委外属性的存货。

(27) 自制：具有该属性的存货可由企业生产自制，如工业企业生产的产成品、半成品等存货。具有该属性的存货可用于产成品或半成品的入库，产成品入库单参照存货时参照的都是具有自制属性的存货。

(28) 应税劳务：指开具在采购发票上的运费、包装费等采购费用或开具在销售发票或发货单上的应税劳务。应税劳务属性应与自制、在制、生产耗用等属性互斥。

(29) 折扣：即折让属性，若勾选，则在采购发票和销售发票中录入折扣额。该属性的存货在开发票时可以没有数量只有金额；或者在蓝字发票中开成负数。与生产耗用、自制、在制属性互斥，即不能与这3个属性中的任意两个同时录入。

(30) 受托代销：若勾选，则该存货(已设置为外购属性)可以进行受托代销业务。

(31) 成套件：若勾选，则该存货可以进行成套业务。

(32) 质检：勾选此项表示该存货需要进行质量检验。启用《GSP质量管理》时，质检属性存货可以编辑存货档案医药页；启用《质量管理》时，需要编辑存货档案质量页和供应商存货对照表中的质量页。

(33) 计价方式：当用户的存货成本核算方式为“按存货核算”时，该属性必须设置且严格起控制作用，核算过程中将严格按照用户设置的计价方式进行成本的确认，该属性具体要求如下。

- 每种存货只能选择一种计价方式，最多可输入20位数字或字符。
- 行业类型为“工业”时，提供如下选项：计划价、全月平均、移动平均、先进先出、后进先出、个别计价。
- 行业类型为“商业”时，提供如下选项：售价、全月平均、移动平均、先进先出、后进先出、个别计价。

(34) 计划单价/售价：该属性对于计划价法核算的账套必须设置，因为在单据记账等的处理中必须使用该单价。计算差异和差异率也以该价格为基础，工业企业使用计划价对存货进行核算，商业企业使用售价对存货进行核算，根据核算方式的不同，分别按照仓库、部门、存货设置计划价/售价核算。

1.5.9 设置外币

币符：USD　　币名：美元

操作提示

在“UFIDA ERP-U8”应用平台主界面上单击“基础设置”，然后双击【基础档案】|【财务】|【外币设置】选项，系统将弹出“外币设置”窗口，如图1.34所示。录入币符、币名等信息后单击【确认】按钮，完成后单击【退出】按钮。

知识提示

模拟企业外币业务核算方法为：外币业务按发生当日的市场汇率折合记账，外币账户余额按月末市场汇率进行调整。故在进行外币设置时，暂时先不用录入记账汇率，待期末进行调汇时再设置调整汇率。

图 1.34 设置外币

1.5.10 建立会计科目档案

1. 设置会计科目

广州市保温瓶有限公司会计科目一览表

类型	级次	科目编码	科目名称	计量单位/外币	辅助账类型	账页格式	余额方向
资产	1	1001	库存现金		日记账	金额式	借
资产	1	1002	银行存款		日记账、银行账	金额式	借
资产	2	100201	工商银行		日记账、银行账	金额式	借
资产	3	10020101	工行人民币户		日记账、银行账	金额式	借
资产	3	10020102	社保基金专户		日记账、银行账	金额式	借
资产	2	100202	中行人民币户		日记账、银行账	金额式	借
资产	1	1012	其他货币资金			金额式	借
资产	2	101201	银行本票存款			金额式	借
资产	2	101202	银行汇票存款			金额式	借
资产	2	101203	待转让支票			金额式	借
资产	2	101204	存出投资款			金额式	借
资产	3	10120401	证券资金户			金额式	借
资产	1	1101	交易性金融资产			金额式	借
资产	2	110101	债券投资			金额式	借
资产	3	11010101	国库券			金额式	借
资产	4	1101010101	投资成本			金额式	借
资产	4	1101010102	公允价值变动			金额式	借
资产	2	110103	基金			金额式	借
资产	2	110104	其他			金额式	借

续表

类型	级次	科目编码	科目名称	计量单位/外币	辅助账类型	账页格式	余额方向
资产	1	1121	应收票据		客户往来	金额式	借
资产	2	112101	银行承兑汇票		客户往来	金额式	借
资产	2	112102	商业承兑汇票		客户往来	金额式	借
资产	1	1122	应收账款		客户往来	金额式	借
资产	2	112201	应收人民币		客户往来	金额式	借
资产	2	112202	应收外币	美元	客户往来	外币式	借
资产	1	1123	预付账款			金额式	借
资产	2	112301	报刊订阅费			金额式	借
资产	2	112302	财产保险费			金额式	借
资产	2	112303	机动车辆保险费			金额式	借
资产	1	1131	应收股利			金额式	借
资产	1	1132	应收利息			金额式	借
资产	1	1221	其他应收款			金额式	借
资产	2	122101	行政科定额备用金		部门核算	金额式	借
资产	2	122102	职工借款		个人往来	金额式	借
资产	2	122103	包装物押金			金额式	借
资产	2	122104	其他应收款项			金额式	借
资产	1	1231	坏账准备			金额式	贷
资产	2	123101	应收票据			金额式	贷
资产	2	123102	应收账款			金额式	贷
资产	2	123103	其他应收款			金额式	贷
资产	1	1401	材料采购		供应商往来	金额式	借
资产	2	140101	铝材类		供应商往来	金额式	借
资产	2	140102	铝配件		供应商往来	金额式	借
资产	2	140103	马口铁		供应商往来	金额式	借
资产	2	140104	塑料粒子		供应商往来	金额式	借
资产	2	140105	瓶胆类		供应商往来	金额式	借
资产	2	140106	辅助材料类		供应商往来	金额式	借
资产	2	140107	低值易耗品		供应商往来	金额式	借
资产	1	1403	原材料			金额式	借
资产	2	140301	铝材类			金额式	借
资产	3	14030101	铝锭	吨		数量金额式	借
资产	3	14030102	铝片	吨		数量金额式	借
资产	2	140302	铝配件	套		数量金额式	借
资产	2	140303	马口铁	吨		数量金额式	借
资产	2	140304	塑料粒子	吨		数量金额式	借
资产	2	140305	瓶胆类			金额式	借
资产	3	14030501	大号	只		数量金额式	借

续表

类型	级次	科目编码	科目名称	计量单位/外币	辅助账类型	账页格式	余额方向
资产	3	14030502	中号	只		数量金额式	借
资产	3	14030503	小号	只		数量金额式	借
资产	2	140306	辅助材料类			金额式	借
资产	3	14030601	黑铁托盘	只		数量金额式	借
资产	3	14030602	不锈钢吸管	支		数量金额式	借
资产	3	14030603	口圈	只		数量金额式	借
资产	3	14030604	底垫	只		数量金额式	借
资产	3	14030605	纸盒	只		数量金额式	借
资产	3	14030606	纸箱	只		数量金额式	借
资产	3	14030607	漆	千克		数量金额式	借
资产	3	14030608	稀释剂	千克		数量金额式	借
资产	3	14030609	汽油	升		数量金额式	借
资产	3	14030610	机油	升		数量金额式	借
资产	3	14030611	螺丝钉	盒		数量金额式	借
资产	1	1404	材料成本差异			金额式	借
资产	2	140401	铝材类			金额式	借
资产	2	140402	铝配件			金额式	借
资产	2	140403	马口铁			金额式	借
资产	2	140404	塑料粒子			金额式	借
资产	2	140405	瓶胆类			金额式	借
资产	2	140406	辅助材料类			金额式	借
资产	2	140407	低值易耗品			金额式	借
资产	1	1405	库存商品	只	项目核算	数量金额式	借
资产	1	1406	发出商品	只	项目核算	数量金额式	借
资产	1	1407	商品进销差价			金额式	贷
资产	1	1408	委托加工物资		项目供应商	金额式	借
资产	1	1409	自制半成品	只	项目核算	数量金额式	借
资产	1	1410	低值易耗品			金额式	借
资产	2	141001	压力表			数量金额式	借
资产	3	14100101	在库	只		数量金额式	借
资产	3	14100102	在用	只		数量金额式	借
资产	3	14100103	摊销	只		数量金额式	借
资产	2	141002	电动机			数量金额式	借
资产	3	14100201	在库	台		数量金额式	借
资产	3	14100202	在用	台		数量金额式	借
资产	3	14100203	摊销	台		数量金额式	借
资产	2	141003	安全钳	把		数量金额式	借
资产	2	141004	修边刀	把		数量金额式	借

续表

类型	级次	科目编码	科目名称	计量单位/外币	辅助账类型	账页格式	余额方向
资产	2	141005	扳手	把		数量金额式	借
资产	1	1471	存货跌价准备			金额式	贷
资产	1	1501	持有至到期投资			金额式	借
资产	2	150101	委托贷款			金额式	借
资产	2	15010101	成本			金额式	借
资产	1	1502	持有至到期投资减值准备			金额式	贷
资产	1	1503	可供出售金融资产			金额式	借
资产	1	1511	长期股权投资			金额式	借
资产	2	151101	信谊百货公司			金额式	借
资产	3	15110101	成本			金额式	借
资产	3	15110102	损益调整			金额式	借
资产	2	151102	高庄铝制品厂			金额式	借
资产	3	15110201	成本			金额式	借
资产	3	15110202	损益调整			金额式	借
资产	2	151103	彩虹塑料厂			金额式	借
资产	1	1512	长期股权减值准备			金额式	贷
资产	1	1601	固定资产			金额式	借
资产	1	1602	累计折旧			金额式	贷
资产	1	1503	固定资产减值准备			金额式	贷
资产	1	1604	在建工程		项目核算	金额式	借
资产	1	1605	工程物资			金额式	借
资产	1	1606	固定资产清理			金额式	借
资产	1	1701	无形资产			金额式	借
资产	2	170101	非专利技术			金额式	借
资产	1	1702	累计摊销			金额式	贷
资产	1	1703	无形资产减值准备			金额式	贷
资产	1	1711	商誉			金额式	借
资产	1	1801	长期待摊费用			金额式	借
资产	1	1811	递延所得税资产			金额式	借
资产	1	1901	待处理财产损溢			金额式	借
资产	2	190101	待处理流动资产损益			金额式	借
资产	2	190102	待处理固定资产损益			金额式	借
负债	1	2001	短期借款			金额式	贷
负债	2	200101	中国银行			金额式	贷

续表

类型	级次	科目编码	科目名称	计量单位/外币	辅助账类型	账页格式	余额方向
负债	1	2201	应付票据		供应商往来	金额式	贷
负债	2	220101	商业承兑汇票		供应商往来	金额式	贷
负债	2	220102	银行承兑汇票		供应商往来	金额式	贷
负债	1	2202	应付账款		供应商往来	金额式	贷
负债	1	2203	预收账款		客户往来	金额式	贷
负债	1	2211	应付职工薪酬			金额式	贷
负债	2	221101	应付工资			金额式	贷
负债	2	221102	应付福利费			金额式	贷
负债	2	221103	应付养老保险费			金额式	贷
负债	2	221104	应付住房公积金			金额式	贷
负债	2	221105	应付医疗保险费			金额式	贷
负债	2	221106	应付失业保险费			金额式	贷
负债	2	221107	应付工伤保险费			金额式	贷
负债	2	221108	应付生育保险费			金额式	贷
负债	2	221109	应付工会经费			金额式	贷
负债	2	221110	应付职工教育经费			金额式	贷
负债	2	221111	解除劳动关系给予的补偿			金额式	贷
负债	1	2221	应交税费			金额式	贷
负债	2	222101	应交增值税			金额式	贷
负债	3	22210101	进项税额			金额式	贷
负债	3	22210102	已交税金			金额式	贷
负债	3	22210103	转出未交增值税			金额式	贷
负债	3	22210104	减免税款			金额式	贷
负债	3	22210105	销项税额			金额式	贷
负债	3	22210106	出口退税			金额式	贷
负债	3	22210107	进项税额转出			金额式	贷
负债	3	22210108	出口抵减内销产品应纳税额			金额式	贷
负债	3	22210109	转出多交增值税			金额式	贷
负债	2	222102	未交增值税			金额式	贷
负债	2	222103	应交营业税			金额式	贷
负债	2	222104	应交消费税			金额式	贷
负债	2	222105	应交资源税			金额式	贷
负债	2	222106	应交所得税			金额式	贷
负债	2	222107	应交土地增值税			金额式	贷
负债	2	222108	应交城市维护建设税			金额式	贷
负债	2	222109	应交房产税			金额式	贷
负债	2	222110	应交土地使用税			金额式	贷

续表

类型	级次	科目编码	科目名称	计量单位/外币	辅助账类型	账页格式	余额方向
负债	2	222111	应交车船使用税			金额式	贷
负债	2	222112	应交个人所得税			金额式	贷
负债	2	222113	应交教育费附加			金额式	贷
负债	1	2231	应付利息			金额式	贷
负债	2	223101	应付短期借款利息			金额式	贷
负债	2	223102	应付长期借款利息			金额式	贷
负债	1	2232	应付股利			金额式	贷
负债	1	2241	其他应付款			金额式	贷
负债	2	224101	代扣养老保险费			金额式	贷
负债	2	224102	代扣住房公积金			金额式	贷
负债	2	224103	代扣医疗保险费			金额式	贷
负债	2	224104	代扣失业保险费			金额式	贷
负债	2	224105	代扣工会会费			金额式	贷
负债	2	224106	其他			金额式	贷
负债	1	2501	长期借款			金额式	贷
负债	2	250101	工商银行			金额式	贷
负债	3	25010101	建造仓库专门借款			金额式	贷
负债	1	2502	应付债券			金额式	贷
负债	2	250201	债券面值			金额式	贷
负债	2	250202	债券溢价			金额式	贷
负债	2	250203	债券折价			金额式	贷
负债	2	250204	应计利息			金额式	贷
负债	1	2701	长期应付款			金额式	贷
负债	1	2711	专项应付款			金额式	贷
负债	1	2901	递延所得税负债			金额式	贷
权益	1	4001	实收资本			金额式	贷
权益	2	400101	立信股份有限公司			金额式	贷
权益	2	400102	广州瓶胆总厂			金额式	贷
权益	1	4002	资本公积			金额式	贷
权益	2	400201	资本溢价			金额式	贷
权益	2	400202	其他资本公积			金额式	贷
权益	1	4101	盈余公积			金额式	贷
权益	2	410101	法定盈余公积			金额式	贷
权益	2	410102	任意盈余公积			金额式	贷
权益	2	410103	法定公益金			金额式	贷
权益	1	4103	本年利润			金额式	贷
权益	1	4104	利润分配			金额式	贷
权益	2	410401	提取法定盈余公积			金额式	贷
权益	2	410402	提取任意盈余公积			金额式	贷

续表

类型	级次	科目编码	科目名称	计量单位/外币	辅助账类型	账页格式	余额方向
权益	2	410403	应付现金股利或利润			金额式	贷
权益	2	410404	未分配利润			金额式	贷
成本	1	5001	生产成本			金额式	借
成本	2	500101	基本生产成本			金额式	借
成本	3	50010101	铝壳			金额式	借
成本	4	5001010101	主要材料			金额式	借
成本	4	5001010102	辅助材料			金额式	借
成本	4	5001010103	职工薪酬			金额式	借
成本	4	5001010104	制造费用			金额式	借
成本	3	50010102	铁壳			金额式	借
成本	4	5001010201	主要材料			金额式	借
成本	4	5001010202	辅助材料			金额式	借
成本	4	5001010203	职工薪酬			金额式	借
成本	4	5001010204	制造费用			金额式	借
成本	3	50010103	塑壳类			金额式	借
成本	4	5001010301	主要材料			金额式	借
成本	4	5001010302	职工薪酬			金额式	借
成本	4	5001010303	制造费用			金额式	借
成本	3	50010104	塑配件类			金额式	借
成本	4	5001010401	主要材料			金额式	借
成本	4	5001010402	职工薪酬			金额式	借
成本	4	5001010403	制造费用			金额式	借
成本	3	50010105	气压式塑配件			金额式	借
成本	4	5001010501	主要材料			金额式	借
成本	4	5001010502	职工薪酬			金额式	借
成本	4	5001010503	制造费用			金额式	借
成本	3	50010106	铝壳气压保温瓶			金额式	借
成本	4	5001010601	辅助材料			金额式	借
成本	4	5001010602	自制半成品			金额式	借
成本	4	5001010603	瓶胆			金额式	借
成本	4	5001010604	职工薪酬			金额式	借
成本	4	5001010605	制造费用			金额式	借
成本	3	50010107	铁壳保温瓶			金额式	借
成本	4	5001010701	主要材料			金额式	借
成本	4	5001010702	辅助材料			金额式	借
成本	4	5001010703	自制半成品			金额式	借
成本	4	5001010704	瓶胆			金额式	借
成本	4	5001010705	职工薪酬			金额式	借

续表

类型	级次	科目编码	科目名称	计量单位/外币	辅助账类型	账页格式	余额方向
成本	4	5001010706	制造费用			金额式	借
成本	3	50010108	塑壳保温瓶(大)			金额式	借
成本	4	5001010801	辅助材料			金额式	借
成本	4	5001010802	自制半成品			金额式	借
成本	4	5001010803	瓶胆			金额式	借
成本	4	5001010804	职工薪酬			金额式	借
成本	4	5001010805	制造费用			金额式	借
成本	3	50010109	塑壳保温瓶(中)			金额式	借
成本	4	5001010901	辅助材料			金额式	借
成本	4	5001010902	自制半成品			金额式	借
成本	4	5001010903	瓶胆			金额式	借
成本	4	5001010904	职工薪酬			金额式	借
成本	4	5001010905	制造费用			金额式	借
成本	3	50010110	塑壳保温瓶(小)			金额式	借
成本	4	5001011001	辅助材料			金额式	借
成本	4	5001011002	自制半成品			金额式	借
成本	4	5001011003	瓶胆			金额式	借
成本	4	5001011004	职工薪酬			金额式	借
成本	4	5001011005	制造费用			金额式	借
成本	2	500102	辅助生产成本			金额式	借
成本	3	50010201	职工薪酬			金额式	借
成本	3	50010202	折旧费			金额式	借
成本	3	50010203	财产保险费			金额式	借
成本	3	50010204	低值易耗品及材料消耗			金额式	借
成本	3	50010205	水电费			金额式	借
成本	3	50010206	其他			金额式	借
成本	1	5101	制造费用			金额式	借
成本	2	510101	制壳车间			金额式	借
成本	3	51010101	职工薪酬			金额式	借
成本	3	51010102	折旧费			金额式	借
成本	3	51010103	修理费			金额式	借
成本	3	51010104	财产保险费			金额式	借
成本	3	51010105	低值易耗品及材料消耗			金额式	借
成本	3	51010106	水电费			金额式	借
成本	3	51010107	办公费			金额式	借
成本	3	51010108	其他			金额式	借

续表

类型	级次	科目编码	科目名称	计量单位/外币	辅助账类型	账页格式	余额方向
成本	2	510102	塑料车间			金额式	借
成本	3	51010201	职工薪酬			金额式	借
成本	3	51010202	折旧费			金额式	借
成本	3	51010203	修理费			金额式	借
成本	3	51010204	财产保险费			金额式	借
成本	3	51010205	低值易耗品及材料消耗			金额式	借
成本	3	51010206	水电费			金额式	借
成本	3	51010207	办公费			金额式	借
成本	3	51010208	其他			金额式	借
成本	2	510103	装配车间			金额式	借
成本	3	51010301	职工薪酬			金额式	借
成本	3	51010302	折旧费			金额式	借
成本	3	51010303	修理费			金额式	借
成本	3	51010304	财产保险费			金额式	借
成本	3	51010305	低值易耗品及材料消耗			金额式	借
成本	3	51010306	水电费			金额式	借
成本	3	51010307	办公费			金额式	借
成本	3	51010308	其他			金额式	借
成本	1	5201	劳务成本			金额式	借
损益	1	6001	主营业务收入	只	项目核算	数量金额式	贷
损益	2	600101	内销收入	只	项目核算	数量金额式	贷
损益	2	600101	外销收入	只	项目核算	数量金额式	贷
损益	1	6051	其他业务收入			金额式	贷
损益	1	6101	公允价值变动损益			金额式	贷
损益	1	6111	投资收益			金额式	贷
损益	1	6301	营业外收入			金额式	贷
损益	1	6401	主营业务成本			金额式	借
损益	1	6402	其他业务成本			金额式	借
损益	1	6403	营业税金及附加			金额式	借
损益	1	6601	销售费用			金额式	借
损益	1	6602	管理费用			金额式	借
损益	2	660201	职工薪酬			金额式	借
损益	2	660202	职工保险及公积金			金额式	借
损益	2	660203	教育及工会经费			金额式	借
损益	2	660204	折旧、修理及财产保险费			金额式	借

续表

类型	级次	科目编码	科目名称	计量单位/外币	辅助账类型	账页格式	余额方向
损益	2	660205	无形资产摊销			金额式	借
损益	2	660206	材料消耗			金额式	借
损益	2	660207	存货盘亏(减盘盈)			金额式	借
损益	2	660208	水电费			金额式	借
损益	2	660209	电话费			金额式	借
损益	2	660210	业务招待费			金额式	借
损益	2	660211	交通、差旅费			金额式	借
损益	2	660212	税金			金额式	借
损益	2	660213	办公费及其他			金额式	借
损益	1	6603	财务费用			金额式	借
损益	1	6701	资产减值损失			金额式	借
损益	1	6711	营业外支出			金额式	借
损益	1	6801	所得税费用			金额式	借
损益	1	6901	以前年度损益调整			金额式	借

2. 指定会计科目

现金总账科目：1001 库存现金

银行总账科目：1002 银行存款

现金流量科目：1001 库存现金、10020101 工行人民币户、10020102 社保基金户、100202 中行人民币户、101201 银行本票存款、101202 银行汇票存款、101203 待转让支票、10120401 证券资金户、11010101 投资成本、11010101 公允价值变动、110102 基金、110103 其他、122101 行政科定额备用金、122102 职工借款、122103 包装物押金、122104 其他应收款项

操作提示

(1) 新增会计科目。

第一步，启动“会计科目”。

在“UFIDA ERP-U8”应用平台主界面，单击选定“基础设置”，然后双击【基础档案】|【财务】|【会计科目】，系统将弹出“会计科目”设置界面，如图 1.35 所示。

第二步，新增会计科目。

在“会计科目”设置界面，单击【增加】按钮，系统将弹出“新增会计科目”界面，如图 1.36 所示，分别录入“科目编码”、“科目名称”及相关信息，完成后单击【确定】按钮。如需继续新增科目，单击【确定】按钮后，再在此界面直接单击【增加】按钮即可继续进行相关录入与设置。

图 1.35 会计科目设置界面

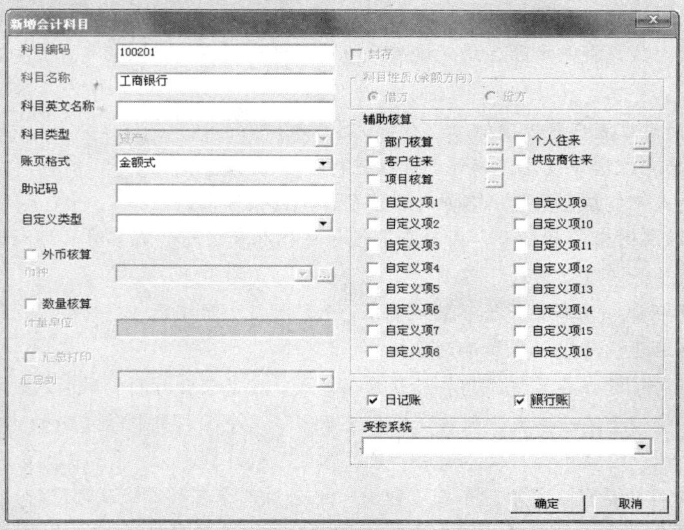

图 1.36 新增会计科目

知识提示

(1) 级次：即科目级次，以数字“1、2、3、4、5、6”表示，数字即代表科目级次，如“1”代表一级科目，“2”代表二级科目。级次由系统根据科目编码自动定义。

(2) 科目编码：必须唯一，必须按其级次的先后建立。科目编码只能用数字 0～9、英文字母 A～Z 或 a～z、减号-及正斜杠/表示，其他字符，如 &”’、空格等禁止使用。

(3) 科目名称分为科目名称和科目英文名称，可以是汉字、英文字母或数字，可以是减号-、正斜杠/，但不能输入其他字符。

(4) 科目类型：行业性质为企业时，科目类型分为资产、负债、所有者权益、成本、损益，没有成本类的企业可不设成本类；行业性质为行政单位或事业单位时，按新会计制度科目类型设置。

(5) 账页格式：定义该科目在账簿打印时的默认打印格式。系统提供了金额式、外币金额式、数量金额式、外币数量式 4 种账页格式供选择。一般情况下，有外币核算的科目可设为外币金额式，有数量核算的科目可设为数量金额式，既有外币又有数量核算的科目可设为外币数量式，既无外币又无数量核算的科目可设为金额式。

(6) 助记码：用于帮助记忆科目，一般可用科目名称中各个汉字拼音的首字母组成。例如，管理费用拼音为“guan li fei yong”，则管理费用的助记码可写为“glfy”。这样在制单或查账中需录入管理费用时，可录其助记码“glfy”而不用录入汉字“管理费用”，可加快录入速度，也可减少汉字录入量。在需要录入科目的地方输入助记码，系统可自动将助记码转换成科目名称。

(7) 外币核算：用于设定该科目核算是否有外币核算以及核算的外币名称。一个科目只能核算一种外币，只有有外币核算要求的科目才允许也必须设定外币币名，如果此科目核算的外币币种还没有定义，则可以单击【参照】按钮，进入“外币设置”中进行定义。

(8) 数量核算：用于设定该科目是否有数量核算以及数量计量单位。计量单位可以是任意汉字或字符，如公斤、件 、吨等。

(9) 汇总打印：在同一张凭证中当某科目或有同一上级科目的末级科目有多笔同方向的分录时，如果要将这些分录按科目汇总成一笔打印，则需要将该科目设置汇总打印，汇总到的科目设置成该科目本身或其上级科目。

(10) 科目性质(余额方向)：增加登记在借方的科目，科目性质为借方；增加登记在贷方的科目，科目性质为贷方。一般情况下，资产类科目的科目性质为借方，负债类科目的科目性质为贷方。

(11) 辅助核算：也叫辅助账类，用于说明本科目是否有其他核算要求，系统除完成一般的总账、明细账核算外，还会提供以下几种专项核算功能供用户选用：部门核算、个人往来、客户往来、供应商往来、项目核算。

- 一个科目可同时设置 3 种专项核算。
- 辅助核算属性可以组合设置。例如，可以进行“部门+客户+项目”、“部门+供应商+项目”的组合设置，但部门和个人不能组合设置，客户与供应商核算不能一同设置。
- 在设置辅助核算时请尽量慎重，因为如果在科目已有数据的情况下对科目的辅助核算进行修改，那么，很可能会造成总账与辅助账对账不平。

(12) 其他核算用于说明本科目是否有其他要求，如银行账、日记账等。一般情况下，现金科目要设为日记账，银行存款科目要设为银行账和日记账。

(13) 受控系统：为了加强各系统间的相互联系与控制，在定义会计科目时引入受控系统概念，即设置某科目为受控科目，受控于某一系统，则该受控系统只能使用受控科目制单。例如“应收账款”是“应收系统”的受控科目，则“应收系统”只能使用“应收账款”科目制单。

(14) 封存：被封存的科目在制单时不可以使用。此选项只能在科目修改时进行设置。

(15) 新增会计科目是由上到下的，即先增加上级科目再增加该科目的下级明细科目。

(16) 科目增加下级科目时，自动将原科目的所有账全部转移到新增的下级第一个科目中，此操作不可逆。同时，要求新增加的下级科目所有科目属性与原上级科目一致。

(17) 只能在一级科目设置科目性质，下级科目的科目性质与其上级科目的性质相同。已有数据的科目不能再修改科目性质。

(18) 只有在会计科目修改状态才能设置汇总打印和封存。只有末级科目才能设置汇总打印，且汇总到的科目必须为该科目的上级科目。当将该科目设成汇总打印时，系统登记明细账仍按明细登记，而不是按汇总数登记，此设置仅供凭证打印输出。

(19) 在科目设置中定义的客户、供应商核算的科目将自动被设置成应收应付系统的受控科目，此时可根据需要自由修改其是否受控。

(2) 修改会计科目。

在“会计科目”设置界面，选中要修改的科目，单击【修改】按钮，屏幕会显示“会计科目_修改”界面，如图 1.37 所示，与“新增会计科目”界面基本相同，可以修改会计科目的“科目编码”、“科目名称”及其他相关信息，完成后单击【确定】按钮。如需继续修改科目，单击【确定】按钮后，在此界面直接单击【上一个】或【下一个】按钮，再单击【修改】按钮即可进行相关的修改设置。

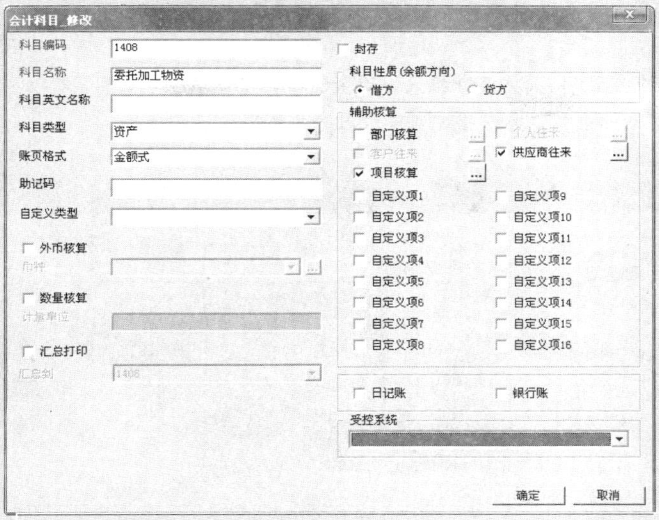

图 1.37　修改会计科目

知识提示

(1) 没有会计科目设置权的用户只能在此浏览科目的具体定义，而不能进行修改。

(2) 已使用的科目可以增加下级科目，新增第一个下级科目具有原上级科目的全部属性。

(3) 删除会计科目。

在“会计科目”设置界面，单击选定要删除的科目，然后单击【删除】按钮即可删除该科目。

知识提示

删除会计科目需要满足两个条件：①被删除的科目没有年度数据，且本年度不再使用该科目；②删除科目由下到上，即先删除下级科目再删除上级科目。

(4) 指定会计科目。

在“会计科目”设置界面，单击【编辑】|【指定科目】，屏幕显示“指定科目”界面，如图 1.38 所示。用户在此单击【 > 】、【 》】选择现金、银行存款的总账科目和现金流量科目，选择完毕后，单击【确定】按钮即可。

知识提示

(1) 指定的现金科目、银行科目供出纳管理使用，所以在查询现金、银行存款日记账前，必须指定现金、银行存款总账科目。

(2) 如果本科目已被制过单或已录入期初余额，则不能删除、修改该科目。如要修改该科目必须先删除该科目存在的凭证，并将该科目及其下级科目余额清零，再行修改，修改完毕后要将余额及凭证补上。

(3) 已使用末级的会计科目不能再增加下级科目。非末级科目及已使用的末级科目不能再修改科目编码。

(4) 只有在这里指定现金流量科目，才能在填制凭证时录入现金流量项目。

(5) 在填制凭证、录入分录的同时录入现金流量项目才能为以后的现金流量统计表、现金流量明细表提供数据。

(6) 此处指定的现金流量科目供 UFO 报表出现金流量表时取数函数使用，所以在录入凭证时，对指定的现金流量科目系统自动弹出窗口要求指定当前录入分录的现金流量项目。

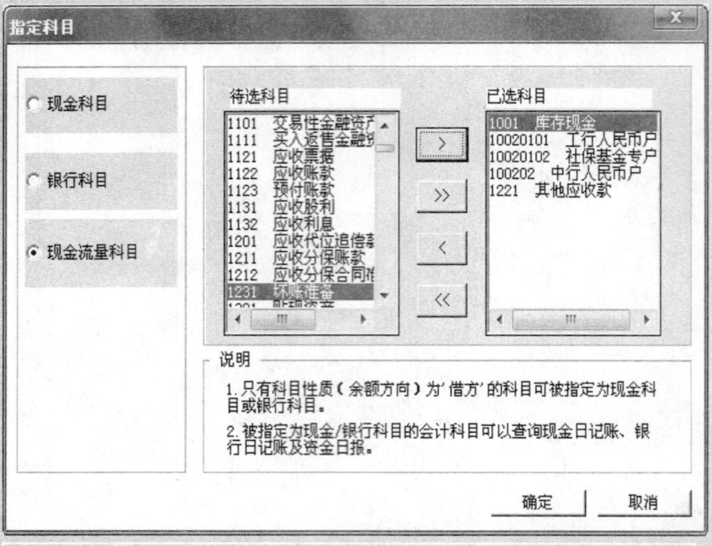

图 1.38 “指定科目”界面

1.5.11 设置凭证类别

广州市保温瓶有限公司凭证类别一览表

类别字	类别名称	限制类型	限制科目
01	现金收款凭证	借方必有	1001
02	现金付款凭证	贷方必有	1001
03	银行收款凭证	借方必有	1002
04	银行付款凭证	贷方必有	1002
05	其他币收凭证	无限制	
06	其他币付凭证	无限制	
转	转账凭证	凭证必无	1001 1002

操作提示

第一步，选择分类方式。

在“UFIDA ERP-U8”应用平台主界面，单击选定“基础设置”，然后双击【基础档案】|【财务】|【会计科目】，系统将弹出“凭证类别预置”对话框，单击选项选择分类方式，如图 1.39 所示。然后单击【确定】按钮，屏幕显示“凭证类别”设置对话框，如图 1.40 所示，进行第二步设置。

第二步，设置凭证限制条件。

在“凭证类别”设置对话框中，设置凭证的“限制类型”和“限制科目”，如“01 现金收款凭证”可分别设为“借方必有”“1001”(现金)科目。可通过单击【增加】、【删除】按钮增加凭证类别和删除凭证类别。

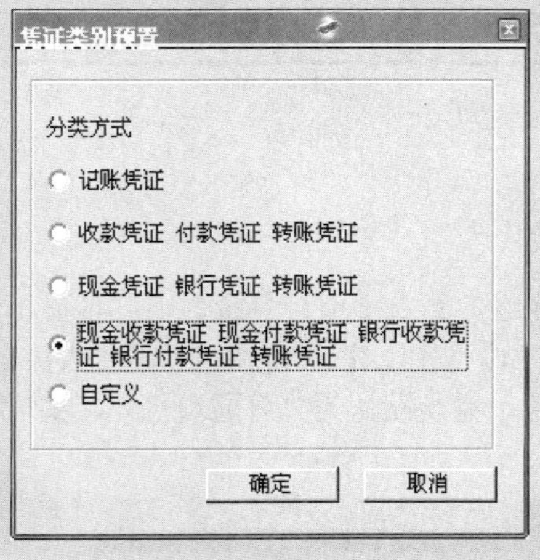

图 1.39　凭证分类方式

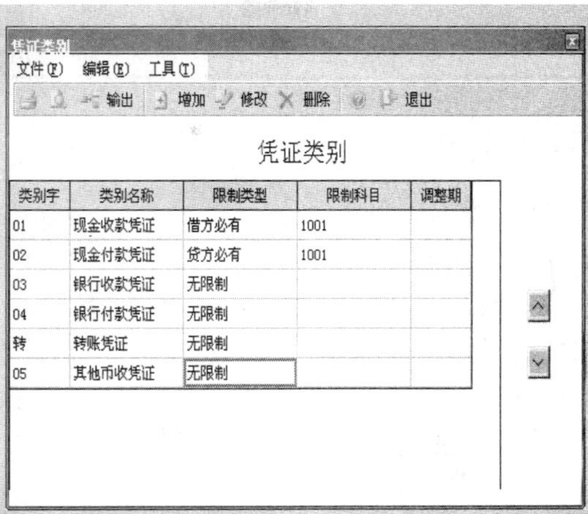

图 1.40　设置限制条件

知识提示

(1) 借方必有：制单时，此类凭证借方至少有一个限制科目发生。

(2) 贷方必有：制单时，此类凭证贷方至少有一个限制科目发生。

(3) 凭证必有：制单时，此类凭证无论借方还是贷方至少有一个限制科目发生。

(4) 凭证必无：制单时，此类凭证无论借方还是贷方不可有一个限制科目发生。

(5) 无限制：制单时，此类凭证可使用所有合法的科目限制科目，可以是任意级次的科目，科目之间用逗号分隔，数量不限，也可参照输入；但不能重复录入。

(6) 借方必无：即金额发生在借方的科目集必须不包含借方必无科目。可在凭证保存时检查。

(7) 贷方必无：即金额发生在贷方的科目集必须不包含贷方必无科目。可在凭证保存时检查。

(8) 已使用的凭证类别不能删除，也不能修改类别字。

(9) 若选有科目限制，即选择其他限制类型而不是“无限制”，则至少要输入一个限制科目。若限制类型选“无限制”，则不能输入限制科目。

(10) 若限制科目为非末级科目，则在制单时，其所有下级科目都将受到同样的限制。

(11) 表格右侧的上下箭头按钮可以调整凭证类别的前后顺序，它将决定明细账中凭证的排列顺序。例如，凭证类别设置中凭证类别的排列顺序为收、付、转，那么，在查询明细账、日记账时，同一日的凭证将按照收、付、转的顺序进行排列。

1.5.12　建立项目档案

1. 设置工程项目

(1) 大类名称：工程核算

(2) 核算科目：1604 在建工程

(3) 分　　类：00 自营工程

(4) 项目目录：

项 目 编 号	项 目 名 称	所 属 分 类	开 工 日 期
01	建造仓库工程	00	2010-12-01
02	安装冲床工程	00	2011-11-05
03	新建生产线工程	00	2011-11-15

操作提示

第一步，增加项目大类。

(1) 设置新项目名称。

在“基础设置”界面，双击【基础档案】|【财务】|【项目目录】，屏幕显示“项目档案”窗口，然后再在“项目档案”窗口单击【增加】按钮，系统将弹出“项目大类定义_增加”界面，如图 1.41 所示。在此录入项目大类名称，系统默认为“普通项目”，如增加“工程核算”项目，录完后单击【下一步】按钮。

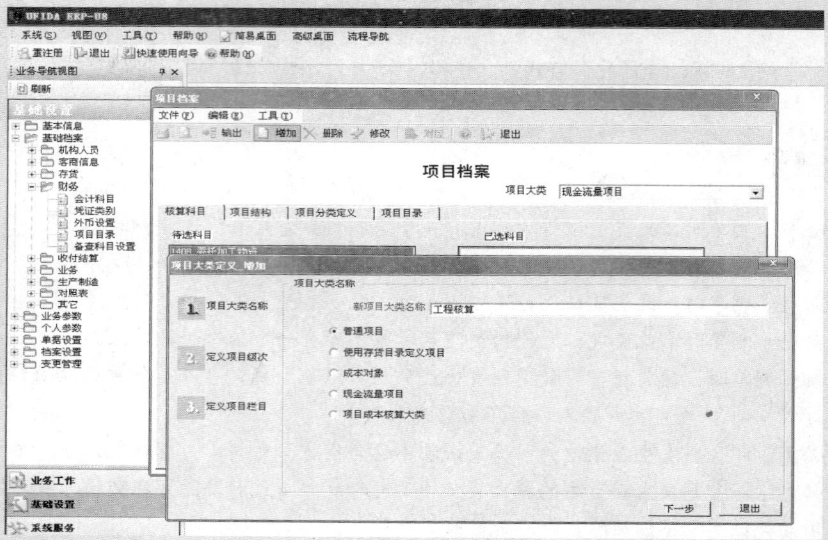

图 1.41 增加项目大类

知识提示

(1) 核算科目：在总账系统“会计科目”功能中设置项目辅助核算，如对产成品、生产成本、商品采购、库存商品、在建工程、科研课题、科研成本等科目设置项目核算的辅助账类。

(2) 项目结构：一个项目除了项目名称外，有时还应加一些其他备注说明，如课题核算除了课题名以外，还可以有课题性质、课题承担单位、课题负责人等备注说明，这些备注说明均可以设置为项目栏目。

(3) 项目分类定义：为了便于统计，可对同一项目大类下的项目进行进一步划分，这就需要进行项目分类的定义。

(4) 项目目录：列出所选项目大类下的所有项目。

(2) 定义项目级次。

在完成(1)中的操作后，系统会弹出“项目大类定义_增加”界面，如图 1.42 所示，进行项目级次设置，如该项目设为两级，且一级编码为 2 位数，二级编码为 2 位数，设置完成后单击【下一步】按钮。

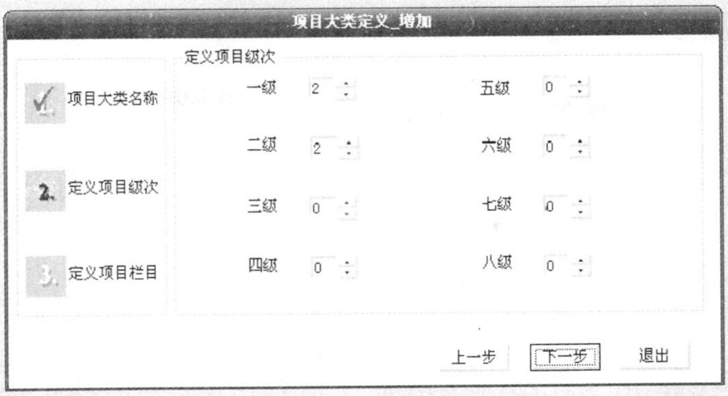

图 1.42 定义项目级次

(3) 定义项目栏目。

在完成了(2)中的操作后，屏幕会显示“项目大类定义_增加”界面，如图 1.43 所示。如果已有的栏目不够，则可以单击【增加】按钮进行增加栏目，如增加“开工日期”，设置完成后单击【完成】按钮。

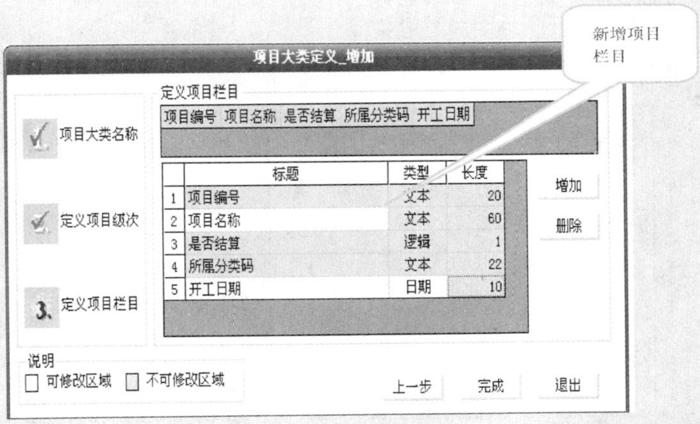

图 1.43 定义项目栏目

知识提示

(1) 标题：一般可用汉字和字母。

(2) 类型：用于定义该栏目输入内容的数据类型，能输入字符型、整数型、实数型、日期型。

(3) 长度：表示该栏目下面的内容最多允许写几个字符长，如日期型的标题长度最长为 10 位数。

第二步，指定核算科目。

在完成(3)中的操作后，单击“核算科目”选项，选定要进行项目核算的会计科目，然后单击【 > 】、【 》】，指定该核算项目对应的会计科目，如为“工程核算”项目指定“1604 在建工程”，然后单击【确定】按钮，如图 1.44 所示。

第三步，定义项目分类。

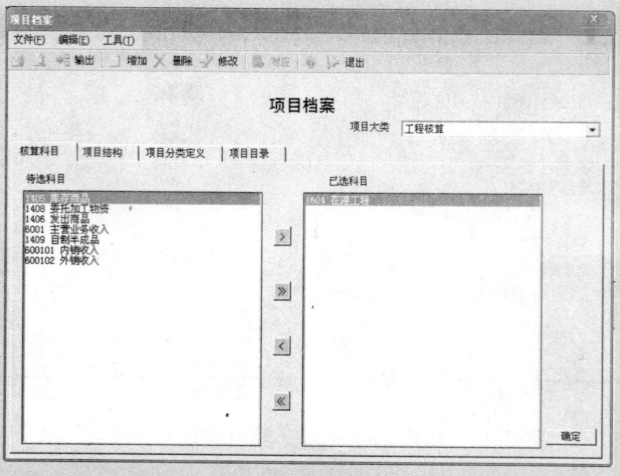

图 1.44 指定核算科目

在“项目档案”窗口，单击“项目分类定义”选项卡，录入“分类编码”和“分类名称”，如“00”和“自营工程”，然后单击【确定】按钮，如图 1.45 所示。

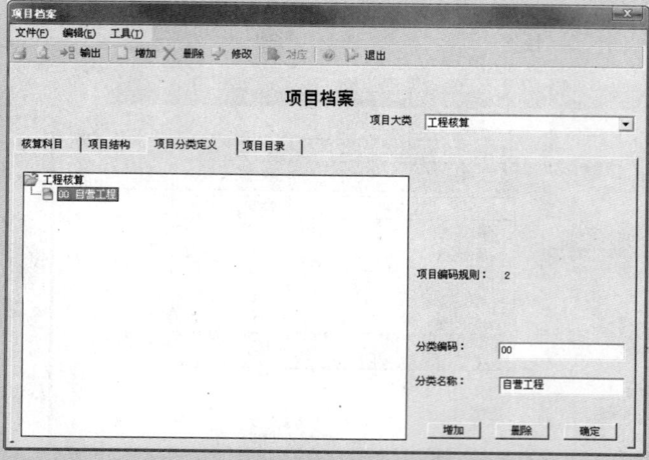

图 1.45 项目分类定义

第四步，设置项目目录。

在“项目档案”窗口，单击“项目目录”选项卡，单击【维护】按钮，屏幕会显示“项目目录维护”界面，单击【增加】按钮可增加(录入)新的项目目录，如图 1.46 所示。

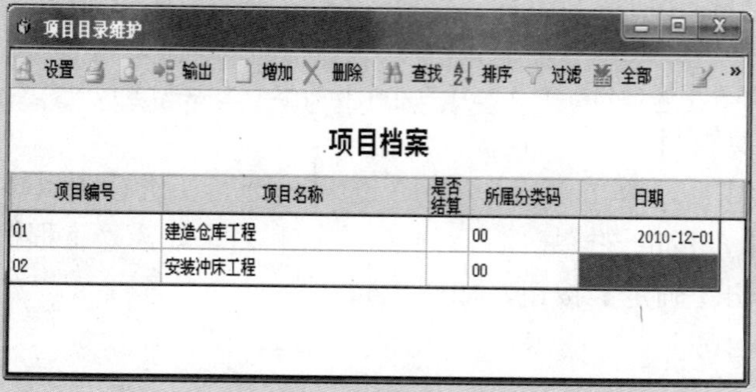

图 1.46 设置项目目录

2. 设置存货项目

(1) 大类名称：存货核算

(2) 核算科目：1411 委托加工物资 1409 自制半成品

1405 库存商品 1406 发出商品

6001 主营业务收入 600101 内销收入 600102 外销收入

(3) 分类：

序　　号	分 类 编 码	分 类 名 称
1	01	原材料
2	02	低值易耗品
3	03	自制半成品
4	04	产成品

(4) 项目目录(依据存货档案自动生成)：

项 目 编 号	项 目 名 称	所 属 分 类
0101	铝锭	01 原材料
0102	铝片	01 原材料
0103	铝配件	01 原材料
0104	马口铁	01 原材料
0105	塑料粒子	01 原材料
0106	瓶胆(大)	01 原材料
0107	瓶胆(中)	01 原材料
0108	瓶胆(小)	01 原材料
0109	黑铁托盘	01 原材料
0110	不锈钢吸管	01 原材料
0111	口圈	01 原材料
0112	底垫	01 原材料
0113	纸盒	01 原材料
0114	纸箱	01 原材料
0115	漆	01 原材料
0116	稀释剂	01 原材料
0117	汽油	01 原材料
0118	机油	01 原材料
0119	螺丝钉	01 原材料
0201	压力表	02 低值易耗品
0202	电动机	02 低值易耗品
0203	安全钳	02 低值易耗品
0204	修边刀	02 低值易耗品
0205	扳手	02 低值易耗品
0301	铝壳	03 自制半成品

续表

项目编号	项目名称	所属分类
0302	铁壳	03 自制半成品
0303	塑壳(大)	03 自制半成品
0304	塑壳(中)	03 自制半成品
0305	塑壳(小)	03 自制半成品
0306	塑配件(大)	03 自制半成品
0307	塑配件(中)	03 自制半成品
0308	塑配件(小)	03 自制半成品
0309	气压式塑配件	03 自制半成品
0401	铝壳气压保温瓶	04 产成品
0402	铁壳保温瓶	04 产成品
0403	塑壳保温瓶(大)	04 产成品
0404	塑壳保温瓶(中)	04 产成品
0405	塑壳保温瓶(小)	04 产成品

操作提示

在如图 1.41 所示界面选择“使用存货目录定义项目”，即可自动完成项目设置。

3. 设置现金流量项目

(1) 大类名称：现金流量项目

(2) 分　　类：01 经营活动现金流量

02 投资活动现金流量

03 筹资活动现金流量

(3) 项目目录(自动生成)：

项目编号	项目名称	所属分类
01	销售商品、提供劳务收到的现金	01
02	收到的税费返还	01
03	收到的其他与经营活动有关的现金	01
04	购买商品、接受劳务支付的现金	01
05	支付给职工以及为职工支付的现金	01
06	支付的各项税费	01
07	支付的其他与经营活动有关的现金	01
08	收回投资收到的现金	02
09	取得投资收益收到的现金	02
10	处置固定资产、无形资产和其他长期资产所收回的现金净额	02
11	处置子公司及其他营业单位收到的现金净额	02
12	收到的其他与投资活动有关的现金	02
13	购建固定资产、无形资产和其他长期资产所支付的现金	02
14	投资所支付的现金	02
15	取得子公司及其他营业单位支付的现金净额	02

续表

项 目 编 号	项 目 名 称	所 属 分 类
16	支付的其他与投资活动有关的现金	02
17	吸收投资所收到的现金	03
18	取得借款收到的现金	03
19	收到的其他与筹资活动有关的现金	03
20	偿还债务所支付的现金	03
21	分配股利、利润或偿付利息所支付的现金	03
22	支付的其他与筹资活动有关的现金	03

操作提示

在如图 1.41 所示界面选择“现金流量项目”，即可自动完成项目设置。

1.5.13 设置结算方式

广州市保温瓶有限公司转账结算方式一览表

序 号	结算方式编码	结算方式名称
1	1	支票
2	2	银行本票
3	3	银行汇票
4	4	商业汇票
5	401	商业承兑汇票
6	402	银行承兑汇票
7	5	委托收款
8	6	托收承付
9	7	汇兑
10	8	信用证
11	9	银行转账其他

操作提示

在“基础设置”界面，双击【基础档案】|【收付结算】|【结算方式】，系统将弹出“结算方式”窗口，如图 1.47 所示。然后再在“结算方式”窗口单击【增加】按钮，分别录入“结算方式编码”、“结算方式名称”，录完后单击【保存】按钮，保存当前所设结算方式。这时，左窗格将显示这一结算方式，如“(1)支票”、“(2)银行本票”。

知识提示

(1) 结算方式编码：用以标识某结算方式。用户必须按照结算方式编码级次的先后来进行录入，录入值必须唯一。

(2) 结算方式名称：用户根据企业的实际情况，必须录入所用结算方式的名称，录入值必须唯一。结算方式名称最多可写 6 个汉字(或 12 个字符)。

(3) 票据管理标志：用户可根据实际情况，通过单击复选框来选择该结算方式下的票据是否要进行票据管理。

(4) 每录完一类结算方式必须单击【保存】按钮进行保存，录完最后一个结算方式要先单击【保存】按钮，然后再单击【退出】按钮执行退出。

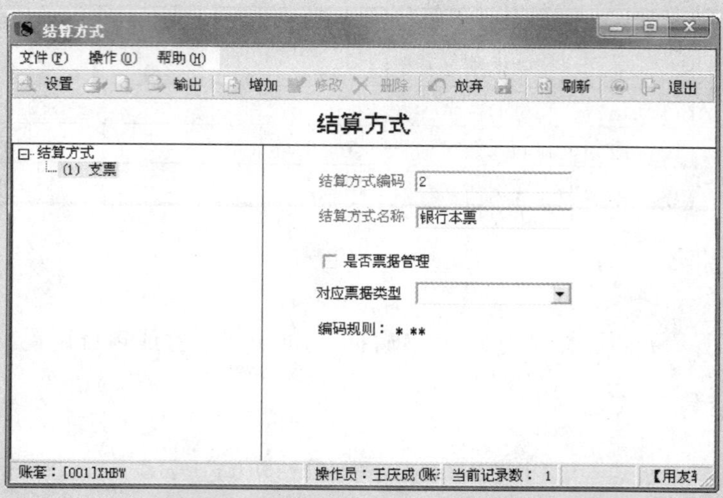

图 1.47 设置结算方式

1.5.14 建立常用摘要库

广州市保温瓶有限公司常用凭证摘要一览表

摘要编码	摘要内容	相关科目
0001	从银行提取现金	1001
0002	现金存入银行	1002
0003	销售商品收到货款	1002
0004	销售商品货款未收	1122
0005	报销差旅费	660211
0006	购买材料	
0007	生产领料、结转成本	
0008	材料验收入库	
0009	产品完工入库	

操作提示

在“基础设置”界面，双击【基础档案】|【其他】|【常用摘要】，系统将弹出“常用摘要”窗口，如图 1.48 所示。单击【增加】按钮，分别录入“摘要编码”、“摘要内容”、“相关科目”，如“0001”、“从银行提取现金”、“1001”(现金)。

知识提示

(1) 摘要编码：用以标识某常用摘要。在制单中录入摘要时，用户只要在摘要区输入该常用摘要的编码，系统即自动调入该摘要正文和相关科目(如果其存在)。

(2) 摘要内容：结合本单位的实际情况，输入常用摘要的内容。

(3) 相关科目：如果某条常用摘要对应某科目，则可以在此输入，在调用常用摘要的同时，也将被一同调入，以提高录入速度。

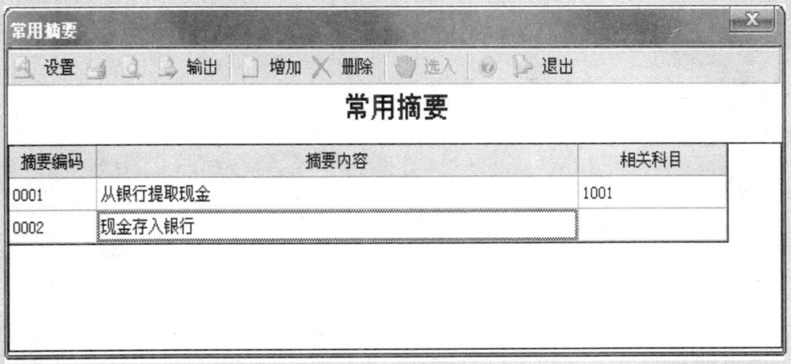

图 1.48 设置常用摘要

1.5.15 设置开户银行

广州市保温瓶有限公司开户银行一览表

序　　号	开户银行编码	开户银行名称	银 行 账 号
1	01	工商银行广州分行东风路支行	267-03012345(基本存款账户)
2	02	中国银行广州分行	410-06833068(一般存款账户)
3	03	工商银行广州分行东风路支行	267-08111678(社保资金专户)

操作提示

在“基础设置”界面，双击【基础档案】|【收付结算】|【本单位开户银行】，系统将弹出“本单位开户银行”窗口，如图 1.49 所示。在“本单位开户银行”窗口单击【增加】按钮，弹出“增加本单位开户银行”窗口，如图 1.50 所示，在相应栏目中输入开户银行“编码”、“银行账号”和“账户名称”等信息。然后单击【保存】按钮，保存开户银行信息。

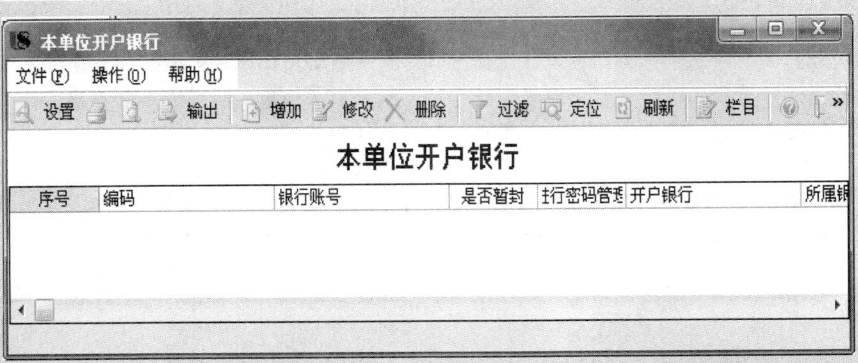

图 1.49 设置本单位开户银行

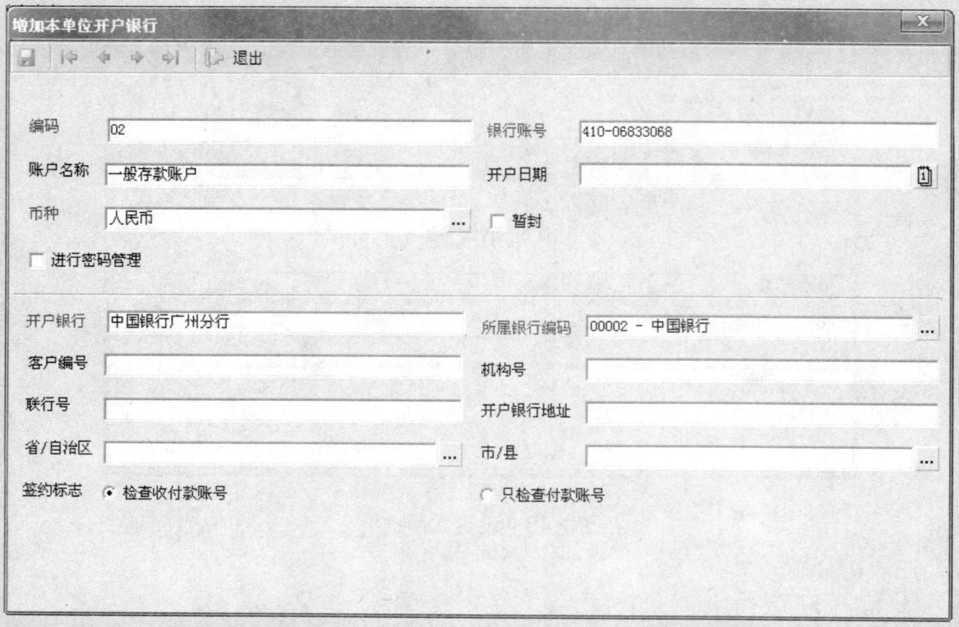

图 1.50　增加本单位开户银行

知识提示

(1) 编码：用来标识某开户银行及其账号。用户可手工输入，也可以由系统自动给定，录入值必须唯一。编码可以由数字 0~9 或字符 A~Z 表示，但编号中&、“、；—以及空格禁止使用。开户银行编码最多可输入 3 个字符。

(2) 银行账号：用来输入使用单位在开户银行中的账号名称。用户必须输入，且必须唯一。银行账号最多可输入 20 个字符。

(3) 账户名称：指账号的用户名称，可输入任意值。

(4) 开户日期：指开立账户的日期。

(5) 币种：指账户所使用的币种，目前只支持一个账户使用一种币种的情况，参照币种档案录入。

(6) 暂封：用来标识账号的使用状态。如果这个账号临时不用，可以点选“暂封”标志，设置其为有效。

(7) 开户银行：用来输入使用单位的开户银行名称。用户必须输入，名称可以重复。开户银行名称最多可输入 15 个汉字(或 30 个字符)。

(8) 所属银行编码：指开户银行所属的总行名称，参照银行档案录入。

(9) 客户编号：如果所属银行为“中国建设银行”，则此项必须输入，可输入任意值。

(10) 机构号：如果所属银行为“中国建设银行”，则此项必须输入，可输入任意值。

(11) 联行号：如果所属银行为“中国建设银行”，则此项必须输入，可输入任意值。

(12) 开户银行地址：指开户的银行所在位置，可输入任意值。

(13) 省/自治区：指开户银行所在的地区，参照行政区划档案录入。

(14) 市/县：指开户银行所在的地区，可输入任意值，也可参照行政区划档案录入。

(15) 签约标志：单项选择，选项为“检查收付款账号”、“只检查付款账号”，默认为检查收付款账号，可随时修改。

1.5.16　初始化期初数据

1. 录入总账及明细账科目余额

广州市保温瓶有限公司总账及明细账科目余额表

级次	科目编码	科目名称	期初余额/累计发生额		
			数　量	借方金额	贷方金额
1	1001	库存现金		941.90	
1	1002	银行存款			
2	100201	工商银行			
3	10020101	工行人民币户		180 053.05	
3	10020102	社保基金专户		164 905.20	
2	100202	中行人民币户		124 757.22	
1	1012	其他货币资金			
2	101204	存出投资款			
3	10120401	证券资金户		85 250.30	
1	1101	交易性金融资产			
2	110101	债券投资			
3	11010101	国库券			
4	1101010101	投资成本		1 881 947.22	
1	1123	预付账款			
2	112301	报刊订阅费		703.00	
2	112302	财产保险费		1 831.67	
2	112303	机动车辆保险费		506.00	
1	1221	其他应收款			
2	122103	包装物押金		1 680.00	
1	1231	坏账准备			
2	123102	应收账款			94 639.78
2	123103	其他应收款			189.00
1	1403	原材料			
2	140301	铝材类			
3	14030101	铝锭	4.8	64 800.00	
3	14030102	铝片	4.2	84 000.00	
2	140302	铝配件	7 500	28 500.00	
2	140303	马口铁	3.7	20 720.00	
2	140304	塑料粒子	28	280 000.00	
2	140305	瓶胆类			
3	14030501	大号	28 542	142 710.00	
3	14030502	中号	15 125	60 500.00	
3	14030503	小号	16 200	48 600.00	
2	140306	辅助材料类			
3	14030601	黑铁托盘	50 000	42 500.00	

续表

级次	科目编码	科目名称	期初余额/累计发生额		
			数　量	借方金额	贷方金额
3	14030602	不锈钢吸管	8 000	5 200.00	
3	14030603	口圈	25 000	5 000.00	
3	14030604	底垫	26 000	3 900.00	
3	14030605	纸盒	12 500	20 000.00	
3	14030606	纸箱	3 200	19 200.00	
3	14030607	漆	4 050	48 600.00	
3	14030608	稀释剂	1 690	16 900.00	
3	14030609	汽油	1 140	2 280.00	
3	14030610	机油	250	2 250.00	
3	14030611	螺丝钉	7	700.00	
1	1404	材料成本差异			
2	140401	铝材类		982.08	
2	140402	铝配件		2 783.91	
2	140403	马口铁		318.40	
2	140404	塑料粒子		−7 584.00	
2	140405	瓶胆类		5 964.30	
2	140406	辅助材料类		−6 164.00	
2	140407	低值易耗品		−444.00	
1	1410	低值易耗品			
2	141001	压力表			
3	14100101	在库	14	7 000.00	
2	141002	电动机			
3	14100201	在库	12	3 000.00	
2	141003	安全钳	160	1 600.00	
2	141004	修边刀	200	1 600.00	
2	141005	扳手	40	600.00	
1	1501	持有至到期投资			
2	150101	委托贷款			
2	15010101	成本		600 000.00	
1	1511	长期股权投资			
2	151101	信谊百货公司			
3	15110101	成本		3 600 000.00	
3	15110102	损益调整		1 968 000.00	
2	151102	高庄铝制品厂			
3	15110201	成本		270 000.00	
2	151103	彩虹塑料厂		400 000.00	
1	1601	固定资产		6 029 755.00	
1	1602	累计折旧			1 795 430.00
1	1701	无形资产			

续表

级次	科目编码	科目名称	期初余额/累计发生额		
			数　量	借方金额	贷方金额
2	170101	非专利技术		240 000.00	
1	1702	累计摊销			24 000.00
1	1811	递延所得税资产		28 165.40	
1	2001	短期借款			
2	200101	中国银行			2 500 000.00
1	2211	应付职工薪酬			
2	221110	应付职工教育经费			8 381.84
1	2221	应交税费			
2	222102	未交增值税			189 340.00
2	222103	应交营业税			3 000.00
2	222106	应交所得税			57 250.00
2	222108	应交城市维护建设税			13 463.80
2	222112	应交个人所得税			2 137.80
2	222113	应交教育费附加			5 770.20
1	2231	应付利息			
2	223101	应付短期借款利息			38 675.00
2	223102	应付长期借款利息			18 503.34
1	2501	长期借款			
2	250101	工商银行			
3	25010101	建造仓库专门借款			1 000 000.00
1	4001	实收资本			
2	400101	立信股份有限公司			10 000 000.00
2	400102	广州瓶胆总厂			2 500 000.00
1	4002	资本公积			
2	400202	其他资本公积			200 000.00
1	4101	盈余公积			
2	410101	法定盈余公积			518 112.00
2	410103	法定公益金			518 112.00
1	4103	本年利润			849 539.46
1	4104	利润分配			
2	410404	未分配利润			279 770.06
1	5001	生产成本			
2	500101	基本生产成本			
3	50010101	铝壳			
4	5001010101	主要材料		10 120.00	
4	5001010102	辅助材料		1 234.50	
4	5001010103	职工薪酬		1 717.50	
4	5001010104	制造费用		916.00	
3	50010102	铁壳			

续表

级次	科目编码	科目名称	期初余额/累计发生额		
			数　量	借方金额	贷方金额
4	5001010201	主要材料		3 420.00	
4	5001010202	辅助材料		675.00	
4	5001010203	职工薪酬		1 267.50	
4	5001010204	制造费用		676.00	
3	50010103	塑壳类			
4	5001010301	主要材料		10 480.38	
4	5001010302	职工薪酬		1 756.80	
4	5001010303	制造费用		979.20	
3	50010104	塑配件类			
4	5001010401	主要材料		4 902.42	
4	5001010402	职工薪酬		1 001.20	
4	5001010403	制造费用		542.80	
3	50010105	气压式塑配件			
4	5001010501	主要材料		76 285.52	
4	5001010502	职工薪酬		26 000.00	
4	5001010503	制造费用		12 400.00	
3	50010106	铝壳气压保温瓶			
4	5001010602	辅助材料		697.00	
4	5001010603	自制半成品		6 950.00	
4	5001010604	瓶胆		1 500.00	
3	50010107	铁壳保温瓶			
4	5001010701	主要材料		1 178.00	
4	5001010702	辅助材料		100.00	
4	5001010703	自制半成品		1 560.00	
4	5001010704	瓶胆		1 500.00	
3	50010108	塑壳保温瓶(大)			
4	5001010801	辅助材料		38.00	
4	5001010802	自制半成品		478.00	
4	5001010803	瓶胆		300.00	
3	50010109	塑壳保温瓶(中)			
4	5001010901	辅助材料		34.00	
4	5001010902	自制半成品		400.00	
4	5001010903	瓶胆		440.00	
3	50010110	塑壳保温瓶(小)			
4	5001011001	辅助材料		12.00	
4	5001011002	自制半成品		288.00	
4	5001011003	瓶胆		150.00	
1	6001	主营业务收入			
2	600101	内销收入			15 538 246.80*

续表

级次	科目编码	科目名称	期初余额/累计发生额		
			数 量	借方金额	贷方金额
2	600102	外销收入			4 716 326.00*
1	6051	其他业务收入			2 705 439.71
1	6111	投资收益			106 715.70
1	6301	营业外收入			4 890.40
1	6401	主营业务成本		15 663 606.32	
1	6402	其他业务成本		2 083 188.00	
1	6403	营业税金及附加		266 663.87	
1	6601	销售费用		1 053 180.00	
1	6602	管理费用		2 472 726.71	
2	660201	职工薪酬		1 536 548.71	
2	660202	职工保险入公积金		225 689.00	
2	660203	教育及工会经费		268 512.00	
2	660204	折旧、修理及财产保险费		145 687.00	
2	660205	无形资产摊销		30 000.00	
2	660206	材料消耗		5 000.00	
2	660208	水电费		14 561.00	
2	660209	电话费		7 890.00	
2	660210	业务招待费		224 513.00	
2	660211	交通、差旅费		4 526.00	
2	660212	税金		5 800.00	
2	660213	办公费及其他		4 000.00	
1	6603	财务费用		264 284.37	
1	6801	所得税费用		418 429.88	

注：“*”表示假设主营业务收入中的内销收入和外销收入均为铝壳气压保温瓶，数量略。

操作提示

在“UFIDA ERP-U8”应用平台主界面，单击选定“业务工作”，然后双击【财务会计】|【总账】|【设置】|【期初余额】，系统将弹出“期初余额录入”窗口，然后在对应的栏目中分别录入各科目期初余额和累计发生额，录完后单击【试算】按钮进行试算平衡检验，如图 1.51 所示。

知识提示

(1) 无论往来核算在总账还是在应收应付系统，有往来辅助核算的科目都要按明细录入数据。

(2) 只要求录入最末级科目的余额和累计发生数，上级科目的余额和累计发生数由系统自动计算。若年度中间启用，则只要录入末级科目的期初余额及累借、累贷，年初余额将自动被计算出来。

(3) 损益类科目为累计发生额，应在累计借方或累计贷方栏录入，其余科目均在期初余额栏录入。

(4) 录入时注意余额或累计发生额的方向，方向不对应的应先调整后再进行录入。

(5) 如果某科目为数量、外币核算，可以录入期初数量、外币余额。但必须先录入本币余额，再录入外币余额。

(6) 若期初余额有外币、数量余额，则必须有本币余额。

(7) 在录入辅助核算期初余额之前，必须先设置各辅助核算目录。

图 1.51 初始化数据

2. 设置辅助账初始数据

(1) 应收票据/银行承兑汇票。

2011-10-09 广州保温容器公司，欠货款 360 000 元，凭证号为转-03，业务票号为 081009。

2011-11-06 徐州百货公司，欠货款 338 000 元，凭证号为转-05，业务票号为 081104。

(2) 应收票据/商业承兑汇票。

2011-09-05 信谊百货公司，欠购货款 631 800 元，凭证号为转-04，业务票号为 080912。

2011-10-10 宁波百货公司，欠购货款 444 600 元，凭证号为转-07，业务票号为 081007。

(3) 应收账款/应收人民币。

2011-11-07 广州东方百货公司，欠购货款 80 000 元，凭证号为转-06，业务票号为 081106。

2011-11-10 湖州日用百货公司，欠购货款 1 081 080 元，凭证号为转-08，业务票号为 081108。

(4) 其他应收款。

2011-11-01 行政管理部存放定额备用金 800 元。

2011-11-01 财务会计部王庆成借差旅费 2 000 元。

(5) 委托加工物资。

2011-11-30 委托广州铝材厂加工铝片，共发生(出)材料费用 84 252.42 元。

2011-11-30 委托广州新丰铝制品厂加工铝配件，共发生相关费用 33 972.75 元。

(6) 材料采购。

2011-11-03 向江弯橡胶厂购入底垫和口圈，33 000 元货款已付，货未运达。

(7) 自制半成品。

广州市保温瓶有限公司自制半成品余额表

存货编号	存货名称	计量单位	数　量	金　额
0301	铝壳	只	8 220	72 582.60
0302	铁壳	只	3 492	18 228.24
0303	塑壳(大)	只	4 990	13 473.00
0304	塑壳(中)	只	7 970	19 765.60
0305	塑壳(小)	只	7 160	15 680.40
0306	塑配件(大)	只	5 975	12 906.00
0307	塑配件(中)	只	7 640	14 745.20
0308	塑配件(小)	只	7 950	14 310.00
0309	气压式塑配件	只	7 250	67 860.00
合计				249 551.04

(8) 库存商品。

广州市保温瓶有限公司库存商品余额表

存货编号	存货名称	计量单位	数　量	金　额
0401	铝壳气压保温瓶	只	28 490	809 116.00
0402	铁壳保温瓶	只	11 189	180 142.90
0403	塑壳保温瓶(大)	只	27 214	306 157.50
0404	塑壳保温瓶(中)	只	21 275	204 878.25
0405	塑壳保温瓶(小)	只	26 315	217 625.05
合计				1 717 919.70

(9) 在建工程。

2011-06-08 建造仓库工程 480 000 元。

2011-11-05 安装冲床工程 26 500 元。

2011-11-15 新建生产线工程 78 839.10 元。

(10) 应付票据/商业承兑汇票。

2011-11-08 向东江有色金属公司购入材料，价款 300 000 元，开出商业承兑汇票一张，凭证号为转-06，业务票号为 081108。

2011-10-12 欠高庄铝制品厂货款 119 085 元，开出商业承兑汇票一张，凭证号为转-04，业务票号为 081003。

2011-11-05 欠广州瓶胆总厂货款 671 463 元，开出商业承兑汇票一张，凭证号为转-04，业务票号为 081103。

(11) 应付票据/银行承兑汇票。

2011-10-08 欠天明塑料厂货款 257 212.80 元，开出银行承兑汇票一张，凭证号为转-06，业务票号为 081003。

(12) 应付账款。

2011-10-08 欠化轻涂料供应公司货款 175 679.60 元，凭证号为转-08，业务票号为 081007。

2011-11-05 欠东江有色金属公司货款 63 390.60 元，凭证号为转-010，业务票号为 0811011。

2011-10-05 欠光明机械公司货设备有限公司货款 33 682.20 元，凭证号为转-013，业务票号为 0810011。

(13) 预收账款。

2011-11-30 泰山证券公司预付房租 60 000 元，凭证号为银收-26。

3. 进行试算平衡

操作提示

在“期初余额录入”窗口，单击【试算】按钮，系统将弹出“期初试算平衡表”，进行试算平衡检验，如图 1.52 所示。

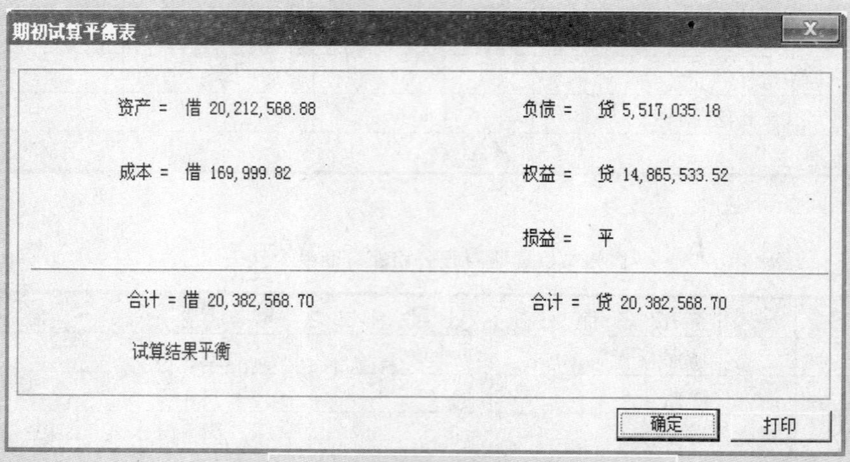

图 1.52 期初试算平衡表

如果试算结果不平衡，应该检查原因，直到试算平衡为止，否则本月将无法进行记账工作。

1.5.17 创建多栏式明细账

1. 生产成本——基本生产多栏账

铝壳多栏账账页格式

2011 年		凭证号数	摘要	借方	贷方	方向	余额	借方			
月	日							主要材料	辅助材料	职工薪酬	制造费用

铁壳、塑壳类、塑配件、气压式塑配件、铝壳气压式保温瓶、铁壳保温瓶、塑壳保温瓶(大)、塑壳保温瓶(中)、塑壳保温瓶(小)多栏明细账格式与铝壳多栏账相同。

2. 生产成本——辅助生产多栏账

辅助生产多栏账账页格式

2011年		凭证号数	摘要	借方	贷方	方向	余额	借方					
月	日							职工薪酬	折旧费	财产保险费	低值易耗品及材料消耗	水电费	其他

3. 制造费用多栏账

制造费用——制壳车间多栏账账页格式

2011年		凭证号数	摘要	借方	贷方	方向	余额	借方							
月	日							职工薪酬	折旧费	修理费	财产保险费	低值易耗品及材料消耗	水电费	办公费	其他

塑料车间、装配车间多栏账格式与制壳车间多栏账格式相同。

4. 管理费用多栏账

管理费用多栏账账页格式

2011年		凭证号数	摘要	借方	贷方	方向	余额	借方												
月	日							职工薪酬	职工保险及公积金	教育及工会经费	折旧、修理及财产保险	无形资产摊销	材料消耗	存货盘亏(减盘盈)	水电费	电话费	业务招待费	交通、差旅费	税金	办公费及其他

操作提示

在“业务工作”界面，双击【财务会计】|【总账】|【账表】|【多栏账】，系统将弹出的“多栏账”窗口，然后单击【增加】按钮。再在弹出的“多栏账定义”对话框中选取“核算科目”，单击【自动编制】按钮，完成后单击【确定】按钮，如图 1.53 所示。

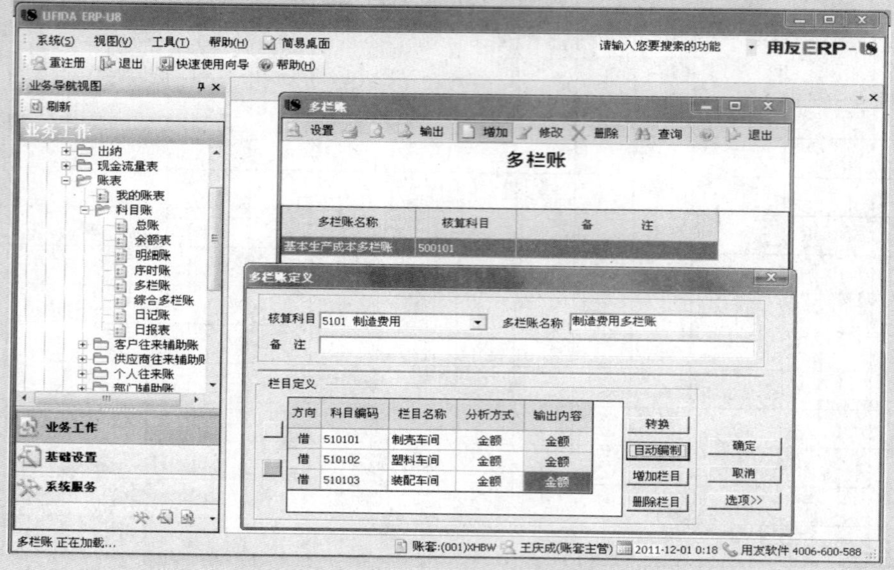

图 1.53　定义多栏式明细账

1.6　日常会计业务处理

1.6.1　对 2011 年 12 月份发生的经济业务进行数据计算和凭证处理

业务 1

12 月 1 日，塑料车间职工刘海、汪华、张丽三人报销子女 11 月份托费共计 120 元，出纳以现金付讫。

要求：填制记账凭证。

操作提示

第一步，增加凭证。

在“业务工作”界面，双击【财务会计】|【总账】|【凭证】|【填制凭证】，系统弹出“填制凭证”界面，单击【增加】按钮或按 F5 键，增加一张新凭证，然后选择“凭证类别”，如图 1.54 所示。

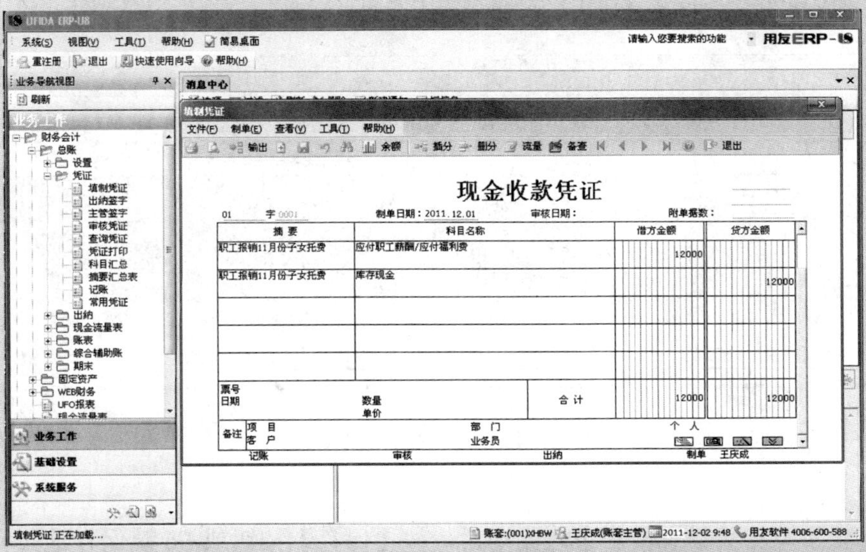

图 1.54　填制记账凭证

第二步，填制凭证。

单击“选取凭证类别”按钮或按 F2 键，参照选择一个凭证类别后按 Enter 键，系统将自动生成凭证编号，并将光标定位在制单日期上，选择或输入日期，然后再录入凭证相关要素，如图 1.54 所示。

知识提示

(1) 凭证编号：若账套参数为“系统编号”，则系统自动编号，编号方法为当前制单日期所在的会计期间及所选凭证类别下的最后一张凭证的凭证号加一。若账套参数为“手工编号”，则凭证号为空，由用户录入数字。凭证号不能为空且必须唯一。系统同时也自动管理凭证页号，系统规定每页凭证有五笔分录，当某号凭证不只一页，系统自动将在凭证号后标上几分之一，如“收-0001 号 0002/0003”表示为收款凭证第 0001 号凭证共有三张分单，当前光标所在分录在第二张分单上。如果在启用账套时或在“选项”中设置凭证编号方式为“手工编号”，则可在此处手工录入凭证编号。

(2) 制单日期：系统自动取进入账务前输入的业务日期为记账凭证填制的日期，如果日期不对，可进行修改或按参照输入。

(3) 附单据数：在“附单据数”处输入原始单据张数，输完后按 Enter 键。

(4) 摘要：输入本笔分录的业务说明，摘要要求简洁明了，或按参照按钮选入常用摘要，常用摘要的选入不会清除原来输入的内容。

(5) 科目名称：科目必须输入末级科目。科目可以输入科目编码、中文科目名称、英文科目名称或助记码。如果输入的科目名称有重名现象时，系统会自动提示重名科目供选择。输入科目时可在科目区中用鼠标单击“选取会计科目”或按 F2 键参照录入。

(6) 辅助信息：是根据科目属性输入相应的辅助信息，如票号、数量、项目、客户、部门、业务员、个人等。在这里录入的辅助信息将在凭证下方的备注中显示。

(7) 金额：即该笔分录的借方或贷方本币发生额。金额不能为零，但可以是红字， 红字金额以负数形式输入。如果方向不符，可按空格键调整金额方向。

(8) 流量：经济业务涉及现金流量的，录入完现金流量科目和金额后，单击“填制凭证”界面的【流量】按钮，系统弹出“现金流量录入修改”界面，如图 1.55 所示。单击【增加】按钮，选择项目编号，项目名称、金额将自动填列，单击【保存】按钮，然后再退出。

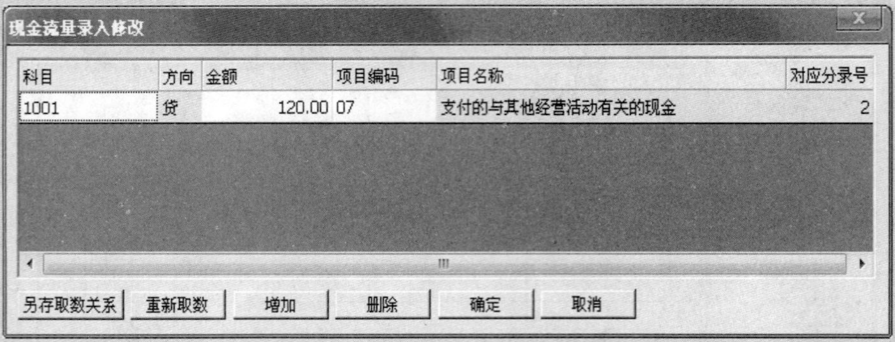

图 1.55　录入现金流量

第三步，保存凭证。

当凭证要素及相关信息全部录入完毕后，按【保存】按钮或 F6 键保存这张凭证，单击【放弃】按钮放弃当前增加的凭证。也可直接单击【增加】按钮保存当前凭证，继续填制下一张凭证。

业务 2

12 月 1 日，签发支票一张，向工商银行提取现金 2 500 元备用。

支票号码为 AE101166。

要求：填制记账凭证。

业务 3

12 月 1 日，开给信谊百货公司增值税发票一张(号码为 2085702)，货已发出，货款未收到(赊销)。

业务票号为 081201。

铝壳气压式保温瓶　13 200 只　价款　462 000 元　税额　78 540 元

铁壳保温瓶　　　　5 400 只　价款　108 000 元　税额　18 360 元

要求：填制记账凭证。

业务 4

12 月 1 日，签发工商银行支票一张，金额为 42 870.37 元，支付广州铝材厂 6 吨铝片加工费，增值税发票列明加工费 36 641.34 元和税额 6 229.03 元，铝片(铝材类)已验收入库。上月发出委外加工的铝锭实际成本为 84 252.42 元。

支票号码为 AE101167。

要求：填制委托加工收料单(收料单号为 NO.0812173)，填制记账凭证。

广州市保温瓶有限公司

委托加工收料单

加工单位：　　　　　　　　　　　　　　　　　　　　　　NO.0812173

加工合同：　　　　　　　2011 年　月　日　　　　　　收料仓库：材料仓库

材料类别	名称及规格	计量单位	数量		实际成本	计划成本		差异
			应收	实收		单价	金额	

第一联存根

质量检验：　　　　　　仓库验收：　　　　　　仓库保管：

业务 5

12 月 1 日，收到设备科开出的固定资产竣工验收通知单，本年 10 月份购入安装的一台冲床已达到预定可使用状态，验收后交付制壳车间使用，结转其全部成本 265 000 元。

要求：填制记账凭证。

业务 6

12 月 1 日，生产车间领用材料，根据领料单结转发出材料成本(领料单号为 NO.0048214～NO.0048221)。

要求：填制记账凭证。

广州市保温瓶有限公司

领料单

NO.0048214

领料部门：制壳车间　　　　　　2011 年 12 月 1 日　　　　　　发料仓库：材料仓库

材料类别	名称及规格	计量单位	数量		计划单价	金额	用途
			请领	实领			
主要材料	铝片	吨	3.0	2.5	20 000	50 000	铝壳
	马口铁	吨	2.0	1.5	5 600	8 400	铁壳
合计		吨	5.0	4.0	×	58 400	×

记账联

仓库主管：刘元　　　发料人：王红　　　领料部门主管：张迪　　　领料人：江海

广州市保温瓶有限公司

领料单

NO.0048215

领料部门：制壳车间　　2011 年 12 月 1 日　　发料仓库：材料仓库

材料类别	名称及规格	计量单位	数量		计划单价	金额	用途
			请领	实领			
辅助材料	漆	千克	1 000	1 000	12	12 000	铝壳
	漆	千克	240	240	12	2 880	铁壳
	稀释剂	千克	200	200	10	2 000	铝壳
	稀释剂	千克	60	60	10	600	铁壳
合计		千克	1 500	1 500	×	17 480	×

记账联

仓库主管：刘元　　发料人：王红　　领料部门主管：张迪　　领料人：江海

广州市保温瓶有限公司

领料单

NO.0048216

领料部门：塑料车间　　2011 年 12 月 1 日　　发料仓库：材料仓库

材料类别	名称及规格	计量单位	数量		计划单价	金额	用途
			请领	实领			
主要材料	塑料粒子	吨	6	6	10 000	60 000	塑壳
	塑料粒子	吨	5	5	10 000	50 000	塑配件
	塑料粒子	吨	6	6	10 000	60 000	气压式塑配件
合计		吨	17	17	10 000	170 000	×

记账联

仓库主管：刘元　　发料人：王红　　领料部门主管：沈亚男　　领料人：韩津

广州市保温瓶有限公司

领料单

NO.0048217

领料部门：装配车间　　2011年12月1日　　发料仓库：材料仓库

材料类别	名称及规格	计量单位	数量		计划单价	金额	用途
			请领	实领			
瓶胆类	瓶胆(大)	只	9 000	9 000	5	45 000	铝壳瓶
	瓶胆(大)	只	7 000	7 000	5	35 000	塑壳瓶(大)
	瓶胆(中)	只	7 500	7 500	4	30 000	塑壳瓶(中)
	瓶胆(小)	只	9 000	9 000	3	27 000	塑壳瓶(小)
合计		只	32 500	32 500		137 000	×

记账联

仓库主管：刘元　　发料人：王红　　领料部门主管：沈亚男　　领料人：韩津

广州市保温瓶有限公司

领料单

NO.0048218

领料部门：装配车间　　2011年12月1日　　发料仓库：材料仓库

材料类别	名称及规格	计量单位	数量		计划单价	金额	用途
			请领	实领			
辅助材料	不锈钢吸管	支	6 000	6 000	0.65	3 900	铝壳瓶
	黑铁托盘	只	6 000	6 000	0.85	5 100	铝壳瓶
合计		×	×	×	×	9 000	×

记账联

仓库主管：刘元　　发料人：王红　　领料部门主管：严力君　　领料人：李林

广州市保温瓶有限公司

领料单

NO.0048219

领料部门：装配车间　　2011 年 12 月 1 日　　发料仓库：材料仓库

材料类别	名称及规格	计量单位	数量		计划单价	金额	用途
			请领	实领			
辅助材料	口圈	只	7 000	7 000	0.20	1 400	铝壳瓶
	口圈	只	6 000	6 000	0.20	1 200	塑壳瓶(大)
	口圈	只	6 000	6 000	0.20	1 200	塑壳瓶(中)
	口圈	只	6 000	6 000	0.20	1 200	塑壳瓶(小)
合计		只	25 000	25 000	×	5 000	×

记账联

仓库主管：刘元　　发料人：王红　　领料部门主管：严力君　　领料人：李林

广州市保温瓶有限公司

领料单

NO.0048220

领料部门：装配车间　　2011 年 12 月 1 日　　发料仓库：材料仓库

材料类别	名称及规格	计量单位	数量		计划单价	金额	用途
			请领	实领			
辅助材料	底垫	只	7 000	7 000	0.15	1 050	铝壳瓶
	底垫	只	6 000	6 000	0.15	900	塑壳瓶(大)
	底垫	只	6 000	6 000	0.15	900	塑壳瓶(中)
	底垫	只	6 000	6 000	0.15	900	塑壳瓶(小)
合计		只	25 000	25 000	0.15	3 750	×

记账联

仓库主管：刘元　　发料人：王红　　领料部门主管：严力君　　领料人：李林

广州市保温瓶有限公司

领料单

NO.0048221

领料部门：装配车间　　　2011 年 12 月 1 日　　　发料仓库：材料仓库

材料类别	名称及规格	计量单位	数量		计划单价	金额	用途
			请领	实领			
辅助材料	纸盒	只	9 000	9 000	1.60	14 400	铝壳瓶
	纸箱	只	700	700	6.00	4 200	塑壳瓶(大)
	纸箱	只	600	600	6.00	3 600	塑壳瓶(中)
	纸箱	只	750	750	6.00	4 500	塑壳瓶(小)
合计		只	11 050	11 050	×	26 700	×

记账联

仓库主管：刘元　　发料人：王红　　领料部门主管：严力君　　领料人：李林

业务 7

12 月 1 日，向工商银行申请本票一张，金额为 25 000 元，交给采购员张敏向东海无线电厂采购不锈钢吸水管。

本票号码为ⅢⅩ013694。

要求：填制记账凭证。

业务 8

12 月 2 日，签发工商银行支票一张，预付明年上半年公司各科室报刊订阅费 4 312.80 元，收到愚园路邮电支局开出的订阅收据。

支票号为 AE101168。

要求：填制记账凭证。

业务 9

12 月 2 日，采购员张敏用面额为 25 000 元的本票，向东海无线电厂购入不锈钢吸管(辅助材料)35 000 支，增值税发票列明价款 21 000 元、税额 3 570 元。货已验收入库，余款暂作“其他应收款”处理。

要求：填制收料单(收料单号为 NO.2097238、发票号码为 NO.2708901)，填制记账凭证。

广州市保温瓶有限公司

收料单

供货单位：　　　　　　　　　　　　　　　　　　　　　　　　　　NO.2097238

发票号码：　　　　　　　　2011 年　月　日　　　　　　　　收料仓库：

材料类别	名称及规格	计量单位	数量		实际成本		计划成本		差异
			应收	实收	单价	金额	单价	金额	

第一联存根

质量检验：　　　　　　　　收料：　　　　　　　　制单：

业务 10

12 月 2 日，收到泰山证券公司交来支票一张，金额为 180 000 元，系预付租用本公司房屋明年 1～3 月份租金，当即送存工商银行。

支票号为 AD109074。

要求：填制记账凭证。

业务 11

12 月 3 日，采购员张敏交来东海无线电厂签发的支票一张，金额为 430 元，系结清用本票采购不锈钢吸管的余款。财务会计部当天送存银行。

支票号码为 AB384017。

要求：填制记账凭证。

业务 12

12 月 3 日，签发工商银行支票一张，金额为 3 000 元，支付商品交易会摊位费，收到商品交易会开出的发票。

支票号为 AE101169。

要求：填制记账凭证。

业务 13

12 月 3 日，开给新加坡新中贸易公司出口商业发票一张(号码为 98B02001)，货已发出，将发票连同信用证及其他单证提交中国银行办理结算，当日市场汇率为 1 美元=7.622 元人民币。出口货物实行“免、抵、退税”办法，出口退税率为 9%。

业务票号为 081202。

铝壳气压保温瓶　3 000 只　单价 4.4 美元(离岸价)

塑壳保温瓶(小号) 3 000 只　单价 1.2 美元(离岸价)

要求：填制记账凭证。

业务 14

12 月 3 日，用现金支付财务会计部林玲业务培训费 350 元，收到新华财会学校开出的收据。

要求：填制记账凭证。

业务 15

12 月 3 日，由工商银行转来东江金属公司委托收款凭证，要求承付该公司发出的 8 吨铝锭的货款 126 781.20 元，承付期为 10 天(暂不做账务处理)。

业务 16

12 月 6 日，采购员姚怡预借赴余姚采购差旅费 400 元，出纳以现金付讫。

要求：填制记账凭证。

业务 17

12 月 6 日，以现金支付仓库管理员刘水根生活困难补助费 300 元。

要求：填制记账凭证。

业务 18

12 月 6 日，向江弯橡胶厂购入底垫(辅助材料)100 000 只，不含增值税单价为 0.14 元；购入口圈 100 000 只，不含增值税单价为 0.19 元。今日货到并验收入库，价款 33 000 元上月已付讫。

要求：填制收料单(收料单号为 NO.2097239、发票号码为 NO.0114715)，填制记账凭证。

广州市保温瓶有限公司

收料单

供货单位：　　　　　　　　　　　　　　　　　　　　　　　　NO.2097239

发票号码：　　　　　　　　2011 年　月　日　　　　　　　　收料仓库：

材料类别	名称及规格	计量单位	数量		实际成本		计划成本		差异
			应收	实收	单价	金额	单价	金额	

第一联存根

质量检验：　　　　　　　收料：　　　　　　　制单：

业务 19

12 月 7 日，收到广州东方百货公司交来支票一张，金额为 80 000 元，系偿还上月购货所欠货款，本公司准备背书转让该支票。

业务票号为 081106。

要求：填制记账凭证。

业务 20

12 月 7 日，向宏达纸厂购入包装纸盒(辅助材料类)35 000 只，不含增值税单价为 1.46 元；购入纸箱(辅助材料类)4 000 只，不含增值税单价为 5.90 元。增值税发票列明的价款 74 700 元和税额 12 699 元，上述款项通过背书转让东方百货交来的支票结算(金额 80 000 元)。同时，签发一张工商银行支票，号码为 AE101170，金额为 7 399 元，补付货款差额。货已验收入库。

要求：填制收料单(收料单号为 NO.2097240、发票号码为 NO.43871889)，填制记账凭证。

广州市保温瓶有限公司

收料单

供货单位：　　　　　　　　　　　　　　　　　　　　NO.2097240

发票号码：　　　　　2011 年　月　日　　　　　　收料仓库：

材料类别	名称及规格	计量单位	数量		实际成本		计划成本		差异
			应收	实收	单价	金额	单价	金额	

第一联存根

质量检验：　　　　　收料：　　　　　制单：

业务 21

12 月 7 日，生产领用材料，根据领料单结转发出材料成本(领料单号为 NO.0048222～NO.0048226)。

要求：填制记账凭证。

广州市保温瓶有限公司

领料单

NO.0048222

领料部门：装配车间　　　　　2011 年 12 月 7 日　　　　　发料仓库：材料仓库

材料类别	名称及规格	计量单位	数量		计划单价	金额	用途
			请领	实领			
辅助材料	口圈	只	5 000	5 000	0.20	1 000	铝壳瓶
	口圈	只	3 000	3 000	0.20	600	塑壳瓶(大)
	口圈	只	3 000	3 000	0.20	600	塑壳瓶(中)
	口圈	只	4 000	4 000	0.20	800	塑壳瓶(小)
合计		只	15 000	15 000	0.20	3 000	×

记账联

仓库主管：刘元　　发料人：王红　　领料部门主管：严力君　　领料人：李林

广州市保温瓶有限公司

领料单

NO.0048223

领料部门：装配车间　　2011 年 12 月 7 日　　发料仓库：材料仓库

材料类别	名称及规格	计量单位	数量		计划单价	金额	用途
			请领	实领			
辅助材料	底垫	只	5 000	5 000	0.15	750	铝壳瓶
	底垫	只	3 000	3 000	0.15	450	塑壳瓶(大)
	底垫	只	3 000	3 000	0.15	450	塑壳瓶(中)
	底垫	只	4 000	4 000	0.15	600	塑壳瓶(小)
合计		只	15 000	15 000	0.15	2 250	×

记账联

仓库主管：刘元　　发料人：王红　　领料部门主管：严力君　　领料人：李林

广州市保温瓶有限公司

领料单

NO.0048224

领料部门：塑料车间　　2011 年 12 月 7 日　　发料仓库：材料仓库

材料类别	名称及规格	计量单位	数量		计划单价	金额	用途
			请领	实领			
主要材料	塑料粒子	吨	3	3	10 000	30 000	塑壳
	塑料粒子	吨	2	2	10 000	20 000	塑配件
	塑料粒子	吨	6	6	10 000	60 000	气压式塑配件
合计		吨	11	11	10 000	110 000	×

记账联

仓库主管：刘元　　发料人：王红　　领料部门主管：沈亚男　　领料人：韩津

广州市保温瓶有限公司

领料单

NO.0048225

领料部门：装配车间　　2011 年 12 月 7 日　　发料仓库：材料仓库

材料类别	名称及规格	计量单位	数量		计划单价	金额	用途
			请领	实领			
瓶胆类	瓶胆(大)	只	6 500	6 500	5	32 500	铝壳瓶
	瓶胆(大)	只	2 000	2 000	5	10 000	铁壳瓶
	瓶胆(大)	只	4 000	4 000	5	20 000	塑壳瓶(大)
	瓶胆(中)	只	5 500	5 500	4	22 000	塑壳瓶(中)
	瓶胆(小)	只	6 000	6 000	3	18 000	塑壳瓶(小)
合计		只	24 000	24 000	×	102 500	×

记账联

仓库主管：刘元　发料人：王红　领料部门主管：严力君　领料人：李林

广州市保温瓶有限公司

领料单

NO.0048226

领料部门：装配车间　　2011 年 12 月 7 日　　发料仓库：材料仓库

材料类别	名称及规格	计量单位	数量		计划单价	金额	用途
			请领	实领			
辅助材料	不锈钢吸管	支	4 000	4 000	0.65	2 600	铝壳瓶
	黑铁托盘	只	4 000	4 000	0.85	3 400	铝壳瓶
合计						6 000	

记账联

仓库主管：刘元　发料人：王红　领料部门主管：严力君　领料人：李林

业务 22

12 月 8 日，与工商银行东风路支行签订为期 3 个月的流动资金借款合同，金额为 200 000 元。接到银行收账通知，借款已划转本公司账户。

银行转账其他结算票据编号为 081201。

要求：填制记账凭证。

业务 23

12 月 8 日，财务会计部王庆成回公司报销差旅费 1 947 元，并交回多余现金 53 元，出纳收款并开出收据。

要求：填制记账凭证。

业务 24

12 月 8 日，本公司本年度 11 月 8 日签发并承兑的一张商业承兑汇票到期，收到工商银行转来收款方(东江有色金属公司)托收票款的委托收款凭证付款通知联，如数支付票款 300 000 元。

业务票号为 081108，银行托收结算票号为 081224。

要求：填制记账凭证。

业务 25

12 月 8 日，委托工商银行贷给广州新丰铝制厂为期 3 个月的 600 000 元借款到期收回，银行根据协议按月利率 8.415%向广州新丰铝制厂结算利息 15 315.30 元，按月费率 1.8%从中扣除手续费 3 276 元，并按本公司利息收入 12 039.30 元的 5%代扣营业税 601.97 元，分别按营业税 601.97 元的 7%、3%代扣城建税 42.14 元和教育费附加 18.06 元，本息余额 611 377.13 元划入本公司存款账户。收到银行收账通知和代扣代缴流转税证明单。该笔委托贷款作为持有至到期投资核算。

银行转账结算票据编号为 081202。

要求：填制记账凭证。

业务 26

12 月 8 日，持广州保温容器公司国际贸易部本年度 10 月 9 日签发的银行承兑汇票向中国银行贴现。该汇票面值 360 000 元，3 个月期限，贴现率为 10%，贴现协议中不带追索条款。银行扣除贴现利息 3 000 元后，将本公司实得款项 357 000 元划转本公司账户。

结算票号为ⅨⅤ1382942，业务票号为 081009。

要求：填制记账凭证。

业务 27

12 月 8 日，生产车间领用材料，根据领料单结转发出材料成本(领料单号为 NO.0048227～NO.0048230)。

要求：填制记账凭证。

广州市保温瓶有限公司

领料单

NO.0048227

领料部门：制壳车间　　2011 年 12 月 8 日　　发料仓库：材料仓库

材料类别	名称及规格	计量单位	数量		计划单价	金额	用途
			请领	实领			
主要材料	铝片	吨	2.5	2.5	20 000	50 000	铝壳
	马口铁	吨	1.0	1.0	5 600	5 600	铁壳
合计		吨	3.5	3.5		55 600	

记账联

仓库主管：刘元　　发料人：王红　　领料部门主管：张迪　　领料人：江海

广州市保温瓶有限公司

领料单

NO.0048228

领料部门：制壳车间　　2011 年 12 月 8 日　　发料仓库：材料仓库

材料类别	名称及规格	计量单位	数量		计划单价	金额	用途
			请领	实领			
辅助材料	漆	千克	800	800	12	9 600	铝壳
	漆	千克	200	200	12	2 400	铁壳
	稀释剂	千克	240	240	10	2 400	铝壳
	稀释剂	千克	50	50	10	500	铁壳
合计		千克	1 290	1 290	×	14 900	×

记账联

仓库主管：刘元　　发料人：王红　　领料部门主管：张迪　　领料人：江海

广州市保温瓶有限公司

领料单

NO.0048229

领料部门：装配车间 2011 年 12 月 8 日 发料仓库：材料仓库

材料类别	名称及规格	计量单位	数量		计划单价	金额	用途
			请领	实领			
辅助材料	纸盒	只	8 000	8 000	1.60	12 800	铝壳瓶
	纸箱	只	350	350	6.00	2 100	铁壳瓶
	纸箱	只	600	600	6.00	3 600	塑壳瓶(大)
	纸箱	只	500	500	6.00	3 000	塑壳瓶(中)
	纸箱	只	600	600	6.00	3 600	塑壳瓶(小)
合计		只	10 050	10 050	×	25 100	×

记账联

仓库主管：刘元 发料人：王红 领料部门主管：张迪 领料人：江海

广州市保温瓶有限公司

领料单

NO.0048230

领料部门：机修车间 2011 年 12 月 8 日 发料仓库：材料仓库

材料类别	名称及规格	计量单位	数量		计划单价	金额	用途
			请领	实领			
辅助材料	机油	升	60	60	9	540	修理
	螺丝钉	盒	2	2	100	200	修理
合计		×	×	×	×	740	

记账联

仓库主管：刘元 发料人：王红 领料部门主管：洪智明 领料人：陈娟

业务 28

12 月 9 日，开给广州保温容器公司国际贸易部增值税发票(号码为 2085705)一张，货已发出，当即收到对方签发并承兑的商业汇票一张，金额为 395 928 元。

塑壳保温瓶(大号)9 600 只 价款 153 600 元 税额 26 112 元

塑壳保温瓶(中号)13 200 只 价款 184 800 元 税额 31 416 元

业务票号为 081203。

要求：填制记账凭证。

业务 29

12 月 9 日，转让作为交易性金融资产核算的国库券，收到交割凭证一张，列示成交金额 542 700 元，佣金 1 628.10 元，实际所得款 541 071.90 元，划转资金账户。该批债券账面价值 501 500 元，面值为 500 000 元。

银行转账结算票号为 081203。

要求：填制记账凭证。

业务 30

12 月 10 日，姚怡报销差旅费 454.8 元，出纳以现金补付预支款不足之差额。

要求：填制记账凭证。

业务 31

12 月 10 日，以现金 135.9 元购买办公室复印纸，增值税发票列明价款 116.15 元和税额 19.75 元(增值税可作进项税处理)。

要求：填制记账凭证。

业务 32

12 月 10 日，向工商银行申请签发银行本票一张，金额为 30 000 元，交采购员李强结算广州新丰铝制品厂铝配件加工费。

本票票号为ⅢX 101742。

要求：填制记账凭证。

业务 33

12 月 10 日，生产车间领用材料，根据领料单结转发出材料成本(领料单号为 NO.0048231～NO.0048233)。

要求：填制记账凭证。

广州市保温瓶有限公司

领料单

NO.0048231

领料部门：装配车间　　2011 年 12 月 10 日　　发料仓库：材料仓库

材料类别	名称及规格	计量单位	数量		计划单价	金额	用途
			请领	实领			
主要材料	铝配件	套	4 000	4 000	3.80	15 200	铁壳瓶
合计		套	4 000	4 000	3.80	15 200	

记账联

仓库主管：刘元　　发料人：王红　　领料部门主管：严力君　　领料人：李林

广州市保温瓶有限公司

领料单

NO.0048232

领料部门：装配车间　　2011 年 12 月 10 日　　发料仓库：材料仓库

材料类别	名称及规格	计量单位	数量		计划单价	金额	用途
			请领	实领			
辅助材料	口圈	只	10 000	10 000	0.20	2 000	铝壳瓶
	口圈	只	6 000	6 000	0.20	1 200	铁壳瓶
	口圈	只	8 000	8 000	0.20	1 600	塑壳瓶(大)
	口圈	只	8 000	8 000	0.20	1 600	塑壳瓶(中)
	口圈	只	8 500	8 500	0.20	1 700	塑壳瓶(小)
合计		只	40 500	40 500	0.20	8 100	×

记账联

仓库主管：刘元　　发料人：王红　　领料部门主管：严力君　　领料人：李林

广州市保温瓶有限公司

领料单

NO.0048233

领料部门：装配车间　　2011 年 12 月 10 日　　发料仓库：材料仓库

材料类别	名称及规格	计量单位	数量		计划单价	金额	用途
			请领	实领			
辅助材料	底垫	只	10 000	10 000	0.15	1 500	铝壳瓶
	底垫	只	6 000	6 000	0.15	900	铁壳瓶
	底垫	只	8 000	8 000	0.15	1 200	塑壳瓶(大)
	底垫	只	8 000	8 000	0.15	1 200	塑壳瓶(中)
	底垫	只	8 500	8 500	0.15	1 275	塑壳瓶(小)
合计		只	40 500	40 500	0.15	6 075	×

记账联

仓库主管：刘元　　发料人：王红　　领料部门主管：严力君　　领料人：李林

业务 34

12 月 10 日，通过工商银行交纳上月未交所得税 57 250 元、增值税 189 340 元、城建税 13 463.80 元和教育费附加 5 770.20 元，代交上月已代扣的个人所得税 2 137.80 元。当即收到各有关税金及附加缴款书收据联。

银行转账结算票据号为 081204。

要求：填制记账凭证。

业务 35

12 月 13 日，采购员李强持面值 30 000 元的本票，向广州新丰铝制品厂结算 15 099 套铝配件加工费，增值税发票列明加工费 24 913.35 元和税额 4 235.27 元，余额由对方当即签发转账支票结清。支票送存工商银行，铝配件已验收入库。上月发出委外加工的铝锭实际成本为 33 972.75 元。

支票号为 AB187664。

要求：填制委托加工收料单(收料单号为 NO.0812174、加工合同号为 0166)，填制记账凭证。

广州市保温瓶有限公司

委托加工收料单

加工单位：　　　　　　　　　　　　　　　　　　　　　　　　NO.0812174

加工合同：　　　　　　　　2011 年　　月　　日　　　　　　收料仓库：材料仓库

材料类别	名称及规格	计量单位	数量		实际成本	计划成本		差异
			应收	实收		单价	金额	

第一联存根

质量检验：　　　　　　　　仓库验收：　　　　　　　　仓库保管：

业务 36

12 月 13 日，签发并承兑 3 个月期限的商业汇票一张，向广州瓶胆总厂购买瓶胆(大号)55 000 只，瓶胆(中号)18 000 只，瓶胆(小号)20 000 只。不含增值税的大号、中号、小号瓶胆的单价分别为 5.20 元、4.1 元、3.05 元。增值税发票列明价款 420 800 元和税额 71 536 元。货已验收入库。

业务票号为 081205，结算汇票号为ⅨⅣ3192979。

要求：填制收料单(收料单号为 NO.2097241、发票号码为 NO.20358112)，填制记账凭证。

广州市保温瓶有限公司

收料单

供货单位：　　　　　　　　　　　　　　　　　　　　　　　　NO.2097241

发票号码：　　　　　　　　2011 年　月　日　　　　　　收料仓库：材料仓库

材料类别	名称及规格	计量单位	数量		实际成本		计划成本		差异
			应收	实收	单价	金额	单价	金额	

第一联存根

质量检验：　　　　　　　　收料：　　　　　　　　制单：

业务 37

12 月 14 日，向东江有色金属公司购入 8 吨铝锭(铝材类)的货款承付期满，通过银行付讫。增值税发票列明价款 108 360 元和税额 18 421.20 元，货已验收入库。签发工商银行支票一张，支付广州黄浦运输公司铝锭运费 1 200 元，按规定其中 10%可作为增值税进项税额。

委收结算票号为 081205，支票号码为 AE101171。

要求：填制收料单(收料单号为 NO.2097242、发票号码为 NO.0091605)，填制记账凭证。

广州市保温瓶有限公司

收料单

供货单位：　　　　　　　　　　　　　　　　　　　　　　　　NO.2097242

发票号码：　　　　　　　　　2011 年 月 日　　　　　　　　收料仓库：材料仓库

材料类别	名称及规格	计量单位	数量		实际成本		计划成本		差异
			应收	实收	单价	金额	单价	金额	

第一联存根

质量检验：　　　　　　　　收料：　　　　　　　　制单：

业务 38

12 月 14 日，收到工商银行转来排水收费管理所的专用托收凭证，已支付排水费 634.8 元。托收号码为 084801。

要求：填制记账凭证。

业务 39

12月14日生产领用材料，根据领料单结转发出材料成本(领料单号为 NO.0048234、NO.0048235)。

要求：填制记账凭证。

广州市保温瓶有限公司

领料单

NO.0048234

领料部门：装配车间　　　　2011 年 12 月 14 日　　　　发料仓库：材料仓库

材料类别	名称及规格	计量单位	数量		计划单价	金额	用途
			请领	实领			
瓶胆类	瓶胆(大)	只	7 000	7 000	5	35 000	铝壳瓶
	瓶胆(大)	只	4 000	4 000	5	20 000	铁壳瓶
	瓶胆(大)	只	4 300	4 300	5	21 500	塑壳瓶(大)
	瓶胆(中)	只	2 500	2 500	4	10 000	塑壳瓶(中)
	瓶胆(小)	只	3 600	3 600	3	10 800	塑壳瓶(小)
合计		只	21 400	21 400	×	97 300	×

记账联

仓库主管：刘元　　发料人：王红　　领料部门主管：严力君　　领料人：李林

广州市保温瓶有限公司

领料单

NO.0048235

领料部门：装配车间　　　　2011 年 12 月 14 日　　　　发料仓库：材料仓库

材料类别	名称及规格	计量单位	数量		计划单价	金额	用途
			请领	实领			
辅助材料	不锈钢吸管	支	10 000	10 000	0.65	6 500	铝壳瓶
	黑铁托盘	只	10 000	10 000	0.85	8 500	铝壳瓶
合计		×		×	×	15 000	×

记账联

仓库主管：刘元　　发料人：王红　　领料部门主管：严力君　　领料人：李林

业务 40

12 月 15 日，根据“工资结算汇总表”，签发工商银行支票一张，收款人为本公司职工工资户，金额为 206 563.60 元，委托工商银行东风路支行办理代发工资转存信用卡业务，发放工资及其他款项共计 206 476.20 元，并支付银行手续费 87.40 元。工资发放清单以软盘形式同时送交银行，并经银行审核。

支票号码为 AE101172。

要求：填制记账凭证。

知识提示

独生子女保健费补贴在管理费用列支，不计入工资总额，不通过“应付职工薪酬”账户核算。

广州市保温瓶有限公司

工资结算汇总表

2011年12月

部门		基本工资	岗位工资	工龄工资	应扣病假工资	应付工资	补贴款项—独生子女补贴	代扣款项							实发金额
								养老保险金	住房公积金	医疗保险金	失业保险金	工会会费	个人所得税	合计	
制壳车间	生产工人	19 732.00	22 749.96	918.00	1 489.76	41 910.20	77.50	3 308.39	2 894.84	827.10	413.55	209.55	194.58	7 848.01	34 139.69
	管理人员	1 663.00	1 863.10	70.00	–	3 596.10	5.00	284.81	249.21	71.20	35.60	17.98	37.95	696.75	2 904.35
	小计	21 395.00	24 613.06	988.00	1 489.76	45 506.30	82.50	3 593.20	3 144.05	898.30	449.15	227.53	232.53	8 544.76	37 044.04
塑料车间	生产工人	29 648.00	31 649.20	2 042.00	1 104.00	62 235.20	107.50	4 883.01	4 272.64	1 220.75	610.38	311.18	510.32	11 808.28	50 534.42
	管理人员	2 138.00	2 674.50	154.00	–	4 966.50	7.50	393.23	344.07	98.31	49.15	24.83	58.30	967.89	4 006.11
	小计	31 786.00	34 323.70	2 196.00	1 104.00	67 201.70	115.00	5 276.24	4 616.71	1 319.06	659.53	336.01	568.62	12 776.17	54 540.53
装配车间	生产工人	18 274.00	22 104.00	1 098.00	1 228.80	40 247.20	75.00	3 147.66	2 754.21	786.91	393.46	201.24	136.32	7 419.80	32 902.40
	管理人员	1 633.00	1 765.60	64.00	183.80	3 278.80	7.50	259.67	227.21	64.92	32.46	16.39	23.48	624.13	2 662.17
	小计	19 907.00	23 869.60	1 162.00	1 412.60	43 526.00	82.50	3 407.33	2 981.42	851.83	425.92	217.63	159.80	8 043.93	35 564.57
机修车间		4 407.00	5 645.00	214.00	–	10 266.00	17.50	802.47	702.16	200.62	100.31	51.33	65.62	1 922.51	8 360.99
企业行政管理人员		40 300.00	44 694.00	806.00	–	85 800.00	77.50	6280.00	5 495.00	1 570.00	785.00	429.00	352.43	14 911.43	70 966.07
合计		117 795.00	133 145.36	5 366.00	4 006.36	252 300.00	375.00	19 359.24	16 939.34	4 839.81	2 419.91	1 261.50	1 379.00	46 198.80	206 476.20

业务 41

12 月 15 日，根据“工资结算汇总表”，结转本月代扣各种款项共计 46 198.80 元。

要求：填制记账凭证。

业务 42

12 月 15 日，签发工商银行支票一张，收款人为信恒保温瓶有限公司工会，根据“工资结算汇总表”，将代扣的职工工会会费 1 261.50 元划转本公司工会银行存款账户。

支票号码为 AE101173。

要求：填制记账凭证。

业务 43

12 月 15 日，生产领用材料，根据领料单结转发出材料成本(领料单号为 NO.0048236、NO.0048237)。

要求：填制记账凭证。

广州市保温瓶有限公司

领料单

NO.0048236

领料部门：装配车间　　2011 年 12 月 15 日　　发料仓库：材料仓库

材料类别	名称及规格	计量单位	数量		计划单价	金额	用途
			请领	实领			
主要材料	铝配件	套	3 000	3 000	3.80	11 400	铁壳瓶
合计		套	3 000	3 000	3.80	11 400	×

记账联

仓库主管：刘元　　发料人：王红　　领料部门主管：严力君　　领料人：李林

广州市保温瓶有限公司

领料单

NO.0048237

领料部门：装配车间　　　　2011 年 12 月 15 日　　　　发料仓库：材料仓库

材料类别	名称及规格	计量单位	数量		计划单价	金额	用途
			请领	实领			
辅助材料	纸盒	只	5 000	5 000	1.60	8 000	铝壳瓶
	纸箱	只	300	300	6.00	1 800	铁壳瓶
	纸箱	只	300	300	6.00	1 800	塑壳瓶(大)
	纸箱	只	350	350	6.00	2 100	塑壳瓶(中)
	纸箱	只	300	300	6.00	1 800	塑壳瓶(小)
合计		只	6 250	6 250	×	15 500	

记账联

仓库主管：刘元　　发料人：王红　　领料部门主管：严力君　　领料人：李林

业务 44

12 月 15 日，根据“各项保险费、公积金、经费计算表”计提交付各种保险费、公积金或经费。计提企业负担的养老保险费 53 237.92 元，计提企业负担的住房公积金 16 939.34 元，计提企业负担的医疗保险费 29 038.86 元，计提企业负担的失业保险费 4 839.81 元，计提企业负担的生育保险费 1 209.95 元，计提企业负担的工伤保险费 1 209.95 元，计提并交付企业负担的工会经费 5 046.00 元，计提企业负担的教育经费 3 784.50 元。

银行转账结算票号为 081206。

要求：填制行政拨交工会经费缴款书，通过工商银行东风路支行交付本月工会经费，信恒保温瓶有限公司工会账号为 267-42720091，开户行为工商银行东风路支行。上级工会为广州市轻工业工会，账号为 254-08118662，开户行为工商银行广州市分行营业部。填制记账凭证。

知识提示

计提各种费用暂不做账务处理，与工资核算账务处理一同做，此处只做交付工会经费的账务处理。

广州市保温瓶有限公司

各项保险费、公积金、经费计算表

2011年12月

部门		各项保险费、公积金计提数(按上年月平均工资计提，上年月平均工资总额为241 990.53)						合计	各项经费计提数（按本月工资计提）			总计
		养老保险费	住房公积金	医疗保险费	失业保险费	生育保险费	工伤保险费		工会经费	教育经费	合计	
制壳车间	生产工人	9 098.07	2 894.84	4 962.58	827.11	206.77	206.77	18 196.14	838.21	628.65	1 466.86	19 663.00
	管理人员	783.22	249.20	427.21	71.20	17.80	17.80	1 566.43	71.92	53.94	125.86	1 692.29
	小计	9 881.29	3 144.04	5 389.79	898.31	224.57	224.57	19 762.57	910.13	682.59	1 592.72	21 355.29
塑料车间	生产工人	13 428.28	4 272.64	7 324.52	1 220.75	305.19	305.19	26 856.57	1 244.70	933.53	2 178.23	29 034.80
	管理人员	1 081.37	344.07	589.84	98.30	24.58	24.58	2 162.74	99.33	74.50	173.83	2 336.57
	小计	14 509.65	4 616.71	7 914.36	1 319.05	329.77	329.77	29 019.31	1 344.03	1 008.03	2 352.06	31 371.37
装配车间	生产工人	8 656.08	2 754.21	4 721.49	786.91	196.73	196.73	17 312.15	804.94	603.71	1 408.65	18 720.80
	管理人员	714.10	227.21	389.51	64.92	16.23	16.23	1 428.20	65.58	49.18	114.76	1 542.96
	小计	9 370.18	2 981.42	5 111.00	851.83	212.96	212.96	18 740.35	870.52	652.89	1 523.41	20 263.76
机修车间		2 206.80	702.17	1 203.71	200.62	50.15	50.15	4 413.60	205.32	153.99	359.31	4 772.91
企业行政管理人员		17 270.00	5 495.00	9 420.00	1 570.00	392.50	392.50	34 540.00	1 716.00	1 287.00	3 003.00	37 543.00
合计		53 237.92	16 939.34	29 038.86	4 839.81	1 209.95	1 209.95	106 475.83	5 046.00	3 784.50	8 830.50	115 306.33

业务 45

12 月 15 日，对 1 月 15 日的凭证进行出纳签字、主管签字、审核、记账。

操作提示

(1) 出纳签字。

由于出纳凭证涉及企业现金的收入与支出，因此，应加强对出纳凭证的管理。出纳人员可通过“出纳签字”功能对制单员填制的带有现金银行科目的凭证进行检查核对，主要核对出纳凭证中出纳科目的金额是否正确，审查出的认为是错误或有异议的凭证，应交与填制人员修改后再核对。

第一步，设置查询条件。

在“业务工作”界面，双击【财务会计】|【总账】|【凭证】|【出纳】，系统会弹出“出纳签字”界面，如图 1.56 所示。设置查询条件后单击【确定】按钮，系统将显示“出纳签字”凭证一览表，如图 1.57 所示。

图 1.56　出纳签字凭证查询条件

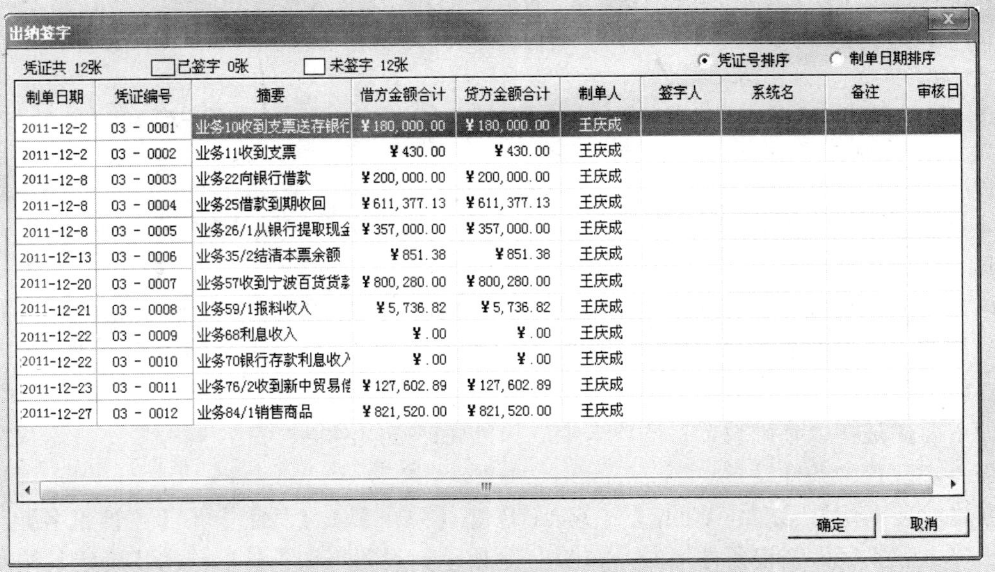

制单日期	凭证编号	摘要	借方金额合计	贷方金额合计	制单人	签字人	系统名	备注	审核日
2011-12-2	03 - 0001	业务10收到支票送存银行	¥180,000.00	¥180,000.00	王庆成				
2011-12-2	03 - 0002	业务11收到支票	¥430.00	¥430.00	王庆成				
2011-12-8	03 - 0003	业务22向银行借款	¥200,000.00	¥200,000.00	王庆成				
2011-12-8	03 - 0004	业务25借款到期收回	¥611,377.13	¥611,377.13	王庆成				
2011-12-8	03 - 0005	业务26/1从银行提取现金	¥357,000.00	¥357,000.00	王庆成				
2011-12-13	03 - 0006	业务35/2结清本票余额	¥851.38	¥851.38	王庆成				
2011-12-20	03 - 0007	业务57收到宁波百货货款	¥800,280.00	¥800,280.00	王庆成				
2011-12-21	03 - 0008	业务59/1报料收入	¥5,736.82	¥5,736.82	王庆成				
2011-12-22	03 - 0009	业务68利息收入	¥.00	¥.00	王庆成				
2011-12-22	03 - 0010	业务70银行存款利息收入	¥.00	¥.00	王庆成				
2011-12-23	03 - 0011	业务76/2收到新中贸易供	¥127,602.89	¥127,602.89	王庆成				
2011-12-27	03 - 0012	业务84/1销售商品	¥821,520.00	¥821,520.00	王庆成				

图 1.57　出纳签字凭证列表

知识提示

(1) 凭证标志：选择“全部”，系统就会显示所有符合条件的凭证列表；选择“作废凭证”或“有错凭证”，系统则会显示所有符合条件的作废或有错的凭证。三者任选其一。

(2) 凭证类别：输入要查询的凭证类别，也可选择在凭证类别中定义的类别名称。

(3) 日期：如果要专门查询某一段时间的凭证，请选择“日期范围”，此时凭证号范围不可选。

(4) 月份和凭证号：可以按月份和凭证编号进行查询。

(5) 选择要对哪位审核人审核的、哪位制单人填制的、哪位出纳经历的、哪位会计主管签字的凭证进行出纳签字。

(6) 来源：指凭证来源于哪个外部系统，如果来源为空表示所有系统的凭证。

第二步，出纳签字。

在“出纳签字”凭证一览表中，双击某张凭证，屏幕则会显示这张凭证，单击【签字】按钮，凭证下方“出纳”处会显示当前操作员的姓名，表示这张凭证出纳员已签字。若想取消凭证上的签字，则单击【取消】按钮即可。

知识提示

(1) 签字批量处理方式。

为了提高工作效率，系统提供对已审核的凭证进行成批签字的功能，选择横向菜单【主管】中的【成批出纳签字】和【成批取消签字】，可进行签字的成批操作。

(2) 补结算方式和票号。

如果在录入凭证时没有录入结算方式和票据号，在出纳签字时还可以补充录入。选择横向菜单中的【票据结算】，列示所有需要进行填充的结算方式、票据号、票据日期的分录，包括已填写的分录。填制结算方式和票号时，可依据票据的结算方式进行相应支票登记判断。

已签字的凭证，不能填写票据，只能取消签字后才能进行。

(3) 凭证在合并状态下可以进行出纳签字，但不能填补结算方式和票号。

(4) 已签字的凭证不能被修改、删除，只能在取消签字之后才能进行。

(5) 取消签字只能由出纳人本人进行。

(6) 企业可根据实际需要决定是否要对出纳凭证进行出纳签字管理，若不需要此功能，可在“选项”中取消“出纳凭证必须经由出纳签字”的设置。

(7) 企业可以依据实际需要加入“出纳签字后方可执行领导签字”的控制，同时取消“签字时控制领导尚未签字”。可在“选项”中勾选“主管签字以后不可以取消审核和出纳签字”。

(2) 主管签字。

许多企业为加强对会计人员制单的管理，常采用经主管会计签字后的凭证才有效的管理模式。因此，本系统提供“主管签字”的核算方式，即其他会计人员制作的凭证必须经主管签字才能记账。

使用前提是在“基础设置”选项卡中选择“凭证必须经主管签字”。

第一步，查询条件设置。

在“业务工作” 界面，双击【财务会计】|【总账】|【凭证】|【主管签字】，系统会弹出“主管签字”查询条件界面，如图 1.58 所示。设置查询条件后单击【确定】按钮，系统将显示“主管签字”凭证一览表，如图 1.59 所示。

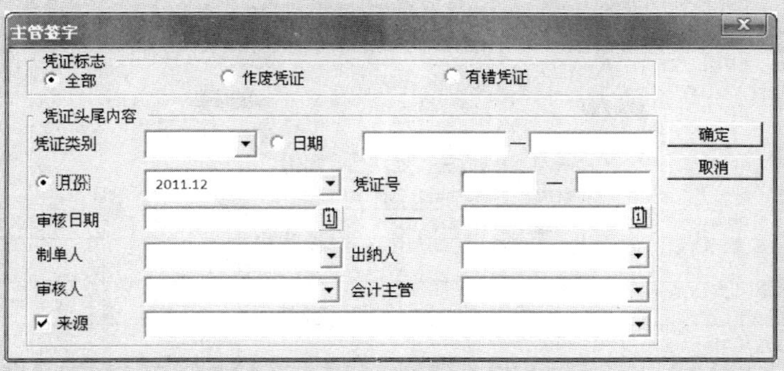

图 1.58 主管签字凭证查询条件

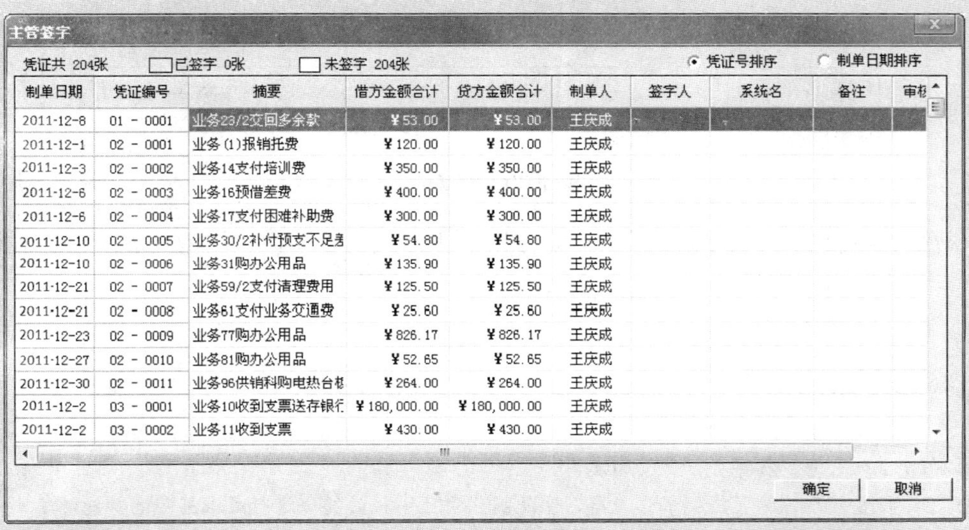

制单日期	凭证编号	摘要	借方金额合计	贷方金额合计	制单人	签字人	系统名	备注	审核
2011-12-8	01 - 0001	业务23/2交回多余款	¥53.00	¥53.00	王庆成				
2011-12-1	02 - 0001	业务(1)报销托费	¥120.00	¥120.00	王庆成				
2011-12-3	02 - 0002	业务14支付培训费	¥350.00	¥350.00	王庆成				
2011-12-6	02 - 0003	业务16预借差费	¥400.00	¥400.00	王庆成				
2011-12-6	02 - 0004	业务17支付困难补助费	¥300.00	¥300.00	王庆成				
2011-12-10	02 - 0005	业务30/2补付预支不足差	¥54.80	¥54.80	王庆成				
2011-12-10	02 - 0006	业务31购办公用品	¥135.90	¥135.90	王庆成				
2011-12-21	02 - 0007	业务59/2支付清理费用	¥125.50	¥125.50	王庆成				
2011-12-21	02 - 0008	业务61支付业务交通费	¥25.60	¥25.60	王庆成				
2011-12-23	02 - 0009	业务77购办公用品	¥826.17	¥826.17	王庆成				
2011-12-27	02 - 0010	业务81购办公用品	¥52.65	¥52.65	王庆成				
2011-12-30	02 - 0011	业务96供销科购电热台村	¥264.00	¥264.00	王庆成				
2011-12-2	03 - 0001	业务10收到支票送存银行	¥180,000.00	¥180,000.00	王庆成				
2011-12-2	03 - 0002	业务11收到支票	¥430.00	¥430.00	王庆成				

图 1.59 主管签字凭证列表

知识提示

(1) 凭证标志：选择"全部"，系统会显示所有符合条件的凭证列表；选择"作废凭证"或"有错凭证"系统则会显示所有符合条件的作废或有错的凭证。三者任选其一。

(2) 凭证类别：可以选择对某一类别的凭证签字，也可以选择对所有类别的凭证签字。

(3) 日期：如果要专门查询某一段时间的凭证，请选择"日期"范围，此时凭证号范围不可选。

(4) 月份：选择要对哪个月的凭证进行审核签字。

(5) 凭证号：如果知道要签字的凭证号，可以直接输入凭证号范围，缩小查找范围。

(6) 制单人、出纳人、审核人、会计主管可以对不同的凭证操作者进行控制管理，或通过选择操作者确定凭证范围。

(7) 来源：指要签字的凭证来源于哪个外部系统，为空表示所有系统的凭证。最好确定来源，因为在凭证数量比较多的情况下，确定来源系统可缩短查询等待时间。

第二步，主管签字。

在"主管签字"凭证列表中，双击某行或单击【确定】按钮显示该凭证。确认无误后，单击【签字】按钮，凭证上则会显示加红色框的当前操作员姓名，表示这张凭证主管已签字，如图 1.60 所示。

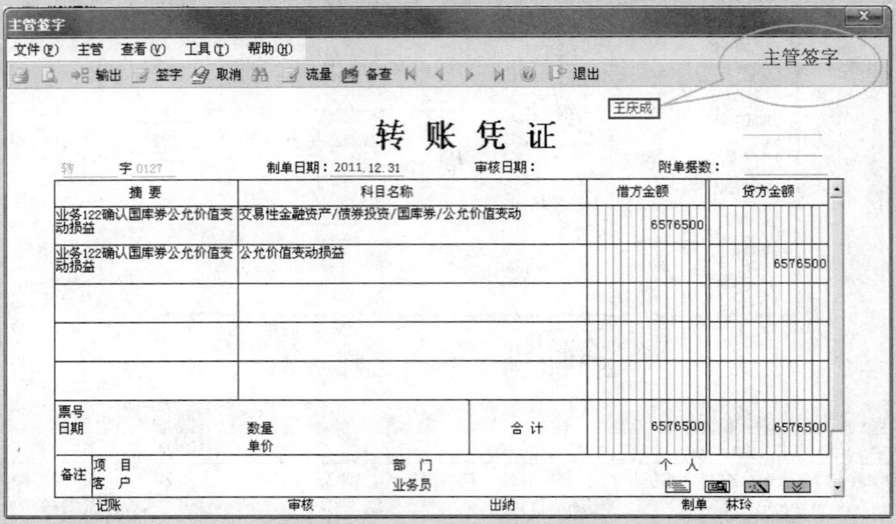

图 1.60 主管签字

如果要取消签字，只需单击【取消】按钮，凭证上的签字标志取消，表示当前凭证取消了主管签字。取消签字只能由签字人本人进行。

知识提示

(1) 在凭证列表中，签字凭证背景为灰色。

(2) 签字批量处理。为了提高工作效率，系统提供对已审核的凭证进行成批签字的功能，单击横向菜单【主管】中的【成批主管签字】和【成批取消签字】，可进行签字的成批操作。

(3) 几种不能签字的情况。已签字凭证不能再签字；未经授权的凭证不能签字；取消签字必须由签字人本人取消；签字人与制单人相同；未签字凭证不能取消签字；签字前先要对凭证进行合法性检查，有错凭证不能签字，未通过的凭证也不能签字。

(3) 审核凭证。

审核凭证是审核员按照财会制度，对制单员填制的记账凭证进行检查核对，主要审核记账凭证是否与原始凭证相符、会计分录是否正确等。审查后被认为是错误或有异议的凭证，应打上出错标记，同时可写入出错原因并交与填制人员修改后，再审核。只有具有审核权的人才能使用本功能。

第一步，更换操作员。

在“业务工作”界面，单击窗口左上角的【重注册】命令按钮，系统会弹出“注册操作员”对话框，选择具有审核权限的操作员，然后单击【确定】按钮。

第二步，查询条件设置。

在“业务工作”界面，双击【财务会计】｜【总账】｜【凭证】｜【审核凭证】，系统会弹出“凭证审核”查询条件界面，如图 1.61 所示。设置查询条件后单击【确定】按钮，系统将显示“凭证审核”一览表，如图 1.62 所示。

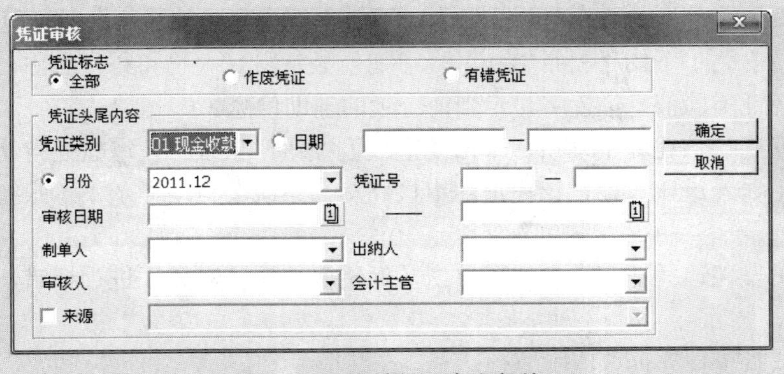

图 1.61　审核凭证查询条件

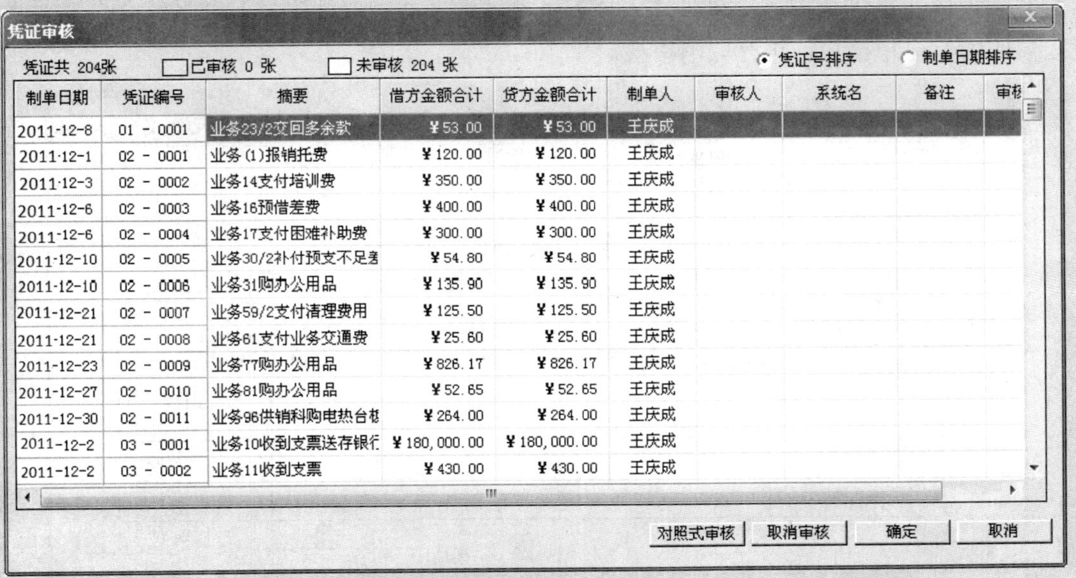

图 1.62　凭证审核一览表

知识提示

(1) 凭证标志：选择“全部”，系统会显示所有符合条件的凭证列表；选择“作废凭证”或“有错凭证”，系统则会显示所有符合条件的作废或有错的凭证。三者任选其一。

(2) 凭证类别：输入要查询的凭证类别，也可选择在凭证类别中定义的类别名称。

(3) 日期：如果要专门查询某一段时间的凭证，请选择“日期范围”，此时凭证号范围不可选。

(4) 月份和凭证号：可以按月份和凭证编号进行查询。

(5) 审核人是指凭证是由哪位审核人审核的，出纳人是指凭证是由哪位出纳员制作的，会计主管是指凭证是由哪位主管签字的。

(6) 来源：选择凭证来源于哪个外部系统，为空表示所有的系统的凭证。

第三步，审核凭证。

在“凭证审核”一览表中，双击某张凭证，系统则会显示此凭证。如果此凭证不是你要审核的凭证，可单击【首页】、【上页】、【下页】、【末页】按钮翻页查找或单击【查询】按钮输入条件查找。

单击【查看】菜单下的【查最新余额】，可查看选中科目的最新余额一览表。

通过【查看】菜单下的【科目转换】，可切换显示科目编码和科目名称，用↑或↓键在分录中移动时，凭证辅助信息位置将显示当前分录的辅助信息。

审核人员在确认该凭证正确后，单击【审核】按钮，系统将在审核处自动签上审核人姓名，并在凭证上显示审核日期，该凭证即审核完毕，系统会自动显示下一张待审核凭证，如图 1.63 所示。

若审核人员发现该凭证有错误，可单击【标错】按钮，对凭证进行标错，以便制单人对其进行修改。

第四步，成批审核凭证或取消审核。

在“审核凭证”界面，单击【审核】菜单下的【成批审核】，系统会自动对当前范围内的所有未审核凭证进行审核。单击【审核】菜单下的【成批取消审核】，系统会自动对当前范围内的所有已审核凭证进行取消审核。

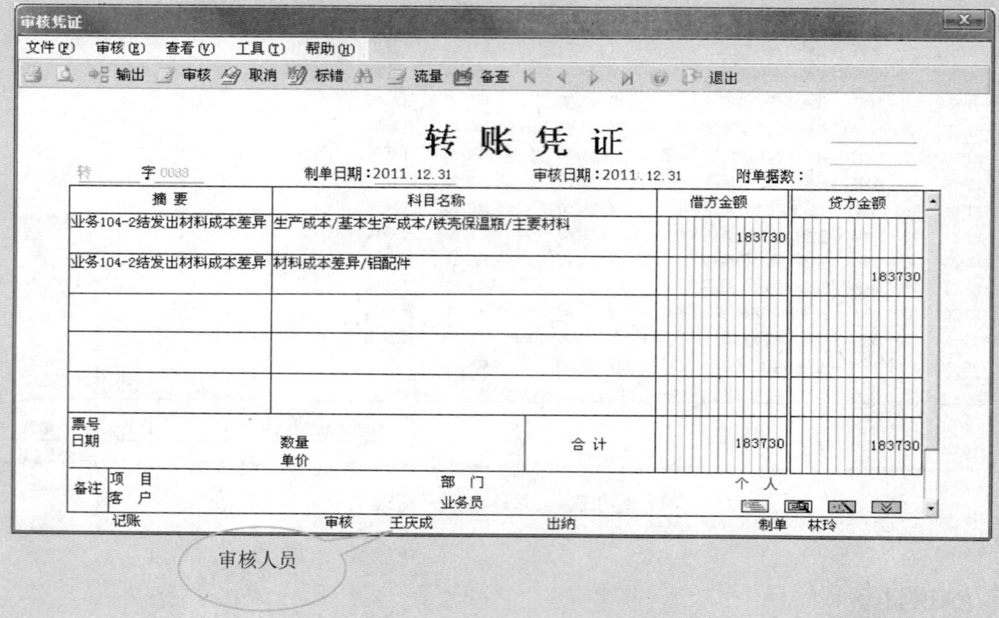

图 1.63　审核凭证

知识提示

(1) 审核人和制单人不能是同一个人。

(2) 若想对已审核的凭证取消审核，则可单击【取消】按钮。取消审核签字只能由审核人本人进行。

(3) 凭证一经审核，就不能被修改、删除，只有取消审核签字后才可以进行修改或删除。

(4) 审核人除了要具有审核权外，还需要对某制单人所制作的凭证具有审核权，这个权限在“基础设置”的“数据权限”中设置。

(5) 采用手工制单的用户，在凭证上审核完后还须对录入机器中的凭证进行审核。

(6) 作废凭证不能被审核，也不能被标错。

(7) 已标错的凭证不能被审核。若想审核该凭证需先取消标错。已审核的凭证不能标错。

(8) 预算审批通过的凭证，只能进行审核，不能进行凭证的其他操作。

(9) 取消审核时，无论预算管理系统返回何值全部认为成功，系统只提示不进行控制。

(10) 企业可以依据实际需要加入"审核后方可执行领导签字"的控制，同时取消"审核时控制领导尚未签字"。可在"选项"中选中"主管签字以后不可以取消审核和出纳签字"。

(4) 记账。

记账凭证经审核签字后即可用来登记总账和明细账、日记账、部门账、往来账、项目账以及备查账等。本系统记账采用向导方式，记账过程更加明确。

第一步，选择记账范围。

在"业务工作"界面，双击【财务会计】|【总账】|【凭证】|【记账】，系统将弹出"记账"界面，如图 1.64 所示。该界面会列示各期间的未记账凭证清单和其中的空号与已审核凭证编号。若编号不连续，则用逗号分隔；若显示宽度不够，可用鼠标拖动表头调整列宽查看。在"记账"界面选择记账范围，可输入连续编号范围，如"1-11"，表示 1 号至 11 号凭证为此次要记账的凭证；也可输入不连续编号，如"1-55，69-90"，表示第 1 号至 55 号、69 号至 90 号凭证为此次要记账的凭证。

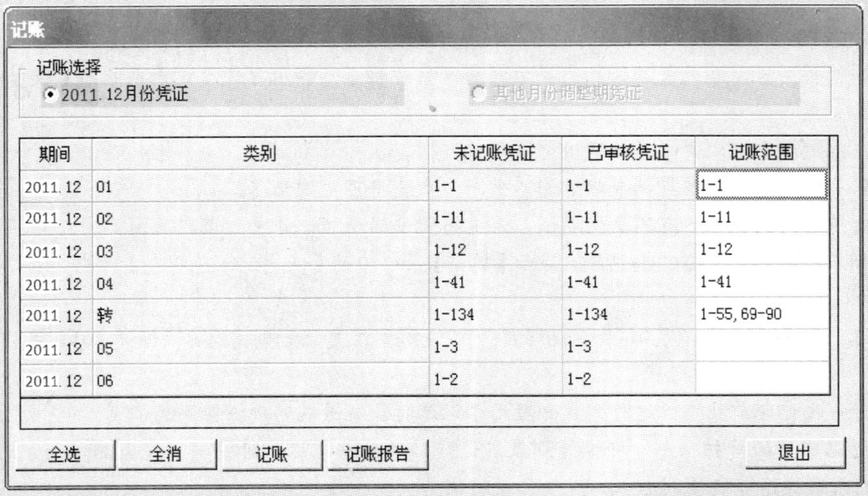

图 1.64 选择记账范围

第二步，执行记账。

在"记账"界面，选择完记账范围后，单击【记账】按钮，系统则开始登录有关的总账和明细账，包括正式总账与明细账、数量总账与明细账、外币总账与明细账、项目总账与明细账、部门总账与明细账、个人往来总账与明细账和银行往来账等有关账簿。记账结束后，"记账"界面将显示本次记账的记账凭证数量及金额，如图 1.65 所示。

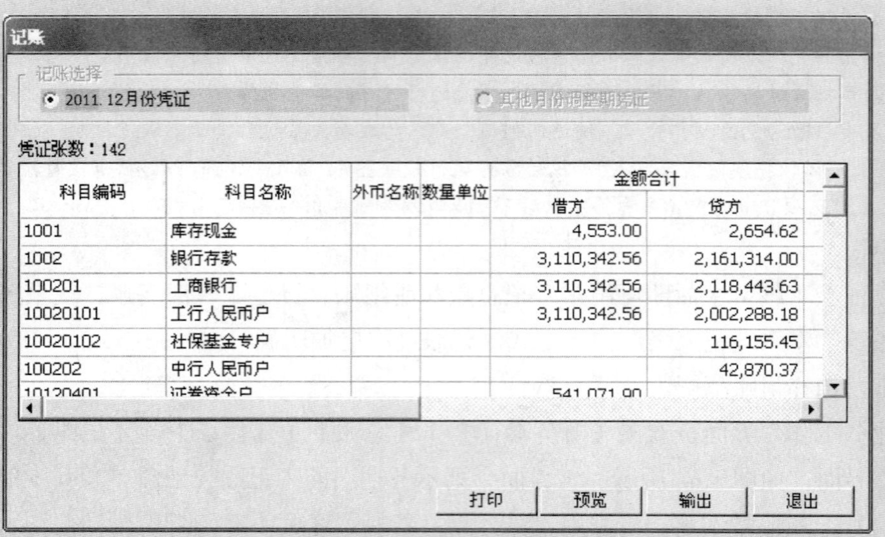

图 1.65 记账结果

知识提示

在实际记账过程中出现以下情况的，需要恢复记账前状态。

(1) 记账过程一旦因断电或其他原因而中断后，系统将自动调用【恢复记账前状态】恢复数据，然后就需要重新记账。

(2) 在记账过程中，不得中断或退出。

(3) 在第一次记账时，若期初余额试算不平衡，系统将不允许记账。

(4) 所选范围内的凭证如有不平衡凭证，系统将列出错误凭证并重选记账范围。

(5) 在期末对账界面，按 Ctrl+H 键，显示【凭证】菜单中的【恢复记账前状态】功能，再次按下 Ctrl+H 键隐藏此菜单。

(6) 最近记账月的恢复。例如，最后记账月为 12 月份，恢复记账则需选择“恢复 2011 年 11 月份凭证”选项。

(7) 最近一次记账前状态：这种方式一般用于记账时系统造成的数据错误的恢复。

(8) 最近记账月的月初状态，即恢复到最近记账月的月初未记账时的状态。例如，登录时间为 2011 年 12 月，则系统提示可恢复到 2011 年 12 月初的状态。

(9) 选择凭证范围恢复记账：这种方式是有选择性地恢复部分凭证。可在凭证列表中单击【全选】按钮确定恢复记账的范围。

业务 46

12 月 16 日，签发工商银行支票一张，收款人为广州市保温瓶有限公司公积金专户，缴付职工住房公积金 33 878.68 元，其中企业负担的部分为 16 939.34 元，企业从职工工资中代扣代缴的部分为 16 939.34 元。

支票号码为 AE101174。

要求：填制记账凭证。

业务 47

12 月 16 日，收到工商银行转来广州市社会保险事业基金结算管理中心的职工社会保险基金结算汇总表和医疗保险费申报表等托收凭证，已从社保基金专户划转各项基金共 116 155.45 元。

银行转账结算票号为 40542。

要求：填制记账凭证。

广州市保温瓶有限公司

社保基金结算汇总表

2011 年 12 月

项目	单位交付金额	个人交付金额	合计
交付养老保险费	53 237.92	19 359.24	72 597.16
交付医疗保险费	29 038.86	4 839.81	33 878.67
交付失业保险费	4 839.81	2 419.91	7 259.72
交付生育保险费	1 209.95	—	1 209.95
交付工伤保险费	1 209.95	—	1 209.95
合计	89 536.49	26 618. 96	116 155.45

业务 48

12 月 16 日，向天明塑料公司购入塑料粒子 24 吨，增值税发票列明价款 219 840 元和税额 37 372.80 元，款项用银行承兑汇票结算，货已验收入库，收料单已填制(收料单号为 NO.2097243、发票号码为 NO.1119061)。

签发工商银行支票一张，金额 2 400 元，用于支付广州徐汇运输公司 24 吨塑料粒子运费，规定可按 10%作为增值税进项税额。

银行承兑汇票号为ⅥⅡ01491035，支票号码为 AE101175，业务票号为 081213。

要求：填制记账凭证。

广州市保温瓶有限公司

收料单

供货单位：天明塑料公司　　　　NO.2097243

发票号码：NO.1119061　　　　2011 年 12 月 16 日　　　　收料仓库：材料仓库

材料类别	名称及规格	计量单位	数量		实际成本		计划成本		差异
			应收	实收	单价	金额	单价	金额	
原材料	塑料粒子	吨	24	24	9 250	222 000	10 000	240 000	−18 000

记账联

质量检验：王宁　　　　收料：丁红　　　　制单：丁红

业务 49

12 月 16 日，生产领用材料，根据领料单结转发出材料成本(领料单号为 NO.0048238～NO.0048240)。

要求：填制记账凭证。

广州市保温瓶有限公司

领料单

NO.0048238

领料部门：机修车间　　2011 年 12 月 16 日　　发料仓库：材料仓库

材料类别	名称及规格	计量单位	数量		计划单价	金额	用途
			请领	实领			
低值易耗品	电动机	台	4	4	250	1 000	修理
合计		台	4	4	250	1 000	×

记账联

仓库主管：刘元　发料人：王红　领料部门主管：洪智明　领料人：陈娟

广州市保温瓶有限公司

领料单

NO.0048239

领料部门：制壳车间　　2011 年 12 月 16 日　　发料仓库：材料仓库

材料类别	名称及规格	计量单位	数量		计划单价	金额	用途
			请领	实领			
辅助材料	漆	千克	500	500	12	6 000	铝壳
	漆	千克	100	100	12	1 200	铁壳
	稀释济	千克	100	100	10	1 000	铝壳
	稀释济	千克	25	25	10	250	铁壳
合计		千克	725	725	×	8 450	×

记账联

仓库主管：刘元　　发料人：王红　领料部门主管：张迪　　领料人：江海

广州市保温瓶有限公司

领料单

NO.0048240

领料部门：制壳车间　　2011 年 12 月 16 日　　发料仓库：材料仓库

材料类别	名称及规格	计量单位	数量		计划单价	金额	用途
			请领	实领			
主要材料	铝片	吨	1.60	1.60	20 000	32 000	铝壳
	马口铁	吨	0.50	0.38	5 600	2 128	铁壳
合计		吨	2.10	1.98		34 128	

记账联

仓库主管：刘元　发料人：王红　领料部门主管：张迪　领料人：江海

业务 50

12 月 17 日，年末财产清查，发现账外冲床一台(J21-60 型)，为向联营企业租入，上年度联营企业期满解散时漏计入清算财产，其市场价为 30 000 元，估计五成新。分别发现盘亏大号瓶胆 72 只，盘亏稀释剂 3 千克，系搬运中发生的损耗。

要求：填制固定资产盘盈盘亏报告单(报告单号为 NO.0058236)，作相应账务处理；填制存货盘盈盘亏报告单(报告单号为 NO.0058237)，结转盘亏存货的计划成本；填制记账凭证。

广州市保温瓶有限公司

财产物资盘盈盘亏报告单

NO.0058236

类别：　　2011 年　月　日

名称	规格	单位	单价	账面数		清点数		盘盈		盘亏		备注
				数量	金额	数量	金额	数量	金额	数量	金额	
合计												
原因分析：						审批意见：						

第一联

单位(盖章)　　财务会计部负责人：　　制表：

广州市保温瓶有限公司

财产物资盘盈盘亏报告单

NO.0058237

类别：　　　　　　　　　　　　2011 年　月　日

名称	规格	单位	单价	账面数		清点数		盘盈		盘亏		备注
				数量	金额	数量	金额	数量	金额	数量	金额	
合计												
原因分析：						审批意见：						

第一联

单位(盖章)　　　　　　财务会计部负责人：　　　　　　制表：

业务 51

12 月 17 日，生产领用材料，根据领料单结转发出材料成本(领料单号为 NO.0048241～NO.0048244)。

要求：填制记账凭证。

广州市保温瓶有限公司

领料单

NO.0048241

领料部门：制壳车间　　　　2011 年 12 月 17 日　　　　发料仓库：材料仓库

材料类别	名称及规格	计量单位	数量		计划单价	金额	用途
			请领	实领			
低值易耗品	安全钳	把	40	30	10	300	生产用具
合计		把	40	30		300	

记账联

仓库主管：刘元　发料人：王红　领料部门主管：洪智明　领料人：陈娟

广州市保温瓶有限公司

领料单

NO.0048242

领料部门：塑料车间　　　　2011 年 12 月 17 日　　　　发料仓库：材料仓库

材料类别	名称及规格	计量单位	数量		计划单价	金额	用途
			请领	实领			
主要材料	塑料粒子	吨	3	3	10 000	30 000	塑壳
	塑料粒子	吨	2	2	10 000	20 000	塑配件
	塑料粒子	吨	4	4	10 000	40 000	气压式塑配件
合计		吨	9	9	10 000	90 000	×

记账联

仓库主管：刘元　　发料人：王红　　领料部门主管：沈亚男　　领料人：韩津

广州市保温瓶有限公司

领料单

NO.0048243

领料部门：塑料车间　　　　2011 年 12 月 17 日　　　　发料仓库：材料仓库

材料类别	名称及规格	计量单位	数量		计划单价	金额	用途
			请领	实领			
低值易耗品	修边刀	把	65	65	8	520	生产用具
合计		把	65	65	8	520	

记账联

仓库主管：刘元　　发料人：王红　　领料部门主管：沈亚男　　领料人：韩津

广州市保温瓶有限公司

领料单

NO.0048244

领料部门：装配车间　　　　2011 年 12 月 17 日　　　　发料仓库：材料仓库

材料类别	名称及规格	计量单位	数量		计划单价	金额	用途
			请领	实领			
低值易耗品	压力表	只	4	4	500	2 000	生产用具
	扳手	把	20	20	15	300	生产用具
合计						2 300	

记账联

仓库主管：刘元　　发料人：王红　　领料部门主管：严力君　　领料人：李林

业务 52

12 月 17 日，签发工商银行支票一张，向银行提取现金 2 000 元备用。

支票号码为 AE101176。

要求：填制记账凭证。

业务 53

12 月 17 日，开给宁波百货公司增值税发票(号码为 2085707)一张，货已发出，货款尚未收到。同意对方采用汇兑方式结算货款。

铝壳气压保温瓶　16 800 只　价款 588 000 元　税额 99 960 元

铁壳保温瓶　4 800 只　价款 96 000 元　税额 16 320 元

业务票号为 081208。

要求：填制记账凭证。

业务 54

12 月 17 日，签发工商银行支票一张，购买印花税 1 880 元。

支票号码为 AE101177。

要求：填制记账凭证。

业务 55

12 月 18 日，发出铝锭给广州铝材厂加工成铝片，根据出库单结转发出材料成本(出库单号为 NO.0037491)。

要求：填制记账凭证。

广州市保温瓶有限公司

委托加工材料出库单

NO.0037491

加工单位：广州铝材厂

加工合同号：020167　　2011 年 12 月 18 日　　发料仓库：材料仓库

材料类别	名称及规格	计量单位	数量	计划单价	金额	收回材料名称
原材料	铝锭	吨	6.4	13 500	86 400	铝片

记账联

仓库主管：刘元　　发料人：王红　　领料部门主管：徐雁南　　领料人：李林

业务 56

12 月 20 日，制壳车间的一台电热烘缸部分部件磨损影响了产品质量，经批准报废转入清理(设备报废申请单号为 NO.0067491)，设备原值 109 325 元，净残值率为 4%，已使用 8 年，累计折旧 83 961.60 元。

要求：填制记账凭证。

广州市保温瓶有限公司

设备报废申请单

NO.0067491

2011 年 12 月 16 日

设备名称	电加热烘缸	预计使用年限	10 年	已使用年	8
设备编号	J8143-03	原值	109 325.00	已提折旧	83 961.60
使用部门	制壳车间	折余价值	25 363.40	预计残值	4 373.00
报废原因	主要部件已磨损	技术部门意见	加热温度达不到标准，影响产品质量，建议报废 高 阳		
报废处理建议	送废品公司回收	设备部门意见	同意报废 王培根		
企业领导意见	同意 孙永平	报废日期	2011 年 12 月 17		

第一联

经办部门：设备科　　经办人：吴英

业务 57

12 月 20 日，收到工商银行的信汇凭证(收账通知)，应收宁波百货公司 12 月 17 日货款 800 280 元已收妥。

信汇结算票号为 40884473，业务票号为 081208。

要求：填制记账凭证。

业务 58

12 月 20 日，通过工商银行缴纳上月应缴未缴的营业税 3 000 元(滞纳税款)，并从 12 月 11 日起，按日支付滞纳税款 0.2%的滞纳金 60 元。收到营业税缴款书收据联。

转账结算票号为 081217。

要求：填制记账凭证。

业务 59

12 月 21 日，将已批准报废的电加热烘缸运往东风路区废品回收公司处理，收到该公司开具的收购凭证和支票各一张，收购金额为 5 736.82 元，填制进账单，将其与支票一同送存工商银行。同时，收到沪兴运输服务公司开具的运输费账单一张，以现金支付运费 125.50 元。此项设备清理完毕，结转清理净损益。

支票号码为 AB824620。

要求：填制记账凭证。

业务 60

12 月 21 日，收到工商银行转来本市电话局专用托收凭证，付讫市内电话费 1 479.70 元。

托收票号为 084089。

要求：填制记账凭证。

业务 61

12 月 21 日，供销经营科职工金利报销联系业务交通费 25.60 元，以现金付讫。

要求：填制记账凭证。

业务 62

12 月 21 日，签发工商银行支票一张，支付本公司综合办公楼电梯修理费 2 860 元，收到开达电梯工程公司开出的发票。

支票号码为 AE101178。

要求：填制记账凭证。

业务 63

12 月 21 日，生产领用材料，根据领料单结转发出材料成本(领料单号为 NO.0048245、NO.0048246)。

要求：填制记账凭证。

广州市保温瓶有限公司

领料单

NO.0048245

领料部门：装配车间　　　　2011 年 12 月 21 日　　　　发料仓库：材料仓库

材料类别	名称及规格	计量单位	数量		计划单价	金额	用途
			请领	实领			
主要材料	铝配件	套	3 000	2 670	3.80	10 146	铁壳瓶
合计		套	3 000	2 670	3.80	10 146	

记账联

仓库主管：刘元　　发料人：王红　　领料部门主管：严力君　　领料人：李林

广州市保温瓶有限公司

领料单

NO.0048246

领料部门：装配车间　　　　2011 年 12 月 21 日　　　　发料仓库：材料仓库

材料类别	名称及规格	计量单位	数量		计划单价	金额	用途
			请领	实领			
辅助材料	纸盒	只	4 000	4 000	1.60	6 400	铝壳瓶
	纸箱	只	150	150	6.00	900	铁壳瓶
	纸箱	只	160	160	6.00	960	塑壳瓶(大)
	纸箱	只	150	140	6.00	840	塑壳瓶(中)
	纸箱	只	260	260	6.00	1 560	塑壳瓶(小)
合计		只	4 720	4 710	×	10 660	×

记账联

仓库主管：刘元　　发料人：王红　　领料部门主管：严力君　　领料人：李林

业务 64

12 月 21 日，收到工商银行转来长途电信局专用托收凭证，付讫长途电话费 10 916.90 元。托收结算票号为 154981。

要求：填制记账凭证。

业务 65

12 月 22 日，收到工商银行转来自来水公司专用托收凭证，付讫水费 7 242 元。本公司在支付水费时按水费分配计算表中的固定比例进行分配。

托收结算票号为 109728。

要求：编制水费分配表，填制记账凭证。

广州市保温瓶有限公司

水费分配计算表

2011 年 12 月

部　门	应借科目	分配比例	金　额
制壳车间		50%	
塑料车间		27%	
装配车间		5%	
机修车间		5%	
行政管理部门		13%	
合计		100%	

业务 66

12 月 22 日，收到工商银行转来供电局专用托收凭证，付讫款项共 44 496.27 元，按规定换取的增值税发票列明电费 38 031 元和增值税 6 465.27 元。本公司在支付电费时按电费分配计算表中的固定比例进行分配。

托收结算票号为 109729。

要求：编制电费分配表，填制记账凭证。

广州市保温瓶有限公司

电费分配计算表

2011 年 12 月

部　门	应借科目	分配比例	金　额
制壳车间		48%	
塑料车间		36%	
装配车间		3%	
机修车间		3%	
行政管理部门		10%	
小计		100%	
应交税金/应交增值税/进项税额			
合计			

业务 67

12 月 22 日，收到中国银行的付款通知，结算用于生产经营流动资金周转的短期借款本季度利息 58 012.50 元，从本公司账户中划转，上两个月已预提利息 38 675 元。

银行转账结算票号为 1006833068。

要求：填制记账凭证。

业务 68

12 月 22 日，收到中国银行转来结算存款利息通知，第四季度银行存款利息收入为 1 077.22 元。

银行转账结算票号为 6703123456。

要求：填制记账凭证。

业务 69

12 月 22 日，收到工商银行付款通知，结算用于专门建造仓库的长期借款本季度利息 27 755 元，从本公司账户中划转。上两个月已计提利息 18 503.34 元，并计入“应付利息”账户。该工程至今仍在建设中。

银行转账结算票号为 6703123455。

要求：填制记账凭证。

业务 70

12 月 22 日，收到工商银行转来结算存款利息通知，第四季度银行存款利息收入为 4 500.60 元。

其他转账结算票号为 1006833069。

要求：填制记账凭证。

业务 71

12 月 22 日，填制还款凭证，归还流动资金借款 100 000 元，该项借款于 2011 年 10 月 22 日向中国银行借入，今日到期，利息已于同日结清。

转账结算票号为 6703123456。

要求：填制记账凭证。

业务 72

12 月 22 日，生产领用材料，根据领料单结转发出材料成本(领料单号为 NO.0048247～NO.0048250)。

要求：填制记账凭证。

广州市保温瓶有限公司

领料单

NO.0048247

领料部门：装配车间　　2011 年 12 月 22 日　　发料仓库：材料仓库

材料类别	名称及规格	计量单位	数量		计划单价	金额	用途
			请领	实领			
瓶胆类	瓶胆(大)	只	4 500	4 500	5	22 500	铝壳瓶
	瓶胆(大)	只	4 000	3 760	5	18 800	铁壳瓶
	瓶胆(大)	只	3 000	3 000	5	15 000	塑壳瓶(大)
	瓶胆(中)	只	2 500	2 500	4	10 000	塑壳瓶(中)
	瓶胆(小)	只	3 000	3 000	3	9 000	塑壳瓶(小)
合计		只	17 000	16 760	×	75 300	×

记账联

仓库主管：刘元　　发料人：王红　　领料部门主管：严力君　　领料人：李林

广州市保温瓶有限公司

领料单

NO.0048248

领料部门：装配车间　　2011 年 12 月 22 日　　发料仓库：材料仓库

材料类别	名称及规格	计量单位	数量		计划单价	金额	用途
			请领	实领			
辅助材料	口圈	只	8 000	7 750	0.20	1 550	铝壳瓶
	口圈	只	3 750	3 750	0.20	750	铁壳瓶
	口圈	只	5 000	4 950	0.20	990	塑壳瓶(大)
	口圈	只	3 000	2 950	0.20	590	塑壳瓶(中)
	口圈	只	5 550	5 550	0.20	1 110	塑壳瓶(小)
合计		只	25 300	24 950	0.20	4 990	×

记账联

仓库主管：刘元　　发料人：王红　　领料部门主管：严力君　　领料人：李林

广州市保温瓶有限公司

领料单

NO.0048249

领料部门：装配车间　　2011 年 12 月 22 日　　发料仓库：材料仓库

材料类别	名称及规格	计量单位	数量		计划单价	金额	用途
			请领	实领			
辅助材料	底垫	只	7 600	7 600	0.15	1 140	铝壳瓶
	底垫	只	3 740	3 740	0.15	561	铁壳瓶
	底垫	只	5 000	5 000	0.15	750	塑壳瓶(大)
	底垫	只	2 980	2 980	0.15	447	塑壳瓶(中)
	底垫	只	5 600	5 540	0.15	831	塑壳瓶(小)
合计		只	24 920	24 860	0.15	3 729	×

记账联

仓库主管：刘元　　发料人：王红　　领料部门主管：严力君　　领料人：李林

广州市保温瓶有限公司

领料单

NO.0048250

领料部门：行政管理部　　2011 年 12 月 22 日　　发料仓库：材料仓库

材料类别	名称及规格	计量单位	数量		计划单价	金额	用途
			请领	实领			
辅助材料	汽油	升	750	710	2	1 420	公司轿车
合计		升	750	710	2	1 420	

记账联

仓库主管：刘元　发料人：王红　领料部门主管：葛跃明　领料人：毛晓峰

业务 73

12 月 23 日，从广州证券公司购入面值为 200 000 元的国库券，作为交易性金融资产核算。收到交割单一张，列示成交金额 206 600 元、佣金 619.80 元、实际付款 207 219.80 元，从证券资金账户划出。

要求：填制记账凭证。

业务 74

12 月 23 日，签发工商银行支票一张，金额为 2 667.60 元。向长虹建材公司购入建造本公司车库所需水泥 4 吨，不含增值税单价为 450 元；黄沙 10 吨，不含增值税单价为 48 元。增值税发票列明价款 2 280 元和税额 387.60 元。货到后已验收入库，待车库工程开工后使用。

支票号码为 AE101179。

要求：填制记账凭证。

业务 75

12 月 23 日，生产领用材料，根据领料单结转发出材料成本(领料单号为 NO.0048251、NO.0048252)。

要求：填制记账凭证。

广州市保温瓶有限公司

领料单

NO.0048251

领料部门：制壳车间　　2011 年 12 月 23 日　　发料仓库：材料仓库

材料类别	名称及规格	计量单位	数量		计划单价	金额	用途
			请领	实领			
辅助材料	漆	千克	450	450	12	5 400	铝壳
	漆	千克	120	120	12	1 440	铁壳
	稀释剂	千克	144	144	10	1 440	铝壳
	稀释剂	千克	35	31	10	310	铁壳
合计		千克	749	745	×	8 590	×

记账联

仓库主管：刘元　发料人：王红　领料部门主管：张迪　领料人：江海

广州市保温瓶有限公司

领料单

NO.0048252

领料部门：塑料车间　　2011 年 12 月 23 日　　发料仓库：材料仓库

材料类别	名称及规格	计量单位	数量		计划单价	金额	用途
			请领	实领			
主要材料	塑料粒子	吨	3	3	10 000	30 000	塑壳
	塑料粒子	吨	2	2	10 000	20 000	塑配件
	塑料粒子	吨	3	3	10 000	30 000	气压式塑配件
合计		吨	8	8	10 000	80 000	×

记账联

仓库主管：刘元　发料人：王红　领料部门主管：沈亚男　领料人：韩津

业务 76

12 月 23 日，收到中国银行通知，新中贸易公司货款 16 737 美元收妥结汇，存入人民币账户为 127 569.41 元，已扣除国外金融机构手续费和中国银行议付费 63 美元，当日市场汇率为 1∶7.624。

业务票号为 081202，银行转账其他结算票号为 081273。

要求：填制记账凭证。

业务 77

12 月 23 日，行政管理部朱琴为车间购买办公用品，持普通发票前来报销：购买质量检验表花费 168 元、计算器 624.72 元、圆珠笔 31.04 元和双面胶 2.41 元，共计 826.17 元。其中，制壳车间、塑料车间、装配车间应分别负担 676.60 元、111.52 元、38.05 元。出纳以现金付讫。该科室有定额备用金 800 元。

要求：填制记账凭证。

业务 78

12 月 23 日，签发中国银行支票一张，金额为 13 478.40 元，向广州金属材料公司购入马口铁 2 吨，增值税发票列明价款 11 520 元和税额 1 958.40 元。货已验收入库，收料单已填制(收料单号为 NO.2097244)。

支票号为 AT210906。

要求：填制记账凭证。

广州市保温瓶有限公司

收料单

供货单位：广州金属材料公司　　　　NO.2097244

发票号码：NO.3029718　　　　2011 年 12 月 23 日　　　　收料仓库：材料仓库

材料类别	名称及规格	计量单位	数量		实际成本		计划成本		差异
			应收	实收	单价	金额	单价	金额	
原材料	马口铁	吨	2	2	5 760	11 520	5 600	11 200	320

记账联

质量检验：王宁　　　　收料：丁红　　　　制单：丁红

业务 79

12 月 24 日，生产领用材料，根据领料单结转发出材料成本(领料单号为 NO.0048253)。

要求：填制记账凭证。

广州市保温瓶有限公司

领料单

NO.0048253

领料部门：装配车间　　2011 年 12 月 24 日　　发料仓库：材料仓库

材料类别	名称及规格	计量单位	数量		计划单价	金额	用途
			请领	实领			
辅助材料	不锈钢吸管	支	9 800	9 800	0.65	6 370	铝壳瓶
	黑铁托盘	只	9 800	9 800	0.85	8 330	铝壳瓶
合计		×		×	×	14 700	×

记账联

仓库主管：刘元　　发料人：王红　　领料部门主管：严力君　　领料人：李林

业务 80

12 月 24 日，签发工商银行支票一张，金额为 11 362.53 元，预付明年第一季度财产保险费 5 290.53 元和明年全年机动车辆保险费 6 072 元。收到保险公司保单与结算凭证。

支票号码为 AE101180。

要求：填制记账凭证。

业务 81

12 月 27 日，财务会计部以现金 52.65 元购买空白会计报表 50 套，增值税发票列明价款 45 元和税额 7.65 元(税额可作为进项税处理)。

要求：填制记账凭证。

业务 82

12 月 27 日，通过中国银行采用信汇方式，偿上月所欠东江有色金属公司 4 吨铝锭货款，共计 63 390.60 元。

信汇结算票号为 70981411，业务票号为 0811011。

要求：填制记账凭证。

业务 83

12 月 27 日，签发工商银行支票一张，金额为 3 439.80 元，向威力成套设备公司购入电动机(低值易耗品类)12 台，增值税发票列明价款 2 940 元和税额 499.80 元。货已验收入库，收料单已填制(收料单号为 NO.2097245)。

支票号码为 AE101182。

要求：填制记账凭证。

广州市保温瓶有限公司

收料单

供货单位：威力成套设备公司　　NO.2097245

发票号码：NO.1753047　　2011 年 12 月 27 日　　收料仓库：材料仓库

材料类别	名称及规格	计量单位	数量		实际成本		计划成本		差异
			应收	实收	单价	金额	单价	金额	
低值易耗品	电动机	台	12	12	245	2 940	250	3 000	−60

记账联

质量检验：王宁　　收料：丁红　　制单：丁红

业务 84

12 月 27 日，开给广州保温容器公司国际贸易部增值税发票(号码为 2085708)一张，货已发出。

铝壳气压保温瓶　　8 000 只　　价款 280 000 元　　税额 47 600 元

塑壳保温瓶(大号)　15 800 只　　价款 252 800 元　　税额 42 976 元

塑壳保温瓶(中号)　12 000 只　　价款 168 000 元　　税额 28 560 元

收到对方交来金额为 821 520 元的背书转让支票一张，多收的款项 1 584 元当即签发工商银行支票退回，并填制进账单，将金额为 821 520 元的支票送存工商银行。

收到支票号码为 DA324684，签发支票号码为 AE101181。

要求：填制记账凭证。

业务 85

12 月 27 日，生产领用材料，根据领料单结转发出材料成本(领料单号为 NO.0048254)。

要求：填制记账凭证。

广州市保温瓶有限公司

领料单

NO.0048254

领料部门：装配车间　　2011 年 12 月 27 日　　发料仓库：材料仓库

材料类别	名称及规格	计量单位	数量		计划单价	金额	用途
			请领	实领			
瓶胆类	瓶胆(大)	只	4 200	4 200	5	21 000	铝壳瓶
	瓶胆(大)	只	4 000	3 860	5	19 300	塑壳瓶(大)
	瓶胆(中)	只	2 100	2 060	4	8 240	塑壳瓶(中)
	瓶胆(小)	只	2 600	2 600	3	7 800	塑壳瓶(小)
合计		只	12 900	12 720	×	56 340	×

记账联

仓库主管：刘元　　发料人：王红　　领料部门主管：严力君　　领料人：李林

业务 86

12 月 28 日，发出铝锭给广州新丰铝制品厂加工铝配件，根据出库单结转发出材料成本(出库单号为 NO.0037492)。

要求：填制记账凭证。

广州市保温瓶有限公司

委托加工材料出库单

NO.0037492

加工单位：广州铝品厂

加工合同号：020167　　2011 年 12 月 28 日　　发料仓库：材料仓库

材料类别	名称及规格	计量单位	数量	计划单价	金额	收回材料名称
原材料	铝锭	吨	2.4	13 500	32 400	铝配件

记账联

仓库主管：刘元　发料人：王红　领料部门主管：徐雁南　领料人：李林

业务 87

12 月 28 日，生产领用材料，根据领料单结转发出材料成本(领料单号为 NO.0048255)。

要求：填制记账凭证。

广州市保温瓶有限公司

领料单

NO.0048255

领料部门：装配车间　　2011 年 12 月 28 日　　发料仓库：材料仓库

材料类别	名称及规格	计量单位	数量		计划单价	金额	用途
			请领	实领			
辅助材料	纸盒	只	3 500	3 500	1.60	5 600	铝壳瓶
	纸箱	只	100	100	6.00	600	塑壳瓶(大)
	纸箱	只	100	100	6.00	600	塑壳瓶(中)
	纸箱	只	130	111	6.00	666	塑壳瓶(小)
合计		只	3 830	3 811		7 466	

记账联

仓库主管：刘元　发料人：王红　领料部门主管：严力君　领料人：李林

业务 88

12 月 28 日，签发工商银行支票一张，支付广告费 106 140 元，收到美奥广告公司开出的发票一张。

支票号码为 AE101183。

要求：填制记账凭证。

业务 89

12 月 28 日，开给新加坡金狮贸易公司出口商业发票(号码为 98B02002)一张，货已发出。将发票连同信用证和其他有关单证提交中国银行办理结算。当日市场汇率为 1∶7.627。出口退税率为 9%。

塑壳保温瓶(小号)　24 000 只　单价 1.2 美元(离岸价)

业务票号为 0812015。

要求：填制记账凭证。

业务 90

12 月 29 日，收到工商银行通知，支付银行手续费 181.50 元和邮费 2 元。

银行转账结算票号为 081216。

要求：填制记账凭证。

业务 91

12 月 29 日，根据设备科提供的“固定资产折旧计算汇总表”计提本月折旧。

制壳车间	5 311.88 元
塑料车间	11 208.76 元
装配车间	1 220.40 元
机修车间	982.00 元
行政管理部门	17 988.76 元
出租固定资产	1 430.40 元
合计	38 142.20 元

业务 92

12 月 29 日，摊销非专利技术的价值 3 000 元。

要求：填制记账凭证。

业务 93

12 月 29 日，摊销以前预付本月负担的下列费用(金额单位：元)。

要求：填制记账凭证。

广州市保温瓶有限公司

待摊费用分配表

2011 年月 12 月

部门或用途	财产保险费	机动车辆保险费	报刊订阅费	合计
制壳车间	292.65			292.65
塑料车间	548.75			548.75
装配车间	74.56			74.56
机修车间	33.06			33.06
行政管理部门	689.69	506.00	703.00	1 898.69
出租固定资产	192.96			192.96
合计	1 831.67	506.00	703.00	3 040.67

业务 94

12 月 30 日，经主管领导批准，对保温瓶胆和稀释剂盘亏损失作转销的账务处理。

要求：填制记账凭证。

广州市保温瓶有限公司

财产物资盘盈盘亏报告单

NO.0058236

类别：存货类　　　　2011 年 12 月 17 日

名称	规格	单位	单价	账面数		清点数		盘盈		盘亏		备注
				数量	金额	数量	金额	数量	金额	数量	金额	
瓶胆	大号	只	5	24 742	12 3710	24 670	123 350			72	360	
稀释剂		千克	10	1 015	10 150	1 012	10 120			3	30	
合计				×	133 860	×	133 470	×	×	×	390	

记账联

原因分析：

搬运途中损耗

审批意见：

批准转入管理费用

生产部经理：　孙永平

2011 年 12 月 30 日

广州市保温瓶有限公司财务专用章

单位(盖章)　　　　财务会计部负责人：王庆成　　　　制表：刘元

业务 95

12 月 30 日，签发工商银行支票一张，金额 420 000 元，用于购买职工健身房两套(取得产权)，收到立信股份公司开出的售房发票一张。

支票号码为 AE101184。

要求：填制记账凭证。

业务 96

12 月 30 日，供销经营科因工作需要，购买电热台板三块，金额 264 元，科长吴刚持普通发票报销，出纳以现金付讫。

要求：填制记账凭证。

业务 97

12 月 30 日，塑料车间办理退料手续(退料单号为 NO.0197531)。

要求：填制记账凭证。

广州市保温瓶有限公司

退料单

NO.0197531

退料部门：塑料车间　　　　2011 年 12 月 30 日　　　　收料仓库：材料仓库

材料用途	退料类别及名称	计量单位	退料数量		计划单价	金额
			真退	假退		
塑壳	原材料/塑料粒子	吨		0.735	10 000	7 350
塑配件	原材料/塑料粒子	吨		0.365	10 000	3 650
气压式塑配件	原材料/塑料粒子	吨		0.940	10 000	9 400
合计		吨		2.040	10 000	20 400

记账联

仓库主管：刘元　　收料人：王红　　领料部门主管：沈亚男　　退料人：韩津

业务 98

12 月 30 日，信隆饭店开来发票一张，要求结算本月本公司招待客户就餐费 12 563.63 元，款项尚未支付。

要求：填制记账凭证。

业务 99

12 月 30 日，收到光明机械设备有限公司开具的发票一张，要求结算塑料车间注塑机修理费 9 875 元，款项尚未支付。

业务票号为 081216。

要求：填制记账凭证。

业务 100

12 月 30 日，委托中国银行签发银行汇票一张，金额为 40 000 元，银行汇票和解讫通知交采购员姚怡赴余姚采购黑铁托盘。

汇票号码为IX00448989。

要求：填制记账凭证。

业务 101

12 月 30 日，签发工商银行支票一张，支付大公律师事务所法律顾问咨询费 12 400 元，当天收到律师事务所开来的收据一张。

支票号码为 AE101185。

要求：填制记账凭证。

业务 102

12 月 31 日，对 12 月 30 日的凭证进行出纳签字、主管签字、审核记账。

业务 103

12 月 31 日，根据本月收料单、领料单、退料单，以及“材料成本差异、原材料、低值易耗品”余额表记录，汇总本月材料及低值易耗品收、发、存情况。

要求：编制原材料、低值易耗品成本差异率计算表，计算本月各类材料成本差异率(差异率计算精确到 0.000 1)，编制完成原材料及低值易耗品收、发、存汇总表。

广州市保温瓶有限公司

材料、低值易耗品成本差异率计算表

2011 年 12 月

材料类别	月初结存差异	本月收入差异	月初结存计划成本	本月收入计划成本	差异分配率
铝材类					
铝配件					
马口铁					
塑料粒子					
瓶胆类					
辅助材料					
低值易耗品					

原材料、低值易耗品收、发、存汇表（一）

2011-12

金额单位：元

材料名称及规格	计量单位	计划单价	期初结存			本期收入				合计			差异率/%	本期发出				期末结存		
			数量	计划成本	差异	来源（贷记科目）	数量	计划成本	差异	数量	计划成本	差异		用途	数量	计划成本	差异	数量	计划成本	差异
一、铝材类	×	×	×	148 800	982.08	×	×			×				×	×			×		
其中：铝锭	吨	13 500	4.8	64 800	×	材料采购						×	×	加工铝片				×	×	×
	×	×	×	×	×	×	×	×	×	×	×	×	×	加工铝配件						×
铝片	吨	20 000	4.2	84 000	×	委托加工物资						×	×	制铝壳						×
二、铝配件	套	3.80	7 500	28 500	2 783.91	委托加工物资								装配铁壳瓶						
三、马口铁	吨	5 600	3.7	20 720	318.40	材料采购								制铁壳						
四、塑料粒子	吨	10 000	28	280 000	-7 584.00	材料采购								×	×			×	×	×
	×	×	×	×	×	×	×	×	×	×	×	×	×	制塑壳				×	×	×
	×	×	×	×	×	×	×	×	×	×	×	×	×	制塑配件				×	×	×
	×	×	×	×	×	×	×	×	×	×	×	×	×	制气压式塑配件						
五、瓶胆类	×	×	×	251 810	5 964.30	×	×			×				×	×			×		
其中：大号	只	5	28 542	142 710	×	材料采购						×	×	装配铝壳瓶				×	×	×
	×	×	×	×	×	×	×	×	×	×	×	×	×	装配铁壳瓶				×	×	×
	×	×	×	×	×	×	×	×	×	×	×	×	×	装配塑壳瓶大						×
中号	只	4	15 125	60 500	×	材料采购						×	×	装配塑壳瓶中						×
小号	只	3	16 200	48 600	×	材料采购						×	×	装配塑壳瓶小						×

原材料、低值易耗品收、发、存汇表(二)

金额单位：元　　　　2011-12

材料名称及规格	计量单位	计划单价	期初结存			本期收入				合计			差异率/%	本期发出				期末结存		
			数量	计划成本	差异	来源（贷记科目）	数量	计划成本	差异	数量	计划成本	差异		用途	数量	计划成本	差异	数量	计划成本	差异
六、辅助材料		×	×	166 530	-6 164.00	×	×			×				×	×			×		
其中：黑铁托盘	只	0.85	50 000	42 500	×	×	×	×	×			×	×	装配铝壳瓶						×
不锈钢吸管	支	0.65	8 000	5 200	×	材料采购						×	×	装配铝壳瓶						×
口圈	只	0.20	25 000	5 000	×	材料采购						×	×	装配铝壳瓶				×	×	×
	×	×	×	×	×	×	×	×	×	×	×	×	×	装配铁壳瓶				×	×	×
	×	×	×	×	×	×	×	×	×	×	×	×	×	装配塑壳瓶大				×	×	×
	×	×	×	×	×	×	×	×	×	×	×	×	×	装配塑壳瓶中				×	×	×
	×	×	×	×	×	×	×	×	×	×	×	×	×	装配塑壳瓶小						×
底垫	只	0.15	26 000	3 900	-	材料采购						×	×	装配铝壳瓶				×	×	×
	×	×	×	×	×	×	×	×	×	×	×	×	×	装配铁壳瓶				×	×	×
	×	×	×	×	×	×	×	×	×	×	×	×	×	装配塑壳瓶大				×	×	×
	×	×	×	×	×	×	×	×	×	×	×	×	×	装配塑壳瓶中				×	×	×
	×	×	×	×	×	×	×	×	×	×	×	×	×	装配塑壳瓶小						×
纸盒	只	1.60	12 500	20 000	×	材料采购						×	×	装配铝壳瓶						×
纸箱	只	6	3 200	19 200	×	材料采购						×	×	装配铁壳瓶				×	×	×
	×	×	×	×	×	×	×	×	×	×	×	×	×	装配塑壳瓶大				×	×	×

原材料、低值易耗品收、发、存汇表(三)

金额单位：元　　　　2011-12

材料名称及规格	计量单位	计划单价	期初结存			本期收入				合计			差异率/%	本期发出				期末结存		
			数量	计划成本	差异	来源（贷记科目）	数量	计划成本	差异	数量	计划成本	差异		用途	数量	计划成本	差异	数量	计划成本	差异
	×	×	×	×	×	×	×	×	×	×	×	×	×	装配塑壳瓶中				×	×	×
	×	×	×	×	×	×	×	×	×	×	×	×	×	装配塑壳瓶小						×
漆	千克	12	4 050	48 600	×	×	×	×	×			×	×	制铝壳				×	×	×
					×	×	×	×	×	×	×	×	×	制铁壳						×
稀释济	千克	10	1 690	16 900	×	×	×	×	×			×	×	制铝壳				×	×	×
	×	×	×	×	×	×	×	×	×	×	×	×	×	制铁壳						×
汽油	升	2	1 140	2 280	×	×	×	×	×			×	×	管理部门耗用						×
机油	升	9	250	2 250	×	×	×	×	×			×	×	机修车间耗用						×
螺丝钉	盒	100	7	700	×	×	×	×	×			×	×	机修车间耗用						×
一至六类原材料合计	×	×	×	896 360	−9 663.61	×	×						×	×	×			×		
七、低值易耗品	×	×	×	13 800	−444.00	×	×							×	×			×		
其中：压力表	只	500	14	7 000	×	×	×	×	×			×	×	装配车间领用						×
电动机	台	250	10	3 000	×	材料采购						×	×	机修车间领用						×
安全钳	把	10	160	1 600	×	×	×	×	×			×	×	制壳车间领用						×
修边刀	把	8	200	1 600	×	×	×	×	×			×	×	塑料车间领用						×
扳手	把	15	40	600	×	×	×	×	×			×	×	装配车间领用						×
总计	×	×	×	910 160	−10 107.61	×	×			×			×	×	×			×		

业务 104

12 月 31 日，根据材料及低值易耗品收、发、存汇总表，分类结转发出材料应分摊的材料成本差异，结转本月盘亏瓶胆及稀释剂应分摊的材料成本差异。低值易耗品中，压力表、电动机采用五五摊销法，此处暂不做分摊差异处理，其余采用一次摊销法。

要求：填制记账凭证。

业务 105

12 月 31 日，根据“工资结算汇总表”、“各项保险费、公积金、经费计算表”、“信恒保温瓶公司职工费用报销单”(No.0005526)、“信恒保温瓶公司职工生活困难补助申请单”(编号 2073)等支付职工薪酬的原始资料，对应付职工薪酬进行汇总，并根据所提供的产品工时资料，在有关产品之间进行应付职工薪酬的分配。

要求：填制应付职工薪酬分配计算表，产品工时资料业务详见业务 107；填制记账凭证。

广州市保温瓶有限公司

应付职工薪酬分配计算表

2011 年 12 月

借项			生产工时/小时	贷项					
				应付职工薪酬汇总				应付职工薪酬分配	
部门	账户	产品、劳务		发放工资	企业承担的各项保险费、经费等	其他薪酬	合计	分配率	分配额
制壳车间	生产成本	铝壳		×	×	×	×		
		铁壳		×	×	×	×		
		小计							
	制造费用							×	×
塑料车间	生产成本	塑壳类		×	×	×	×		
		塑配件		×	×	×	×		
		气压塑配件		×	×	×	×		
		小计							
	制造费用		×					×	×
装配车间	生产成本	气压式铝壳瓶		×	×	×	×		
		铁壳瓶		×	×	×	×		
		塑壳瓶(大)		×	×	×	×		
		塑壳瓶(中)		×	×	×	×		
		塑壳瓶(小)		×	×	×	×		
		小计							
	制造费用							×	×
机修车间	生产成本	机修						×	×
行政部门	管理费用							×	×
总计								×	×

注：分配给各部门的金额合计与分配总额之间的计算误差计入管理费用，各部门内部的分配误差计入部门最后一个分配对象。

业务 106

12 月 31 日，按修理工时分配结转本月机修车间发生的生产费用。其中，制壳车间 322 工时，塑料车间 964 工时，装配车间 145 工时，行政管理部门 468 工时，建造仓库工程 446 工时。

要求：编制辅助生产成本分配表，填制记账凭证。

广州市保温瓶有限公司

辅助生产成本分配表

车间：机修　　　　2011 年 12 月

受益部门或项目	修理安装工时	分　配　率	分　配　额
制壳车间			
塑料车间			
装配车间			
行政管理部门			
自建仓库工程			
合计			

知识提示

(1) 待分配总额(辅助生产成本总额)通过查询余额表“500102”科目获取。

(2) 凭证贷方各明细科目余额通过查询余额表“500102”科目获取。

业务 107

12 月 31 日，按产品定额工时分配结转制壳、塑料、装配各车间的制造费用。各车间定额工时资料如下。

制壳车间：	铝壳	6 076 工时	铁壳	1 818 工时
塑料车间：	塑壳	2 412 工时	塑配件	2 613 工时
	气压塑配件	7 000 工时		
装配车间：	塑壳保温瓶(大)	1 100 工时	铝壳气压保温瓶	4 260 工时
	塑壳保温瓶(中)	1 000 工时	铁壳保温瓶	864 工时
	塑壳保温瓶(小)	1 200 工时		

要求：编制各车间制造费用分配表，填制记账凭证。

广州市保温瓶有限公司

制壳车间制造费用分配表

2011 年 12 月

项　　目	定 额 工 时	制 造 费 用	
		分　配　率	分　配　额
铝壳			
铁壳			
合计			

广州市保温瓶有限公司

塑料车间制造费用分配表

2011 年 12 月

项　　目	定 额 工 时	制 造 费 用	
		分　配　率	分　配　额
塑壳			
塑配件			
气压塑配件			
合计			

广州市保温瓶有限公司

装配车间制造费用分配表

2011 年 12 月

项　　目	定 额 工 时	制 造 费 用	
		分　配　率	分　配　额
铝壳气压保温瓶			
铁壳保温瓶			
塑壳保温瓶(大)			
塑壳保温瓶(中)			
塑壳保温瓶(小)			
合计			

知识提示

(1) 待分配总额(各车间制造费用总额)通过查询余额表“5101”科目获取。

(2) 贷方科目明细通过查询余额表“5101”科目或多栏式明细账获取。

业务 108

12 月 31 日，计算并结转本月制壳车间、塑料车间自制半成品的成本。

(1) 制壳车间月末在产品按定额成本计价(见期末在产品定额成本计算表)。本月完工铝壳 27 500 只，铁壳 9 000 只。

广州市保温瓶有限公司

期末在产品成本计算表

车间：制壳　　　　　　　　　　　　2011 年 11 月

在产品	主要材料	辅助材料	职工薪酬	制造费用	定额工时	合计
铝壳	10 120.00	1 234.50	1 717.50	916.00	229	13 988.00
铁壳	3 420.00	675.00	1 267.50	676.00	167	6 038.50

广州市保温瓶有限公司

期末在产品成本计算表

车间：制壳　　　　　　　　　　　　2011 年 12 月

在产品	主要材料	辅助材料	职工薪酬	制造费用	定额工时	合计
铝壳	11 040.00	1 549.50	2 047.50	1 092.00	273	15 729.00
铁壳	3 780.00	825.00	1 417.50	756.00	189	6 778.50

(2) 塑料车间月末在产品加工程度已达 100%，尚未验收。塑壳、塑配件类内成本的划分："原材料"项目按标准产量比例分配，大、中、小号系数分别为 1.16、1.0、0.84；其他成本项目按产量比例分配。气压式塑配件各成本项目均按产量比例分配。

本月有关产量资料如下所示。

塑壳	完工半成品(只)	月末在产品(只)
大号	24 950	1 350
中号	23 910	2 090
小号	17 900	1 800
塑配件	完工半成品(套)	月末在产品(套)
大号	23 900	1 115
中号	22 920	1 300
小号	19 875	890
气压式塑配件	29 000	11 000

要求：编制完成制壳、塑料车间有关成本计算表(本月生产费用各成本项目数据可通过查询余额表“5001”科目或多栏式明细账获取)，填制记账凭证。

广州市保温瓶有限公司

产品成本计算表

产品：铝壳　　2011 年 12 月　　车间：制壳

项　目	主要材料	辅助材料	职工薪酬	制造费用	定额工时	合　计
月初在产品(定额成本)	10 120.00	1 234.50	1 717.50	916.00	229	13 988.00
本月生产费用						
累　计						
月末在产品(定额成本)	11 040.00	1 549.50	2 047.50	1 092.00	273	15 729.00
完工总成本(产量 27 500)						
单位成本						

广州市保温瓶有限公司

产品成本计算表

产品：铁壳　　2011 年 12 月　　车间：制壳

项　目	主要材料	辅助材料	职工薪酬	制造费用	定额工时	合　计
月初在产品(定额成本)						
本月生产费用						
累　计						
月末在产品(定额成本)						
完工总成本(产量 9 000)						
单位成本						

广州市保温瓶有限公司

塑壳类产品成本计算表

产品：塑壳　　　　2011 年 12 月　　　　车间：塑料

项目	产量	系数	标准产量	主要材料	职工薪酬	制造费用	总成本	单位成本
月初在产品	5 310	×	×	10 480.38	1 756.80	979.20	13 216.38	×
本月生产费用		×	×					×
累　计		×						×
分配率	×	×	×				×	×
完工产品		×						×
其中：大号		1.16						
中号		1.00						
小号		0.84						
月末在产品		×						×

广州市保温瓶有限公司

塑配件类产品成本计算表

产品：塑配件　　　　2011 年 12 月　　　　车间：塑料

项目	产量	系数	标准产量	主要材料	职工薪酬	制造费用	总成本	单位成本
月初在产品	3 250	×	×	4 902.42	1 001.20	542.80	6 446.42	×
本月生产费用		×	×					×
累　计		×						×
分配率	×	×	×				×	×
完工产品		×						×
其中：大号		1.16						
中号		1.00						
小号		0.84						
月末在产品		×						×

广州市保温瓶有限公司

产品成本计算表

产品：气压式塑配件　　2011 年 12 月　　车间：塑料

项目	产量(套)	主要材料	职工薪酬	制造费用	合计
月初在产品	12 000	76 285.52	26 000.00	12 400.00	114 685.52
本月生产费用					
累　计					
单位成本	×				
完工总成本					
月末在产品(完工 100%)					

业务 109

12 月 31 日，采用全月一次加权平均法，计算并结转领用自制半成品的成本，本月自制半成品的领用数量如下所示。

铝壳	29 800 只	铁壳	9 700 只
塑壳(大号)	21 980 只	塑配件(大号)	21 980 套
塑壳(中号)	19 980 只	塑配件(中号)	20 000 套
塑壳(小号)	23 970 只	塑配件(小号)	23 980 套
气压式塑配件	29 850 套		

要求：查询自制半成品加权平均单位成本，填制记账凭证。

知识提示

自制半成品加权平均单位成本通过查询“项目科目明细账”获取。

平均单位成本/元:

铝壳:　　铁壳:　　塑壳(大号):

塑壳(中号):　　塑壳(小号):　　塑配件(大号):

塑配件(中号):　　塑配件(小号):　　气压式塑配件 :

凭证提示:

借：生产成本/基本生产成本/铝壳气压保温瓶/自制半成品

　　贷：自制半成品/铝壳

　　　　自制半成品/气压式塑配件

借：生产成本/基本生产成本/铁壳保温瓶/自制半成品

　　贷：自制半成品/铁壳

借：生产成本/基本生产成本/塑壳保温瓶(大)/自制半成品
　　贷：自制半成品/塑壳(大号)
　　　　自制半成品/塑配件(大号)
借：生产成本/基本生产成本/塑壳保温瓶(中)/自制半成品
　　贷：自制半成品/塑壳(中号)
　　　　自制半成品/塑配件(中号)
借：生产成本/基本生产成本/塑壳保温瓶(小)/自制半成品
　　贷：自制半成品/塑壳(小号)
　　　　自制半成品/塑配件(小号)

业务 110

12 月 31 日，计算并结转本月装配车间完工产成品的成本，装配车间月末在产品按定额成本计价，而且只计材料费不计工费(见各产品期末在产品定额成本计算表)。

本月完工产品的数量如下：

铝壳气压保温瓶　　29 650 只
铁壳保温瓶　　9 600 只
塑壳保温瓶(大)　　21 996 只
塑壳保温瓶(中)　　19 998 只
塑壳保温瓶(小)　　24 000 只

要求：编制完成装配车间产品成本计算表(月初在产品定额成本、本月生产费用各成本项目数据可通过查询余额表“5001”科目或多栏式明细账获取)；填制产成品收、发、存月报表，填制记账凭证。

广州市保温瓶有限公司

铝壳气压保温瓶期末在产品定额成本计算表(只计材料费)

车间：装配　　2011 年 12 月　　金额单位：元

成本项目	材料或半成品	数量	单位定额成本	定额成本合计
自制半成品	铝壳	500	9.00	4 500.00
	气压式塑配件	600	9.50	5 700.00
	小计	×	×	10 200.00
瓶胆	瓶胆	400	5.00	2 000.00
辅助材料	不锈钢吸管	490	0.65	318.50
	黑铁托盘	550	0.85	467.50
	口圈	450	0.20	90.00
	底垫	390	0.15	58.50
	小计	×	×	934.50
合计		×	×	13 134.50

广州市保温瓶有限公司

铁壳保温瓶期末在产品定额成本计算表(只计材料费)

车间：装配　　2011 年 12 月　　金额单位：元

成本项目	材料或半成品	数量	单位定额成本	定额成本合计
自制半成品	铁壳	400	5.20	2 080.00
发外加工	铝配件	380	3.80	1 444.00
瓶胆	瓶胆	360	5.00	1 800.00
辅助材料	口圈	440	0.20	88.00
	底垫	420	0.15	63.00
	小计			151.00
合计				5 475.00

广州市保温瓶有限公司

塑壳保温瓶期末在产品定额成本计算表(只计材料费)

车间：装配　　2011 年 12 月　　金额单位：元

成本项目	材料或半成品	塑壳保温瓶(大号)			塑壳保温瓶(中号)			塑壳保温瓶(小号)		
		数量	单价	定额成本	数量	单价	定额成本	数量	单价	定额成本
自制半成品	塑壳	100	2.70	270.00	80	2.40	192.00	60	2.00	120.00
	塑配件	50	2.20	110.00	80	2.00	160.00	40	1.80	72.00
	小计		×	380.00	×	×	352.00	×		192.00
瓶胆	瓶胆	69	5.00	354.00	75	4.00	300.00	50	3.00	150.00
辅助材料	口圈	80	0.20	16.00	60	0.20	12.00	80	0.20	16.00
	底垫	80	0.15	12.00	60	0.15	9.00	80	0.15	12.00
	小计		×	28.00	×	×	21.00	×		28.00
合计			×	753.00	×	×	673.00	×		370.00

广州市保温瓶有限公司

产品成本计算表

产品：铝壳气压保温瓶　　2011 年 12 月　　车间：装配

项　目	自制半成品(铝壳、气压塑配件)	瓶胆	辅助材料	职工薪酬	制造费用	合计
期初在产品(定额成本)	6 950.00	1 500	697.00	0	0	9 147.00
本月生产费用						
累计						
月末在产品(定额成本)						
完工总成本(产量：29 650 只)						
单位成本						

广州市保温瓶有限公司

产品成本计算表

产品：铁壳保温瓶　　2011 年 12 月　　车间：装配

项目	主要材料(铝配件)	自制半成品(铁壳)	瓶胆	辅助材料	职工薪酬	制造费用	合计
期初在产品(定额成本)							
本月生产费用							
累计							
月末在产品(定额成本)							
完工总成本(产量：9 600 只)							
单位成本							

广州市保温瓶有限公司

产品成本计算表

产品：塑壳保温瓶(大号)　　2011 年 12 月　　车间：装配

项目	自制半成品(塑壳、塑配件)	瓶胆	辅助材料	职工薪酬	制造费用	合计
期初在产品(定额成本)						
本月生产费用						
累计						
月末在产品(定额成本)						
完工总成本(产量:21 996 只)						
单位成本						

广州市保温瓶有限公司

产品成本计算表

产品：塑壳保温瓶(中号)　　2011 年 12 月　　车间：装配

项目	自制半成品(塑壳、塑配件)	瓶胆	辅助材料	职工薪酬	制造费用	合计
期初在产品(定额成本)						
本月生产费用						
累计						
月末在产品(定额成本)						
完工总成本(产量：19 998 只)						
单位成本						

广州市保温瓶有限公司

产品成本计算表

产品：塑壳保温瓶(小号)　　　　2011 年 12 月　　　　车间：装配

项目	自制半成品(塑壳、塑配件)	瓶胆	辅助材料	职工薪酬	制造费用	合计
期初在产品(定额成本)						
本月生产费用						
累计						
月末在产品(定额成本)						
完工总成本(产量：24 000 只)						
单位成本						

产成品收、发、存月报表

2011 年 12 月

产品名称	计量单位	期初余额			本期完工			本期销售			期末余额		
		数量	单价	金额	数量	单价	金额	数量	单价	金额	数量	单价	金额
铝壳气压保温瓶	只	28 490	28.40	809 116.00	29 650	28.01	830 432.00						
铁壳保温瓶	只	11 189	16.10	180 142.90									
塑壳保温瓶(大)	只	27 214	11.25	306 157.50									
塑壳保温瓶(中)	只	21 275	9.63	204 878.25									
塑壳保温瓶(小)	只	26 315	8.27	217 625.05									
合计	×	×	×	1 717 919.70	×	×		×	×		×	×	

业务 111

12 月 31 日，采用全月一次加权平均法结转各产品销售成本。

要求：填制完成产成品收、发、存月报表（发出数额还应加计捐赠铝壳气压保温瓶 60 只，捐赠业务另做会计处理），填制记账凭证。

知识提示

库存商品的全月一次加权平均单价可以通过查询“项目三栏明细账/存货核算/库存商品/××项目”获取，如图 1.66 所示。销售数量可以通过查询“项目三栏式总账/存货核算/库存商品/主营业务收入/ ××项目”获取，录入凭证贷方金额时，同时要输入数量和单价。

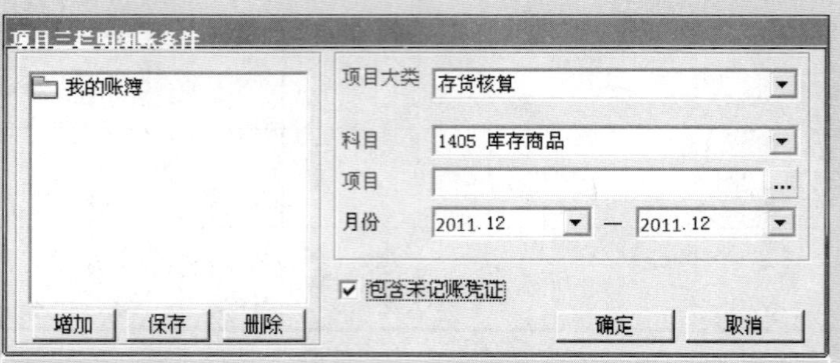

图 1.66　库存商品单价查询

凭证提示：

借：主营业务成本

　　贷：库存商品/铝壳气压保温瓶

　　　　库存商品/铁壳保温瓶

　　　　库存商品/塑壳保温瓶(大)

　　　　库存商品/塑壳保温瓶(中)

　　　　库存商品/塑壳保温瓶(小)

业务 112

12 月 31 日，签发工商银行支票一张，金额为 50 000 元，连同铝壳气压保温瓶 60 只，捐赠给东风路小学。收到东风路小学开具收据一张，该批保温瓶的增值税计税价格为 2 100 元，并分别按应缴增值税 375 元的 7%计征城建税、3%计征教育费附加，产品成本按上项业务加权平均计算。

支票号码为 AE101186。

要求：填制记账凭证。

业务 113

12 月 31 日，分别按销售产品应缴增值税(销项税额减进项税额)的 7%计征城市维护建设税、3%计征教育费附加，其他各项税费略，下同。

要求：编制产品售税金及附加计算表，填制记账凭证。

知识提示

"当期内销新产品销售收入"、"内销产品销项税额"、"进项税额"、"进项税转出"金额可通过查询余额表或相应明细账获取。

广州市保温瓶有限公司

产品销售税金及附加计算表

2011 年 12 月

项　　目		金　　额
当期内销产品销售额	①	
内销产品销项税	②=①×17%	
进项税额	③	
进项税转出	④	
应纳增值税额	⑤=②－③＋④	
应纳城建税额	⑥=⑤×7%	
应交教育费附加	⑦=⑤×3%	

业务 114

12 月 31 日，填制增值税纳税申报表(纳税人登记为 310225511415054，计算过程精确到 0.001，合计数精确到 0.01)，结转本月未缴增值税。

要求：通过查询科目账/余额表中的"应交税费/应交增值税(222101)"科目，获取以下明细账数据，其中包括销项税额、进项税额、进项税转出、应交税费/应交增值税(222101)等。填制记账凭证。

业务 115

12 月 31 日，将预收泰山证券公司本月房租 60 000 元转为本月租金收入。

要求：填制记账凭证。

业务 116

12 月 31 日，填制营业税纳税申报表，结转本月出租房屋应缴营业税，并分别按应缴营业税的 7%计征城市维护建设税、3%计征教育费附加。

要求：编制营业税金计算表，填制记账凭证。

广州市保温瓶有限公司

营业税金计算表

2011 年 12 月

项　　目		金　　额
应税基数	①	60 000.00
应交营业税	②=①×5%	
应纳城建税额	③=②×7%	
应交教育费附加	④=②×3%	

业务 117

12 月 31 日，计算并结转本月应缴房产税、土地使用税。

本月应计房产税如下所示。

本公司自己用房应交税金=房产账面原值×(1－扣除率 20%)×年税率 1.2%÷12

该公司自己用房账面原值为 2 383 500 元。

出租房屋应交税金=月租金收入(60 000 元)×税率 12%

本月应计土地使用税=年税额 5 元/平方米×3 600 平方米÷12

要求：计算完应缴税额，填制记账凭证。

业务 118

12 月 31 日，期末调汇，年末市场汇率为 1∶7.63，调整外币账户(应收账款/应收外币款)。

要求：此笔业务以前的外币业务必须全部进行登记入账；设置调整汇率；设置自动转账(汇兑损益)；执行转账生成(生成调汇凭证)。

(1) 设置调整汇率。

操作提示

在“基础设置”界面，双击【基础档案】|【财务】|【外币设置】，系统会弹出“外币设置”界面，如图 1.67 所示。双击“调整汇率”栏，录入调整汇率，然后单击【退出】按钮。

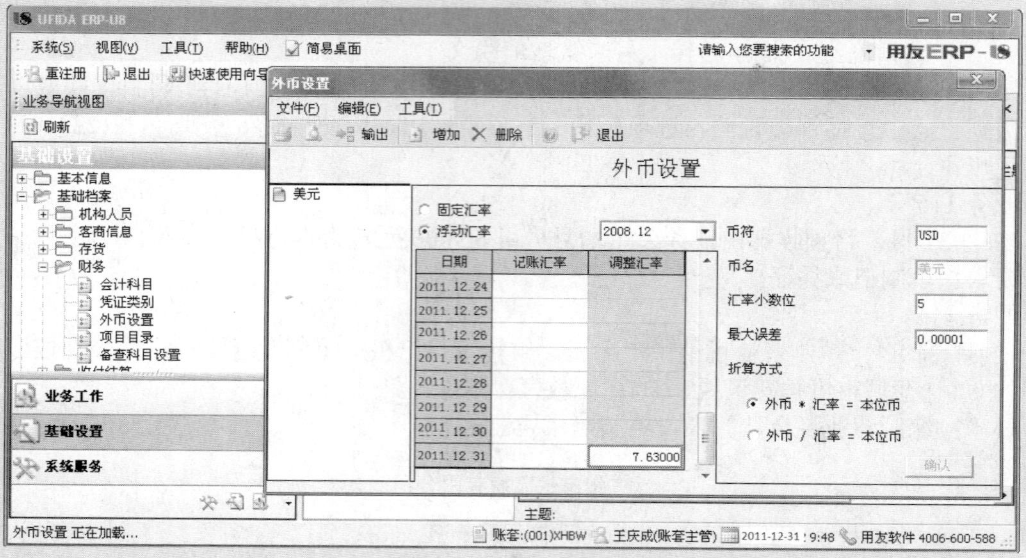

图 1.67　设置外币调整汇率

(2) 设置自动转账(汇兑损益)。

操作提示

在“业务工作”界面，双击【财务会计】|【总账】|【期末】|【转账定义】|【汇兑损益】，系统将弹出“汇兑损益结转设置”界面，如图 1.68 所示。设置“凭证类别”、

“汇兑损益入账科目”及“是否计算汇兑损益”等，完成后单击【确定】按钮。

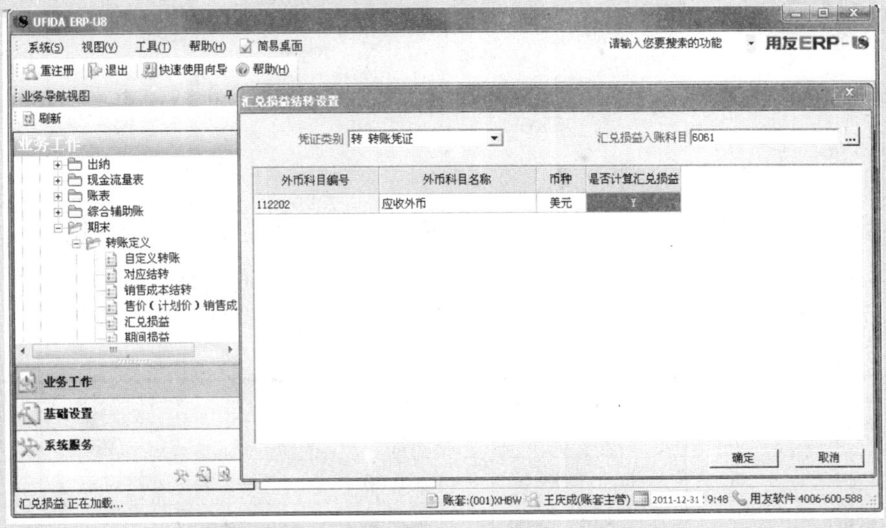

图 1.68　汇兑损益结转设置

(3) 执行转账生成(生成调汇凭证)。

操作提示

在“业务工作”界面，双击【财务会计】|【总账】|【期末】|【转账生成】，系统将弹出“转账生成”界面，如图 1.69 所示。选中“汇兑损益结转”，选择“外币币种”、“是否结转”等，完成后单击【确定】按钮，即可生成汇兑损益结转凭证。

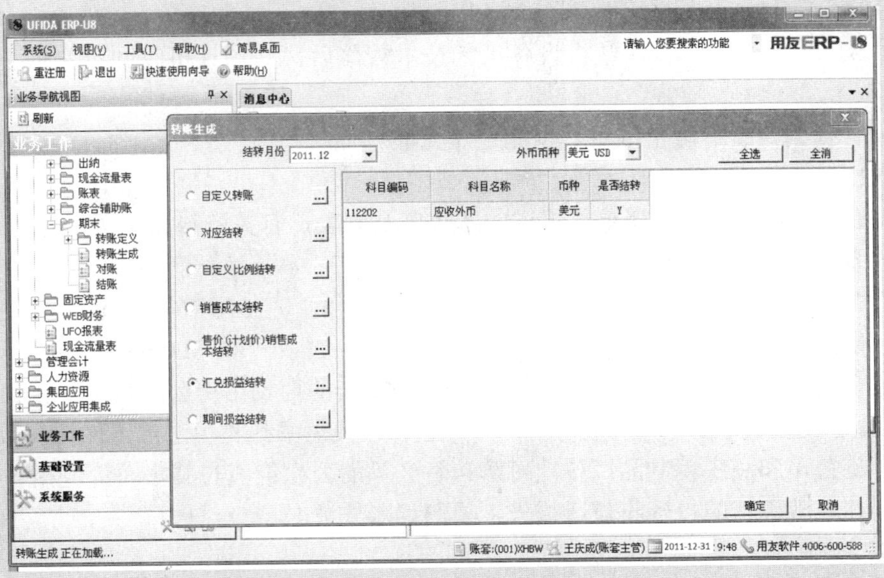

图 1.69　汇兑损益转账生成

知识提示

自动转账凭证生成后，若“财务费用”科目出现贷方发生额，应改为借方，用红字表示，然后再保存凭证。

业务 119

12 月 31 日，对单项金额在 50 万元及以上的应收款项单独进行减值测试。因信谊百货公司财务状况出现严重问题，应收其 666 900 元货款发生减值，估计两年后能收回 395 000 元，其现值为 375 966 元。其余应收账款和其他应收款根据账龄情况估计坏账损失。

应收账款账龄	应收账款余额	其他应收款余额	合计	计提比例/%	坏账准备
半年以内(含半年)	505 782.00	1 680.00	507 462.00	2	10 149.24
半年～1 年以内(含 1 年)	560 170.00	800.00	560 970.00	5	28 048.50
1 年～2 年以内(含 2 年)	234 872.00	0.00	234 872.00	20	46 974.40
2 年～3 年以内(含 3 年)	0.00	0.00	0.00	50	0.00
3 年以上	0.00	0.00	0.00	100	0.00
合计	1 300 824.00	2 480.00	1 303 304.00	—	85 172.14

因应收票据的收款期较短，以及预付账款实质上是待摊销的预付费用，坏账损失估计均为零。

要求：计算年末应计提的坏账准备，填制记账凭证。

业务 120

12 月 31 日，查明一台注塑机设备工艺技术较落后，其预计可收回金额低于账面价值 62 300 元。

要求：计提固定资产减值准备，填制记账凭证。

业务 121

12 月 31 日，收到接受投资单位报送的本年度利润表，有关资料如下所示。

接受投资单位名称	本公司出资比例/%	本年净利润/元
信谊百货公司	45	576 764.27
高庄铝制品厂	30	−66 000.00

取得投资时，信谊百货公司一项折旧年限为 35 年的商场用房公允价值高于其账面价值 34 193.60 元，信谊百货公司对其采用的折旧方法和净残值率都与税法规定保持一致。除此之外，信谊百货公司和高庄铝制品厂各项可辨认资产等的公允价值与其账面价值相等。

要求：计算应确认的投资收益或损失，填制记账凭证。

业务 122

12 月 31 日，作为交易性金融资产的国库券，其年末收盘总价值为 1 652 812.22 元。

要求：计算确定公允价值变动损益，填制记账凭证。

业务 123

12 月 31 日，对本月利润总额进行纳税调整，填制企业所得税中报表及附表(年初未交所得税额 49 306 元；1～11 月份累计已交所得税额 410 485.88 元)，并按 33%的税率计算、结转应交所得税费用。该公司 1～11 月份累计工资总额为 2 752 728.70 元，全年计税工资总额为 3 155 000 元。1～11 月份累计销售收入为 20 254 572.80 元，1～11 月份累计业务招待费为 95 506.13 元。1～11 月份无其他应纳税调整事项。该公司所有纳税调整事项均在 12 月份进行。

要求：计算应纳所得税，填制记账凭证。

业务 124

12 月 31 日，将损益类各账户余额结转“本年利润”账户。

要求：对此笔业务以前发生的所有业务凭证进行登记入账，设置自动转账(期间损益)，生成期间损益结转凭证。

(1) 设置自动转账(期间损益)。

操作提示

在“业务工作”界面，双击【财务会计】|【总账】|【期末】|【转账定义】|【期间损益】，系统将弹出“期间损益结转设置”界面，如图 1.70 所示。设置“凭证类别”、“本年利润科目”，完成后单击【确定】按钮。

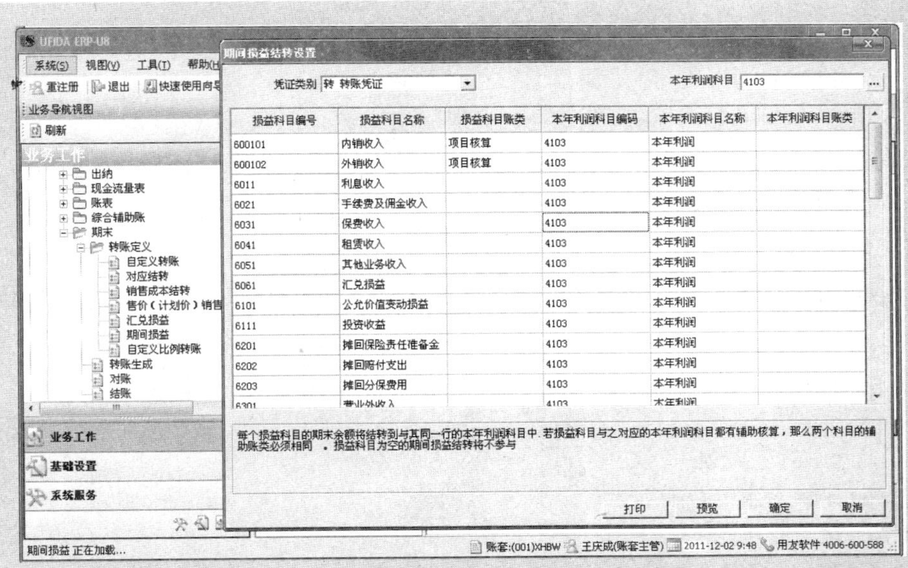

图 1.70　期间损益结转设置

(2) 生成期间损益结转凭证。

操作提示

在“业务工作”界面，双击【财务会计】|【总账】|【期末】|【转账生成】，系统将弹出“转账生成”界面，如图 1.71 所示。选中“期间损益结转”，设置“结转月份”、

“类型”、转账科目(双击【损益科目名称】或单击【全选】)”等，完成后单击【确定】按钮，即可生成期间损益结转凭证。

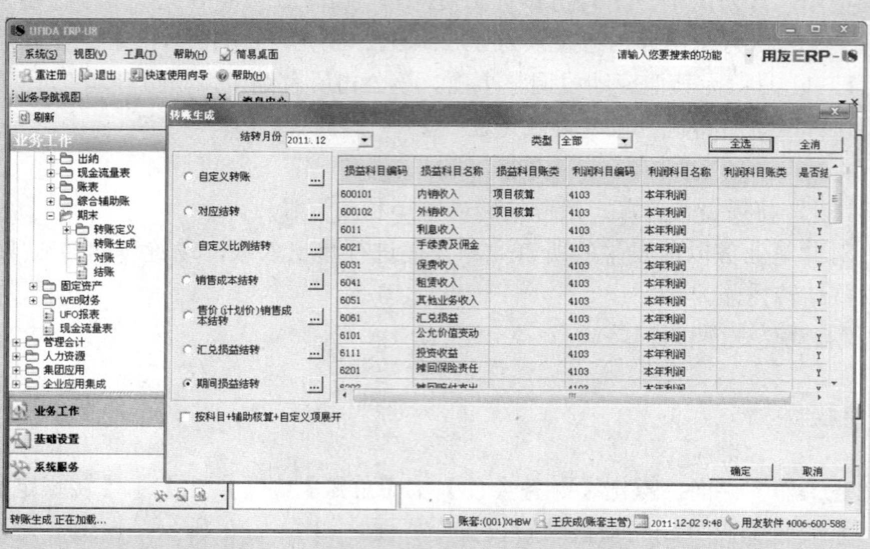

图 1.71 期间损益转账生成

业务 125

12 月 31 日，分别按全年税后利润的 10%提取法定盈余公积、10%提取任意公益金，并根据董事会决议按出资比例向投资方分配股利 500 000 元，尚未发放。

要求：计算利润分配额，填制记账凭证。

知识提示

全年税后利润可通过查询“利润表”或“余额表”本年利润科目获取。

凭证提示如下所示。

借：利润分配/提取法定盈余公积

　　利润分配/提取任意盈余公积

　　利润分配/应付现金股利

　　贷：盈余公积/法定盈余公积

　　　　盈余公积/任意盈余公积

　　　　应付股利/立信股份有限公司

　　　　应付股利/广州瓶胆总厂

业务 126

12 月 31 日，将“本年利润”账户和“利润分配”其余各明细账户的余额转入“利润分配/未分配利润”账户。

要求：对此笔业务以前的所有未记账的凭证进行记账，填制记账凭证。

知识提示

利润分配各明细账户余额可通过查询“余额表”获取。
凭证提示如下所示。
借：本年利润
　　贷：利润分配/未分配利润
借：利润分配/未分配利润
　　贷：利润分配/提取法定盈余公积
　　　　利润分配/提取任意公益金
　　　　利润分配/应付现金股利

业务 127

12 月 31 日，对所有未记账的凭证进行审核、记账。

1.6.2　账表管理

1. 科目账管理

(1) 查询总账。
(2) 查询余额表。
(3) 查询明细账。
(4) 查询序时账。
(5) 查询多栏账。
(6) 查询综合多栏账。

2. 客户往来辅助账管理

(1) 查询客户往来余额表。
(2) 查询客户往来明细账。
(3) 进行客户往来两清管理。
(4) 填写客户往来催款单。
(5) 进行客户往来账龄分析。

3. 供应商往来辅助账管理

(1) 查询供应商往来余额表。
(2) 查询供应商往来明细账。
(3) 进行供应商往来两清管理。
(4) 填写供应商往来催款单。
(5) 进行供应商往来账龄分析。

4. 个人往来账管理

(1) 查询个人往来余额表。
(2) 查询个人往来明细账。
(3) 进行个人往来清理。

(4) 填写个人往来催款单。
(5) 进行个人往来账龄分析。

5. 部门辅助账管理

(1) 部门总账管理。
(2) 部门明细账管理。
(3) 进行部门收支分析。

6. 项目辅助账管理

(1) 项目总账管理。
(2) 项目明细账管理。
(3) 进行项目统计分析。

7. 现金流量表管理

(1) 查询现金流量明细表。
(2) 查询现金流量统计表。

1.6.3 出纳事务管理

1. 查询现金日记账和银行存款日记账

2. 查询资金日报表

3. 进行银行对账

(1) 录入期初未达账及期初余额调节表(工行人民币户)。

单位日记账余额： 180 053.05 元	银行对账单余额： 213 053.05 元
加：银行已收，企业未收	加：企业已收，银行未收
减：银行已付，企业未付	减：企业已付，银行未付 33 000 元
调整后余额： 180 053.05 元	调整后余额： 180 053.05 元

注：上月未达账款为 11 月 30 日以支票支付购辅助材料款 33 000 元，支票号码为 AE101165。

(2) 录入本月银行对账单(工行人民币户)记录。
12 月 1 日，银行付款 33 000 元，支票结算，支票号码为 AE101165。
12 月 1 日，银行付款 2 500 元，支票结算，支票号码为 AE101166。
12 月 1 日，银行付款 42 870.37 元，支票结算，支票号码为 AE101167。
12 月 1 日，银行付款 25 000 元，本票结算，本票号码为ⅢⅩ013694。
12 月 2 日，银行付款 4 312.80 元，支票结算，支票号码为 AE101168。
12 月 2 日，银行收款 180 000 元，支票结算，支票号码为 AD109074。
12 月 3 日，银行收款 430 元，支票结算，支票号码为 AB384017。
12 月 3 日，银行付款 3 000 元，支票结算，支票号码为 AE101169。
12 月 7 日，银行付款 7 399 元，支票结算，支票号码为 AE101170。
12 月 8 日，银行收款 200 000 元，银行转账其他结算，结算票据编号为 081201。
12 月 8 日，银行付款 300 000 元，委托收款结算，托收号码为 081224。

12 月 8 日，银行收款 611 377.13 元，银行转账其他结算，结算票据编号为 081202。
12 月 10 日，银行付款 30 000 元，本票结算，本票号码为ⅢX 101742。
12 月 10 日，银行付款 267 961.80 元，银行转账其他结算，结算票据编号为 081204。
12 月 13 日，银行收款 851.38 元，支票结算，支票号码为 AB187664。
12 月 14 日，银行付款 126 781.20 元，托收承付结算，托收结算票据编号为 081205。
12 月 14 日，银行付款 1 200 元，支票结算，支票号码为 AE101171。
12 月 14 日，银行付款 634.8 元，委托收款结算，托收号码为 084801。
12 月 15 日，银行付款 206 563.60 元，支票结算，支票号码为 AE101172。
12 月 15 日，银行付款 5 046 元，银行转账其他结算，结算票据编号为 081206。
12 月 15 日，银行付款 1 261.50 元，支票结算，支票号码为 AE101173。
12 月 16 日，银行付款 33 878.68 元，支票结算，支票号码为 AE101174。
12 月 16 日，银行付款 2 400 元，支票结算，支票号码为 AE101175。
12 月 17 日，银行付款 2 000 元，支票结算，支票号码为 AE101176。
12 月 17 日，银行付款 1 880 元，支票结算，支票号码为 AE101177。
12 月 20 日，银行收款 800 280 元，汇票结算，汇票号码为 40884473。
12 月 20 日，银行付款 3 060 元，银行转账其他结算，转账结算票号为 081217。
12 月 21 日，银行收款 5 736.82 元，支票结算，支票号码为 AB824620。
12 月 21 日，银行付款 1 479.70 元，委托收款结算，托收号码为 084089。
12 月 21 日，银行付款 2 860 元，支票结算，支票号码为 AE101178。
12 月 21 日，银行付款 10 916.90 元，委托收款结算，托收号码为 154981。
12 月 22 日，银行付款 7 242 元　委托收款结算，托收号码为 109728。
12 月 22 日，银行付款 44 496.27 元，委托收款结算，托收号码为 109729。
12 月 22 日，银行付款 22 755 元，银行转账其他结算，结算票据编号为 6703123455。
12 月 22 日，银行收款 4 500.60 元，银行转账其他结算，结算票据编号为 1006833069。
12 月 23 日，银行付款 2 667.60 元，支票结算，支票号码为 AE101179。
12 月 24 日，银行付款 11 362.53 元，支票结算，支票号码为 AE101180。
12 月 27 日，银行付款 3 439.80 元，支票结算，支票号码为 AE101182。
12 月 27 日，银行收款 821 520 元，支票结算，支票号码为 DA324684。
12 月 27 日，银行付款 1 584 元，支票结算，支票号码为 AE101181。
12 月 28 日，银行付款 106 140 元，支票结算，支票号码为 AE101183。
12 月 29 日，银行付款 183.50 元，银行转账其他结算，结算票据编号为 081216。
12 月 30 日，银行付款 420 000 元，支票结算，支票号码为 AE101184。
12 月 30 日，银行付款 12 400 元，支票结算，支票号码为 AE101185。
12 月 31 日，银行收款 50 000 元，汇票结算，汇票号码为 40884489。

(3) 执行银行对账。

对账条件设置为：日期相差 30 天之内，结算方式相同，结算票号相同，方向相同，金额相同。

(4) 查询银行存款余额调节表，其中包括调整前单位日记账余额、调整前对账单余额、调整后余额(可动银行存款)。

(5) 查询对账勾对情况。

1.6.4 编制会计报表

1. 编制12月份的资产负债表

利用报表模板修改取数公式，生成资产负债表。

2. 编制12月份的利润表

利用报表模板修改取数公式，生成利润表。

3. 编制12月份的管理费用明细表

依照表样自行设计报表结构，编辑取数公式，生成管理费用明细表。

管理费用明细表

会企02表附表5

单位名称：广州市保温瓶有限公司　　2011年12月　　单位：元

项　目	行　次	本期发生额	本年累计发生
职工薪酬	1		
职工保险及公积金	2		
教育及工会经费	3		
折旧、修理及财产保险费	4		
无形资产摊销	5		
材料消耗	6		
存货盘亏(减盘盈)	7		
水电费	8		
电话费	9		
业务招待费	10		
交通、差旅费	11		
税金	12		
办公费及其他	13		
合计			

制表人：　　会计主管：　　财务部负责人：

1.6.5 期末对账、结账

(1) 进行期末对账。

(2) 进行期末结账。

(3) 查询各类账户的期初余额。

(4) 查看科目余额表并与结账前进行比较。

(5) 进行年度数据的备份。

第三部分 数据参考答案与提示

1. 期初试算平衡表数据

资产=借 20 212 568.88	负债=贷 5 517 035.18
成本=借 169 999.82	权益=贷 14 865 533.52
	损益=平
合计=借 20 382 568.70	合计=贷 20 382 568.70

2. 2011 年 12 月份经济业务数据计算和凭证处理提示

业务 1

【记账凭证提示】

借：应付职工薪酬/应付福利费	120	
贷：库存现金		120

贷方流量凭证：支付与其他经营活动有关的现金 120 元。

业务 2

【记账凭证提示】

借：库存现金	2 500	
贷：银行存款/工商银行/工行人民币户		2 500

业务 3

【记账凭证提示】

借：应收账款/应收人民币/信谊百货公司	666 900	
贷：主营业务收入/内销收入/铝壳气压保温瓶		462 000
主营业务收入/内销收入/铁壳保温瓶		108 000
应交税费/应交增值税/销项税额		96 900

业务 4

委托加工收料单 NO.0812173。

广州市保温瓶有限公司

委托加工收料单

加工单位：广州铝材厂　　　　　　　　　　　　　　　　　　　　　　NO.0812173

加工合同：0617　　　　　　　　2011 年 12 月 1 日　　　　　　　收料仓库：材料仓库

材料类别	名称及规格	计量单位	数量		实际成本	计划成本		差异
			应收	实收		单价	金额	
铝材类	铝片	吨	6	6	120 893.76	20 000	120 000	893.76

记账联

质量检验：王宁　　　　　　仓库验收：丁红　　　　　　仓库保管：丁红

【记账凭证提示】

借：委托加工物资/铝片/广州铝材厂　　36 641.34

　　应交税费/应交增值税/进项税额　　6 229.03

　　贷：银行存款/工商银行/工行人民币户　　42 870.37

贷方流量凭证：购买商品、接受劳务所支付的现金 42 870.37 元。

借：原材料/铝材类/铝片　　120 000.00

　　材料成本差异/铝材类　　893.76

　　贷：委托加工物资/铝片/广州铝材厂　　120 893.76

业务 5

【记账凭证提示】

借：固定资产　　265 000

　　贷：在建工程/安装冲床工程　　265 000

业务 6

【记账凭证提示】

NO.0048214 领料单

借：生产成本/基本生产成本/铝壳/主要材料　　50 000

　　生产成本/基本生产成本/铁壳/主要材料　　8 400

　　贷：原材料/铝材类/铝片　　50 000

　　　　原材料/马口铁　　8 400

NO.0048215 领料单

借：生产成本/基本生产成本/铝壳/辅助材料　　14 000

　　生产成本/基本生产成本/铁壳/辅助材料　　3 480

　　贷：原材料/辅助材料类/漆　　14 880

　　　　原材料/辅助材料类/稀释剂　　2 600

NO.0048216 领料单

借：生产成本/基本生产成本/塑壳类/主要材料　　60 000

　　生产成本/基本生产成本/塑配件类/主要材料　　50 000

　　生产成本/基本生产成本/气压式塑配件/主要材料　　60 000

贷：原材料/主要材料/塑料粒子　　170 000

NO.0048217 领料单

借：生产成本/基本生产成本/铝壳气压保温瓶/瓶胆　　45 000
生产成本/基本生产成本/塑壳保温瓶(大)/瓶胆　　35 000
生产成本/基本生产成本/塑壳保温瓶(中)/瓶胆　　30 000
生产成本/基本生产成本/塑壳保温瓶(小)/瓶胆　　27 000
贷：原材料/瓶胆类/大号　　80 000
原材料/瓶胆类/中号　　30 000
原材料/瓶胆类/小号　　27 000

NO.0048218 领料单

借：生产成本/基本生产成本/铝壳气压保温瓶/辅助材料　　9 000
贷：原材料/辅助材料类/不锈钢吸管　　3 900
原材料/辅助材料类/黑铁托盘　　5 100

NO.0048219 领料单

借：生产成本/基本生产成本/铝壳气压保温瓶/辅助材料　　1 400
生产成本/基本生产成本/塑壳保温瓶(大)/辅助材料　　1 200
生产成本/基本生产成本/塑壳保温瓶(中)/辅助材料　　1 200
生产成本/基本生产成本/塑壳保温瓶(小)/辅助材料　　1 200
贷：原材料/辅助材料类/口圈　　5 000

NO.0048220 领料单

借：生产成本/基本生产成本/铝壳气压保温瓶/辅助材料　　1 050
生产成本/基本生产成本/塑壳保温瓶(大)/辅助材料　　900
生产成本/基本生产成本/塑壳保温瓶(中)/辅助材料　　900
生产成本/基本生产成本/塑壳保温瓶(小)/辅助材料　　900
贷：原材料/辅助材料类/底垫　　3 750

NO.0048221 领料单

借：生产成本/基本生产成本/铝壳气压保温瓶/辅助材料　　14 400
生产成本/基本生产成本/塑壳保温瓶(大)/辅助材料　　4 200
生产成本/基本生产成本/塑壳保温瓶(中)/辅助材料　　3 600
生产成本/基本生产成本/塑壳保温瓶(小)/辅助材料　　4 500
贷：原材料/辅助材料类/纸盒　　14 400
原材料/辅助材料类/纸箱　　12 300

业务 7

【记账凭证提示】

借：其他货币资金/银行本票存款　　25 000
贷：银行存款/工商银行/工行人民币户　　25 000

业务 8

【记账凭证提示】

借：预付账款/报刊订阅费　　4 312.80
贷：银行存款/工商银行/工行人民币户　　4 312.80

贷方流量凭证：支付与其他经营活动有关的现金 4 312.80 元。

业务 9

NO.2097238 收料单

广州市保温瓶有限公司

收料单

供货单位：东海无线电厂　　　　NO.2097238

发票号码：NO.2708901　　　　2011 年 12 月 2 日　　　　收料仓库：材料仓库

材料类别	名称及规格	计量单位	数量		实际成本		计划成本		差异
			应收	实收	单价	金额	单价	金额	
辅助材料	不锈钢吸管	支	35 000	35 000	0.60	21 000	0.65	22 750	−1 750

记账联

质量检验：王宁　　　　收料：丁红　　　　制单：丁红

【记账凭证提示】

借：材料采购/辅助材料/东海无线电厂　21 000

　　应交税费/应交增值税/进项税额　3 570

　　贷：其他货币资金/银行本票存款　24 570

贷方流量凭证：购买商品、接受劳务支付的现金 24 570 元。

借：其他应收款/其他应收款项　430

　　贷：其他货币资金/银行本票存款　430

借：原材料/辅助材料/不锈钢吸管　22 750

　　贷：材料采购/辅助材料/东海无线电厂　21 000

　　　　材料成本差异/辅助材料　1 750

业务 10

【记账凭证提示】

借：银行存款/工商银行/工行人民币户　180 000

　　贷：预收账款/泰山证券公司　180 000

借方流量凭证：收到与其他经营活动有关的现金 180 000 元。

业务 11

【记账凭证提示】

借：银行存款/工商银行/工行人民币户　430

　　贷：其他应收款/其他应收款项　430

业务 12

【记账凭证提示】

借：销售费用　3 000

　　贷：银行存款/工商银行/工行人民币户　3 000

贷方流量凭证：支付的与其他经营活动有关的现金 3 000 元。

业务 13

【记账凭证提示】

借：应收账款/应收外币/新中贸易公司($16 800×7.622)　128 049.60

　　贷：主营业务收入/外销收入/铝壳气压保温瓶　100 610.40

　　　　主营业务收入/外销收入/塑壳保温瓶(小号)　27 439.20

借：主营业务成本　10 243.97

　　贷：应交税费/应交增值税/进项税转出　10 243.97

借：应交税费/应交增值税/出口抵减内销产品应纳税额　11 524.46

　　贷：应交税费/应交增值税/出口退税　11 524.46

业务 14

【记账凭证提示】

借：应付职工薪酬/应付职工教育经费　350

　　贷：库存现金　350

贷方流量凭证：支付与其他经营活动有关的现金 350 元。

业务 15

业务提示：暂不做账务处理

业务 16

【记账凭证提示】

借：其他应收款/职工借款　400

　　贷：库存现金　400

业务 17

【记账凭证提示】

借：应付职工薪酬/应付福利费　300

　　贷：库存现金　300

贷方流量凭证：支付给职工以及为职工支付的现金 300 元。

业务 18

NO.2097239 收料单

广州市保温瓶有限公司

收料单

供货单位：江弯橡胶厂　　NO.2097239

发票号码：NO.0114715　　2011 年 12 月 6 日　　收料仓库：材料仓库

材料类别	名称及规格	计量单位	数量		实际成本		计划成本		差异
			应收	实收	单价	金额	单价	金额	
辅助材料	底垫	只	100 000	100 000	0.14	14 000	0.15	15 000	−1 000
	口圈	只	100 000	100 000	0.19	19 000	0.20	20 000	−1 000

记账联

质量检验：王宁　　收料：丁红　　制单：丁红

【记账凭证提示】

借：原材料/辅助材料/底垫　　15 000

　　原材料/辅助材料/口圈　　20 000

　　贷：材料采购/辅助材料/江弯橡胶厂　　33 000

　　　　材料成本差异/辅助材料　　2 000

业务 19

【记账凭证提示】

借：其他货币资金/待转让支票　　80 000

　　贷：应收账款/应收人民币/东方百货公司　　80 000

业务 20

NO.2097240 收料单

广州市保温瓶有限公司

收料单

供货单位：宏达纸品厂　　NO.2097240

发票号码：NO.43871889　　2011 年 12 月 7 日　　收料仓库：材料仓库

材料类别	名称及规格	计量单位	数量		实际成本		计划成本		差异
			应收	实收	单价	金额	单价	金额	
辅助材料	纸盒	只	35 000	35 000	1.46	51 100	1.60	56 000	-4 900
	纸箱	只	4 000	4 000	5.90	23 600	6.00	24 000	-400

记账联

质量检验：王宁　　收料：丁红　　制单：丁红

【记账凭证提示】

借：材料采购/辅助材料/宏达纸品厂　　74 700

　　应交税费/应交增值税/进项税额　　5 300

　　贷：其他货币资金/待转让支票　　80 000

借：应交税费/应交增值税/进项税额　　7 399

　　贷：银行存款/工商银行/人民币户　　7 399

贷方流量凭证：购买商品、接受劳务支付的现金 7 399 元。

借：原材料/辅助材料/纸盒　　56 000

　　原材料/辅助材料/纸箱　　24 000

　　贷：材料采购/辅助材料/宏达纸品厂　　74 700

　　　　材料成本差异/辅助材料　　5 300

业务 21

【记账凭证提示】

NO.0048222 领料单

借：生产成本/基本生产成本/铝壳气压保温瓶/辅助材料　　1 000

　　生产成本/基本生产成本/塑壳保温瓶(大)/辅助材料　　600

　　生产成本/基本生产成本/塑壳保温瓶(中)/辅助材料　　600

　　生产成本/基本生产成本/塑壳保温瓶(小)/辅助材料　　800

　　贷：原材料/辅助材料类/口圈　　3 000

NO.0048223 领料单

借：生产成本/基本生产成本/铝壳气压保温瓶/辅助材料　750
　　生产成本/基本生产成本/塑壳保温瓶(大)/辅助材料　450
　　生产成本/基本生产成本/塑壳保温瓶(中)/辅助材料　450
　　生产成本/基本生产成本/塑壳保温瓶(小)/辅助材料　600
　　贷：原材料/辅助材料类/底垫　2 250

NO.0048224 领料单

借：生产成本/基本生产成本/塑壳类/主要材料　30 000
　　生产成本/基本生产成本/塑配件类/主要材料　20 000
　　生产成本/基本生产成本/气压式塑配件/主要材料　60 000
　　贷：原材料/主要材料/塑料粒子　110 000

NO.0048225 领料单

借：生产成本/基本生产成本/铝壳气压保温瓶/瓶胆　32 500
　　生产成本/基本生产成本/铁壳保温瓶/瓶胆　10 000
　　生产成本/基本生产成本/塑壳保温瓶(大)/瓶胆　20 000
　　生产成本/基本生产成本/塑壳保温瓶(中)/瓶胆　22 000
　　生产成本/基本生产成本/塑壳保温瓶(小)/瓶胆　18 000
　　贷：原材料/瓶胆类/大号　62 500
　　　　原材料/瓶胆类/中号　22 000
　　　　原材料/瓶胆类/小号　18 000

NO.0048226 领料单

借：生产成本/基本生产成本/铝壳气压保温瓶/辅助材料　6 000
　　贷：原材料/辅助材料类/不锈钢吸管　2 600
　　　　原材料/辅助材料类/黑铁托盘　3 400

业务 22

【记账凭证提示】

借：银行存款/工商银行/工行人民币户　200 000
　　贷：短期借款/工商银行　200 000

借方流量凭证：借款所收到的现金 200 000 元。

业务 23

【记账凭证提示】

借：管理费用/交通、差旅费　1 947
　　贷：其他应收款/职工借款　1 947

借：库存现金　53
　　贷：其他应收款/职工借款　53

贷方流量凭证：支付与其他经营活动有关的现金 1 947 元。

业务 24

【记账凭证提示】

借：应付票据/商业承兑汇票　300 000
　　贷：银行存款/工商银行/工行人民币户　300 000

贷方流量凭证：购买商品、接受劳务支付的现金 300 000 元。

业务 25

【记账凭证提示】

借：银行存款/工商银行/工行人民币户　611 377.13

　　贷：持有至到期投资/委托贷款/成本　600 000.00

　　　　投资收益　11 377.13

借方流量凭证：收回投资所收到的现金 600 000 元、取得投资收益所收到的现金 11 377.13 元。

业务 26

【记账凭证提示】

借：银行存款/中行人民币户　357 000

　　财务费用　3 000

　　贷：应收票据/银行承兑汇票　360 000

借方流量凭证：销售商品、提供劳务收到的现金 357 000 元。

业务 27

【记账凭证提示】

NO.0048227 领料单

借：生产成本/基本生产成本/铝壳/主要材料　50 000

　　生产成本/基本生产成本/铁壳/主要材料　5 600

　　贷：原材料/铝材类/铝片　50 000

　　　　原材料/马口铁　5 600

NO.0048228 领料单

借：生产成本/基本生产成本/铝壳/辅助材料　12 000

　　生产成本/基本生产成本/铁壳/辅助材料　2 900

　　贷：原材料/辅助材料类/漆　12 000

　　　　原材料/辅助材料类/稀释剂　2 900

NO.0048229 领料单

借：生产成本/基本生产成本/铝壳气压保温瓶/辅助材料　12 800

　　生产成本/基本生产成本/铁壳保温瓶/辅助材料　2 100

　　生产成本/基本生产成本/塑壳保温瓶(大)/辅助材料　3 600

　　生产成本/基本生产成本/塑壳保温瓶(中)/辅助材料　3 000

　　生产成本/基本生产成本/塑壳保温瓶(小)/辅助材料　3 600

　　贷：原材料/辅助材料类/纸盒　12 800

　　　　原材料/辅助材料类/纸箱　12 300

NO.0048230 领料单

借：生产成本/辅助生产成本/低值易耗品及材料消耗　740

　　贷：原材料/辅助材料类/机油　540

　　　　原材料/辅助材料类/螺丝钉　200

业务 28

【记账凭证提示】

借：应收票据/商业承兑汇票/广州保温容器公司　395 928

　　贷：主营业务收入/内销收入/塑壳保温瓶(大号)　153 600

　　　　主营业务收入/内销收入/塑壳保温瓶(中号)　184 800

　　　　应交税费/应交增值税/销项税额　57 528

业务 29

【记账凭证提示】

借：其他货币资金/存出投资款/证券资金户　541 071.90

　　贷：交易性金融资产/债券/国库券/投资成本　501 500.00

　　　　投资收益　39 571.90

业务 30

【记账凭证提示】

借：管理费用/交通、差旅费　400

　　贷：其他应收款/职工借款　400

借：管理费用/交通、差旅费　54.80

　　贷：库存现金　54.80

贷方流量凭证：支付其他与经营活动有关的现金 454.80 元。

业务 31

【记账凭证提示】

增值税可做进项税处理。

借：管理费用/办公费及其他　116.15

　　应交税费/应交增值税/进项税额　19.75

　　贷：库存现金　135.90

贷方流量凭证：支付其他与经营活动有关的现金 135.9 元。

业务 32

【记账凭证提示】

借：其他货币资金/银行本票存款　30 000

　　贷：银行存款/工商银行/工行人民币户　30 000

业务 33

【记账凭证提示】

NO.0048231 领料单

借：生产成本/基本生产成本/铁壳保温瓶/主要材料　15 200

　　贷：原材料/铝配件　15 200

NO.0048232 领料单

借：生产成本/基本生产成本/铝壳气压保温瓶/辅助材料　2 000

　　生产成本/基本生产成本/铁壳保温瓶/辅助材料　1 200

　　生产成本/基本生产成本/塑壳保温瓶(大)/辅助材料　1 600

　　生产成本/基本生产成本/塑壳保温瓶(中)/辅助材料　1 600

　　生产成本/基本生产成本/塑壳保温瓶(小)/辅助材料　1 700

　　贷：原材料/辅助材料类/口圈　8 100

NO.0048233 领料单

借：生产成本/基本生产成本/铝壳气压保温瓶/辅助材料　1 500

　　生产成本/基本生产成本/铁壳保温瓶/辅助材料　900

　　生产成本/基本生产成本/塑壳保温瓶(大)/辅助材料　1 200

　　生产成本/基本生产成本/塑壳保温瓶(中)/辅助材料　1 200

　　生产成本/基本生产成本/塑壳保温瓶(小)/辅助材料　1 275

　　贷：原材料/辅助材料类/底垫　6 075

业务 34

【记账凭证提示】

借：应交税费/应交所得税　　57 250.00

　　应交税费/未交增值税　　189 340.00

　　应交税费/应交城建税　　13 463.80

　　应交税费/应交个人所得税　　2 137.80

　　应交税费/应交教育费附加　　5 770.20

　　贷：银行存款/工商银行/工行人民币户　　267 961.80

贷方流量凭证：支付各种税费 265 824 元，支付给职工及为职工支付的现金 2 137.8 元。

业务 35

NO.0812174 委托加工收料单

广州市保温瓶有限公司

委托加工收料单

加工单位：广州新丰铝制品厂　　NO.0812174

加工合同：0166　　2011 年 12 月 13 日　　收料仓库：材料仓库

材料类别	名称及规格	计量单位	数量		实际成本	计划成本		差异
			应收	实收		单价	金额	
铝配件	铝配件	套	15 099	15 099	58 886.10	3.8	57 376.20	1 509.90

记账联

质量检验：王宁　　仓库验收：丁红　　仓库保管：丁红

【记账凭证提示】

借：委托加工物资/铝配件/广州新丰铝制品厂　　24 913.35

　　应交税费/应交增值税/进项税额　　4 235.27

　　贷：其他货币资金/银行本票存款　　29 148.62

贷方流量凭证：购买商品、接受劳务支付的现金 29 148.62 元。

借：银行存款/工商银行/工行人民币户　　851.38

　　贷：其他货币资金/银行本票存款　　851.38

借：原材料/铝配件　　57 376.20

　　材料成本差异/铝配件　　1 509.90

　　贷：委托加工物资/铝配件/广州新丰铝制品厂　　58 886.10

业务 36

NO.2097241 收料单

广州市保温瓶有限公司

收料单

供货单位：广州瓶胆总厂　　NO.2097241

发票号码：NO.20358112　　2011 年 12 月 13 日　　收料仓库：材料仓库

材料类别	名称及规格	计量单位	数量		实际成本		计划成本		差异
			应收	实收	单价	金额	单价	金额	
瓶胆	瓶胆(大号)	只	55 000	55 000	5.20	286 000	5.00	275 000	11 000
	瓶胆(中号)	只	18 000	18 000	4.10	73 800	4.00	72 000	1 800
	瓶胆(小号)	只	20 000	20 000	3.05	61 000	3.00	60 000	1 000

记账联

质量检验：王宁　　收料：丁红　　制单：丁红

【记账凭证提示】

借：材料采购/瓶胆类/广州瓶胆总厂　420 800

应交税费/应交增值税/进项税额　71 536

贷：应付票据/商业承兑汇票/广州瓶胆总厂　492 336

借：原材料/瓶胆类/大号　275 000

原材料/瓶胆类/中号　72 000

原材料/瓶胆类/小号　60 000

材料成本差异/瓶胆类　13 800

贷：材料采购/瓶胆类/广州瓶胆总厂　420 800

业务 37

NO.2097242 收料单

广州市保温瓶有限公司

收料单

供货单位：东江有色金属公司　　NO.2097242

发票号码：NO.0091605　　2011 年 12 月 14 日　　收料仓库：材料仓库

材料类别	名称及规格	计量单位	数量		实际成本		计划成本		差异
			应收	实收	单价	金额	单价	金额	
铝材类	铝锭	吨	8	8	13 680	109 440	13 500	108 000	1 440

记账联

质量检验：王宁　　收料：丁红　　制单：丁红

【记账凭证提示】

借：材料采购/铝材类/东江有色金属公司　108 360.00

　　应交税费/应交增值税/进项税额　18 421.20

　　贷：银行存款/工商银行/工行人民币户　126 781.20

贷方流量凭证：购买商品、接受劳务支付的现金 126 781.20 元。

借：材料采购/铝材类/东江有色金属公司　1 080.00

　　应交税费/应交增值税/进项税额　120.00

　　贷：银行存款/工商银行/工行人民币户　1 200.00

贷方流量凭证：购买商品、接受劳务支付的现金 1 200.00 元。

借：原材料/铝材类/铝锭　108 000.00

　　材料成本差异/铝材类　1 440.00

　　贷：材料采购/铝材类/东江有色金属公司　109 440.00

业务 38

【记账凭证提示】

借：管理费用/办公费及其他　634.80

　　贷：银行存款/工商银行/工行人民币户　634.80

贷方流量凭证：支付其他与经营活动有关的现金 634.80 元。

业务 39

【记账凭证提示】

NO.0048234 领料单

借：生产成本/基本生产成本/铝壳气压保温瓶/瓶胆　35 000

　　生产成本/基本生产成本/铁壳保温瓶/瓶胆　20 000

　　生产成本/基本生产成本/塑壳保温瓶(大)/瓶胆　21 500

　　生产成本/基本生产成本/塑壳保温瓶(中)/瓶胆　10 000

　　生产成本/基本生产成本/塑壳保温瓶(小)/瓶胆　10 800

　　贷：原材料/瓶胆类/大号　76 500

　　　　原材料/瓶胆类/中号　10 000

　　　　原材料/瓶胆类/小号　10 800

NO.0048235 领料单

借：生产成本/基本生产成本/铝壳气压保温瓶/辅助材料　15 000

　　贷：原材料/辅助材料类/不锈钢吸管　6 500

　　　　原材料/辅助材料类/黑铁托盘　8 500

业务 40

【记账凭证提示】

独生子女保健费补贴在管理费用列支，不计入工资总额，不通过“应付职工薪酬”账户核算。

借：应付职工薪酬/应付工资　206 101.20

　　管理费用/办公费及其他　375.00

　　财务费用　87.40

　　贷：银行存款/工商银行/工行人民币户　206 563.60

贷方流量凭证：支付给职工以及为职工支付的现金 206 563.60 元。

业务 41

【记账凭证提示】

借：应付职工薪酬/应付工资　46 198.80

　　贷：其他应付款/代扣养老保险费　19 359.24

　　　　其他应付款/代扣住房公积金　16 939.34

　　　　其他应付款/代扣医疗保险费　4 839.81

　　　　其他应付款/代扣失业保险金　2 419.91

　　　　其他应付款/代扣工会会费　1 261.50

　　　　应交税费/应交个人所得税　1 379.00

业务 42

【记账凭证提示】

借：其他应付款/代扣工会会费　1 261.50

　　贷：银行存款/工商银行/工行人民币户　1 261.50

贷方流量凭证：支付给职工以及为职工支付的现金 1 261.50 元。

业务 43

【记账凭证提示】

NO.0048236 领料单

借：生产成本/基本生产成本/铁壳保温瓶/主要材料　11 400

　　贷：原材料/铝配件　11 400

NO.0048237 领料单

借：生产成本/基本生产成本/铝壳气压保温瓶/辅助材料　8 000

　　生产成本/基本生产成本/铁壳保温瓶/辅助材料　1 800

　　生产成本/基本生产成本/塑壳保温瓶(大)/辅助材料　1 800

　　生产成本/基本生产成本/塑壳保温瓶(中)/辅助材料　2 100

　　生产成本/基本生产成本/塑壳保温瓶(小)/辅助材料　1 800

　　贷：原材料/辅助材料类/纸盒　8 000

　　　　原材料/辅助材料类/纸箱　7 500

业务 44

【记账凭证提示】

计提各种费用暂不做账务处理，与工资核算账务处理一同做，此处只做交付工会经费账的处理。

借：应付职工薪酬/应付工会经费　5 046

　　贷：银行存款/工商银行/工行人民币户　5 046

贷方流量凭证：支付其他与经营活动有关的现金 5 046 元。

业务 46

【记账凭证提示】

借：应付职工薪酬/应付住房公积金　16 939.34

　　其他应付款/代扣住房公积金　16 939.34

　　贷：银行存款/工商银行/工行人民币户　33 878.68

贷方流量凭证：支付给职工以及为职工支付的现金 33 878.68 元。

业务 47

【记账凭证提示】

借：其他应付款/代扣养老保险费	19 359.24	
其他应付款/代扣医疗保险费	4 839.81	
其他应付款/代扣失业保险费	2 419.91	
应付职工薪酬/应付养老保险费	53 237.92	
应付职工薪酬/应付医疗保险费	29 038.86	
应付职工薪酬/应付失业保险费	4 839.81	
应付职工薪酬/应付生育保险费	1 209.95	
应付职工薪酬/应付工伤保险费	1 209.95	
贷：银行存款/工商银行/社保基金专户		116 155.45

贷方流量凭证：支付给职工以及为职工支付的现金 116 155.45 元。

业务 48

【记账凭证提示】

借：材料采购/塑料粒子/天明塑料公司	219 840.00	
应交税费/应交增值税/进项税额	37 372.80	
贷：应付票据/银行承兑汇票/天明塑料公司		257 212.80
借：材料采购/塑料粒子/天明塑料公司	2 160	
应交税费/应交增值税/进项税额	240	
贷：银行存款/工商银行/工行人民币户		2 400

贷方流量凭证：购买商品、接受劳务支付的现金 2 400 元。

借：原材料/塑料粒子	240 000	
贷：材料采购/塑料粒子/天明塑料公司		222 000
材料成本差异/塑料粒子		18 000

业务 49

【记账凭证提示】

NO.0048238 领料单

借：低值易耗品/电动机/在用	1 000	
贷：低值易耗品/电动机/在库		1 000
借：生产成本/辅助生产成本/低值易耗品及材料消耗	500	
贷：低值易耗品/电动机/摊销		500

NO.0048239 领料单

借：生产成本/基本生产成本/铝壳/辅助材料	7 000	
生产成本/基本生产成本/铁壳/辅助材料	1 450	
贷：原材料/辅助材料类/漆		7 200
原材料/辅助材料类/稀释剂		1 250

NO.0048240 领料单

借：生产成本/基本生产成本/铝壳/主要材料	32 000	
生产成本/基本生产成本/铁壳/主要材料	2 128	
贷：原材料/铝材类/铝片		32 000
原材料/马口铁		2 128

业务 50

NO.0058236 固定资产盘盈盘亏报告单

广州市保温瓶有限公司

财产物资盘盈盘亏报告单

NO.0058236

类别：固定资产　　　　　　　　2011 年 12 月 17 日

名称	规格	单位	单价	账面数		清点数		盘 盈		盘 亏		备注
				数量	金额	数量	金额	数量	金额	数量	金额	
冲床	J21-60	台	30 000	0	0	1	15 000	1	15 000			
合计				×	0	×	15 000	×	15 000	×		
原因分析：						审批意见：						

第一联

单位(盖章)　　　　财务会计部负责人：王庆成　　　　制表：王培根

NO.0058237 存货盘盈盘亏报告单

广州市保温瓶有限公司

财产物资盘盈盘亏报告单

NO.0058237

类别：存货　　　　　　　　2011 年 12 月 17 日

名称	规格	单位	单价	账面数		清点数		盘 盈		盘 亏		备注
				数量	金额	数量	金额	数量	金额	数量	金额	
瓶胆	大号	只	5.00	24 742	123 710	24 670				72	360	
稀释剂		千克	10.00	1 015	10 150	1 012				3	30	
合计												
原因分析：						审批意见：						

第一联

单位(盖章)　　　　财务会计部负责人：王庆成　　　　制表：刘元

【记账凭证提示】

借：固定资产 15 000

　　贷：营业外收入 15 000

借：待处理财产损溢/待处理流动资产损溢 390

　　贷：原材料/瓶胆(大号) 360

　　　　原材料/稀释剂 30

业务 51

【记账凭证提示】

NO.0048241 领料单

借：制造费用/制壳车间/低值易耗品及材料消耗 300

　　贷：低值易耗品/安全钳 300

NO.0048242 领料单

借：生产成本/基本生产成本/塑壳类/主要材料 30 000

　　生产成本/基本生产成本/塑配件类/主要材料 20 000

　　生产成本/基本生产成本/气压式塑配件/主要材料 40 000

　　贷：原材料/主要材料/塑料粒子 90 000

NO.0048243 领料单

借：制造费用/塑料车间/低值易耗品及材料消耗 520

　　贷：低值易耗品/修边刀 520

NO.0048244 领料单

借：低值易耗品/压力表/在用 2 000

　　贷：低值易耗品/压力表/在库 2 000

借：制造费用/装配车间/低值易耗品及材料消耗 1 300

　　贷：低值易耗品/压力表/摊销 1 000

　　　　低值易耗品/扳手 300

业务 52

【记账凭证提示】

借：库存现金 2 000

　　贷：银行存款/工商银行/工行人民币户 2 000

业务 53

【记账凭证提示】

借：应收账款/应收人民币/宁波百货 800 280

　　贷：主营业务收入/内销收入/铝壳气压保温瓶 588 000

　　　　主营业务收入/内销收入/铁壳保温瓶 96 000

　　　　应交税费/应交增值税/销项税额 116 280

业务 54

【记账凭证提示】

借：管理费用/税金 1 880

　　贷：银行存款/工商银行/工行人民币户 1 880

贷方流量凭证：支付的各种税费 1 880 元。

业务 55

【记账凭证提示】

借：委托加工物资/铝锭/广州铝材厂 86 400

　　贷：原材料/铝材类/铝锭 86 400

业务 56

【记账凭证提示】

借：固定资产清理　　25 363.40

　　累计折旧　　83 961.60

　　贷：固定资产　　109 325.00

业务 57

【记账凭证提示】

借：银行存款/工商银行/工行人民币户　　800 280

　　贷：应收账款/应收人民币/宁波百货公司　　800 280

借方流量凭证：销售商品、提供劳务收到的现金 800 280 元。

业务 58

【记账凭证提示】

借：应交税金/应交营业税　　3 000

　　营业外支出　　60

　　贷：银行存款/工商银行/工行人民币户　　3 060

贷方流量凭证：支付各种税费 3 000 元，支付与其他经营活动有关的现金 60 元。

业务 59

【记账凭证提示】

借：银行存款/工商银行/工行人民币户　　5 736.82

　　贷：固定资产清理　　5 736.82

借方流量凭证：处置固定资产、无形资产和其他长期资产收到的现金 5 736.82 元。

借：固定资产清理　　125.50

　　贷：库存现金　　125.50

贷方流量凭证：处置固定资产、无形资产和其他长期资产收到的现金 125.50 元。

借：营业外支出　　19 752.08

　　贷：固定资产清理　　19 752.08

业务 60

【记账凭证提示】

借：管理费用/电话费　　1 479.70

　　贷：银行存款/工商银行/工行人民币户　　1 479.70

贷方流量凭证：支付与其他经营活动有关的现金 1 479.70 元。

业务 61

【记账凭证提示】

借：管理费用/交通、差旅费　　25.60

　　贷：库存现金　　25.60

贷方流量凭证：支付与其他经营活动有关的现金 25.60 元。

业务 62

【记账凭证提示】

借：管理费用/折旧、修理及财产保险费　　2 860

　　贷：银行存款/工商银行/工行人民币户　　2 860

贷方流量凭证：支付与其他经营活动有关的现金 2 860 元。

业务 63

【记账凭证提示】

NO.0048245 领料单

借：生产成本/基本生产成本/铁壳保温瓶/主要材料　　10 146

　　贷：原材料/铝配件　　10 146

NO.0048246 领料单

借：生产成本/基本生产成本/铝壳气压保温瓶/辅助材料　　6 400

　　生产成本/基本生产成本/铁壳保温瓶/辅助材料　　900

　　生产成本/基本生产成本/塑壳保温瓶(大)/辅助材料　　960

　　生产成本/基本生产成本/塑壳保温瓶(中)/辅助材料　　840

　　生产成本/基本生产成本/塑壳保温瓶(小)/辅助材料　　1 560

　　贷：原材料/辅助材料类/纸盒　　6 400

　　　　原材料/辅助材料类/纸箱　　4 260

业务 64

【记账凭证提示】

借：管理费用/电话费　　10 916.90

　　贷：银行存款/工商银行/工行人民币户　　10 916.90

贷方流量凭证：支付与其他经营活动有关的现金 10 916.90 元。

业务 65

水费分配计算表

广州市保温瓶有限公司

水费分配计算表

2011 年 12 月

部　　门	应借科目	分配比例	金　　额
制壳车间	制造费用/制壳车间/水电费	50%	3 621.00
塑料车间	制造费用/塑料车间/水电费	27%	1 955.34
装配车间	制造费用/装配车间/水电费	5%	362.10
机修车间	生产成本/辅助生产成本/水电费	5%	362.10
行政管理部门	管理费用/水电费	13%	941.46
合计		100%	7 242.00

【记账凭证提示】

借：制造费用/制壳车间/水电费　　3 621.00

　　制造费用/塑料车间/水电费　　1 955.34

　　制造费用/装配车间/水电费　　362.10

　　生产成本/辅助生产成本/水电费　　362.10

　　管理费用/水电费　　941.46

　　贷：银行存款/工商银行/工行人民币　　7 242.00

贷方流量凭证：购买商品、接受劳务支付的现金 6 300.54 元，支付与其他经营活动有关的现金 941.46 元。

业务 66

电费分配计算表

广州市保温瓶有限公司

电费分配计算表

2011 年 12 月

部　门	应 借 科 目	分配比例	金　额
制壳车间	制造费用/制壳车间/水电费	48%	18 254.88
塑料车间	制造费用/塑料车间/水电费	36%	13 691.16
装配车间	制造费用/装配车间/水电费	3%	1 140.93
机修车间	生产成本/辅助生产成本/水电费	3%	1 140.93
行政管理部门	管理费用/水电费	10%	3 803.10
小计		100%	38 031.00
应交税金/应交增值税/进项税额			6 465.27
合计			44 496.27

【记账凭证提示】

借：制造费用/制壳车间/水电费　18 254.88

　　制造费用/塑料车间/水电费　13 691.16

　　制造费用/装配车间/水电费　1 140.93

　　生产成本/辅助生产成本/水电费　1 140.93

　　管理费用/水电费　3 803.10

　　应交税费/应交增值税/进项税额　6 465.27

　　贷：银行存款/工商银行/工行人民币户　44 496.27

贷方流量凭证：购买商品、接受劳务支付的现金 40 693.17 元，支付与其他经营活动有关的现金 3 803.10 元。

业务 67

【记账凭证提示】

借：财务费用　19 337.50

　　应付利息/应付短期借款利息　38 675.00

　　贷：银行存款/中行人民币户　58 012.50

贷方流量凭证：分配股利、利润或偿还利息所支付的现金 58 012.50 元。

业务 68

【记账凭证提示】

借：银行存款/中行人民币户　1 077.22

　　财务费用　- 1 077.22

借方流量凭证：收到与其他经营活动有关的现金 1 077.22 元。

业务 69

【记账凭证提示】

借：应付利息/应付长期借款利息　18 503.34

　　在建工程/建造仓库工程　9 251.66

　　贷：银行存款/工商银行/工行人民币户　27 755.00

贷方流量凭证：投资所支付的现金 27 755 元。

业务 70

【记账凭证提示】

借：银行存款/工商银行/工行人民币户　　4 500.60

　　财务费用　　−4 500.60

借方流量凭证：收到与其他经营活动有关的现金 4 500.60 元。

业务 71

【记账凭证提示】

借：短期借款/中国银行　　100 000

　　贷：银行存款/中行人民币户　　100 000

贷方流量凭证：偿还债务所支付的现金 100 000 元。

业务 72

【记账凭证提示】

NO.0048247 领料单

借：生产成本/基本生产成本/铝壳气压保温瓶/瓶胆　　22 500

　　生产成本/基本生产成本/铁壳保温瓶/瓶胆　　18 800

　　生产成本/基本生产成本/塑壳保温瓶(大)/瓶胆　　15 000

　　生产成本/基本生产成本/塑壳保温瓶(中)/瓶胆　　10 000

　　生产成本/基本生产成本/塑壳保温瓶(小)/瓶胆　　9 000

　　贷：原材料/瓶胆类/大号　　56 300

　　　　原材料/瓶胆类/中号　　10 000

　　　　原材料/瓶胆类/小号　　9 000

NO.0048248 领料单

借：生产成本/基本生产成本/铝壳气压保温瓶/辅助材料　　1 550

　　生产成本/基本生产成本/铁壳保温瓶/辅助材料　　750

　　生产成本/基本生产成本/塑壳保温瓶(大)/辅助材料　　990

　　生产成本/基本生产成本/塑壳保温瓶(中)/辅助材料　　590

　　生产成本/基本生产成本/塑壳保温瓶(小)/辅助材料　　1 110

　　贷：原材料/辅助材料类/口圈　　4 990

NO.0048249 领料单

借：生产成本/基本生产成本/铝壳气压保温瓶/辅助材料　　1 140

　　生产成本/基本生产成本/铁壳保温瓶/辅助材料　　561

　　生产成本/基本生产成本/塑壳保温瓶(大)/辅助材料　　750

　　生产成本/基本生产成本/塑壳保温瓶(中)/辅助材料　　447

　　生产成本/基本生产成本/塑壳保温瓶(小)/辅助材料　　831

　　贷：原材料/辅助材料类/底垫　　3 729

NO.0048250 领料单

借：管理费用/材料消耗　　1 420

　　贷：原材料/辅助材料/汽油　　1 420

业务 73

【记账凭证提示】

佣金计入投资收益(在贷方用红字表示)。

借：交易性金融资产/债券投资/国库券/投资成本　　206 600

　　贷：投资收益　　−619.80

其他货币资金/存出投资款/证券资金户　　207 219.80

业务 74

【记账凭证提示】

借：工程物资/专用材料　　2 280.00

应交税费/应交增值税/进项税额　　387.60

贷：银行存款/工商银行/工行人民币户　　2 667.60

贷方流量凭证：购建固定资产、无形资产和其他长期资产所支付的现金 2 667.60 元。

业务 75

【记账凭证提示】

NO.0048251 领料单

借：生产成本/基本生产成本/铝壳/辅助材料　　6 840

生产成本/基本生产成本/铁壳/辅助材料　　1 750

贷：原材料/辅助材料类/漆　　6 840

原材料/辅助材料类/稀释剂　　1 750

NO.0048252 领料单

借：生产成本/基本生产成本/塑壳类/主要材料　　30 000

生产成本/基本生产成本/塑配件类/主要材料　　20 000

生产成本/基本生产成本/气压式塑配件/主要材料　　30 000

贷：原材料/主要材料/塑料粒子　　80 000

业务 76

【记账凭证提示】

借：财务费用(手续费)　　480.31

贷：应收账款/应收外币/中新贸易公司($63×7.624)　　480.31

借：银行存款/中行人民币户　　127 569.41

财务费用(汇兑损失)　　33.48

贷：应收账款/中新贸易公司($16 737×7.624)　　127 602.89

借方流量凭证：销售商品、提供劳务所收到的现金 127 569.41 元。

业务 77

【记账凭证提示】

借：制造费用/制壳车间/办公费　　676.60

制造费用/塑料车间/办公费　　111.52

制造费用/装配车间/办公费　　38.05

贷：库存现金　　826.17

贷方流量凭证：购买商品、接受劳务支付的现金 826.17 元。

业务 78

【记账凭证提示】

借：材料采购/马口铁　　11 520

应交税费/应交增值税/进项税额　　1 958.40

贷：银行存款/中行人民币户　　13 478.40

贷方流量凭证：购买商品、接受劳务支付的现金 13 478.40 元。

借：原材料/马口铁　　11 200

材料成本差异/马口铁　　320

贷：材料采购/马口铁/广州金属材料公司　　11 520

业务 79

【记账凭证提示】

NO.0048235 领料单

借：生产成本/基本生产成本/铝壳气压保温瓶/辅助材料　14 700

　　贷：原材料/辅助材料类/不锈钢吸管　6 370

　　　　原材料/辅助材料类/黑铁托盘　8 330

业务 80

【记账凭证提示】

借：预付账款/财产保险费　5 290.53

　　预付账款/机动车辆保险费　6 072.00

　　贷：银行存款/工商银行/工行人民币户　11 362.53

贷方流量凭证：支付与其他经营活动有关的现金 11 362.53 元。

业务 81

【记账凭证提示】

借：管理费用/办公费及其他　45.00

　　应交税费/应交增值税/进项税额　7.65

　　贷：库存现金　52.65

贷方流量凭证：支付与其他经营活动有关的现金 52.65 元。

业务 82

【记账凭证提示】

借：应付账款/东江金属　63 390.60

　　贷：银行存款/中行人民币户　63 390.60

贷方流量凭证：购买商品、接受劳务支付的现金 63 390.60 元。

业务 83

【记账凭证提示】

借：材料采购/低值易耗品/威力成套设备公司　2 940.00

　　应交税费/应交增值税/进项税额　499.80

　　贷：银行存款/工商银行/工行人民币户　3 439.80

贷方流量凭证：购买商品、接受劳务支付的现金 3 439.80 元。

借：低值易耗品/电动机　3 000.00

　　贷：材料采购/低值易耗品/威力成套设备公司　2 940.00

　　　　材料成本差异/低值易耗品　60.00

业务 84

【记账凭证提示】

借：银行存款/工商银行/工行人民币户　821 520

　　贷：主营业务收入/内销收入/铝壳气压保温瓶　280 000

　　　　主营业务收入/内销收入/塑壳保温瓶(大号)　252 800

　　　　主营业务收入/内销收入/塑壳保温瓶(中号)　168 000

　　　　应交税费/应交增值税/销项税额　119 136

　　　　其他应付款/其他应付款项　1 584

借：其他应付款/其他应付款项　1 584

　　贷：银行存款/工商银行/工行人民币户　1 584

借方流量凭证：销售商品、提供劳务所收到的现金　821 520 元。

贷方流量凭证：销售商品、提供劳务所收到的现金　1 584 元。

业务 85

【记账凭证提示】

NO.0048254 领料单

借：生产成本/基本生产成本/铝壳气压保温瓶/瓶胆　21 000
　　生产成本/基本生产成本/塑壳保温瓶(大)/瓶胆　19 300
　　生产成本/基本生产成本/塑壳保温瓶(中)/瓶胆　8 240
　　生产成本/基本生产成本/塑壳保温瓶(小)/瓶胆　7 800
　　贷：原材料/瓶胆类/大号　40 300
　　　　原材料/瓶胆类/中号　8 240
　　　　原材料/瓶胆类/小号　7 800

业务 86

【记账凭证提示】

借：委托加工物资/铝配件/新丰铝品　32 400
　　贷：原材料/铝材类/铝锭　32 400

业务 87

【记账凭证提示】

借：生产成本/基本生产成本/铝壳气压保温瓶/辅助材料　5 600
　　生产成本/基本生产成本/塑壳保温瓶(大)/辅助材料　600
　　生产成本/基本生产成本/塑壳保温瓶(中)/辅助材料　600
　　生产成本/基本生产成本/塑壳保温瓶(小)/辅助材料　666
　　贷：原材料/辅助材料类/纸盒　5 600
　　　　原材料/辅助材料类/纸箱　1 866

业务 88

【记账凭证提示】

借：销售费用　106 140
　　贷：银行存款/工商银行/工行人民币户　106 140

贷方流量凭证：支付与其他经营活动有关的现金 106 140 元。

业务 89

【记账凭证提示】

借：应收账款/应收外币/新中贸易公司($28 800×7.627)　219 657.60
　　贷：主营业务收入/外销收入/塑壳保温瓶(小)　219 657.60

借：主营业务成本　17 572.61
　　贷：应交税费/应交增值税/进项税转出　17 572.61

借：应交税费/应交增值税/出口抵减内销产品应纳税额　19 769.18
　　贷：应交税费/应交增值税/出口退税　19 769.18

业务 90

【记账凭证提示】

借：财务费用　183.50
　　贷：银行存款/工商银行/工行人民币户　183.50

贷方流量凭证：支付与其他经营活动有关的现金 183.50 元。

业务 91

【记账凭证提示】

借：制造费用/制壳车间/折旧费　5 311.88
　　制造费用/塑料车间/折旧费　11 208.76

制造费用/装配车间/折旧费 1 220.40
生产成本/辅助生产成本/折旧费 982.00
管理费用/折旧、修理及财产保险费 17 988.76
其他业务成本 1 430.40
贷：累计折旧 38 142.20

业务 92

【记账凭证提示】

借：管理费用/无形资产摊销 3 000
贷：累计摊销 3 000

业务 93

【记账凭证提示】

借：制造费用/制壳车间/财产保险费 292.65
制造费用/塑料车间/财产保险费 548.75
制造费用/装配车间/财产保险费 74.56
生产成本/辅助生产成本/财产保险费 33.06
管理费用/折旧、修理及财产保险费 1 898.69
其他业务成本 192.96
贷：预付账款/财产保险费 1 831.67
预付账款/机动车辆保险费 506.00
预付账款/报刊订阅费 703.00

业务 94

【记账凭证提示】

借：管理费用/存货盘亏(减盘盈) 390
贷：待处理财产损溢/待处理流动资产损益 390

业务 95

【记账凭证提示】

借：固定资产 420 000
贷：银行存款/工商银行/工行人民币户 420 000

贷方流量凭证：购建固定资产、无形资产、其他长期资产所支付的现金 420 000 元。

业务 96

【记账凭证提示】

借：管理费用/办公费及其他 264
贷：库存现金 264

贷方流量凭证：支付与其他经营活动有关的现金 264 元。

业务 97

【记账凭证提示】

借：生产成本/基本生产成本/塑壳类/主要材料 −7 350
生产成本/基本生产成本/塑配件类/主要材料 −3 650
生产成本/基本生产成本/气压式塑配件/主要材料 −9 400
贷：原材料/主要材料/塑料粒子 −20 400

业务 98

【记账凭证提示】

借：管理费用/业务招待费 12 563.63
贷：其他应付款/其他应付款项 12 563.63

业务 99

【记账凭证提示】

借：制造费用/塑料车间/修理费　　9 875

　　贷：应付账款/光明机械设备有限公司　　9 875

业务 100

【记账凭证提示】

借：其他货币资金/银行汇票存款　　40 000

　　贷：银行存款/中行人民币户　　40 000

业务 101

【记账凭证提示】

借：管理费用/办公费及其他　　12 400

　　贷：银行存款/工商银行/工行人民币户　　12 400

贷方流量凭证：支付与其他经营活动有关的现金 12 400 元。

业务 103

原材料、低值易耗品成本差异率计算表。

广州市保温瓶有限公司

材料、低值易耗品成本差异率计算表

2011 年 12 月

材料类别	月初结存差异	本月收入差异	月初结存计划成本	本月收入计划成本	差异分配率
铝材类	982.08	2 333.76	148 800.00	228 000.00	0.88%
铝配件	2 783.91	1 509.90	28 500.00	57 376.2.00	5.00%
马口铁	318.40	320.00	20 720.00	11 200.00	2.00%
塑料粒子	−7 584.00	−18 000.00	280 000.00	240 000.00	−4.92%
瓶胆类	5 964.30	13 800.00	251 810.00	407 000.00	3.00%
辅助材料	−6 164.00	−9 050.00	166 530.00	137 750.00	−5.00%
低值易耗品	−444.00	−60.00	13 800.00	3 000.00	−3.00%

原材料、低值易耗品收、发、存汇表(一)

金额单位：元

2011-12

材料名称及规格	计量单位	计划单价	期初结存			本期收入				合计			差异率/%	期末发出				期末结存		
			数量	计划成本	差异	来源(贷记科目)	数量	计划成本	差异	数量	计划成本	差异		用途	数量	计划成本	差异	数量	计划成本	差异
一、铝材类	×	×	×	148 800	982.08	×	×	228 000	2 333.76	×	376 800	3 315.84	0.88	×	×	250 800	2 207.04	×	126 000	1 108.80
铝锭	吨	13 500	4.8	64 800	×	材料采购	8	108 000	1 440.00	12.80	172 800	×	×	加工铝片	6.40	86 400	760.32	×	×	×
	×	×	×	×	×	×	×	×	×	×	×	×	×	加工铝配件	2.40	32 400	285.12	4.00	54 000	×
铝片	吨	20 000	4.2	84 000	×	委托加工物资	6	120 000	893.76	10	204 000	×	×	制铝壳	6.60	132 000	1 161.60	3.60	72 000	×
二、铝配件	套	3.80	7 500	28 500	2 783.91	委托加工物资	15 099	57 376.20	1 509.90	22 599	85 876	4 293.81	5.00	装配铁壳瓶	9 670	36 746	1 837.30	12 929	49 130.20	2 456.51
三、马口铁	吨	5 600	3.7	20 720	318.40	材料采购	2	11 200	320.00	6	31 920	638.40	2.00	制铁壳	2.88	16 128	322.56	2.82	15 792	315.84
四、塑料粒子	吨	10 000	28	280 000	-7 584.00	材料采购	24	240 000	-18 000.00	52	520 000	-25 584.00	-4.92	×	×	429 600	-21 136.32	×	×	×
	×	×	×	×	×	×	×	×	×	×	×	×	×	制塑壳	14.265	142 650	-7 018.38	×	×	×
	×	×	×	×	×	×	×	×	×	×	×	×	×	制塑配件	10.635	106 350	-5 232.42	×	×	×
	×	×	×	×	×	×	×	×	×	×	×	×	×	制气压式塑配件	18.06	180 600	-8 885.52	9.04	90 400	-4 447.68
五、瓶胆类	×	×	×	251 810	5 964.30	×	×	407 000	13 800.00	×	658 810	19 764.30	3.00	×	×	468 440	14 053.20	×	190 370	5 711.10
大号	只	5	28 542	142 710	×	材料采购	55 000	275 000	11 000.00	83 542	417 710	×	×	装配铝壳瓶	31 200	156 000	4 680.00	×	×	×
	×	×	×	×	×	×	×	×	×	×	×	×	×	装配铁壳瓶	9 760	48 800	1 464.00	×	×	×
	×	×	×	×	×	×	×	×	×	×	×	×	×	装配塑壳瓶(大)	22 160	110 800	30 324.00	20 422	102 110	×
中号	只	4	15 125	60 500	×	材料采购	18 000	72 000	1 800.00	33 125	132 500	×	×	装配塑壳瓶(中)	20 060	80 240	2 407.20	13 065	52 260	×
小号	只	3	16 200	48 600	×	材料采购	20 000	60 000	1 000.00	36 200	108 600	×	×	装配塑壳瓶(小)	24 200	72 600	2 178.00	12 000	36 000	×

原材料、低值易耗品收、发、存汇表(二)

金额单位：元　　　　2011-12

材料名称及规格	计量单位	计划单价	期初结存			本期收入				合计			差异率/%	本期发出				期末结存		
			数量	计划成本	差异	来源(贷记科目)	数量	计划成本	差异	数量	计划成本	差异		用途	数量	计划成本	差异	数量	计划成本	差异
六、辅助材料		×	×	166 530	−6 164.00	×	×	137 750	−9 050.00	×	304 280	−15 214.00	−5.00	×	×	218 600	−10930.00	×	85 680	
黑铁托盘	只	0.85	50 000	42 500	×	×	×	×	×	50 000	42 500	×	×	装配铝壳瓶	29 800	25 330	−1266.50	20 200	17 170	×
不锈钢吸管	支	0.65	8 000	5 200	×	材料采购	35 000	22 750	−1 750.00	43 000	27 950	×	×	装配铝壳瓶	29 800	19 370	−968.50	13 200	8 580	×
口圈	只	0.20	25 000	5 000	×	材料采购	100 000	20 000	−1 000.00	125 000	25 000	×	×	装配铝壳瓶	29 750	5 950	−297.50	×	×	×
	×	×	×	×	×	×	×	×	×	×	×	×	×	装配铁壳瓶	9 750	1 950	−97.50	×	×	×
	×	×	×	×	×	×	×	×	×	×	×	×	×	装配塑壳瓶(大)	21 950	4 390	−219.50	×	×	×
	×	×	×	×	×	×	×	×	×	×	×	×	×	装配塑壳瓶(中)	19 950	3 990	−199.50	×	×	×
	×	×	×	×	×	×	×	×	×	×	×	×	×	装配塑壳瓶(小)	24 050	4 810	−240.50	19 550	3 910	×
底垫	只	0.15	26 000	3 900	–	材料采购	100 000	15 000	−1 000.00	126 000	18 900	×	×	装配铝壳瓶	29 600	4 440	−222.00	×	×	×
	×	×	×	×	×	×	×	×	×	×	×	×	×	装配铁壳瓶	9 740	1 461	−73.05	×	×	×
	×	×	×	×	×	×	×	×	×	×	×	×	×	装配塑壳瓶(大)	22 000	3 300	−165.00	×	×	×
	×	×	×	×	×	×	×	×	×	×	×	×	×	装配塑壳瓶(中)	19 980	2 997	−149.85	×	×	×
	×	×	×	×	×	×	×	×	×	×	×	×	×	装配塑壳瓶(小)	24 040	3 606	−180.30	20 640	3 096	×
纸盒	只	1.60	12 500	20 000	×	材料采购	35 000	56 000	−4 900.00	47 500	76 000	×	×	装配铝壳瓶	29 500	47 200	×	18 000	28 800	×
纸箱	只	6	3 200	19 200	×	材料采购	4 000	24 000	−400.00	7 200	43 200	×	×	装配铁壳瓶	800	4 800	−240.00	×	×	×
	×	×	×	×	×	×	×	×	×	×	×	×	×	装配塑壳瓶(大)	1 860	11 160	−558.00	×	×	×

原材料、低值易耗品收、发、存汇表(三)

金额单位：元

2011-12

材料名称及规格	计量单位	计划单价	期初结存			本期收入				合计			差异率/%	本期发出				期末结存		
			数量	计划成本	差异	来源(贷记科目)	数量	计划成本	差异	数量	计划成本	差异		用途	数量	计划成本	差异	数量	计划成本	差异
	×	×	×	×	×	×	×	×	×	×	×	×	×	装配塑壳瓶(中)	1 690	10 140	-507.00	×	×	×
	×	×	×	×	×	×	×	×	×	×	×	×	×	装配塑壳瓶(小)	2 021	12 126	-606.30	829	4 974	×
漆	千克	12	4 050	48 600	×	×	×	×	×	4 050	48 600	×	×	制铝壳	2 750	33 000	-1650.00	×	×	×
				-	×	×	×	×	×	×	×	×	×	制铁壳	660	7 920	×	640	7 680	×
稀释剂	千克	10	1 690	16 900	×	×	×	×	×	1 690	16 900	×	×	制铝壳	684	6 840	×	×	×	×
	×	×	×	×	×	×	×	×	×	×	×	×	×	制铁壳	166	1 660	-83.00	840	8 400	×
汽油	升	2	1 140	2 280	×	×	×	×	×	1 140	2 280	×	×	管理部门耗用	710	1 420	-71.00	430	860	×
机油	升	9	250	2 250	×	×	×	×	×	250	2 250	×	×	机修车间耗用	60	540	-27.00	190	1 710	×
螺丝钉	盒	100	7	700	×	×	×	×	×	7	700	×	×	机修车间耗用	2	200	-10.00	5	500	×
一至六类原材料合计	×	×	×	896 360	-9 663.61	×	×	1 081 326.20	-9 086.34	×	1 977 686.20	-12 785.65	×	×	×	1 420 314	-13 646.22	×	557 372.20	860.57
七、低值易耗品	×	×	×	13 800	-444.00	×	×	3 000	-60.00	×	16 800	-504.00	-3.00	×	×	4 120	-123.60	×	12 680	-380.40
压力表	只	500	14	7 000	×	×	×	×	×	14	7 000	×	×	装配车间领用	4	2 000	-60.00	10	5 000	×
电动机	台	250	10	3 000	×	材料采购	12	3 000	-60.00	24	6 000	×	×	机修车间领用	4	1 000	-30.00	20	5 000	×
安全钳	把	10	160	1 600	×	×	×	×	×	160	1 600	×	×	制壳车间领用	30	300	-9.00	130	1 300	×
修边刀	把	8	200	1 600	×	×	×	×	×	200	1 600	×	×	塑料车间领用	65	520	-15.60	135	1 080	×
扳手	把	15	40	600	×	×	×	×	×	40	600	×	×	装配车间领用	20	300	-9.00	20	300	×
总计	×	×	×	910 160	-10 107.61	×	×	1 084 326.20	-9 146.34	×	1 994 486.20	-13 289.65	×	×	×	1 424 434	-13769.82	×	570 052.20	480.17

业务 104

【记账凭证提示】

借：委托加工物资/铝片/广州铝材厂	760.32	
委托加工物资/铝配件/新丰铝制品厂	285.12	
生产成本/基本生产成本/铝壳/主要材料	1 161.60	
贷：材料成本差异/铝材类		2 207.04
借：生产成本/基本生产成本/铁壳瓶/主要材料	1 837.30	
贷：材料成本差异/铝配件		1 837.30
借：生产成本/基本生产成本/铁壳/主要材料	322.56	
贷：材料成本差异/马口铁		322.56
借：生产成本/基本生产成本/塑壳类/主要材料	−7 018.38	
生产成本/基本生产成本/塑配件/主要材料	−5 232.42	
生产成本/基本生产成本/气压式塑配件/主要材料	−8 885.52	
贷：材料成本差异/塑料粒子		−21 136.32
借：生产成本/基本生产成本/气压式铝壳瓶/瓶胆	4 680.00	
生产成本/基本生产成本/铁壳瓶/瓶胆	1 464.00	
生产成本/基本生产成本/塑壳瓶(大)/瓶胆	3 324.00	
生产成本/基本生产成本/塑壳瓶(中)/瓶胆	2 407.20	
生产成本/基本生产成本/塑壳瓶(小)/瓶胆	2 178.00	
贷：材料成本差异/瓶胆类		14 053.20
借：生产成本/基本生产成本/气压式铝壳瓶/辅助材料	−5 114.50	
生产成本/基本生产成本/铁壳瓶/辅助材料	−410.55	
生产成本/基本生产成本/塑壳瓶(大)/辅助材料	−942.50	
生产成本/基本生产成本/塑壳瓶(中)/辅助材料	−856.35	
生产成本/基本生产成本/塑壳瓶(小)/辅助材料	−1 027.10	
生产成本/基本生产成本/铝壳/辅助材料	−1 992.00	
生产成本/基本生产成本/铁壳/辅助材料	−479.00	
管理费用/材料消耗	−71.00	
生产成本/辅助生产成本/低值易耗品及材料消耗	−37.00	
贷：材料成本差异/辅助材料		−10 930.00
借：制造费用/装配车间/低值易耗品及材料消耗	−9.00	
制造费用/制壳车间/低值易耗品及材料消耗	−9.00	
制造费用/塑料车间/低值易耗品及材料消耗	−15.60	
贷：材料成本差异/低值易耗品		−33.60
借：管理费用/存货盘亏	9.30	
贷：材料成本差异/瓶胆		10.80
材料成本差异/辅助材料		−1.50

业务 105

应付职工薪酬汇总额分配计算表

广州市保温瓶有限公司

应付职工薪酬分配计算表

2011 年 12 月

借项			生产工时(小时)	贷项					
				应付职工薪酬汇总				应付职工薪酬分配	
部门	账户	产品、劳务		发放工资	企业承担的各项保险费、经费等	其他薪酬	合计	分配率	分配额
制壳车间	生产成本	铝壳	6 076	×	×	×	×	7.80	47 392.80
		铁壳	1 818	×	×	×	×	7.80	14 180.40
		小计	7 894	41 910.20	19 663.00		61 573.20	7.80	61 573.20
	制造费用			3 596.10	1 692.29		5 288.39	×	×
塑料车间	生产成本	塑壳类	2 412	×	×	×	×	7.60	18 331.20
		塑配件	2 613	×	×	×	×	7.60	19 858.80
		气压塑配件	7 000	×	×	×	×	7.60	53 200.00
		小计	12 025	62 235.20	29 034.80	120.00	91 390.00	7.60	91 390.00
	制造费用		×	4 966.50	2 336.57		7 303.07	×	×
装配车间	生产成本	气压式铝壳瓶	4 260	×	×	×	×	7.00	29 820.00
		铁壳瓶	864	×	×	×	×	7.00	6 048.00
		塑壳瓶(大)	1 100	×	×	×	×	7.00	7 700.00
装配车间	生产成本	塑壳瓶(中)	1 000	×	×	×	×	7.00	7 000.00
		塑壳瓶(小)	1 200	×	×	×	×	7.00	8 400.00
		小计	8 424	40 247.20	18 720.80		58 968.00	7.00	58 968.00
	制造费用			3 278.80	1 542.96		4 821.76	×	×
机修车间	生产成本	机修		10 266.00	4 772.91		15 038.91	×	×
行政部门	管理费用			85 800.00	37 543.00	300.00	123 643.00	×	×
总计				252 300.00	115 306.33	420.00	368 026.33	×	×

【记账凭证提示】

借：生产成本/基本生产成本/铝壳/职工薪酬　47 392.80
　　生产成本/基本生产成本/铁壳/职工薪酬　14 180.40
　　生产成本/基本生产成本/塑壳类/职工薪酬　18 331.20
　　生产成本/基本生产成本/塑配件/职工薪酬　19 858.80
　　生产成本/基本生产成本/气压塑配件/职工薪酬　53 200.00
　　生产成本/基本生产成本/铝壳气压保温瓶/职工薪酬　29 820.00
　　生产成本/基本生产成本/铁壳保温瓶/职工薪酬　6 048.00
　　生产成本/基本生产成本/塑壳瓶(大)/职工薪酬　7 700.00
　　生产成本/基本生产成本/塑壳瓶(中)/职工薪酬　7 000.00
　　生产成本/基本生产成本/塑壳瓶(小)/职工薪酬　8 400.00
　　制造费用/制壳车间/职工薪酬　5 288.39
　　制造费用/塑料车间/职工薪酬　7 303.07
　　制造费用/装配车间/职工薪酬　4 821.76
　　生产成本/辅助生产成本/职工薪酬　15 038.91
　　管理费用/职工薪酬　123 643.00
　　贷：应付职工薪酬/应付工资　252 300.00
　　　　应付职工薪酬/应付福利费　420.00
　　　　应付职工薪酬/应付养老保险费　53 237.92
　　　　应付职工薪酬/应付住房公积金　16 939.34
　　　　应付职工薪酬/应付医疗保险费　29 038.86
　　　　应付职工薪酬/应付失业保险费　4 839.81
　　　　应付职工薪酬/应付工伤保险费　1 209.95
　　　　应付职工薪酬/应付生育保险费　1 209.95
　　　　应付职工薪酬/应付工会经费　5 046.00
　　　　应付职工薪酬/应付职工教育经费　3 784.50

业务 106

辅助生产成本分配表

广州市保温瓶有限公司

辅助生产成本分配表

车间：机修　　2011 年 12 月

受益部门或项目	修理安装工时	分　配　率	分　配　额
制壳车间	322	8	2 576
塑料车间	964	8	7 712
装配车间	145	8	1 160
行政管理部门	468	8	3 744
自建仓库工程	446	8	3 568
合计	2 345	8	18 760

【记账凭证提示】

凭证贷方各明细科目余额通过查询余额表“500102”科目获取。

借：制造费用/制壳车间/修理费　　2 576.00

　　制造费用/塑料车间/修理费　　7 712.00

　　制造费用/装配车间/修理费　　1 160.00

　　管理费用/折旧、修理及财产保险费　　3 744.00

　　在建工程/自建仓库工程　　3 568.00

　　贷：生产成本/辅助生产成本/职工薪酬　　15 038.91

　　　　生产成本/辅助生产成本/折旧费　　982.00

　　　　生产成本/辅助生产成本/财产保险费　　33.06

　　　　生产成本/辅助生产成本/低值易耗品及材料消耗　　1 203.00

　　　　生产成本/辅助生产成本/水电费　　1 503.03

业务 107

各车间制造费用分配表

广州市保温瓶有限公司

制壳车间制造费用分配表

2011 年 12 月

项　　目	定额工时	制造费用	
		分配率	分配额
铝壳	6 076	4.6%	27 949.60
铁壳	1 818	4.6%	8 362.80
合计	7 894	4.6%	36 312.40

广州市保温瓶有限公司

塑料车间制造费用分配表

2011 年 12 月

项　　目	定额工时	制造费用	
		分配率	分配额
塑壳	2 412	4.4%	10 612.80
塑配件	2 613	4.4%	11 497.20
气压塑配件	7 000	4.4%	30 800.00
合计	12 025	4.4%	52 910.00

广州市保温瓶有限公司

装配车间制造费用分配表

2011年12月

项　　目	定额工时	制造费用	
		分　配　率	分　配　额
铝壳气压保温瓶	4 260	1.2%	5 112.00
铁壳保温瓶	864	1.2%	1 036.80
塑壳保温瓶(大)	1 100	1.2%	1 320.00
塑壳保温瓶(中)	1 000	1.2%	1 200.00
塑壳保温瓶(小)	1 200	1.2%	1 440.00
合计	8 424	1.2%	10 108.80

【记账凭证提示】

借：生产成本/基本生产成本/铝壳/制造费用	27 949.60	
生产成本/基本生产成本/铁壳/制造费用	8 362.80	
贷：制造费用/制壳车间/工资及福利费用		5 288.39
制造费用/制壳车间/折旧费		5 311.88
制造费用/制壳车间/修理费		2 576.00
制造费用/制壳车间/财产保险费		292.65
制造费用/制壳车间/低值易耗品及材料消耗		291.00
制造费用/制壳车间/水电费		21 875.88
制造费用/制壳车间/办公费		676.60
借：生产成本/基本生产成本/塑壳/制造费用	10 612.80	
生产成本/基本生产成本/塑配件/制造费用	11 497.20	
生产成本/基本生产成本/气压塑配件/制造费用	30 800.00	
贷：制造费用/塑料车间/工资及福利费用		7 303.07
制造费用/塑料车间/折旧费		11 208.76
制造费用/塑料车间/修理费		17 587.00
制造费用/塑料车间/财产保险费		548.75
制造费用/塑料车间/低值易耗品及材料消耗		504.40
制造费用/塑料车间/水电费		15 646.50
制造费用/塑料车间/办公费		111.52
借：生产成本/基本生产成本/铝壳气压保温瓶/制造费用	5 112.00	
生产成本/基本生产成本/铁壳保温瓶/制造费用	1 036.80	
生产成本/基本生产成本/塑壳保温瓶(大)/制造费用	1 320.00	
生产成本/基本生产成本/塑壳保温瓶(中)/制造费用	1 200.00	
生产成本/基本生产成本/塑壳保温瓶(小)/制造费用	1 440.00	
贷：制造费用/装配车间/工资及福利费用		4 821.76
制造费用/装配车间/折旧费		1 220.40
制造费用/装配车间/修理费		1 160.00
制造费用/装配车间/财产保险费		74.56

制造费用/装配车间/低值易耗品及材料消耗 1 291.00
制造费用/装配车间/水电费 1 503.03
制造费用/装配车间/办公费 38.05

业务 108

本月生产费用各成本项目数据可通过查询余额表“5001”科目或多栏式明细账获取。

铝壳成本计算表

广州市保温瓶有限公司

产品成本计算表

产品：铝壳　　2011 年 12 月　　车间：制壳

项　目	主要材料	辅助材料	职工薪酬	制造费用	定额工时	合　计
月初在产品(定额成本)	10 120.00	1 234.50	1 717.50	916.00	229	13 988.00
本月生产费用	133 161.60	37 848.00	47 392.80	27 949.60	6 076	246 352.00
累计	143 281.60	39 082.50	49 110.30	28 865.60	6 305	260 340.00
月末在产品(定额成本)	11 040.00	1 549.50	2 047.50	1 092.00	273	15 729.00
完工总成本(产量 27 500)	132 241.60	37 533.00	47 062.80	27 773.60	6 032	244 611.00
单位成本	4.81	1.36	1.71	1.01	0.22	8.89

【记账凭证提示】

借：自制半成品/铝壳 244 611.00
　贷：生产成本/基本生产成本/铝壳/主要材料 132 241.60
　　生产成本/基本生产成本/铝壳/辅助材料 37 533.00
　　生产成本/基本生产成本/铝壳/职工薪酬 47 062.80
　　生产成本/基本生产成本/铝壳/制造费用 27 773.60

铁壳成本计算表

广州市保温瓶有限公司

产品成本计算表

产品：铁壳　　2011 年 12 月　　车间：制壳

项　目	主要材料	辅助材料	职工薪酬	制造费用	定额工时	合　计
月初在产品(定额成本)	3 420.00	675.00	1 267.50	676.00	167	6 038.50
本月生产费用	16 450.56	9 101.00	14 180.40	8 362.80	1 818	48 094.76
累计	19 870.56	9 776.00	15 447.90	9 038.80	1 985	54 133.26
月末在产品(定额成本)	3 780.00	825.00	1 417.50	756.00	189	6 778.50
完工总成本(产量 9 000)	16 090.56	8 951.00	14 030.40	8 282.80	1 796	47 354.76
单位成本	1.79	0.99	1.56	0.92	0.20	5.26

【记账凭证提示】

借：自制半成品/铁壳　　47 354.76

　　贷：生产成本/基本生产成本/铁壳/主要材料　　16 090.56

　　　　生产成本/基本生产成本/铁壳/辅助材料　　8 951.00

　　　　生产成本/基本生产成本/铁壳/职工薪酬　　14 030.40

　　　　生产成本/基本生产成本/铁壳/制造费用　　8 282.80

塑壳成本计算表

广州市保温瓶有限公司

塑壳类产品成本计算表

产品：塑壳　　2011 年 12 月　　车间：塑料

项目	产量	系数	标准产量	主要材料	职工薪酬	制造费用	总成本	单位成本
月初在产品	5 310	×	×	10 480.38	1 756.80	979.20	13 216.38	×
本月生产费用	66 690	×	×	135 631.62	18 331.20	10 612.80	164 575.62	×
累计	72 000	×	73 056	146 112.00	20 088.00	11 592.00	177 792.00	×
分配率	×	×	×	2.00	0.279	0.161	×	×
完工产品	66 760	×	67 888	135 776.00	18 626.04	10 748.36	165 150.40	×
其中：大号	24 950	1.16	28 942	57 884.00	6 961.05	4 016.95	68 862.00	2.76
中号	23 910	1.00	23 910	47 820.00	6 670.89	3 849.51	58 340.40	2.44
小号	17 900	0.84	15 036	30 072.00	4 994.10	2 881.90	37 948.00	2.12
月末在产品	5 240	×	5 168	10 336.00	1 461.96	843.64	12 641.60	×

【记账凭证提示】

借：自制半成品/塑壳(大)　　68 862.00

　　自制半成品/塑壳(中)　　58 340.40

　　自制半成品/塑壳(小)　　37 948.00

　　贷：生产成本/基本生产成本/塑壳/主要材料　　135 776.00

　　　　生产成本/基本生产成本/塑壳/职工薪酬　　18 626.04

　　　　生产成本/基本生产成本/塑壳/制造费用　　10 748.36

塑配件成本计算表

广州市保温瓶有限公司

塑配件类产品成本计算表

产品：塑配件　　2011 年 12 月　　车间：塑料

项目	产量	系数	标准产量	主要材料	职工薪酬	制造费用	总成本	单位成本
月初在产品	3 250	×	×	4 902.42	1 001.20	542.80	6 446.42	×
本月生产费用	66 750	×	×	101 117.58	19 858.80	11 497.20	132 473.58	×
累计	70 000	×	70 680	106 020.00	20 860.00	12 040.00	138 920.00	×
分配率	×	×	×	×	0.298	0.172	×	×
完工产品	66 695	×	67 339	101 008.50	19 875.11	11 471.54	132 355.15	×
其中：大号	23 900	1.16	27 724	41 586.00	7 122.20	4 110.80	52 819.00	2.21
中号	22 920	1.00	22 920	34 380.00	6 830.16	3 942.24	45 152.40	1.97
小号	19 875	0.84	16 695	25 042.50	5 922.75	3 418.50	34 383.75	1.73
月末在产品	3 305	×	3 341	5 011.50	984.89	568.46	6 564.85	×

【记账凭证提示】

借：自制半成品/塑配件(大)　　52 819.00

　　自制半成品/塑配件(中)　　45 152.40

　　自制半成品/塑配件(小)　　34 383.75

　　贷：生产成本/基本生产成本/塑配件/主要材料　　101 008.50

　　　　生产成本/基本生产成本/塑配件/职工薪酬　　19 875.11

　　　　生产成本/基本生产成本/塑配件/制造费用　　11 471.54

气压式塑配件成本计算表

广州市保温瓶有限公司

产品成本计算表

产品：气压式塑配件　　2011 年 12 月　　车间：塑料

项目	产量(套)	主要材料	职工薪酬	制造费用	合计
月初在产品	12 000	76 285.52	26 000.00	12 400.00	114 685.52
本月生产费用	28 000	171 714.48	53 200.00	30 800.00	255 714.48
累计	40 000	248 000.00	79 200.00	43 200.00	370 400.00
单位成本	×	6.20	1.98	1.08	9.26
完工总成本	29 000	179 800.00	57 420.00	31 320.00	268 540.00
月末在产品(完工 100%)	11 000	68 200.00	21 780.00	11 880.00	101 860.00

【记账凭证提示】

借：自制半成品/气压式塑配件　　268 540.00

　　贷：生产成本/基本生产成本/气压式塑配件/主要材料　　179 800.00

　　　　生产成本/基本生产成本/气压式塑配件/职工薪酬　　57 420.00

　　　　生产成本/基本生产成本/气压式塑配件/制造费用　　31 320.00

业务 109

自制半成品加权平均单位成本通过查询“项目科目明细账”获取。

平均单位成本/元：

铝壳	8.88	铁壳	5.25	塑壳(大号)	2.75
塑壳(中号)	2.45	塑壳(小号)	2.14	塑配件(大号)	2.20
塑配件(中号)	1.96	塑配件(小号)	1.75	气压式塑配件	9.28

【记账凭证提示】

借：生产成本/基本生产成本/铝壳气压保温瓶/自制半成品　　541 632

　　贷：自制半成品/铝壳　　264 624

　　　　自制半成品/气压式塑配件　　277 008

借：生产成本/基本生产成本/铁壳保温瓶/自制半成品　　50 925

　　贷：自制半成品/铁壳　　50 925

借：生产成本/基本生产成本/塑壳保温瓶(大)/自制半成品　　108 801

　　贷：自制半成品/塑壳(大号)　　60 445

　　　　自制半成品/塑配件(大号)　　48 356

借：生产成本/基本生产成本/塑壳保温瓶(中)/自制半成品　　88 151

　　贷：自制半成品/塑壳(中号)　　48 951

　　　　自制半成品/塑配件(中号)　　39 200

借：生产成本/基本生产成本/塑壳保温瓶(小)/自制半成品　　93 260.80

　　贷：自制半成品/塑壳(小号)　　51 295.80

　　　　自制半成品/塑配件(小号)　　41 965.00

业务 110

期初在产品定额成本、本月生产费用各成本项目数据可通过查询余额表“5001”科目或多栏式明细账获取。

铝壳气压保温瓶成本计算表

广州市保温瓶有限公司

产品成本计算表

产品：铝壳气压保温瓶　　2011 年 12 月　　车间：装配

项　目	自制半成品(铝壳、气压塑配件)	瓶胆	辅助材料	职工薪酬	制造费用	合计
期初在产品(定额成本)	6 950.00	1 500	697.00	0	0	9 147.00
本月生产费用	541 632.00	160 680.00	97 175.50	29 820.00	5 112.00	834 419.50
累计	548 582.00	162 180.00	97 872.50	29 820.00	5 112.00	843 566.50
月末在产品(定额成本)	10 200.00	2 000.00	934.50	0	0	13 134.50
完工总成本(产量：29 650 只)	538 382.00	160 180.00	96 938.00	29 820.00	5 112.00	830 432.00
单位成本	18.16	5.40	3.27	1.01	0.17	28.01

【记账凭证提示】
借：库存商品/铝壳气压保温瓶　　830 432.00
　贷：生产成本/基本生产成本/铝壳气压保温瓶/自制半成品　　538 382.00
　　　生产成本/基本生产成本/铝壳气压保温瓶/瓶胆　　160 180.00
　　　生产成本/基本生产成本/铝壳气压保温瓶/辅助材料　　96 938.00
　　　生产成本/基本生产成本/铝壳气压保温瓶/职工薪酬　　29 820.00
　　　生产成本/基本生产成本/铝壳气压保温瓶/制造费用　　5 112.00

铁壳保温瓶成本计算表

广州市保温瓶有限公司

产品成本计算表

产品：铁壳保温瓶　　2011 年 12 月　　车间：装配

项 目	主要材料(铝配件)	自制半成品(铁壳)	瓶胆	辅助材料	职工薪酬	制造费用	合计
期初在产品(定额成本)	1 178.00	1 560.00	1500.00	100.00	0	0	4 338.00
本月生产费用	38 583.30	50 925.00	50 264.00	7 800.45	6 048.00	1 036.80	154 657.55
累计	39 761.30	52 485.00	51 764.00	7 900.45	6 048.00	1 036.80	158 995.55
月末在产品(定额成本)	1 444.00	2 080.00	1 800.00	151.00	0	0	4 175.00
完工总成本(产量：9 600 只)	38 317.30	50 405.00	49 964.00	7 749.45	6 048.00	1 036.80	153 520.55
单位成本	3.99	5.25	5.20	0.81	0.63	0.11	15.99

【记账凭证提示】
借：库存商品/铁壳保温瓶　　153 520.55
　贷：生产成本/基本生产成本/铁壳保温瓶/主要材料　　38 317.30
　　　生产成本/基本生产成本/铁壳保温瓶/自制半成品　　50 405.00
　　　生产成本/基本生产成本/铁壳保温瓶/瓶胆　　49 964.00
　　　生产成本/基本生产成本/铁壳保温瓶/辅助材料　　7 749.45
　　　生产成本/基本生产成本/铁壳保温瓶/职工薪酬　　6 048.00
　　　生产成本/基本生产成本/铁壳保温瓶/制造费用　　1 036.80

塑壳保温瓶(大号)成本计算表

广州市保温瓶有限公司

产品成本计算表

产品：塑壳保温瓶(大号)　　2011 年 12 月　　车间：装配

项 目	自制半成品(塑壳、塑配件)	瓶胆	辅助材料	职工薪酬	制造费用	合计
期初在产品(定额成本)	478.00	300.00	38.00	0	0	816.00
本月生产费用	108 801.00	114 124.00	17 907.50	7 700.00	1 320.00	249 852.50
累计	109 279.00	114 424.00	17 945.50	7 700.00	1 320.00	250 668.50
月末在产品(定额成本)	380.00	345.00	28.00	0	0	753.00
完工总成本(产量：21 996 只)	108 899.00	114 079.00	17 917.50	7 700.00	1 320.00	249 915.50
单位成本	4.95	5.19	0.81	0.35	0.06	11.36

【记账凭证提示】

借：库存商品/塑壳保温瓶(大号)　249 915.50

　贷：生产成本/基本生产成本/塑壳保温瓶(大号)/自制半成品　108 899.00

　　生产成本/基本生产成本/塑壳保温瓶(大号)/瓶胆　114 079.00

　　生产成本/基本生产成本/塑壳保温瓶(大号)/辅助材料　17 917.50

　　生产成本/基本生产成本/塑壳保温瓶(大号)/职工薪酬　7 700.00

　　生产成本/基本生产成本/塑壳保温瓶(大号)/制造费用　1 320.00

塑壳保温瓶(中号)成本计算表

广州市保温瓶有限公司

产品成本计算表

产品：塑壳保温瓶(中号)　2011 年 12 月　车间：装配

项　目	自制半成品(塑壳、塑配件)	瓶胆	辅助材料	职工薪酬	制造费用	合计
期初在产品(定额成本)	400.00	440.00	34.00	×	×	874.00
本月生产费用	88 151.00	82 647.20	16 270.65	7 000.00	1 200.00	195 268.85
累计	88 551.00	83 087.20	16 304.65	7 000.00	1 200.00	196 142.85
月末在产品(定额成本)	352.00	300.00	21.00	×	×	673.00
完工总成本(产量：19 998 只)	88 199.00	82 787.20	16 283.65	7 000.00	1 200.00	195 469.85
单位成本	4.41	4.14	0.81	0.35	0.06	9.77

【记账凭证提示】

借：库存商品/塑壳保温瓶(中号)　195 469.85

　贷：生产成本/基本生产成本/塑壳保温瓶(中号)/自制半成品　88 199.00

　　生产成本/基本生产成本/塑壳保温瓶(中号)/瓶胆　82 787.20

　　生产成本/基本生产成本/塑壳保温瓶(中号)/辅助材料　16 283.65

　　生产成本/基本生产成本/塑壳保温瓶(中号)/职工薪酬　7 000.00

　　生产成本/基本生产成本/塑壳保温瓶(中号)/制造费用　1 200.00

塑壳保温瓶(小号)成本计算表

广州市保温瓶有限公司

产品成本计算表

产品：塑壳保温瓶(小号)　2011 年 12 月　车间：装配

项　目	自制半成品(塑壳、塑配件)	瓶胆	辅助材料	职工薪酬	制造费用	合计
期初在产品(定额成本)	288.00	150.00	12.00	0	0	450.00
本月生产费用	93 260.80	74 778.00	19 514.90	8 400.00	1 440.00	197 393.70
累计	93 548.80	74 928.00	19 526.90	8 400.00	1 440.00	197 843.70
月末在产品(定额成本)	192.00	150.00	28.00	0	0	370.00
完工总成本(产量：24 000 只)	93 356.80	74 778.00	19 498.90	8 400.00	1 440.00	197 473.70
单位成本	3.89	3.12	0.81	0.35	0.06	8.23

【记账凭证提示】

借：库存商品/塑壳保温瓶(小号)　　197 473.70

贷：生产成本/基本生产成本/塑壳保温瓶(小号)/自制半成品　　93 356.80

生产成本/基本生产成本/塑壳保温瓶(小号)/瓶胆　　74 778.00

生产成本/基本生产成本/塑壳保温瓶(小号)/辅助材料　　19 498.90

生产成本/基本生产成本/塑壳保温瓶(小号)/职工薪酬　　8 400.00

生产成本/基本生产成本/塑壳保温瓶(小号)/制造费用　　1 440.00

业务 111

产成品收、发、存月报表

产成品收、发、存月报表

2011年12月

产品名称	计量单位	期初余额			本期完工			本期销售			期末余额		
		数量	单价	金额	数量	单价	金额	数量	单价	金额	数量	单价	金额
铝壳气压保温瓶	只	28 490	28.40	809 116.00	29 650	28.01	830 432.00	41 000*	28.20	1 156 200.00	17 140	28.20	483 348.00
								60*	28.20	1 692.00	17 080	28.20	481 656.00
铁壳保温瓶	只	11 189	16.10	180 142.90	9 600	15.99	153 520.55	10 200	16.05	163 710.00	10 589	16.05	169 953.45
塑壳保温瓶（大）	只	27 214	11.25	306 157.50	21 996	11.36	249 915.50	25 400	11.30	287 020.00	23 810	11.30	269 053.00
塑壳保温瓶（中）	只	21 275	9.63	204 878.25	19 998	9.77	195 469.85	25 200	9.70	244 440.00	16 073	9.70	155 908.10
塑壳保温瓶（小）	只	26 315	8.27	217 625.05	24 000	8.23	197 473.70	27 000	8.25	222 750.00	23 315	8.25	192 348.75
合计	×	×	×	1 717 919.70	×	×	1 626 811.60	×	×	2 075 812.00	×	×	1 752 267.30

*：41 000为销售数量，60为捐赠数量。

【记账凭证提示】

借：主营业务成本　　2 074 120

　　贷：库存商品/铝壳气压保温瓶　　1 156 200

　　　　库存商品/铁壳保温瓶　　163 710

　　　　库存商品/塑壳保温瓶(大)　　287 020

　　　　库存商品/塑壳保温瓶(中)　　244 440

　　　　库存商品/塑壳保温瓶(小)　　222 750

业务 112

【记账凭证提示】

借：营业外支出　　2 084.70

　　贷：库存商品/铝壳气压保温瓶　　1 692.00

　　　　应交税费/应交增值税/销项税额　　357.00

　　　　应交税费/应交城建税　　24.99

　　　　应交税费/应交教育税附加　　10.71

借：营业外支出　　50 000.00

　　贷：银行存款/工商银行/工行人民币户　　50 000.00

贷方流量凭证：支付与其他投资活动有关的现金 50 000 元。

业务 113

产品销售税金及附加计算表

广州市保温瓶有限公司

产品销售税金及附加计算表

2011 年 12 月

项　目		金　额
当期内销产品销售额	①	2 293 200.00
内销产品销项税	②=①×17%	389 844.00
进项税额	③	163 374.17
进项税转出	④	27 816.58
应纳增值税额	⑤=②－③＋④	254 286.41
应纳城建税额	⑥=⑤×7%	17 800.05
应交教育费附加	⑦=⑤×3%	7 628.59

【记账凭证提示】

借：营业税金及附加　　25 428.64

　　贷：应交税费/应交城建税　　17 800.05

　　　　应交税费/应交教育费附加　　7 628.59

业务 114

通过查询科目账/余额表中的“应交税费/应交增值税(222101)”科目，获取下列明细账数据。

销项税额：390 201.00

进项税额：163 374.17

进项税转出：27 816.58

应交税费/应交增值税(222101)：254 643.41

【记账凭证提示】

借：应交税费/应交增值税/转出未交增值税　　254 643.41

　　贷：应交税费/未交增值税　　254 643.41

借：应交税费/应交增值税/销项税额　　390 201.00

　　应交税费/应交增值税/出口退税　　31 293.64

　　应交税费/应交增值税/进项税转出　　27 816.58

　　贷：应交税费/应交增值税/进项税额　　163 374.17

　　　　应交税费/应交增值税/出口抵减内销产品应纳税额　　31 293.64

　　　　应交税费/应交增值税/转出未交增值税　　254 643.41

业务 115

【记账凭证提示】

借：预收账款/泰山证券公司　　60 000

　　贷：其他业务收入　　60 000

业务 116

营业税金计算表

广州市保温瓶有限公司

营业税金计算表

2011 年 12 月

项　　目		金　　额
应税基数	①	60 000
应交营业税	②=①×5%	3 000
应纳城建税额	③=②×7%	210
应交教育费附加	④=②×3%	90

【记账凭证提示】

借：其他业务成本　　3 300

　　贷：应交税费/应交营业税　　3 000

　　　　应交税费/应交城建税　　210

　　　　其他应交款/应交教育费附加　　90

业务 117

【记账凭证提示】

借：管理费用/办公费及其他　　3 406.80

　　其他业务成本　　7 200.00

　　贷：应交税费/应交房产税　　9 106.80

　　　　应交税费/应交土地使用税　　1 500.00

业务 118

【记账凭证提示】

借：应收账款/应收外币/新中贸易　　33.60

　　应收账款/应收外币/金狮贸易　　86.40

　　财务费用　　−120.00

业务 119

【计算提示】

坏账准备/应收账款为 281 392.76 元［(666 900−375 966)+85 098.54 −94 639.78］

坏账准备/其他应收款为−115.40 元(73.60−189.00)

【记账凭证提示】

借：资产减值损失　　281 277.36

　　贷：坏账准备/应收账款　　281 392.76

　　　　坏账准备/其他应收账款　　−115.40

业务 120

【记账凭证提示】

借：资产减值损失　　62 300

　　贷：固定资产减值准备　　62 300

业务 121

【计算提示】

根据《企业会计准则》的相关规定，投资企业在确认投资收益时，应当以取得投资时被投资单位各项可辨认资产的公允价值为基础，对被投资单位净利润进行调整后加以确定。

调整后的信谊百货公司净利润为 575 787.31 元(576 764.27−34 193.60/35)；调整后确认的当期投资收益为 259 104.29 元(575 787.31×45%)，同时增加长期股权投资账面价值。

对高庄铝制品厂发生的亏损应按出资比例冲减长期股权投资账面价值，并确认投资损失。

【记账凭证提示】

借：长期股权投资/信谊百货公司/损益调整　　259 104.29

　　贷：长期股权投资/高庄铝制品厂/损益调整　　19 800.00

　　　　投资收益　　239 304.29

业务 122

【记账凭证提示】

公允价值变动损益为 1 652 812.22− (1 881 947.22−501 500+206 600)=65 765 元

借：交易性金融资产/债券投资/国库券/公允价值变动　　65 765.00

　　贷：公允价值变动损益　　65 765.00

业务 123

【计算提示】

本月将进行的所得税纳税调整应注意的事项如下所示。

(1)会计利润与税法纳税所得口径不一致的调整。① 直接向受赠人捐赠，不能在计算纳税所得时扣除。纳税所得应调增 52 084.70 元。② 税收滞纳金不能在税前列支，纳税所得应调增 60 元。③ 超过标准开支的业务招待费不能在计算应纳税所得额时扣除，纳税所得应调增 10 127.96 元。该公司全年实际开支业务招待费 108 814.40 元。根据相关规定，按其全年销售额 22 895 480 元计算，可在税前列支的业务招待费为 98 686.44 元(15 000 000×0.005+7 895 480×0.003)。超支业务招待费为10 127.96 元。④ 采用权益法核算股权投资。根据信谊公司税后利润确认的投资收益，因为投资方与被投资方所得税税率相同，无需重复纳税，因此，在计算纳税所得时应作调减。根据高庄铝制品厂亏损确认的投资损失也不能冲减投资方的纳税所得，应作调增。上述两项因素抵轧后纳税所得应调减 239 304.29 元(259 104.29−19 800)。

本年度实际发放工资薪酬总额 3 005 028.70 元，未超过 3 155 000 元，不需要纳税调整。

根据上述事项，共调减纳税所得 177 031.63 元。

(2)资产、负债的账面价值与计税基础存在暂时性差异的调整(见暂时性差异分析计算表)

本月纳税所得应为 284 050.73 元［183 641.94－前述四项的纳税调整合计数 177 031.63－本期应纳税暂时性差异 65 765+本期可抵减暂时性差异 428 555.12－前期累计可抵减暂时性差异 85 349.70(28 165.40/33%)］。

【记账凭证提示】

应交所得税为 93 736.74 元(284 053.73×33%)，即本月所得税费用为 93 736.74 元。

借：所得税费用　　93 736.74

　　贷：应交税费/应交所得税　　93 736.74

本月递延所得税费用为-91 555.34 元，为本期递延所得税负债的增加 21 702.45 元与本期递延所得税资产的增加 113 257.79 元之差额。

借：递延所得税资产　　113 257.79

　　所得税费用　　-91 555.34

　　贷：递延所得税负债　　21 702.45

暂时性差异分析计算表

序号	调整项目	资产或负债账面价值	资产或负债计税基础	暂时性差异		递延所得税资产	递延所得税负债
				可抵减	应纳税		
1	交易性金融资产(公允价值计量)	1 652 812.22	1 587 047.22		65 765.00		21 702.45
2	长期股权投资(权益法核算)	6 477 304.29	4 270 000.00①		2 207 304.69		0②
3	应收款项(计提坏账准备)	1 594 097.86	1 960 352.98③	366 255.12		120 864.19	
4	固定资产(计提资产减价值准备)	4 632 319.40	4 570 019.40	62 300.00		20 559.00	
本期末影响纳税的暂时性差异				428 555.12	65 765.00	—	—
本期末递延所得税资产(负债)				—	—	141 423.19	21 702.45
本期初递延所得税资产(负债)				—	—	28 165.40	0
本期递延所得税资产(负债)增减(减少用“－”表示)				—	—	113 257.79	21 702.45

注：①长期股权投资的计税基础为其账面价值扣除其损益调整明细账余额后的金额。

②虽然对信谊百货公司、高庄铝制品厂的投资收益(损失)均形成应纳税暂时性差异，但因税率差为零，故不形成递延所得税负债。

③应收账款和其他应收款的计税基础为 1 960 352.98 元，即为年末应收账款和其他应收款之和(1 967 724+2 480)与税法规定可税前扣除的坏账准备的累计数(1 967 724+2 480)×0.05 之差。

业务 125

全年税后利润可通过查询“利润表”或“余额表”本年利润科目获取。全年税后利润为 1 031 000 元。

【记账凭证提示】

借：利润分配/提取法定盈余公积　　103 100

　　利润分配/提取任意盈余公积　　103 100

　　利润分配/应付现金股利　　500 000

　　贷：盈余公积/法定盈余公积　　103 100

盈余公积/任意盈余公积　　103 100
应付股利/立信股份有限公司　　400 000
应付股利/广州瓶胆总厂　　100 000

业务 126

利润分配各明细账户余额可通过查询“余额表”获取。

【记账凭证提示】

借：本年利润　　1 031 000
　贷：利润分配/未分配利润　　1 031 000
借：利润分配/未分配利润　　706 200
　贷：利润分配/提取法定盈余公积　　103 100
　　利润分配/提取任意盈余公积　　103 100
　　利润分配/应付现金股利　　500 000

3. 银行存款余额调节表参考数据

银行存款余额调节表(工行人民币户)

单位日记账项目	单位日记账余额	银行对账单项目	银行对账单余额
调整前余额	1 034 471.93	调整前余额	1 134 471.93
加：银行已收，企业未收	50 000.00	加：企业已收，银行未收	—
减：银行已付，企业未付	33 000.00	减：企业已付，银行未付	83 000.00
调整后余额	1 051 471.93	调整后余额	1 051 471.93

4. 会计报表参考数据

(1) 12 月份资产负债表参考数据。

资 产 负 债 表

会企 01 表

编制单位：广州保温瓶有限公司　　2011 年 12 月 31 日　　单位：元

资　产	行次	年初数	期末数	负债和所有者权益(或股东权益)	行次	年初数	期末数
流动资产：				流动负债：			
货币资金	1	555 907.67	1 880 686.71	短期借款	34	2 500 000.00	2 600 000.00
交易性金融资产	2	1 881 947.22	1 652 812.22	交易性金融负债	35		
应收票据	3	1 774 400.00	1 810 328.00	应付票据	36	1 347 760.80	1 797 309.60
应收股利	4			应付账款	37	272 752.40	219 236.80
应收利息	5			预收账款	38	60 000.00	180 000.00
应收账款	6	1 066 440.22	1 591 691.46	应付职工薪酬	39	8 381.84	11 816.34

续表

资　产	行次	年初数	期末数	负债和所有者权益(或股东权益)	行次	年初数	期末数
其他应收款	7	4 291.00	2 406.40	应交税费	40	270 961.80	389 130.29
预付账款	8	3 040.67	15 675.33	应付利息	41	57 178.34	
存货	9	3 194 712.42	2 349 079.81	应付股利	42		500 000.00
一年内到期的非流动资产	10			其他应付款	43		12 563.63
其他流动资产	11			一年内到期的非流动负债	44		
				其他流动负债	45		
流动资产合计	12	8 480 739.20	9 302 679.93	流动负债合计	46	4 517 035.18	5 710 056.66
非流动资产：				非流动负债：			
可供出售金融资产	13			长期借款	47	1 000 000.00	1 000 000.00
持有至到期投资	14	600 000.00		应付债券	48		
投资性房地产	15			长期应付款	49		
长期股权投资	16	6 238 000.00	6 477 304.29	专项应付款	50		
长期应收款	17			预计负债	51		
固定资产	18	6 029 755.00	6 620 430.00	递延所得税负债	52		21 702.45
减：累计折旧	19	1 795 430.00	1 749 610.60	其他非流动负债	53		
固定资产净值	20	4 234 325.00	4 870 819.40	非流动负债合计	54	1 000 000.00	1 021 702.45
减：固定资产减值准备	21		62 300.00	负债合计	55	5 517 035.18	6 731 759.11
固定资产净额	22	4 234 325.00	4 808 519.40				
生产性生物资产	23			所有者权益(或股东权益)：			
工程物资	24		2 667.60	实收资本(或股本)	56	12 500 000.00	12 500 000.00

续表

资　产	行次	年初数	期末数	负债和所有者权益(或股东权益)	行次	年初数	期末数
在建工程	25	585 339.10	333 158.76	资本公积	57	200 000.00	200 000.00
固定资产清理	26			减：库存股	58		
无形资产	27	216 000.00	213 000.00	盈余公积	59	1 036 224.00	1 242 424.00
商誉	28			未分配利润	60	1 129 309.52	604 570.06
长期待摊费用	29			所有者权益(或股东权益)合计	61	14 865 533.52	14 546 994.06
递延所得税资产	30	28 165.40	141 423.19				
其他非流动资产	31						
非流动资产合计	32	11 901 829.50	11 976 073.24				
资产总计	33	20 382 568.70	21 278 753.17	负债和所有者权益(或股东权益)总计	62	20 382 568.70	21 278 753.17

(2) 12 月份的利润表参考数据。

利　润　表

会企 02 表

编制单位：广州保温瓶有限公司　　　　2011 年 12 月　　　　单位：元

项　　目	行数	本 月 数	本年累计数
一、营业收入	1	2 700 907.20	25 660 919.71
减：营业成本	2	2 114 059.94	19 860 854.26
营业税金及附加	3	25 428.64	292 092.51
销售费用	4	109 140.00	1 162 320.00
管理费用	5	206 136.69	2 678 863.40
财务费用(收益以“－”填列)	6	17 424.37	281 708.74
资产减值损失	7	343 577.36	343 577.36
加：公允价值变动净收益(净损失以“－”填列)	8	65 765.00	65 765.00
投资收益(净损失以“－”填列)	9	289 633.52	396 349.22
其中对联营企业与合营企业的投资收益	10		
二、营业利润(亏损以“－”填列)	11	240 538.72	1 503 617.66
加：营业外收入	12	15 000.00	19 890.40

续表

项　　目	行数	本 月 数	本年累计数
减：营业外支出	13	71 896.78	71 896.78
其中：非流动资产处置净损失(净收益以“－”填列)	14		
三、利润总额(亏损总额以“－”填列)	15	183 641.94	1 451 611.28
减：所得税	16	2 181.40	420 611.28
四、净利润(净亏损以“－”填列)	17	181 460.54	1 031 000.00
五、每股收益			
基本每股收益			
稀释每股收益			

实训项目二

金蝶 KIS 标准版财务应用

第一部分　实训准备

2.1　实习企业概况

2.1.1　注册资金、企业类型与经营范围

企业名称：金源国际科技股份有限公司

地　　址：北京市高新技术产业区金源路 188 号

联系电话：010-62567890

法定代表人：李辉(董事长)

注册资金：贰仟柒佰万元整，由 5 个投资人共同投资

企业类型：股份有限公司

行业性质：新会计准则

经营范围：生产、销售高科技电子产品，包括电子保健器、家用机器人、人造自然(机器人系列)、清气机(正在研发中)。其中大部分销售业务为内销，有小部分产品自营出口销往东南亚国家

纳税人登记号：0102255895415069(一般纳税人)

企业代码：410203829

该公司银行开户及证券公司开户情况如下所述。

基本存款账户：工商银行北京高新技术开发区办事处　　账号 955-03018640

外币存款账户：中国银行北京高新技术开发区办事处　　账号 955-06831188

证券资金账户：北京万利通证券公司　　账号 013-16688662

2.1.2 企业内部组织机构及人员分布

金源国际科技股份有限公司内部组织机构分布如下所示。

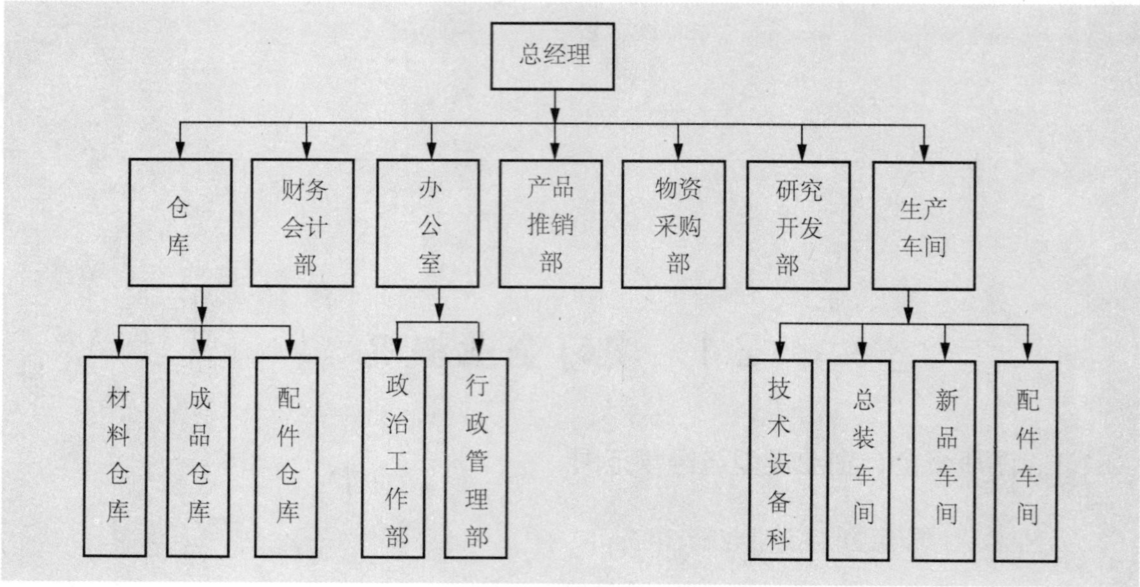

金源国际科技股份有限公司人员分布表

职员姓名	所属部门名称	职员类别	职务	性别	出生日期	学历
李有金	政治工作部	管理人员	总经办领导	男	1958-07-13	大专
陈兰花	成品仓库	仓管人员	高级白领	女	1976-05-13	大学
李辉	行政管理部	管理人员	总经办领导	男	1956-04-13	大学
杨小明	行政管理部	管理人员	董事会领导	男	1962-08-13	大专
王红卉	材料仓库	仓管人员	一般白领	女	1978-07-13	中专
李健明	财务会计部	管理人员	部门主管	男	1966-08-13	硕士
朱谨严	财务会计部	管理人员	高级白领	男	1962-09-15	大学
刘玉香	财务会计部	管理人员	高级白领	女	1970-04-16	大专
谭国英	财务会计部	管理人员	一般白领	女	1972-07-13	大学
董为民	财务会计部	管理人员	一般白领	男	1968-09-06	大专
孔丽英	财务会计部	管理人员	一般白领	女	1978-07-13	中专
何建国	产品推销部	推销人员	部门主管	男	1958-06-13	大专
杨长江	产品推销部	推销人员	高级白领	男	1969-07-13	大学
张山男	产品推销部	推销人员	一般白领	男	1974-09-26	大学
吴冬雪	产品推销部	推销人员	一般白领	女	1974-09-28	大学
庄严明	物资采购部	管理人员	部门主管	男	1976-01-20	大学
李小娟	配件仓库	仓管人员	一般白领	女	1969-04-13	大学
范国良	技术设备科	管理人员	部门主管	男	1962-07-15	硕士

续表

职员姓名	所属部门名称	职员类别	职务	性别	出生日期	学历
毛明心	技术设备科	机修人员	高级白领	男	1965-11-21	硕士
张海东	技术设备科	机修人员	一般白领	男	1965-08-13	大学
张远东	研究开发部	管理人员	部门主管	男	1960-08-15	博士
单健田	研究开发部	管理人员	高级白领	男	1969-07-13	博士
殷尚贤	总装车间	总装车间管理	部门主管	男	1960-09-13	大学
孙勇	总装车间	总装车间管理	高级白领	男	1965-02-19	大学
舒展	总装车间	总装车间管理	一般白领	女	1968-07-13	中专
余兰	总装车间	服务人员	一般白领	女	1962-01-13	大学
欧阳金	总装车间	保健器工人	一级技工	男	1964-02-13	大专
叶青林	总装车间	保健器工人	一般工人	男	1968-05-13	中专
邓彪	总装车间	保健器工人	一级技工	男	1975-07-13	大学
邱荷香	总装车间	保健器工人	一般工人	女	1974-09-10	中专
吕超霸	新品车间	机器人工人	一级技工	男	1966-05-10	大专
何以心	新品车间	机器人工人	一级技工	女	1968-09-13	大专
何菜花	新品车间	机器人工人	一般工人	女	1979-01-13	技校
张茗	新品车间	机器人工人	一般工人	女	1978-05-13	技校
林知足	新品车间	新品车间管理	部门主管	男	1960-12-19	大学
董秀丽	新品车间	新品车间管理	高级白领	女	1968-02-12	大学
徐新生	新品车间	新品车间管理	一般白领	男	1962-05-13	大专
胡南山	新品车间	服务人员	一般白领	男	1960-01-12	大学
黎正南	新品车间	人造自然工人	一级技工	男	1961-04-10	大专
钟爱江	新品车间	人造自然工人	一级技工	女	1962-07-13	中专
曾吝情	新品车间	人造自然工人	一般工人	女	1973-07-13	技校
温理清	新品车间	人造自然工人	一般工人	女	1979-07-13	技校
沈屈才	新品车间	清气机工人	一般技工	男	1976-02-05	技校
马赐福	新品车间	清气机工人	一般技工	男	1969-02-06	中专
王参政	配件车间	配车间管理	部门主管	男	1958-09-04	大专
程精惠	配件车间	配车间管理	一般白领	女	1972-01-03	大学
姚惠敏	配件车间	服务人员	一般白领	女	1959-07-14	高中
庄可塑	配件车间	配件工人	一级技工	男	1962-01-06	大学
钟苁	配件车间	配件工人	一级技工	女	1968-08-14	大专
蒙国柱	配件车间	配件工人	一般工人	男	1971-02-14	高中
来富文	配件车间	配件工人	一般工人	男	1968-02-14	高中
王霞	配件车间	配件工人	一般工人	女	1974-01-19	技校

2.1.3 生产工艺流程

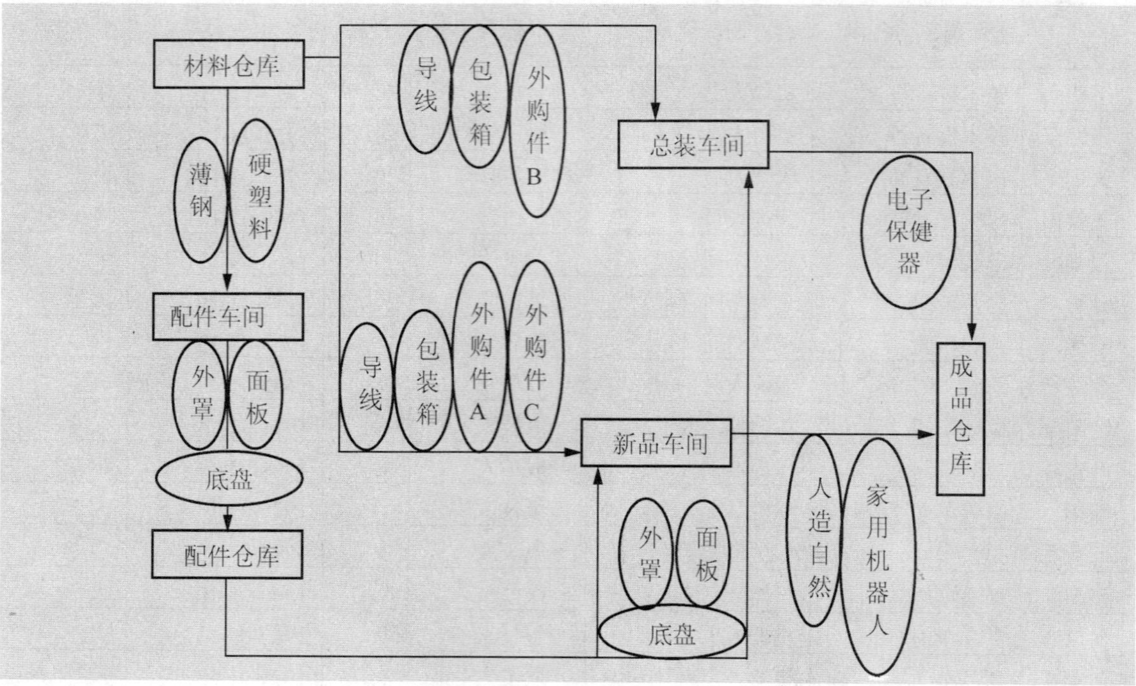

2.2 企业会计政策与内部会计核算办法

2.2.1 财务会计部内部分工

序号	姓名	组别	权限	权限范围
1	Manager	管理员组	系统管理员	所有用户组
2	李健明	总账组	总账系统	所有用户组
3	朱谨严	总账组	财务分析	所有用户组
4	刘玉香	资金组	出纳系统	所有用户组
5	谭国英	工资组	工资系统	本人
6	董为民	资产管理组	固定资产系统、凭证查询	本人
7	孔丽英	总账组	报表管理	本人

2.2.2 外币业务核算方法

(1) 外币业务按发生当日的市场汇率折合记账。

(2) 外币账户余额按月末市场汇率进行调整。

2.2.3　固定资产核算方法

序号	类别	预计使用年限	残值率	主要折旧方法	备注
1	房屋建筑物	30 年	5%	平均年限法	更新较快的设备可以考虑采用加速折旧法
2	生产设备	10 年	5%	平均年限法	
3	管理用具	5 年	0%	平均年限法	
4	运输工具	10 年	5%	工作量法	

2.2.4　水费、电费的分配方法

序号	部门	比例
1	行政管理部	15%
2	总装车间	25%
3	新品车间	25%
4	配件车间	35%

2.2.5　辅助生产费用的归集与分配方法

发生的全部辅助生产费用直接计入“制造费用/辅助费用”账户，然后再按总装车间、新品车间、配件车间实际的修理工时比例进行分配。

2.2.6　在产品计价方法

总装车间、新品车间月末在产品成本只计材料费不计工费，按所耗材料的定额成本计价。

2.2.7　存货核算方法

存货采用实际成本计价、采用先进先出法进行日常核算。产品销售成本月末一次进行结转。

2.2.8　成本项目设置

生产成本项目包括直接材料、直接人工、制造费用。本公司正在进行一项新产品(清气机)开发，其所发生的费用计入“生产成本/机器人/制造费用”。

2.2.9 工资核算方法

职员类别	应发工资费用科目	
	费用科目代码	费用科目名称
管理人员	660205	管理费用/职工薪酬
服务人员	660205	管理费用/职工薪酬
推销人员	6601	销售费用
机修人员	510104	制造费用/辅助费用
保健器工人	50010102	生产成本/保健器/直接人工/(成本中心)/保健器总装组
机器人工人	50010202	生产成本/机器人/直接人工
清气机工人	50010203	生产成本/机器人/制造费用
人造自然工人	50010302	生产成本/人造自然/直接人工
配件工人	50010402	生产成本/配件生产/直接人工
总装车间管理	510101	制造费用/总装车间
新品车间管理	510102	制造费用/新品车间
配件车间管理	510103	制造费用/配件车间
仓库管理人员	660205	管理费用/职工薪酬

职工工资于当月月底核算完成，次月10 日由银行代为发放。工商银行北京高新技术开发区办事处，账号：955-03018640。

2.2.10 凭证类别与结算方式

1. 凭证类别

序号	凭证字	对应套打类型	限制类型	限制科目
1	收	收款凭证	借方必有	1001 1002
2	付	付款凭证	贷方必有	1001 1002
3	转	转账凭证	借和贷必无	1001 1002
4	记	其他凭证		

2. 结算方式

结算方式包括现金支票、转账支票、银行汇票、汇兑、委托收款、委托付款、信用证。

2.2.11 低值易耗品摊销方法

低值易耗品采用五五摊销法。

2.2.12 坏账核算方法

采用备抵法核算坏账，按应收账款余额的 5%在 6 月 30 日和 12 月 31 日计算提取坏账准备。

2.3　实习目的及实习组织

2.3.1　实习选用软件

本次实习建议选用金蝶 KIS 标准版 V8.0 及以上版本，所有操作均在终端机上完成。

2.3.2　实习目的

通过本次实习，让学生能比较系统、全面地掌握工业企业会计核算的基本程序和具体方法，有利于加强学生对会计基本理论的理解、基本方法的运用和基本技能的训练，将专业理论与会计实务操作紧密结合。通过本次实习，让学生熟悉财务软件的操作流程，掌握财务软件的基本功能，熟练掌握各功能模块的操作使用，为将来从事会计电算化工作打下扎实的基础。

2.3.3　实习组织

(1) 本实习可与手工会计综合实习同步进行(一周手工实习，接着进行一周电算化实习)，或者将电算化实习安排在手工会计综合实习之后。

(2) 本次实习预计需要 30 个课时左右，即 1 周时间。

(3) 按 25 名学生配备一名指导实习的专职教师的标准，组织和指导学生实习的全过程，并对学生实习的全过程进行考核。

(4) 本实习可以单独一人完成全部内容，也可分小组进行，2～4 人一组，共同完成所有操作内容。

第二部分 实训实施

2.4 金蝶软件操作流程

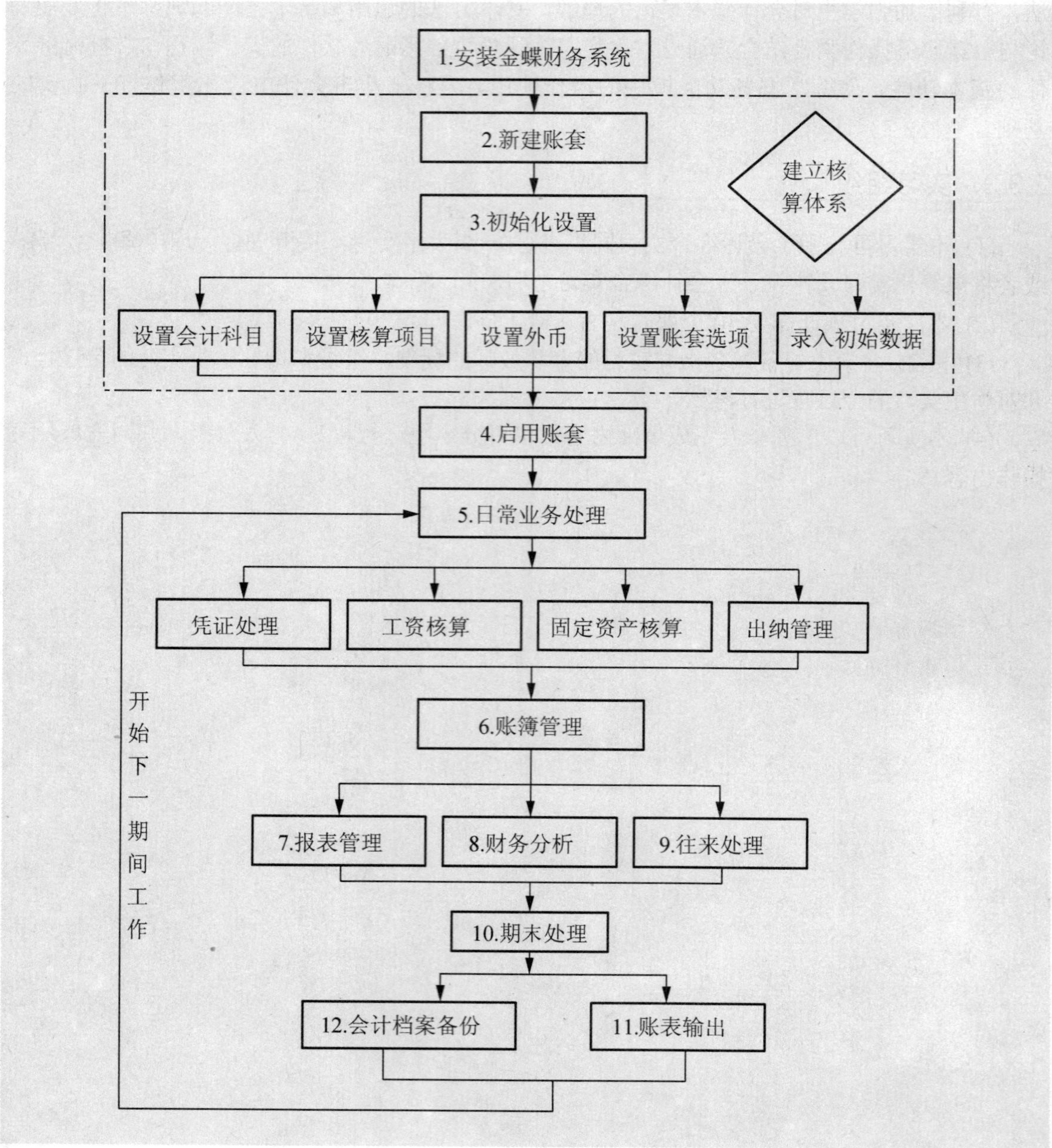

2.5　建立核算体系

2.5.1　建立账套

基本参数如下所示。

账套文件名：JYKJ

账套名称：金源国际科技股份有限公司

记账本位币：人民币

企业性质：新会计准则

科目级别：4-2-2-2

会计期间：自然月份

启用时间：2011 年 3 月 1 日

操作提示

账套用来存放会计业务数据资料，包含会计科目、凭证、账簿、报表等内容。所有工作都需要打开账套后才能进行。一般来说，一个账套只能做一个会计主体(公司)的业务，金蝶软件对账套的数量没有限制。因此，一套金蝶 KIS 系统可以处理多个会计主体的账务。

第一步，系统登录。

用户要使用金蝶软件处理业务，必须先登录系统。系统验证用户身份合法后，用户才能启用金蝶 KIS。系统登录的具体步骤如下所示。

(1) 双击桌面上的“金蝶 KIS 标准版”快捷图标，如图 2.1 所示；或者单击【开始】|【所有程序】|【金蝶 KIS】|【金蝶 KIS 标准版】，如图 2.2 所示。

图 2.1　“金蝶 KIS”快捷图标

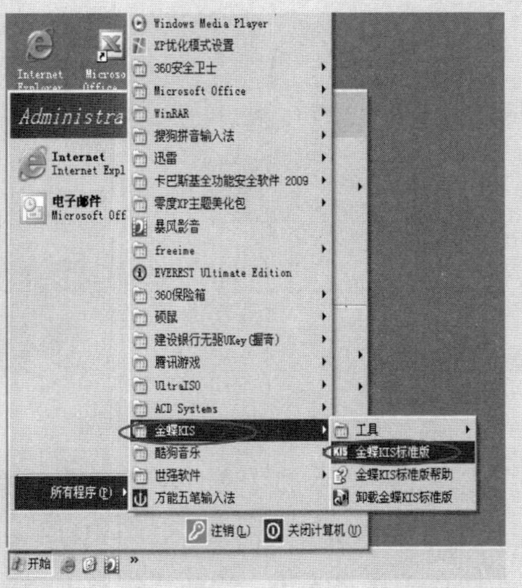

图 2.2　程序组图标

(2) 单击【取消】按钮，系统会弹出“系统登录”界面，如图 2.3 所示。

图 2.3　系统登录

(3) 单击【确定】按钮，系统进入“会计之家”窗口，如图 2. 4 所示。

图 2.4　会计之家

第二步，新建账套。

(1) 单击图 2.4 所示的【文件】菜单下【新建账套】命令，系统会自动弹出“新建账套”窗口。在“文件名”对话框中输入“JYKJ”，如图 2.5 所示。

(2) 文件存放目录不变，单击【保存】按钮，系统弹出“建账向导”窗口，单击【下一步】按钮系统弹出如图 2.6 所示窗口，在对话框中输入“金源国际科技股份有限公司”。

图 2.5　新建账套

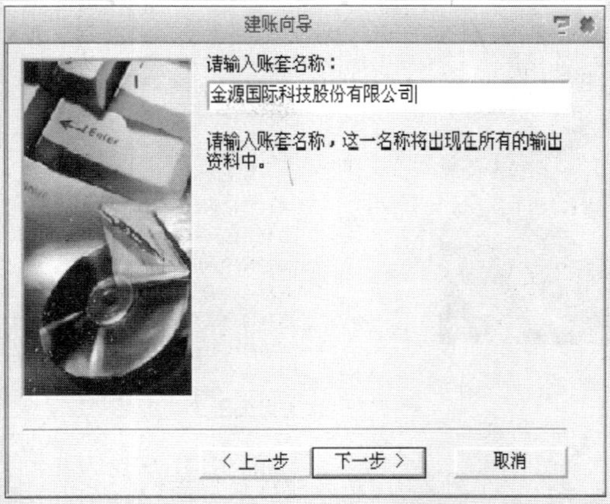

图 2.6　输入账套名称

知识提示

账套名称与账套文件名是两个不同的概念。账套名称一般是使用该账套的公司或单位名称，用于标识该账套所属的会计主体。账套名称将在输出凭证、账簿、报表等业务资料中出现，在此要输入单位全称。账套文件名是账套在计算机中的名字。

(3) 单击【下一步】按钮，则需要选择公司所属的行业，系统可为该账套所属行业预置会计科目，如果想自己手工增加会计科目，可选择“不建立预设科目表”。在这里选择“新会计准则”，如图 2.7 所示。

单击“详细资料”按钮可以查看所选行业的预设会计科目代码及名称列表。

(4) 单击【下一步】按钮，则需要各用户根据企业性质自行定义记账本位币，在此采用默认值“人民币”，如图 2.8 所示。

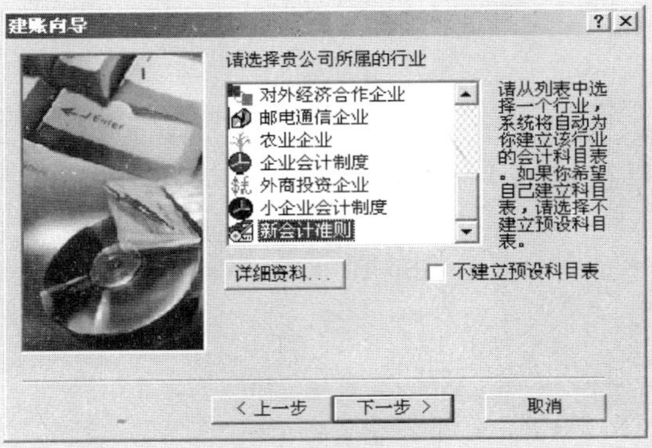

图 2.7　选择公司所属的行业

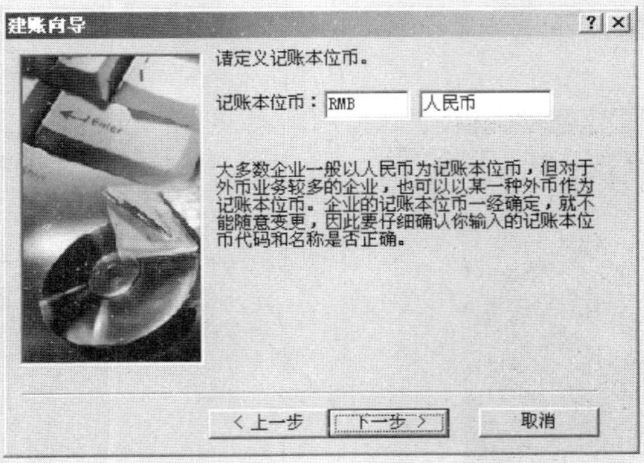

图 2.8　定义账本位币

(5) 单击【下一步】按钮，则需要定义会计科目结构，根据要求进行修改，如图 2.9 所示。

(6) 单击【下一步】按钮，则需要定义会计期间。选择“自然月份”，“会计年度开始日期”为“1 月 1 日”，“账套启用会计期间”为“2011 年 3 期”，如图 2.10 所示。

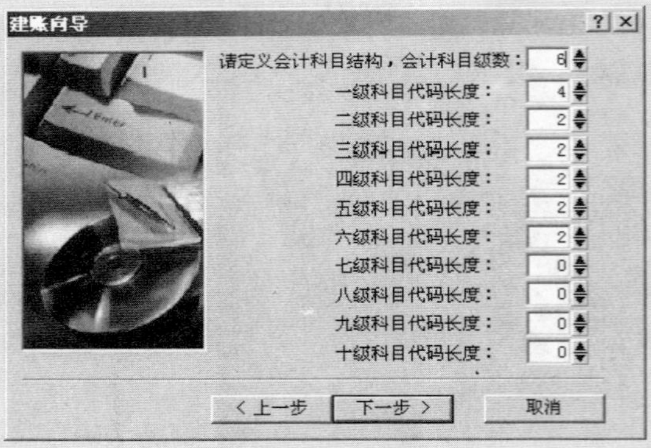

图 2.9　定义会计科目结构

图 2.10　定义会计期间

知识提示

(1) 会计科目的级别以及其长度的确定，应综合考虑以下两方面的因素：一是标准化，必须遵守国家有关的编码标准，如一级会计科目编码财政部已有统一规定，不允许随便更改，以保证全国会计数据的统一；二是可扩充性，会计科目结构中，级数是指代码的最大层级数，代码长度是指代码的位数，如代码结构为 4-2-2，即编码到 3 级，一级科目代码长度为 4 位，二级和三级代码长度为 2 位。对于规模大，业务量大、层次复杂且要求高的单位，可增加代码的级数和代码长度，为今后的发展留有余地。一旦新建账套完成，所设定项目均无法再做任何修改，因此要特别注意。

(2) 会计期间界定方式一旦定义好则无法更改。因此，一定要按照实际情况认真选择。

(7) 单击【下一步】按钮，系统会显示完成建账，如图 2.11 所示。

用户若需返回修改设置，可单击【上一步】按钮。单击【完成】按钮结束整个账套的建立工作。

稍等片刻屏幕会自动返回初始化设置状态，则同时弹出“日积月累”窗口。如图 2.12 所示。窗口中显示的是金蝶 KIS 的操作知识，用户可以单击【下一条】按钮进行切换，单击【关闭】按钮退出。

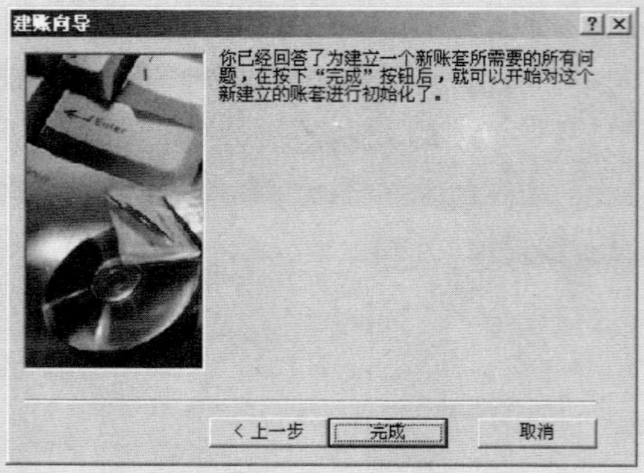

图 2.11　完成建账

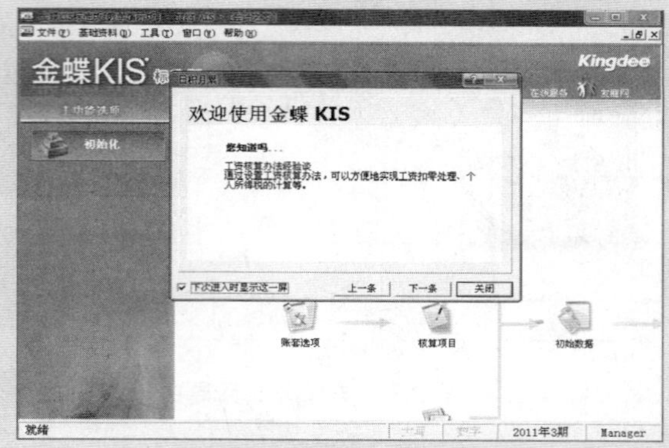

图 2.12　日积月累

2.5.2　设置初始化信息

1. 设置核算币别

货币代码	货币名称	汇率(记账汇率)	折算方法
RMB	人民币	(本位币)	乘法
USD	美元	6.58	乘法

操作提示

第一步，增加币别。

单击“初始设置”窗口中的“币别”，系统弹出“币别”管理窗口，如图2.13所示。窗口中第一行是记账本位币，只能修改货币名称，货币的代码则不允许修改。

第二步，填入币别信息。

单击【增加】按钮，弹出“币别”新增窗口，如图2.14所示。

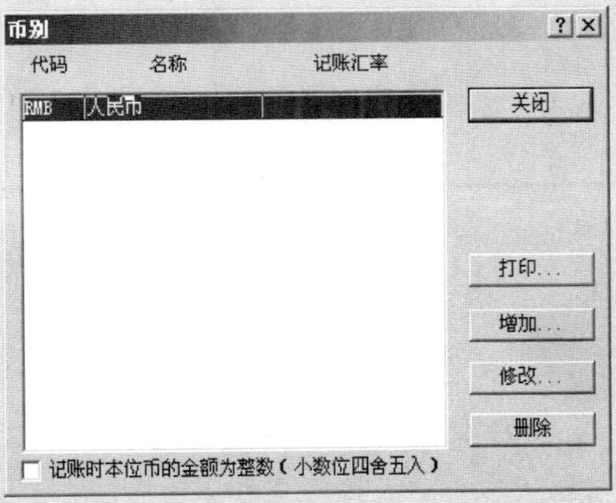

图2.13　币别管理

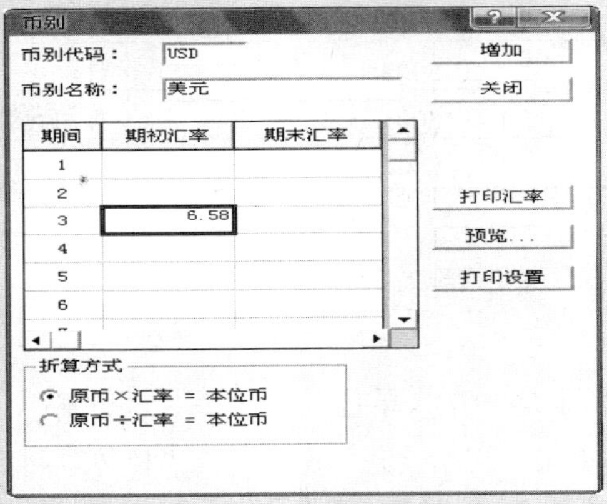

图2.14　“币别”新增窗口

第三步，完成操作。

单击【增加】按钮进行设置保存，单击【关闭】按钮退出“币别”新增窗口。

知识提示

(1) 币别代码：表示货币币别的代码，本系统用3个字符表示。建议使用一般惯例编码，如RMB、HKD、USD。不要使用“$”符号，因为该符号在自定义报表中已有特殊含义，如果使用，在自定义报表中定义取数公式时可能会遇到麻烦。

(2) 币别名称：表示货币币别的名称，本系统允许最多用10个字符(即5个汉字)，如人民币、港币、美元等。

(3) 期初汇率和期末汇率：记账时该外币的期初汇率和期末汇率。可以在此处输入本期期初汇率作为记账汇率。若在经济业务发生时想按发生时的汇率记账，则可在获取该货币后修改为发生时汇率。期末调整汇兑损益时，系统会自动按对应期间的期末汇率折算，并调整汇兑损益额度。

(4) 折算方式：本系统可选择直接汇率法和间接汇率法两种汇率折算方式。

直接汇率法：原币 × 汇率 ＝ 本位币

间接汇率法：原币 ÷ 汇率 ＝ 本位币

2. 设置往来单位档案(在“核算项目”中完成)

金源国际科技股份有限公司往来单位一览表

序　号	往来单位代码	往来单位名称	上级代码
1	KH	客户档案	无
2	KH001	北京王府井电器商场	KH
3	KH002	广州天河城商业广场	KH
4	KH003	上海第一百货公司	KH
5	KH004	天津家电总公司	KH
6	KH005	重庆百货总公司	KH
7	KH006	香港 HIP 有限公司	KH
8	GYS	供应商档案	无
9	GYS001	沈阳钢铁制品厂	GYS
10	GYS002	深圳电子品件贸易公司	GYS
11	GYS003	上海包装制品公司	GYS
12	GYS004	美国 HPD 有限公司	GYS

操作提示

(1) 增加往来单位。

单击“初始设置”窗口中的“核算项目”，系统会弹出“核算项目”管理窗口，如图 2.15 所示。在弹出的窗口中单击“往来单位”选项卡中的【增加】按钮，系统会弹出如图 2.16 所示“往来单位”录入窗口。

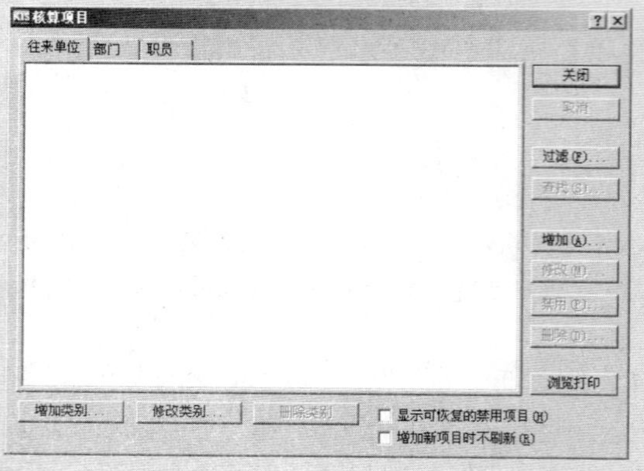

图 2.15　往来单位

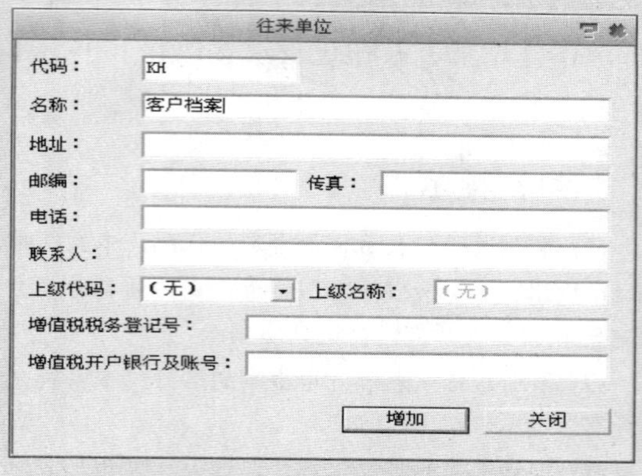

图 2.16　往来单位录入

知识提示

往来单位资料内容包括代码、名称、地址、邮编、传真、电话和联系人。如果在“账套”选项卡中选择“参与报表合并”，则此处还会出现内部单位代码。

(1) 代码：往来单位中代码长度最多为 10 个字符位，一般为字母或数字。

(2) 名称：往来单位中名称长度最多为 40 个字符位，一般为字母或汉字。

(3) 往来单位项目中除以上内容外，还提供了地址、电话、联系人等数据项目作为参考信息，可以根据实际情况填列。

(2) 填写往来单位信息。

在图 2.16 所示的“往来单位”录入窗口中填入相应内容。单击【增加】按钮，即可保存数据。单击【关闭】按钮，返回“核算项目”窗口，如图 2.17 所示。

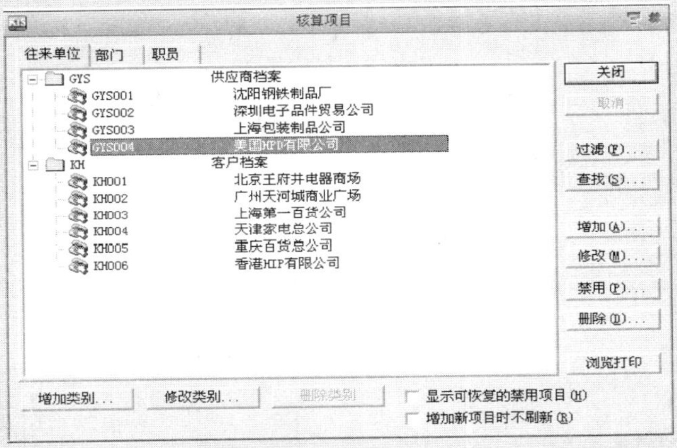

图 2.17 往来单位列表

3. 设置部门档案(在“核算项目”中完成)

金源国际科技股份有限公司部门一览表

序 号	部门代码	部门名称
1	BM001	政治工作部
2	BM002	行政管理部
3	BM003	财务会计部
4	BM004	产品推销部
5	BM005	物资采购部
6	BM006	技术设备科
7	BM007	研究开发部
8	BM008	总装车间
9	BM009	新品车间
10	BM010	配件车间
11	BM011	材料仓库
12	BM012	成品仓库
13	BM013	配件仓库

操作提示

在图 2.15 所示的“核算项目”窗口中单击“部门”选项卡，再单击【增加】按钮，系统会弹出“部门”窗口，如图 2.18 所示。填入相关内容后单击【增加】按钮保存数据。单击【关闭】按钮返回“核算项目”窗口，如图 2.19 所示。

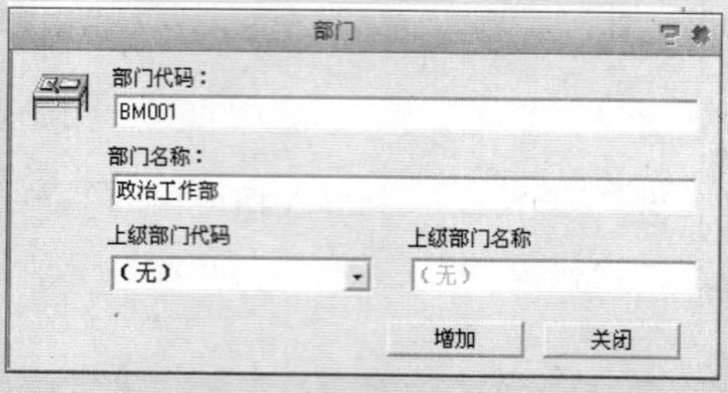

图 2.18　部门录入

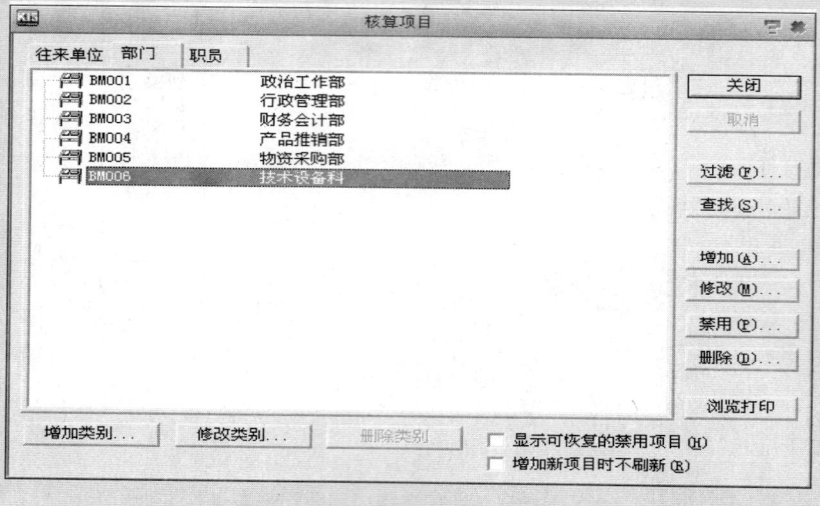

图 2.19　部门列表

4. 设置职员档案(在“核算项目”中完成)

金源国际科技股份有限公司职员一览表

职员代码	职员姓名	所属部门名称	职员类别	职务	性别	出生日期	学历	银行账号
2201	李有金	政治工作部	管理人员	总经办领导	男	1958-10-13	大专	2201
2204	陈兰花	成品仓库	仓管人员	高级白领	女	1976-05-13	大学	2204
2205	李辉	行政管理部	管理人员	总经办领导	男	1956-04-13	大学	2205

续表

职员代码	职员姓名	所属部门名称	职员类别	职务	性别	出生日期	学历	银行账号
2206	杨小明	行政管理部	管理人员	总经办领导	男	1962-08-13	大专	2206
2211	王红卉	材料仓库	仓管人员	一般白领	女	1978-07-13	中专	2211
2212	李健明	财务会计部	管理人员	部门主管	男	1966-08-13	硕士	2212
2213	朱谨严	财务会计部	管理人员	高级白领	男	1962-09-15	大学	2213
2214	刘玉香	财务会计部	管理人员	高级白领	女	1970-04-16	大专	2214
2215	谭国英	财务会计部	管理人员	一般白领	女	1972-07-13	大学	2215
2216	董为民	财务会计部	管理人员	一般白领	男	1968-09-06	大专	2216
2217	孔丽英	财务会计部	管理人员	一般白领	女	1978-07-13	中专	2217
2218	何建国	产品推销部	推销人员	部门主管	男	1958-06-13	大专	2218
2219	杨长江	产品推销部	推销人员	高级白领	男	1969-07-13	大学	2219
2220	张山男	产品推销部	推销人员	一般白领	男	1974-09-26	大学	2220
2221	吴冬雪	产品推销部	推销人员	一般白领	女	1974-09-28	大学	2221
2222	庄严明	物资采购部	管理人员	部门主管	男	1976-01-20	大学	2222
2224	李小娟	配件仓库	仓管人员	一般白领	女	1969-04-13	大学	2224
2226	范国良	技术设备科	管理人员	部门主管	男	1962-07-15	硕士	2226
2227	毛明心	技术设备科	机修人员	高级白领	男	1965-11-21	硕士	2227
2228	张海东	技术设备科	机修人员	一般白领	男	1965-08-13	大学	2228
2231	张远东	研究开发部	管理人员	部门主管	男	1960-08-15	博士	2231
2232	单健田	研究开发部	管理人员	高级白领	男	1969-07-13	博士	2232
2234	殷尚贤	总装车间	总装车间管理	部门主管	男	1960-09-13	大学	2234

续表

职员代码	职员姓名	所属部门名称	职员类别	职务	性别	出生日期	学历	银行账号
2235	孙勇	总装车间	总装车间管理	高级白领	男	1965-02-19	大学	2235
2237	舒展	总装车间	总装车间管理	一般白领	女	1968-07-13	中专	2237
2238	余兰	总装车间	服务人员	一般白领	女	1962-01-13	大学	2238
2241	欧阳金	总装车间	保健器工人	一级技工	男	1964-02-13	大专	2241
2243	叶青林	总装车间	保健器工人	一般工人	男	1968-05-13	中专	2243
2244	邓彪	总装车间	保健器工人	一级技工	男	1975-07-13	大学	2244
2248	邱荷香	总装车间	保健器工人	一般工人	女	1974-09-10	中专	2248
2249	吕超霸	新品车间	机器人工人	一级技工	男	1966-05-10	大专	2249
2253	何以心	新品车间	机器人工人	一级技工	女	1968-09-13	大专	2253
2259	何菜花	新品车间	机器人工人	一般工人	女	1979-01-13	技校	2259
2260	张茗	新品车间	机器人工人	一般工人	女	1978-05-13	技校	2260
2261	林知足	新品车间	新品车间管理	部门主管	男	1960-12-19	大学	2261
2262	董秀丽	新品车间	新品车间管理	高级白领	女	1968-02-12	大学	2262
2263	徐新生	新品车间	新品车间管理	一般白领	男	1962-05-13	大专	2263
2265	胡南山	新品车间	服务人员	一般白领	男	1960-01-12	大学	2265
2266	黎正南	新品车间	人造自然工人	一级技工	男	1961-04-10	大专	2266
2268	钟爱江	新品车间	人造自然工人	一级技工	女	1962-07-13	中专	2268
2271	曾琴	新品车间	人造自然工人	一般工人	女	1973-07-13	技校	2271
2272	温理清	新品车间	人造自然工人	一般工人	女	1979-07-13	技校	2272
2279	沈屈才	新品车间	清气机工人	一般技工	男	1976-02-05	技校	2279

续表

职员代码	职员姓名	所属部门名称	职员类别	职务	性别	出生日期	学历	银行账号
2280	马赐福	新品车间	清气机工人	一般技工	男	1969-02-06	中专	2280
2281	王参政	配件车间	配件车间管理	部门主管	男	1958-09-04	大专	2281
2284	程惠	配件车间	配件车间管理	一般白领	女	1972-01-03	大学	2284
2285	姚惠敏	配件车间	服务人员	一般白领	女	1959-07-14	高中	2285
2286	庄可塑	配件车间	配件工人	一级技工	男	1962-01-06	大学	2286
2289	钟洁	配件车间	配件工人	一级技工	女	1968-08-14	大专	2289
2297	蒙国柱	配件车间	配件工人	一般工人	男	1971-02-14	高中	2297
2298	来富文	配件车间	配件工人	一般工人	男	1968-02-14	高中	2298
2300	王霞	配件车间	配件工人	一般工人	女	1974-01-19	技校	2300

操作提示

在图 2.15 所示的“核算项目”窗口中单击“职员”选项卡，再单击【增加】按钮，系统会弹出“职员”界面，如图 2.20 所示。填入相关内容后单击【增加】按钮保存数据。单击【关闭】按钮返回“核算项目”窗口，如图 2.21 所示。

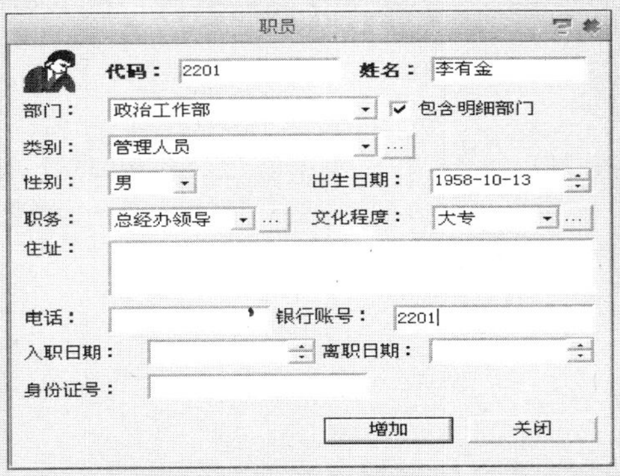

图 2.20　职员档案录入

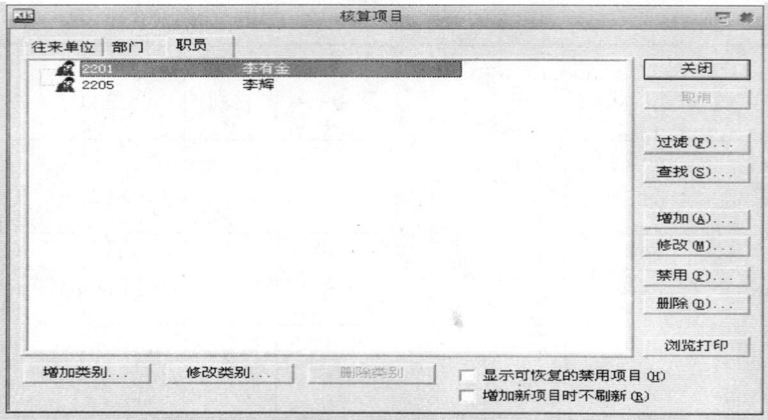

图 2.21　职员列表

5. 设置产品档案(在“核算项目”中完成)

金源国际科技股份有限公司产品一览表

序　号	产品代码	产品名称
1	PR01	电子保健器
2	PR02	家用机器人
3	PR03	人造自然

操作提示

在图 2.15 所示的“核算项目”窗口中单击【增加类别】按钮，系统会弹出如图 2.22 所示的“核算项目类别”窗口，填入相关内容后单击【确定】按钮，返回“核算项目”窗口，如图 2.23 所示。再单击“产品档案”选项卡，单击【增加】按钮，系统会弹出“产品档案”窗口，如图 2.24 所示。填入相关内容后，单击【增加】按钮保存数据；单击【关闭】按钮返回“核算项目”窗口，如图 2.25 所示。

图 2.22　核算项目类别

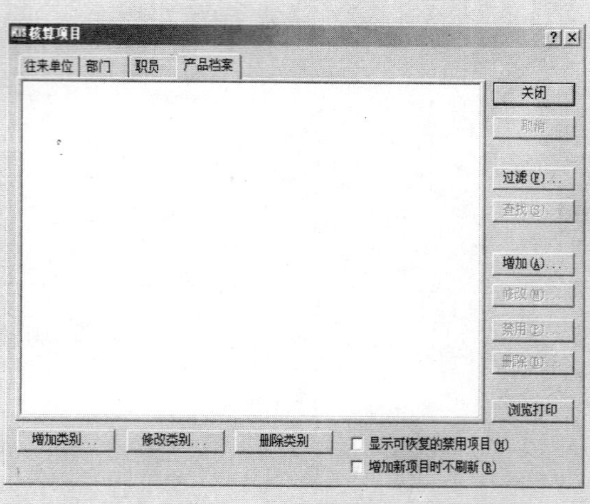

图 2.23　产品档案

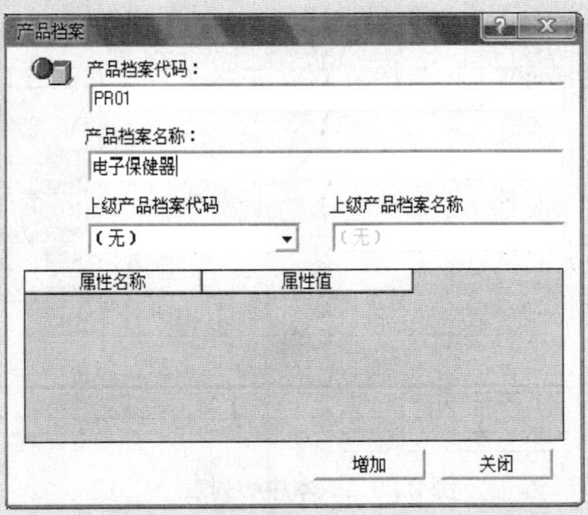

图 2.24　产品档案录入

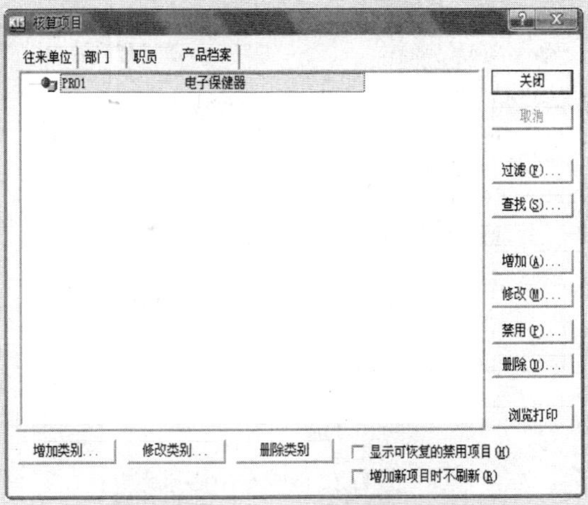

图 2.25　产品档案列表

6. 设置成本中心(在“核算项目”中完成)

金源国际科技股份有限公司成本中心一览表

序　号	成本中心代码	成本中心名称	上级中心代码
1	CB01	总装车间	无上级
2	CB0101	保健器接插件组	CB01
3	CB0102	保健器总装组	CB01

操作提示

在如图 2.15 所示的“核算项目”窗口中单击【增加类别】按钮，系统会弹出如图 2.26 所示“核算项目类别”窗口。填入相关内容后，单击【确定】按钮，返回“核算项目”窗口，如图 2.27 所示。再单击“成本中心”选项卡，单击右边的【增加】按钮，系统会弹出“成本中心”窗口，如图 2.28 所示。填入相关内容后，单击【增加】按钮保存数据；单击【关闭】按钮返回“核算项目”窗口，如图 2.29 所示。

图 2.26　核算项目类别

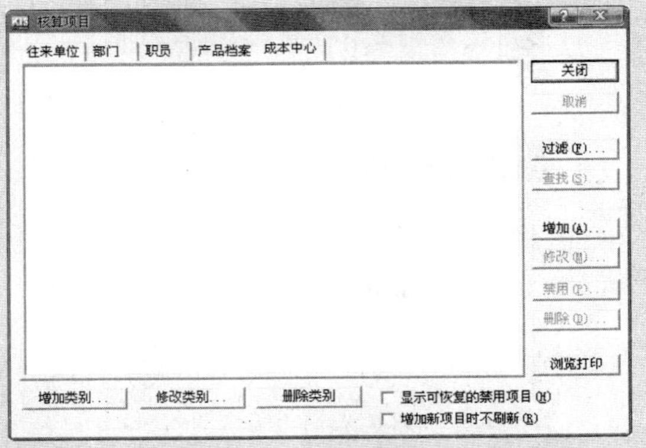

图 2.27　成本中心

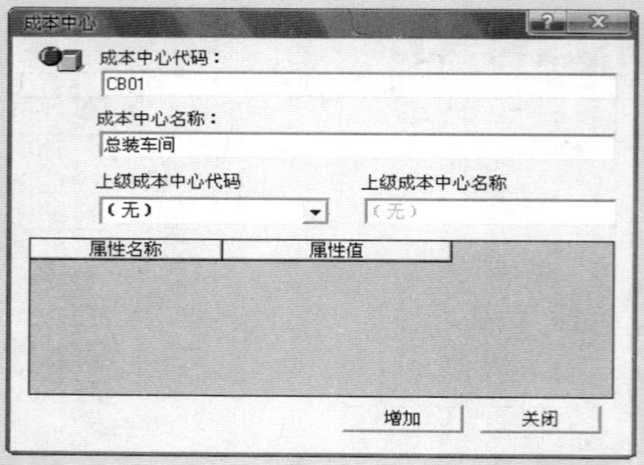

图 2.28　成本中心录入

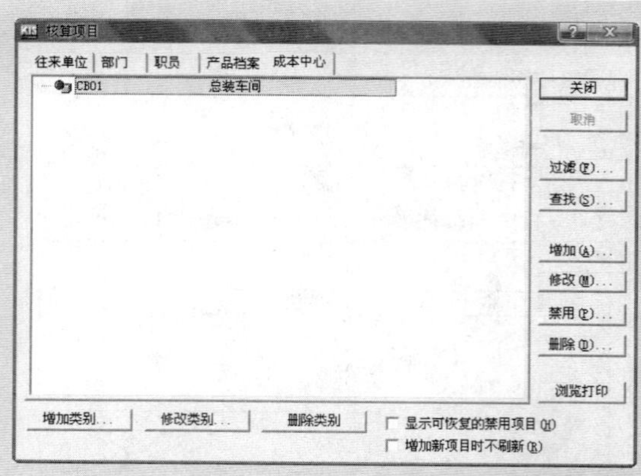

图 2.29　成本中心列表

7. 设置凭证类别

序号	凭证字	对应套打类型	限制类型	限制科目
1	收	收款凭证	借方必有	1001　　1002
2	付	付款凭证	贷方必有	1001　　1002
3	转	转账凭证	借和贷必无	1001　　1002
4	记	其他凭证	无限制	

操作提示

单击【基础资料】菜单下的【凭证字】命令，系统将弹出“凭证字”窗口，可以对凭证字进行新增、修改和删除的操作。如图 2.30 所示。单击【新增】按钮，系统会弹出“新增凭证字”窗口，在“凭证字”栏中输入相应内容，如图 2.31 所示。单击【确定】按钮，保存设置。在“凭证字”管理窗口可以见到已经新增的凭证字，如图 2.32 所示。

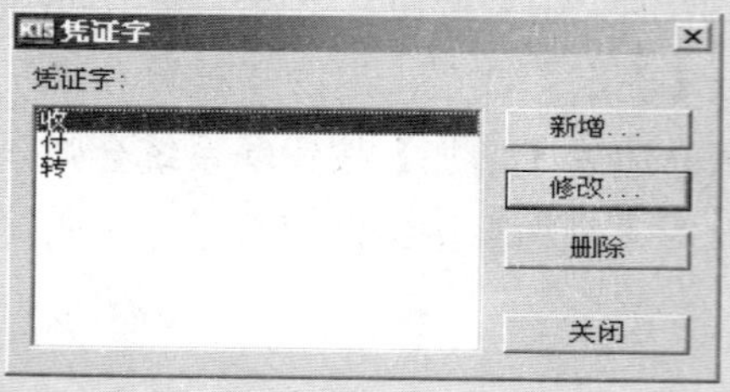

图 2.30　凭证字

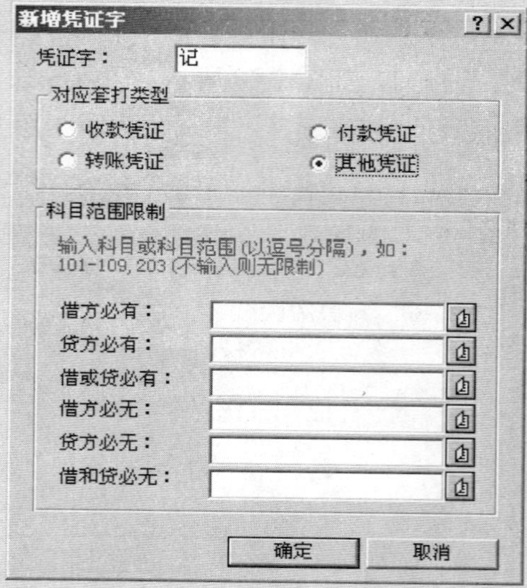

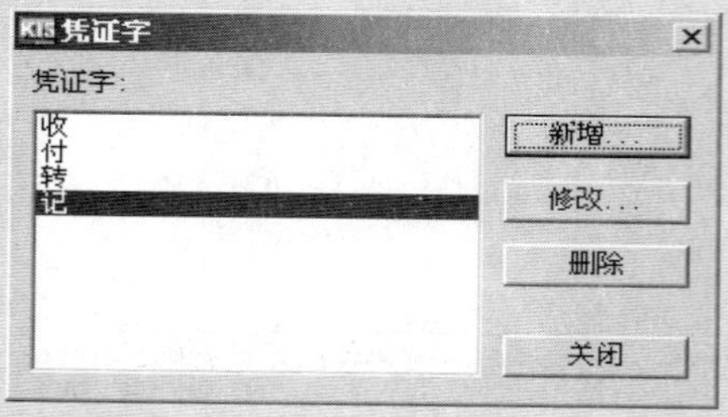

图 2.32　新增凭证字

图 2.31　凭证字列表

8. 设置结算方式

结算方式包括现金支票、转账支票、银行汇票、汇兑、委托收款、委托付款和信用证。

操作提示

单击【基础资料】菜单下的【结算方式】命令，系统将弹出“结算方式”窗口，可以对结算方式进行新增、修改和删除操作，如图 2.33 所示。单击【新增】按钮，系统会弹出新增“结算方式”窗口，在“结算方式名称”栏中输入相应内容，如图 2.34 所示。单击【增加】按钮，保存设置。

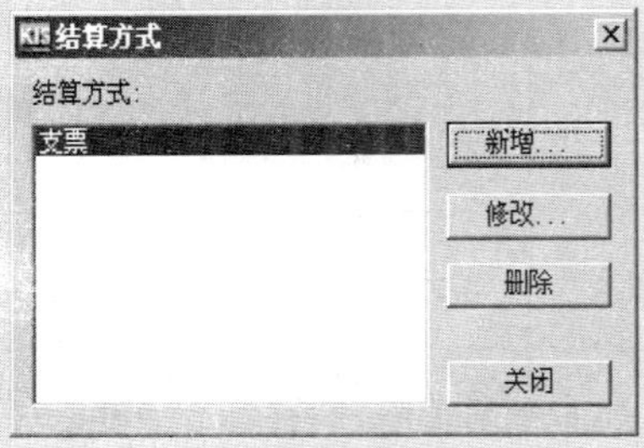

图 2.33　结算方式

图 2.34　新增结算方式

9. 设置会计科目

金源国际科技股份有限公司会计科目见如下。

金源国际科技股份有限公司会计科目一览表

科目代码	科目名称	余额方向	外币核算	期末调汇	往来单位核算	部门核算	职员核算	其他核算项目	往来业务核算	数量金额核算	数量单位
1001	库存现金	借									
100101	人民币现金	借									
100102	美元现金	借	美元	√							
1002	银行存款	借									
100201	工行高新办 18640	借									
100202	中行高新办 1188	借	美元	√							
1012	其他货币资金	借									
101201	长城卡存款	借									
101202	外埠存款	借									
1101	交易性金融资产	借									
110101	国债投资	借									

续表

科目代码	科目名称	余额方向	外币核算	期末调汇	往来单位核算	部门核算	职员核算	其他核算项目	往来业务核算	数量金额核算	数量单位
110102	股票投资	借									
110103	公允价值变动	借									
1121	应收票据	借									
1122	应收账款	借	所有币别	√	√				√		
112201	应收人民币	借			√				√		
112202	应收外币	借	美元	√	√				√		
1123	预付账款	借									
1131	应收股利	借									
1132	应收利息	借									
1221	其他应收款	借									
122101	备用金	借				√					
122102	个人借款	借					√				
122103	其他应收款	借									
1231	坏账准备	贷									
1321	代理业务资产	借									
1401	材料采购	借									
1402	在途物资	借									
1403	原材料	借									
140301	主要材料	借									
14030101	薄钢板	借								√	吨
14030102	导线	借								√	米
14030103	硬塑料	借								√	块
140302	外购配件	借									
14030201	外购件 A	借								√	个
14030202	外购件 B	借								√	个
14030203	外购件 C	借								√	个
140303	其他材料	借									
14030301	机油	借								√	瓶
14030302	机修配件	借									

续表

科目代码	科目名称	余额方向	外币核算	期末调汇	往来单位核算	部门核算	职员核算	其他核算项目	往来业务核算	数量金额核算	数量单位
14030303	包装箱	借								√	个
1404	材料成本差异	借									
1405	库存商品	借									
140501	电子保健器	借								√	部
140502	家用机器人	借								√	个
140503	人造自然	借								√	台
1406	发出商品	借									
1407	商品进销差价	贷									
1408	委托加工物资	借									
1409	自制半成品	借									
140901	外罩	借								√	个
140902	面板	借								√	块
140903	底板	借								√	个
1411	周转材料	借									
141101	包装物	借									
141102	低值易耗品	借									
14110201	家具	借									
14110202	工具	借									
1471	存货跌价准备	贷									
1501	持有至到期投资	借									
1502	持有至到期投资减值准备	贷									
1503	可供出售金融资产	借									
1511	长期股权投资	借									
1512	长期股权投资减值准备	贷									
1521	投资性房地产	借									
1531	长期应收款	借									
1532	未实现融资收益	贷									

续表

科目代码	科目名称	余额方向	外币核算	期末调汇	往来单位核算	部门核算	职员核算	其他核算项目	往来业务核算	数量金额核算	数量单位
1601	固定资产	借									
1602	累计折旧	贷									
1603	固定资产减值准备	贷									
1604	在建工程	借									
1605	工程物资	借									
1606	固定资产清理	借									
1701	无形资产	借									
1702	累计摊销	贷									
1703	无形资产减值准备	贷									
1711	商誉	借									
1801	长期待摊费用	借									
1811	递延所得税资产	借									
1901	待处理财产损溢	借									
190101	待处理流动资产损益	借									
190102	待处理固定资产损益	借									
2001	短期借款	贷									
2101	交易性金融负债	贷									
2201	应付票据	贷									
2202	应付账款	贷	所有币别	√	√				√		
220201	国内供应商	贷			√				√		
220202	国外供应商	贷	美元	√	√				√		
2203	预收账款	贷									
2211	应付职工薪酬	贷									
221101	工资	贷									
221102	福利费	贷									
2221	应交税费	贷									
222101	应交增值税	贷									
22210101	进项税额	贷									

续表

科目代码	科目名称	余额方向	外币核算	期末调汇	往来单位核算	部门核算	职员核算	其他核算项目	往来业务核算	数量金额核算	数量单位
22210102	已交税金	贷									
22210103	转出未交增值税	贷									
22210104	减免税款	贷									
22210105	销项税额	贷									
22210106	出口退税	贷									
22210107	进项税转出	贷									
22210108	转出多交增值税	贷									
222102	未交增值税	贷									
222103	应交营业税	贷									
222104	应交消费税	贷									
222105	应交资源税	贷									
222106	应交所得税	贷									
222107	应交土地增值税	贷									
222108	应交城市维持建设税	贷									
222109	应交房产税	贷									
222110	应交土地使用税	贷									
222111	应交车船使用税	贷									
222112	应交个人所得税	贷									
2231	应付利息	贷									
2232	应付股利	贷									
2241	其他应付款	贷									
2314	代理业务负债	贷									
2401	递延收益	贷									
2501	长期借款	贷									
2502	应付债券	贷									
2701	长期应付款	贷									
2702	未确认融资费用	借									
2711	专项应付款	贷									
2801	预计负债	贷									
2901	递延所得税负债	贷									
3101	衍生工具	借									
3201	套期工具	借									

续表

科目代码	科目名称	余额方向	外币核算	期末调汇	往来单位核算	部门核算	职员核算	其他核算项目	往来业务核算	数量金额核算	数量单位
3202	被套期项目	借									
4001	实收资本	贷									
4002	资本公积	贷									
4101	盈余公积	贷									
410101	法定盈余公积金	贷									
410102	任意盈余公积金	贷									
410103	公益金	贷									
4103	本年利润	贷									
4104	利润分配	贷									
410401	其他转入	贷									
410402	提取法定盈余公积	贷									
410403	提取法定公益金	贷									
410404	提取职工奖励及福利基金	贷									
410405	应付优先股股利	贷									
410406	提取任意盈余公积	贷									
410407	转作股本的普通股股利	贷									
410408	未分配利润	贷									
4201	库存股	借									
5001	生产成本	借									
500101	保健器	借									
50010101	直接材料	借									
50010102	人工费	借						成本中心			
50010103	制造费用	借									
500102	机器人	借									
50010201	直接材料	借									
50010202	直接人工	借									
50010203	制造费用	借									
500103	人造自然	借									
50010301	直接材料	借									

续表

科目代码	科目名称	余额方向	外币核算	期末调汇	往来单位核算	部门核算	职员核算	其他核算项目	往来业务核算	数量金额核算	数量单位
50010302	直接人工	借									
50010303	制造费用	借									
500104	配件生产	借									
50010401	直接材料	借									
50010402	直接人工	借									
50010403	制造费用	借									
5101	制造费用	借									
510101	总装车间	借									
510102	新品车间	借									
510103	配件车间	借									
510104	辅助费用	借									
5201	劳务成本	借									
5301	研发支出	借									
6001	主营业务收入	贷									
600101	电子保健器销售收入	贷					√			√	部
600102	家用机器人销售收入	贷					√			√	个
600103	人造自然销售收入	贷					√			√	台
6051	其他业务收入	贷									
6101	公允价值变动损益	贷									
6111	投资收益	贷									
6301	营业外收入	贷									
6401	主营业务成本	借						产品档案			
6402	其他业务成本	借									
6403	营业税金及附加	贷									
6601	销售费用	借									
6602	管理费用	借				√					

续表

科目代码	科目名称	余额方向	外币核算	期末调汇	往来单位核算	部门核算	职员核算	其他核算项目	往来业务核算	数量金额核算	数量单位
660201	办公经费	借				√					
660202	业务招待费	借				√					
660203	差旅交通费	借				√					
660204	折旧费	借				√					
660205	职工薪酬	借									
660206	工会经费	借									
660207	税金	借									
660208	水电费	借				√					
660209	无形资产摊销	借									
660210	跌价损失	借									
660211	其他费用	借									
6603	财务费用	借									
660301	利息支出	借									
660302	汇兑损益	借									
6701	资产减值损失	借									
6711	营业外支出	借									
6801	所得税费用	借									
6901	以前年度损益调整	借									

知识提示

(1) 科目设置必须满足核算、管理与编制会计报表的要求，凡是报表中需从系统取数的科目必须设置。

(2) 科目设置中，科目代码、科目名称、科目类型和余额方向必须设置正确。

(3) 科目是外币核算时，必须选择所核算的外币币别。

(4) 科目为数量金额辅助核算时，必须录入计量单位。

(5) 科目代码必须符合建账时的“会计科目结构”。

(6) 如果科目下有明细科目，则它的代码不能修改或删除。若需要删除，必须从末级科目开始删除，并且所删除的科目在本年内没有业务发生。

操作提示

(1) 启动“会计科目”。

单击“初始设置”窗口中“会计科目”，系统会弹出“会计科目”管理窗口，如图 2.35 所示。系统根据建立账套时所选择的行业属性预设了 6 大类会计科目——资产、负债、共同、权益、成本和损益。用户可根据需要在相应类别选项卡中进行会计科目的管理，如增加、修改、删除等。

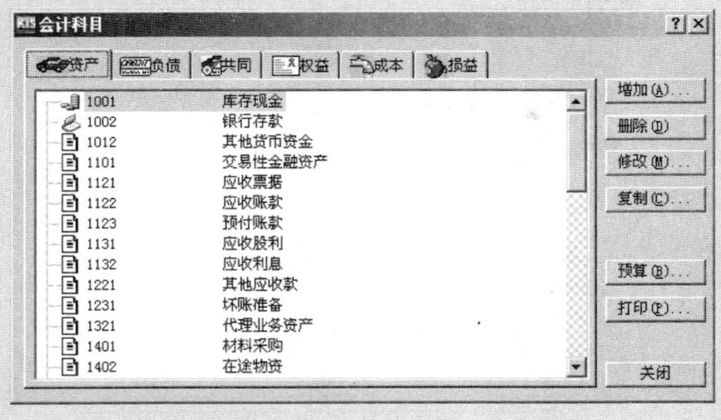

图 2.35　会计科目

(2) 设置会计科目。

会计科目增加。在“会计科目”窗口单击【增加】按钮，系统将弹出“新增科目”窗口，如图 2.36 所示，分别录入会计科目的“科目代码”、“科目名称”及相关设置信息，输入完毕后，单击【增加】按钮保存新增科目的资料。操作完毕后，单击【关闭】按钮，返回“会计科目”设置窗口。科目增加是由上到下的，即先增加上级科目再增加该科目的下级明细科目。

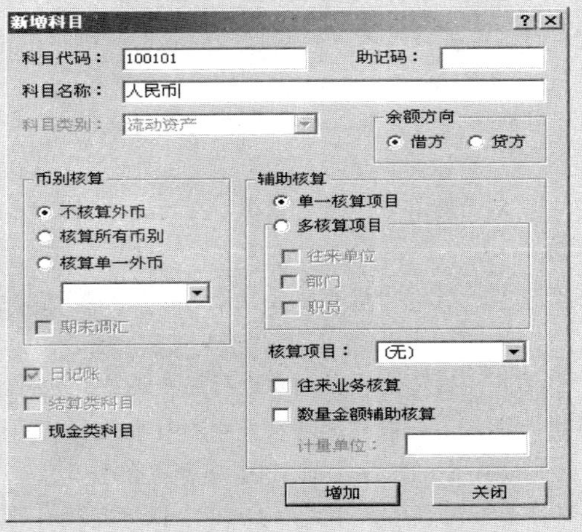

图 2.36　新增科目

会计科目修改。在“会计科目”窗口，单击要修改的会计科目，再单击【修改】按钮或双击需修改的会计科目，系统会弹出“修改科目”窗口，如图 2.37 所示，可以修改会计科目的科目代码、科目名称及其他相关设置。如需继续修改科目，在此窗口直接单击按钮，再单击【确定】按钮进行修改设置保存。

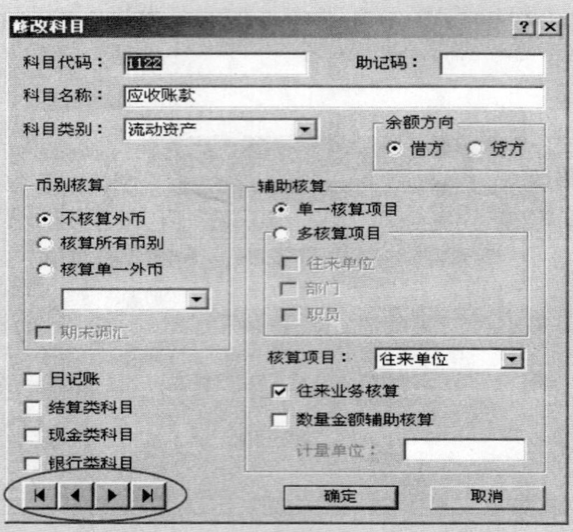

图 2.37　修改科目

知识提示

(1) 科目代码：会计科目的代码应该按照一定的规则进行编制，要尽量与财政部标准统一，以便在使用中清晰明了。

(2) 助记码：帮助记忆会计科目的编码。允许长度为 8 个字符。在录入凭证时，为了提高会计科目录入的速度可以用助记码帮助科目录入。

(3) 科目名称：该科目的文字标识。在命名科目名称时只需命名本级科目名称，不必带上级科目名称。输入的会计科目名称一般为汉字和字符，最长可达 20 个汉字(或 40 个字符)。

(4) 科目类别：用于对科目的属性进行定义，按照会计科目的经济性质进行分类，可以很方便地对科目进行管理。

(5) 币别核算：指定该科目币别核算的类型，对核算币别进行选择。

不核算外币指不进行外币核算，只核算本位币。

核算所有币别指对本账套中设定的所有货币进行核算。在处理该科目时，系统默认核算本位币，当然，也可以选择其他币种进行核算。

核算单一外币指只对本账套中某一种外币进行核算。若选择核算单一外币，则要求选择一种进行核算的外币的名称。

期末调汇是指，若进行外币核算，确定是否在期末进行汇率调整。如果选择期末调汇，则在期末执行“期末调汇”功能时对此科目进行调汇。一般核算涉及外币科目要进行此项设置。

(6) 日记账：指按日清日结的方式登记账簿，如 1001 库存现金科目。

(7) 结算类科目：指定该科目是否记录结算方式，如 1002 银行存款科目。

(8) 现金类科目：指定该科目是否属于现金类科目。

(9) 余额方向：指该科目的余额默认的方向。该项属性对于账簿或报表输出的数据有直接影响，系统将根据会计科目的默认余额方向来反映输出的数值。

(10) 单一核算项目：选中该项后就可以在“核算项目”中选择所核算的类别。

(11) 多核算项目：可以核算多个类别，如“费用科目”要核算到部门，同时也要核算到职员。

(12) 核算项目：显示该账套建立的核算项目类别。

(13) 往来业务核算：是否进行往来业务核算。

(14) 数量金额辅助核算：是否进行数量金额辅助核算。

2.5.3　初始化期初数据

1. 录入固定资产初始数据(固定资产卡片)

代　　码	GD01
名称	公司综合大楼
类别	房屋及建筑物
残值率	5%
使用部门	行政管理部 30%、总装车间 20%、新品车间 20%、配件车间 30%
入账日期	2010-8-10
增加方式	自建
原值	15 000 000
折旧方法	平均年限法
预计使用期限	30 年(360 期)
折旧费用科目	管理费用/折旧费(30%)、制造费用/总装车间(20%)、新品车间(20%)、配件车间(30%)
累计折旧	237 500(其中本年增加 79 166.66)

代　　码	GD02
名称	生产流水线
类别	生产设备
残值率	5%
使用部门	总装车间
入账日期	2010-8-16
增加方式	购入
原值	3 800 000
折旧方法	双倍余额递减法
预计使用期限	120
折旧费用科目	制造费用/总装车间
累计折旧	364 514.15(其中本年增加 126 666.66)

代　　码	GD03
名称	磨床
类别	生产设备
残值率	0%(可以不改生产设备的残值率 5%，把卡片中预计残值改为 0)
使用部门	新品车间
入账日期	2010-12-16
增加方式	购入
原值	3 000 000
折旧方法	平均年限法
预计使用期限	10 年(120 期)
折旧费用科目	制造费用/新品车间
累计折旧	50 000(其中本年增加 50 000)

代　　码	GD04
名称	冲床
类别	生产设备
残值率	5%
使用部门	配件车间
入账日期	2006-12-17
增加方式	购入
原值	3 000 000
折旧方法	平均年限法
预计使用期限	10 年(120 期)
折旧费用科目	制造费用/配件车间
累计折旧	1 187 500(其中本年增加 47 500)

代　　码	GD05
名称	电脑
类别	管理用具
残值率	0%
使用部门	行政管理部
入账日期	2011-1-17
增加方式	购入
原值	180 000
折旧方法	平均年限法
预计使用期限	5 年(60 期)
折旧费用科目	管理费用/折旧费
累计折旧	3 000

代　　码	GD06
名称	业务大楼
类别	房屋及建筑物
残值率	5%
使用部门	行政管理部
入账日期	2010-11-11
增加方式	自建
原值	1 200 000
折旧方法	平均年限法
预计使用期限	30 年(360 期)
折旧费用科目	管理费用/折旧费
累计折旧	9 500(其中本年增加 6 333.34)

知识提示

在处理固定资产的初始数据时，要注意“入账信息”中的累计折旧和“账套启用期初数据”中的累计折旧数据的区别。“入账信息”中的累计折旧是指固定资产购买时已有的累计折旧金额，如果该项固定资产购买时是一个新的固定资产，则“入账信息”中的累计折旧金额应为0;“账套启用期初数据”中的累计折旧是指该项固定资产自购买时到现在已经提取了多少折旧。

2. 录入分类账科目余额(综合本位币)

金源国际科技股份有限公司科目余额一览表

科目代码	科目名称	累计借方	累计贷方	方向	期初余额	本年累计发生额
1001	库存现金	80 000.00	78 000.00	借	25 380.00	
100101	人民币现金	80 000.00	78 000.00	借	18 800.00	
100102	美元现金			借	6 580.00	
1002	银行存款	5 509 666.66	3 698 000.00	借	4 921 048.15	
100201	工行高新办 18640	5 509 666.66	3 698 000.00	借	4 592 048.15	
100202	中行高新办 1188			借	329 000.00	
1012	其他货币资金			借	100 000.00	
101201	长城卡存款			借	50 000.00	
101202	外埠存款			借	50 000.00	
1101	交易性金融资产			借	150 000.00	
110101	国债投资			借	100 000.00	
110102	股票投资			借	50 000.00	
1122	应收账款	320 000.00	290 000.00	借	893 850.00	
112201	应收人民币	320 000.00	290 000.00	借	828 050.00	
112201-KH001	北京王府井电器商场	120 000.00	100 000.00	借	234 000.00	
112201-KH002	广州天河城商业广场			借	368 550.00	
112201-KH003	上海第一百货公司	200 000.00	190 000.00	借	50 000.00	
112201-KH005	重庆百货总公司			借	175 500.00	
112202	应收外币			借	65 800.00	
112202-KH006	香港 HIP 有限公司			借	65 800.00	
1123	预付账款			借	17 378.00	
1221	其他应收款			借	20 000.00	
122101	备用金			借	20 000.00	

续表

科目代码	科目名称	累计借方	累计贷方	方向	期初余额	本年累计发生额
122101-BM02	行政管理部			借	20 000.00	
1403	原材料	1 095 570.00	1 000 224.00	借	280 146.00	
140301	主要材料	887 600.00	840 400.00	借	139 750.00	
14030101	薄钢板	850 000.00	800 000.00	借	92 500.00	
14030102	导线	12 000.00	15 000.00	借	37 250.00	
14030103	硬塑料	25 600.00	25 400.00	借	10 000.00	
140302	外购配件	207 970.00	159 574.00	借	133 951.00	
14030201	外购件 A	12 560.00	25 700.00	借	72 800.00	
14030202	外购件 B	11 000.00	8 000.00	借	2 615.00	
14030203	外购件 C	184 410.00	125 874.00	借	58 536.00	
140303	其他材料		250.00	借	6 445.00	
14030301	机油		250.00	借	950.00	
14030302	机修配件			借	5 000.00	
14030303	包装箱			借	495.00	
1405	库存商品			借	423 000.00	
140501	电子保健器			借	115 500.00	
140502	家用机器人			借	234 900.00	
140503	人造自然			借	72 600.00	
1409	自制半成品			借	51.00	
140901	外罩			借	34.00	
140902	面板			借	17.00	
1411	周转材料			借	5 300.00	
141102	低值易耗品			借	5 300.00	
14110201	家具			借	1 800.00	
14110202	工具			借	3 500.00	
1511	长期股权投资			借	520 000.00	
1601	固定资产	180 000.00		借	26 180 000.00	
1602	累计折旧		312 666.66	贷	1 852 014.15	
2001	短期借款			贷	1 000 000.00	
2202	应付账款			贷	191 600.00	
220201	国内供应商			贷	60 000.00	
220201-GYS001	沈阳钢铁制品厂			贷	10 000.00	

续表

科目代码	科目名称	累计借方	累计贷方	方向	期初余额	本年累计发生额
220201-GYS002	深圳电子品件贸易公司			贷	50 000.00	
220202	国外供应商			贷	131 600.00	
220202-GYS004	美国 HPD 有限公司			贷	131 600.00	
2211	应付职工薪酬			贷	443 331.00	
221101	工资			贷	365 365.00	
221102	福利费			贷	77 966.00	
2221	应交税费			贷	128 265.00	
222102	未交增值税			贷	128 265.00	
2231	应付利息			贷	20 000.00	
2241	其他应付款			贷	12 125.00	
2501	长期借款			贷	1 500 000.00	
4001	实收资本		1 500 000.00	贷	27 000 000.00	
4002	资本公积		306 346.00	贷	1 036 296.00	
4101	盈余公积			贷	170 000.00	
410101	法定盈余公积金			贷	100 000.00	
410102	任意盈余公积金			贷	50 000.00	
410103	公益金			贷	20 000.00	
4103	本年利润			贷	317 423.00	
4104	利润分配			贷	1 728.00	
410408	未分配利润			贷	1 728.00	
5001	生产成本			借	136 629.00	
500102	机器人			借	41 217.00	
50010201	直接材料			借	41 217.00	
500103	人造自然			借	33 865.00	
50010301	直接材料			借	33 865.00	
500104	配件生产			借	61 547.00	
50010401	直接材料			借	61 547.00	
6001	主营业务收入			贷		930 000.00
600101	电子保健器销售收入			贷		800 000.00
600101-2219	杨长江			贷		800 000.00
600102	家用机器人销售收入			贷		40 000.00
600102-2218	何建国			贷		40 000.00
600103	销售人造自然销售收入			贷		90 000.00
600103-2220	张山男			贷		90 000.00

续表

科目代码	科目名称	累计借方	累计贷方	方向	期初余额	本年累计发生额
6401	主营业务成本			借		522 000.00
6401-PR01	电子保健器			借		430 000.00
6401-PR02	家用机器人			借		28 000.00
6401-PR03	人造自然			借		64 000.00
6601	销售费用			借		63 565.00
6602	管理费用			借		27 012.00
660201	办公经费			借		2 000.00
660201-BM02	行政管理部			借		2 000.00
660202	业务招待费			借		2 000.00
660202-BM04	产品推销部			借		2 000.00
660203	差旅交通费			借		1 200.00
660203-BM05	物资采购部			借		1 200.00
660204	折旧费			借		21 812.00
660204-BM02	行政管理部			借		21 812.00

知识提示

录入期初余额时要特别注意，数量金额核算的科目还应录入数量，外币核算科目应在外币界面录入。

3. 录入数量金额式账户期初余额

科目代码	科目名称	方向	数量余额	单价/单位成本	金额余额
1403	原材料	借	39 060		221 610
140301	主要材料	借	38 300		139 750
14030101	薄钢板	借	50	1 850.00	92 500
14030102	导线	借	37 250	1.00	37 250
14030103	硬塑料	借	1 000	10.00	10 000
140302	外购配件	借	200		75 415
14030201	外购件 A	借	100	728.00	72 800
14030202	外购件 B	借	100	26.15.00	2 615
14030203	外购件 C	借	120	487.8.00	58 536
140303	其他材料	借	560		6 445
14030301	机油	借	10	95.00	950

续表

科目代码	科目名称	方向	数量余额	单价/单位成本	金额余额
14030303	包装箱	借	550	0.90	495
1405	库存商品	借	88		423 000
140501	电子保健器	借	55	2 100.00	115 500
140502	家用机器人	借	27	8 700.00	234 900
140503	人造自然	借	6	12 100.00	72 600
1409	自制半成品	借	2		51
140901	外罩	借	1	34.00	34
140902	面板	借	1	17.00	17

4. 录入外币账户期初余额(美元)

科目代码	科目名称	方向	原币期初余额	汇率	本位币期初余额
1001	现金	借	1 000		6 580
100102	美元现金	借	1 000	6.58	6 580
1002	银行存款	借	50 000		329 000
100202	中行高新办 1188	借	50 000	6.58	329 000
1122	应收账款	借	10 000		65 800
112202	应收外币	借	10 000		65 800
112202-CU06	香港 HIP 有限公司	借	10 000	6.58	65 800
2202	应付账款	贷	20 000		131 600
220202	国外供应商	贷	20 000		131 600
220202-GYS004	美国 HPD 有限公司	贷	20 000	6.58	131 600

5. 录入往来业务初始数据

人民币户如下所示。

应收账款——北京王府井电器商场

2010-12-28 赊销 234 000 元商品给北京王府井电器商场，业务编号为 WF1012003。

2011-01-25 赊销 120 000 元商品给北京王府井电器商场，业务编号为 WF1101005。

2011-02-18 收到北京王府井电器商场前欠货款 100 000 元，业务编号为 WF1102001。

应收账款——广州天河城商业广场

2010-12-15 赊销 368 550 元商品给广州天河城商业广场，业务编号为 TH1012002。

应收账款——上海第一百货公司

2010-12-20 赊销 50 000 元商品给上海第一百货公司，业务编号为 SH1012011。

2011-01-20 赊销 200 000 元商品给上海第一百货公司，业务编号为 SH1101001。

2011-02-10 收到上海第一百货公司前欠货款 190 000 元，业务编号为 SH1102001。

应收账款——重庆百货总公司

2010-12-12 赊销 175 500 元商品给重庆百货总公司，业务编号为 CQ1012011。

应付账款——沈阳钢铁制品厂

2010-12-20 向沈阳钢铁制品厂购入 10 000 元材料，货款未付，业务编号为 SG1012007。

应付账款——深圳电子器件贸易公司

2010-12-05 向深圳电子器件贸易公司购入 50 000 元计算机配件，货款未付，业务编号为 SM1012012。

美元户如下所示。

应收账款——香港 HIP 公司

2010-12-03 赊销 10 000 美元商品给香港 HIP 公司，业务编号为 HIP1012001。

应付账款——美国 HPD 公司

2010-12-14 向美国 HPD 公司购入 20 000 美元计算机配件，货款未付，业务编号为 HPD1012002。

知识提示

输入业务资料的过程中，在录入借方或贷方发生额时，只在同一单位最后一笔业务输入时计算出相应的余额并进行录入，如果是贷方余额则应用负数表示。

操作提示

1. 一般科目数据录入

一般科目是指没有设置辅助核算、不是外币科目和固定资产科目的科目。

(1) 单击“初始设置”窗口中“初始数据”，系统会弹出“初始数据录入”窗口，如图 2.38 所示。

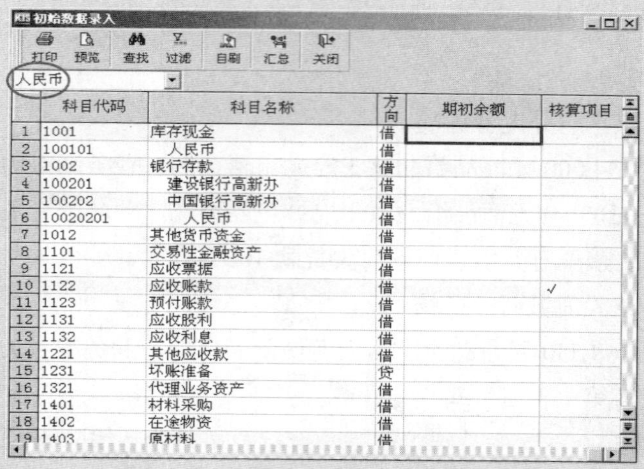

图 2.38　初始数据录入

(2) 在“人民币”数据窗口下录入各科目的初始数据。

知识提示

录入窗口中的不同颜色表示不同的数据：白色表示可以直接录入的账务数据资料，它们是最明细级普通科目的账务数据；黄色表示非最明细级科目的账务数据或者具有核算项目的会计科目，其中的数据是系统根据最明细级科目的账务数据自动汇总计算出来的或根据核算项目的数据自动计算出来的；绿色区域表示有关固定资产初始数据资料，业务数据涉及“固定资产”和“累计折旧”两个科目，其中的数据由固定资产卡片数据处理产生；灰色区域表示所对应的科目不能使用该项数据，数据无法录入。

2. 往来初始数据录入

(1) 在科目下设置往来核算项目的会计科目处(黄色区域，并有打勾)双击鼠标，如在“应收账款”科目处双击鼠标，系统会弹出“初始包括已核销资料：应收账款-人民币”初始窗口，如图 2.39 所示。

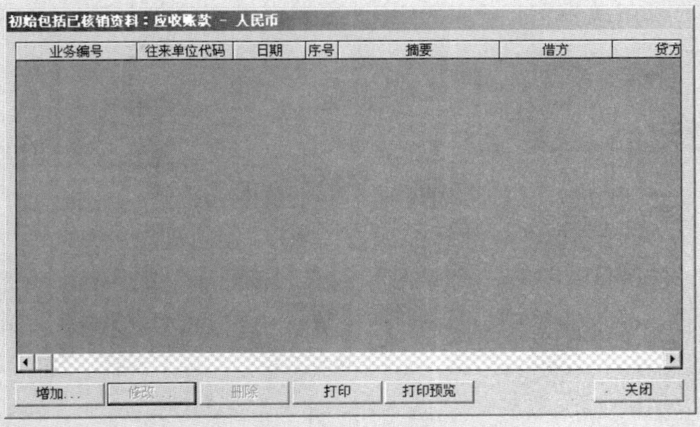

图 2.39 往来初始数据录入

(2) 单击【增加】按钮，系统会弹出“初始往来业务资料：应收账款-人民币”录入窗口，如图 2.40 所示。

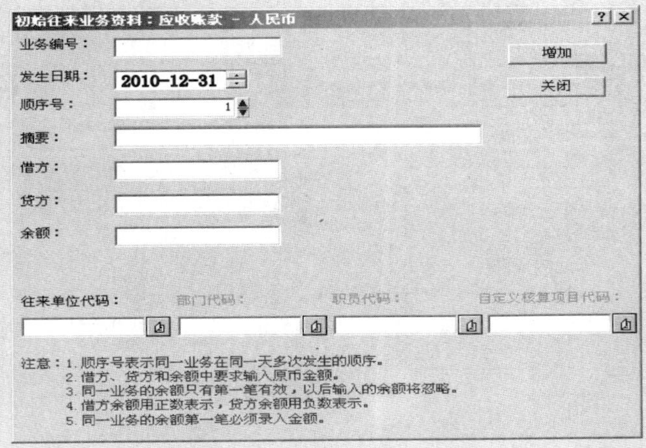

图 2.40 初始往来业务资料录入

(3) 输入有关初始往来业务资料，单击【确定】按钮进行保存。

(4) 应收账款往来数据录入完成后，单击【关闭】按钮返回“初始数据”窗口。

知识提示

(1) 业务编号：与往来单位发生业务时的登记号，系统在处理有关往来业务时会根据业务编号来进行，将来在进行往来业务核销时，系统会根据业务编号来处理。编号最大长度为 10 位字符。此外，还可以分业务编号录入数量。

(2) 发生日期：往来业务发生的日期。在进行初始化时应该将往来业务发生的原始记录查出，在此处填上准确的日期，以便在将来输出往来业务对账单、账龄分析表时能够提供准确的数据。

(3) 摘要：关于该项往来业务的经济业务的说明。

(4) 借方、贷方：该笔往来业务发生时的原币金额及方向。

(5) 余额：当前往来业务中的往来业务余额，只按当前的发生额计算余额。

3. 固定资产初始数据录入

(1) 在“金蝶 KIS 标准版［数学演示版］-JYKJ.AIS-［初始数据录入］”窗口双击“固定资产”科目(绿色框)或在录入窗口左上角的“数据类型选择框”中选择“固定资产”项目，系统将进入“固定资产”录入窗口，如图 2.41 所示。

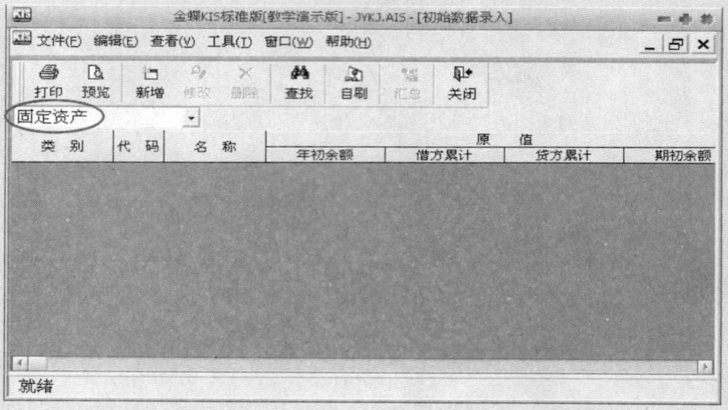

图 2.41 固定资产初始数据录入

(2) 单击【新增】按钮，系统会弹出“固定资产卡片”新增窗口，如图 2.42 所示。

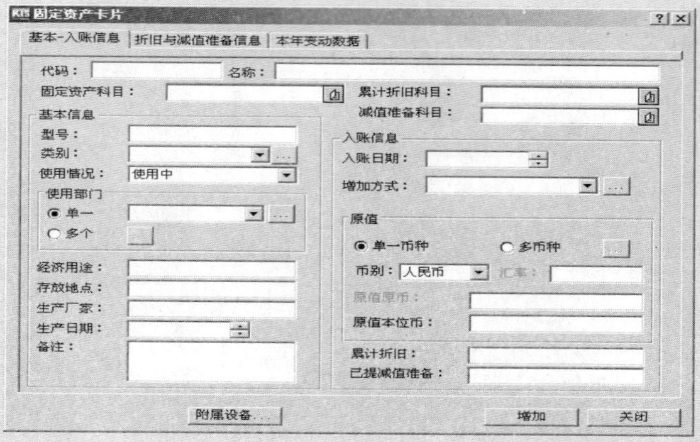

图 2.42 固定资产卡片

知识提示

(1) 代码：指固定资产代码，是为了便于对固定资产的管理，一般在使用中将固定资产进行编码。固定资产代码一般为数字或字符，其最大长度为 20 个字符位。

(2) 名称：指固定资产的名称，要求其应准确明了，一般为汉字或字符，最大长度为 40 个字符位。

(3) 固定资产科目：指卡片核算对应的固定资产科目，一般是固定资产或其下级科目。

(4) 累计折旧科目：指卡片核算对应的累计折旧科目。

(5) 减值准备科目：指卡片核算对应的固定资产减值准备科目。如果新建账套时选择了“小企业会计制度”，则不需要指定减值准备的会计科目。

(6) 基本信息：包含了固定资产中的一些最基本的信息资料，包括固定资产的型号、类别、使用情况、使用部门、经济用途、存放地点和备注等。

(7) 型号：固定资产的规格型号等方面的信息。型号栏的最大长度为 30 个字符位。

(8) 类别：反映了该项固定资产从属于哪一个类别，系统预设了一项固定资产类别——房屋建筑物类。该项固定资产类别有特殊的含义，一般房屋建筑物类固定资产是不论其使用状态如何都必须要计提折旧的。

(3) 固定资产卡片录入。

分别单击“基本—入账信息”、“折旧与减值准备信息”、“本年变动数据”选项卡录入相关数据。

(4) 单击【增加】按钮进行保存。

4. 录入数量金额账

录入数量金额账时需注意“累计借方”、“累计贷方”和“期初余额”是在“金蝶 KIS 标准版［数学演示版］-JYKJ.AIS-［初始数据录入］”窗口中录入，有关该科目的数量是在“数量”窗口中录入。

(1) 在“金蝶 KIS 标准版［数学演示版］-JYKJ.AIS-［初始数据录入］”窗口中录入“累计借方”、“累计贷方”和“期初余额”数据，如图 2.43 所示。

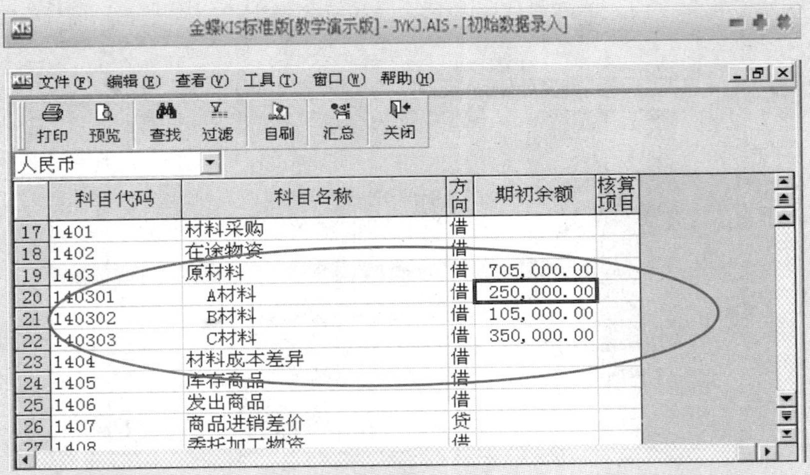

图 2.43　初始数据录入

(2) 选择左上角数据类型框中的“数量”，系统会切换到“数量”录入窗口，如图 2.44 所示。

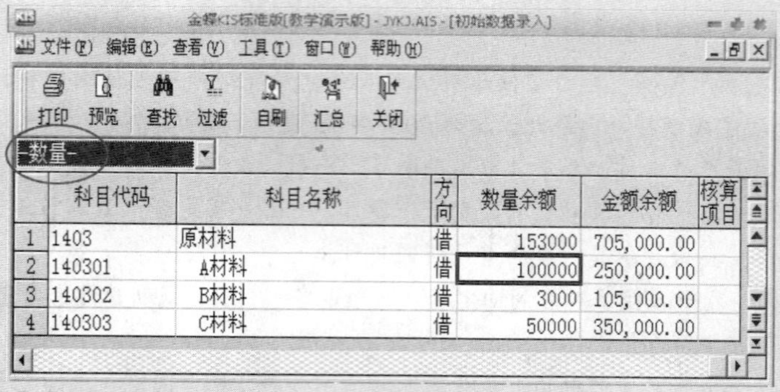

图 2.44　数量余额录入

5. 试算平衡表

在“金蝶 KIS 标准版［数学演示版］-JYKJ.AIS-［初始数据录入］”窗口中选择“试算平衡表”，系统会弹出“试算平衡表”窗口对数据进行试算平衡。

知识提示

如果账套数据是平衡的，系统在窗口的上方会显示“试算平衡表已平衡！”的字样。如果账套数据不平衡，系统会在窗口的上方会显示“试算平衡表不平衡！”的字样。系统会以这种方式提示账务数据不正确，需要检查修改。试算不平衡是不能启用账套的。可以在试算平衡表中仔细核对的账务数据，以确保账套初始数据准确无误，否则，在启用账套之后存在的错误是无法再修改的。

2.5.4 启用套账

启用账套时应进行初始数据的备份，备份到闪存盘中。

操作提示

(1) 在“初始设置”窗口，单击“启用账套”，系统会弹出“启用账套”窗口，如图 2.45 所示。

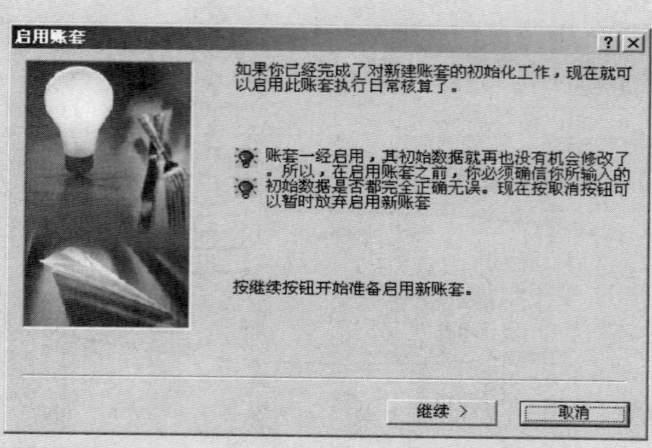

图 2.45　启用账套

(2) 单击【继续】按钮，系统会弹出“账套备份”窗口，选择账套备份的目标文件夹，如图 2.46 所示。

图 2.46　账套备份

(3) 单击【确定】按钮进入自动备份状态。账套备份完毕，屏幕会自动显示该账套已经可以启用，如图 2.47 所示。

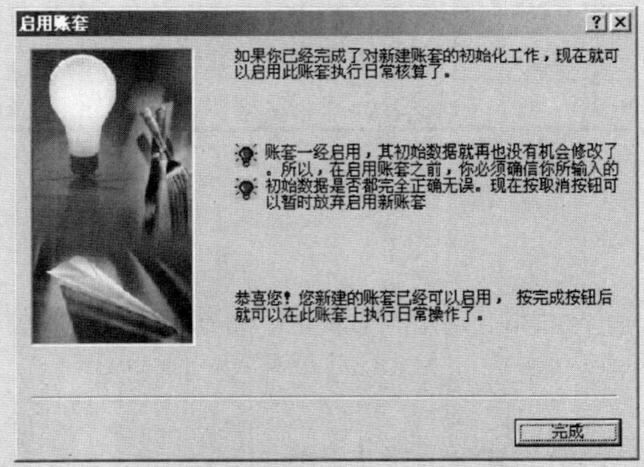

图 2.47　启用账套完成

(4) 单击【完成】按钮，进入到日常业务处理界面，如图 2.48 所示。

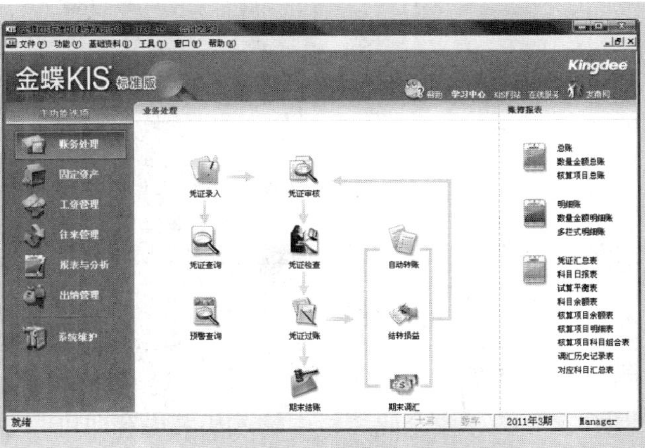

图 2.48　日常业务处理界面

知识提示

这里必须注意的是，账套一旦启用就意味着关闭初始化界面，这一过程是不可逆的。启用账套之后任何初始化资料都不能修改，因此在完成初始化工作之后，应该再仔细检查一下初始化数据，确保无误后再启用账套。

2.5.5 用户管理

1. 添加用户组

用户组包括总账组、资金组、资产管理组、工资组。

2. 添加用户与授权

代码	姓名	组别	权限	权限范围	安全码
01	李健明	总账组	总账系统	所有用户	111111
02	朱谨严	总账组	财务分析	所有用户	222222
03	刘玉香	资金组	出纳系统	所有用户	333333
04	谭国英	工资组	工资系统	当前用户	444444
05	董为民	资产管理组	固定资产系统、凭证查询	所有用户	555555
06	孔丽英	总账组	报表管理、往来管理	当前用户	666666

操作提示

(1) 单击“工具”菜单下“用户管理”命令，系统会自动弹出“用户(组)管理”窗口，如图 2.49 所示。

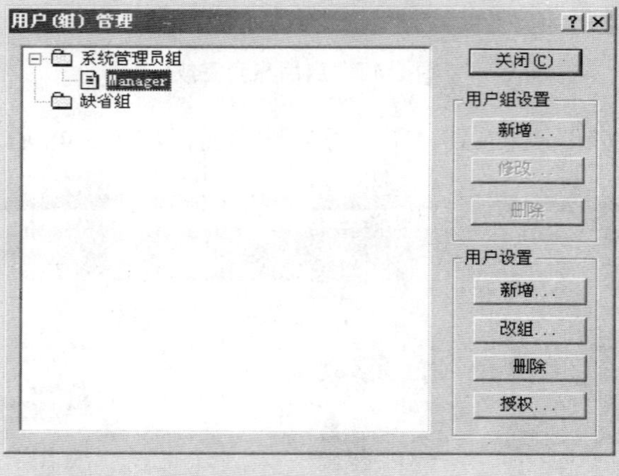

图 2.49　用户管理

(2) 新增用户。单击“用户组设置”下的【新增】按钮，系统会弹出“新增用户”窗口，如图 2.50 所示。在“用户名”、“安全码”栏中输入相关内容即可。

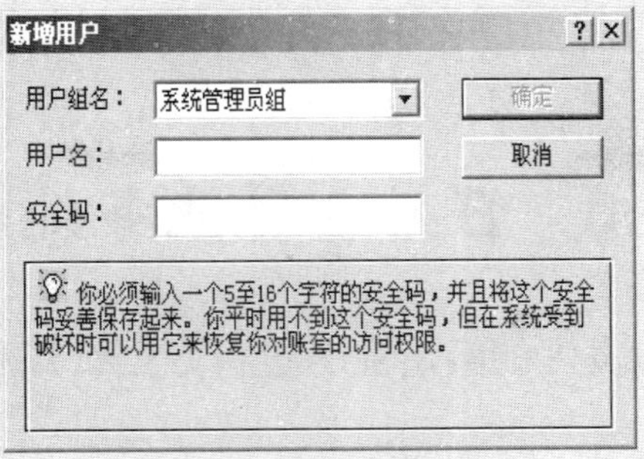

图 2.50　新增用户

(3) 单击【确定】按钮进行保存。

(4) 增加操作员权限。在如图 2.49 所示的窗口当中选择用户，单击“用户设置”下的【授权】按钮，系统会弹出“权限管理”窗口，如图 2.51 所示。选择相应权限单击【授权】即可。

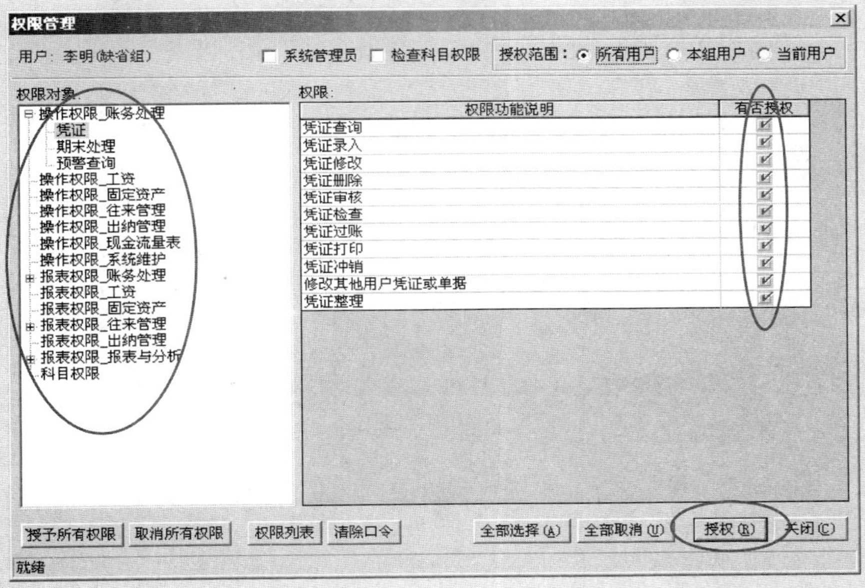

图 2.51　权限管理

知识提示

(1) 选择“所有用户”表示可处理所有用户经办的业务，且不论这些业务属于哪个用户组的处理范围。选择“本组用户”只能查看和处理本组用户经办的业务。例如，某用户的授权范围选择为本组用户，权限设置为“凭证审核”，则他只能审核本组用户所做的凭证，对超出范围的凭证不能审核。选择“当前用户”只能查看、处理本人所经办的业务。例如，在查询凭证时，就只能查到本人录入的凭证，非本人录制的凭证则无法查看到，也就无法修改和审核。

(2) 操作员不需要使用该账套时，只有系统管理员可以删除该用户。选中需删除的操作员名称，单击【删除】按钮即可，如果操作员隶属于“系统管理员”组，则需要将操作员改为其他组后方能删除。

(3) 登录密码与“用户管理”中的“安全码”不同。更改某个用户的登录密码时一定要先以其用户名登录，之后方能进行修改。

2.6 日常会计业务处理

2.6.1 对 2011 年 3 月份发生的经济业务进行数据计算和凭证处理

知识提示

录入凭证时的快捷键有以下几种。

F7 功能键：获取代码　　Ctrl+F7 功能键：自动借贷平衡

F8 功能键：保存当前凭证　　F11 功能键：计算器功能

“..”（是两个小数点，注意输入法全半角的转换)：复制上一分录的摘要

“//”：当前凭证有多条分录时，只复制第一条分录的摘要

业务 1

3 月 1 日，采购部庄严明出差回来，报销差旅费 1 200 元，以人民币现金付讫(未预借)。

要求：填制记账凭证。

操作提示

(1) 新增凭证。

单击“账务处理”下的“凭证录入”选项，系统会弹出“记账凭证”录入窗口，如图 2.52 所示。

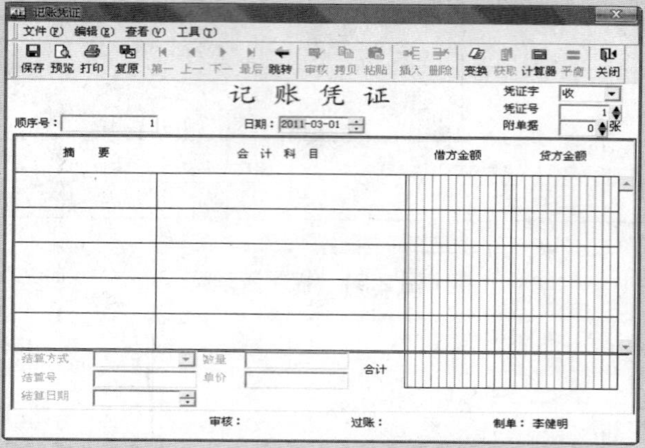

图 2.52 “记账凭证”录入窗口

知识提示

(1) 顺序号：由系统内部数据库管理使用，不必修改。

(2) 日期：凭证的编制日期。

(3) 凭证号：“编号”，应连续且不能重码，在一般情况下新增凭证时，系统将自动递增预设凭证号。若存在断号，新增的凭证将自动填补该空。

(4) 附单据张数：该记账凭证所附带的原始凭证的张数，即该凭证由几张原始凭证汇总编制而成。

(5) 摘要：凭证摘要，可直接手工输入，或按 F7 键，或单击工具栏上的【获取】按钮，在“摘要”列中双击选取预先输入的摘要。

(6) 会计科目：输入会计科目代码或按 F7 键从科目表中双击选取。

(7) 金额：输入相应的借(贷)方金额。

(8) 审核、过账、制单人签章：由系统在相应的操作过程中自动填入。

(2) 填制凭证。

① 选择凭证字“付”。如果当前账套只有一个凭证字，系统会自动选取。

② “凭证号”和“顺序号”采用系统默认值，“附单据”根据实际情况输入。

③ 直接手工输入凭证编制的日期或者在“日期”框中输入“2011-03-01”。

④ 单击第一条分录“摘要”栏，录入摘要“业务 1：报销差旅费”。

⑤ 单击“会计科目”栏，输入会计科目编码“660203-BM05 管理费用-差旅交通费-(部门)物资采购部”或通过按 F7 键进行输入。

⑥ 在相应的“借方金额”栏中输入“1200”。

⑦ 在第二条分录的“摘要”栏中输入“业务 1：报销差旅费”，在“会计科目”栏中输入“100101 库存现金-人民币现金”，在“贷方金额”栏中输入“1200”，如图 2.53 所示。

⑧ 单击工具栏上的【保存】按钮或按 F8 键，保存凭证。保存凭证前系统会对当前凭证进行合法性检查，如借贷是否平衡等。

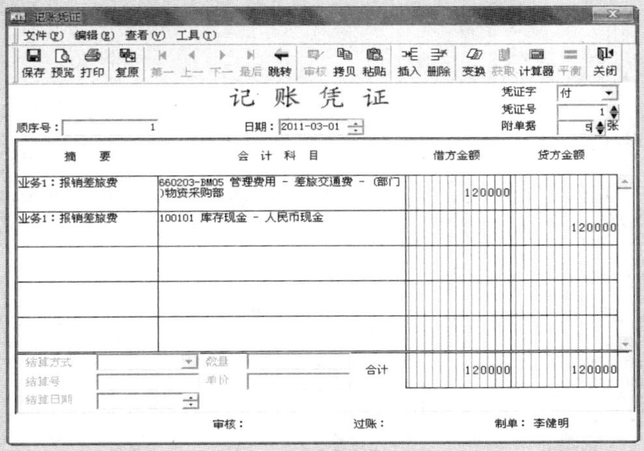

图 2.53　一般凭证录入

业务 2

3 月 1 日，收到上海第一百货公司转来前欠 50 000 元商品款，业务编号为 SH101211，以汇兑方式进行结算，结算票号为 HD770211。

要求：填制记账凭证。

操作提示

(1) 新增凭证。单击“账务处理”下的“凭证录入”选项，系统会弹出“记账凭证”录入窗口。

(2) 填制凭证。

① 修改日期为“2011-03-01”，选择凭证字“收”，凭证号、顺序号等采用默认值。

② 在第一条分录“摘要”栏中输入摘要“收到前欠货款”。在“会计科目”栏中输入“100201 银行存款-工行高新办 18640”或通过按 F7 键进行输入，在“借方金额”栏中输入“50000”。结算方式选择“汇兑”，结算号为“770211”。

③ 在第二条分录“摘要”栏中同样录入摘要“收到前欠货款”。在“会计科目”栏中输入“112201 应收账款—应收人民币”科目，如图 2.54 所示。

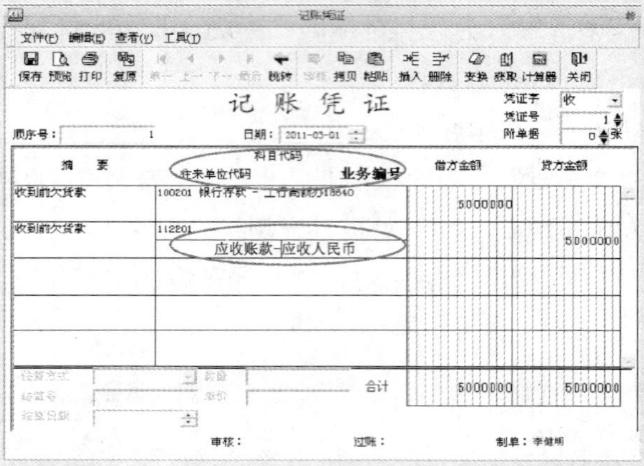

图 2.54 核算项目凭证录入

④ 将光标移到“往来单位代码”所在的位置，按 F7 功能键，系统会弹出“核算项目”对话框，其中的“往来单位”选项卡如图 2.55 所示。选择“KH003 上海第一百货公司”选项，单击【确定】按钮。

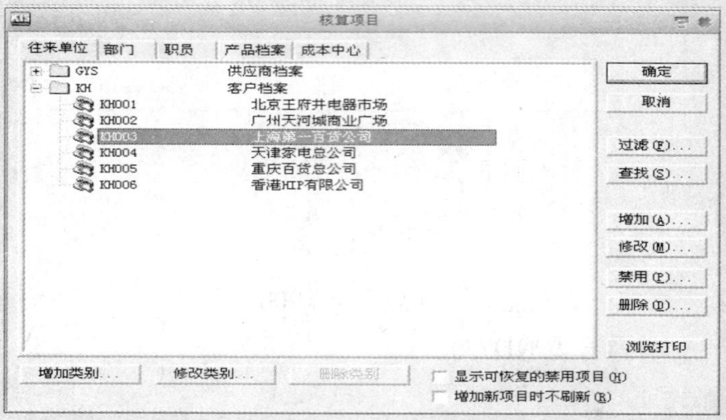

图 2.55 选择往来单位代码

⑤ 将光标移到“业务编号”栏，按 F7 功能键，系统会弹出“包括已核销资料：应收账款-应收人民币”业务资料窗口，如图 2.56 所示。选择“SB070111”所在的行，单击【确定】按钮。

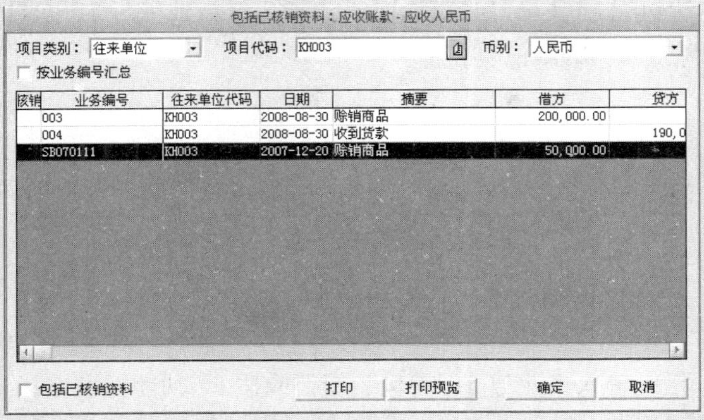

图 2.56　选择往来业务

⑥ 将光标移到“贷方金额”栏，输入“50000”，如图 2.57 所示。

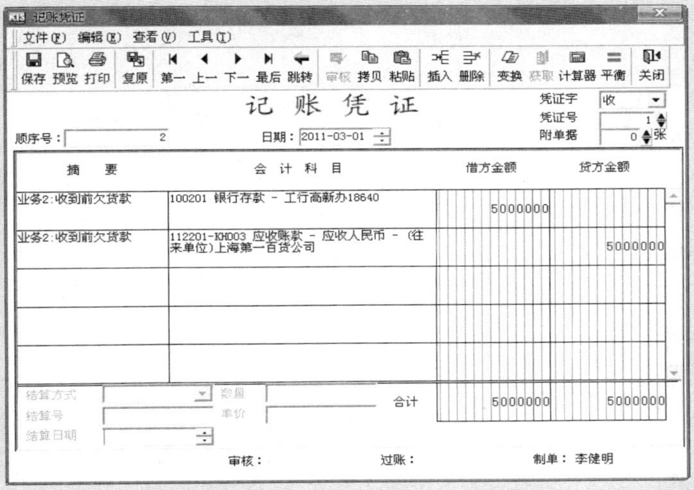

图 2.57　核算项目凭证录入完成

⑦ 单击【保存】按钮或按 F8 功能键，保存凭证。

业务 3

3 月 2 日，签发工行高新办 18640 户(人民币存款户)转账支票一张，金额 10 000 元，支票号码为 AV110301，用于补存两种特殊存款(外埠存款和长城卡存款)各 5 000 元。

要求：填制记账凭证。

业务 4

3 月 2 日，签发工行高新办 18640 户(人民币存款户)转账支票一张，金额 4 000 元，支票号码为 AV110302，用于交纳上月电话费和水电费，行政管理部门负担 15%，生产车间负担 85%。

要求：填制记账凭证。

业务 5

3 月 5 日，向上海包装制品公司购入包装箱 1 000 个，发票上注明的买价为 980 元，增值税率为 17%，运费 20 元，包装箱已验收入库，货款未付。业务号为 SH110301。

要求：计算采购成本，填制记账凭证。

操作提示

(1) 启动“凭证录入”功能，打开“记账凭证”录入窗口。检查“日期”、“凭证字”、“凭证号”是否正确。

(2) 在“摘要”栏中输入“业务 5：购包装箱”或按 F7 功能键获取摘要。在“会计科目”栏中输入“14030303 原材料-其他材料-包装箱”，注意窗口下部的“数量”文本框、“单价”文本框。

(3) 在“数量”文本框中输入“1000”，“单价”文本框中输入“1.00”，当前乘积会自动填到借方金额栏，如图 2.58 所示。

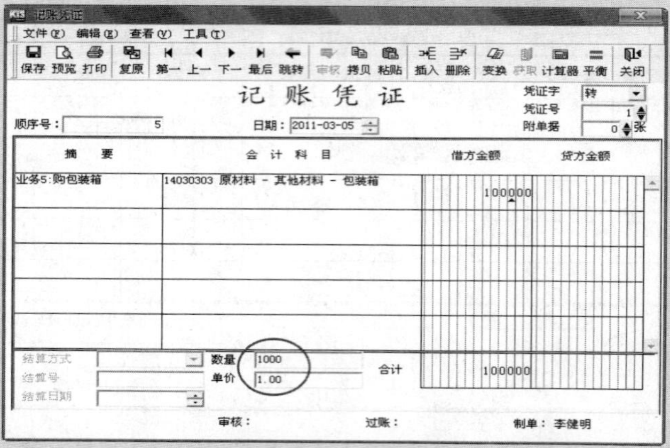

图 2.58 数量金额式凭证录入

(4) 在第二条分录的“摘要”栏中输入摘要“业务 5：购包装箱”。在“会计科目”栏中输入“22210101 应交税费-应交增值税-进项税额”或通过按 F7 键进行输入，在“借方金额”栏中输入“166. 6”。

(5) 在第三条分录的“摘要”栏中输入摘要“业务 5：购包装箱”。在“会计科目”栏中输入“220201-GYS003 应付账款-国内供应商-(往来单位)上海包装制品公司”或通过按 F7 键进行输入，在“贷方金额”栏中输入“1166.6”，如图 2.59 所示。

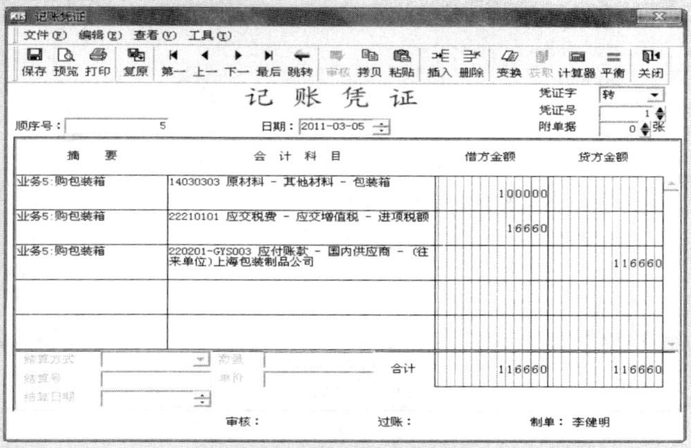

图 2.59　数量金额式凭证录入完成

(6) 单击【保存】按钮或按 F8 功能键，保存凭证。

业务 6

3 月 5 日，收到香港 HIP 有限公司欠款 10 000 美元，当天市场汇率为 6.57，中国银行高新办已办妥入账手续，信用证结算号为 XZ518008，业务号为 HIP101210。

要求：填制记账凭证。

操作提示

外币凭证是指凭证分录中的会计科目属性设有“外币”核算功能，录入该类凭证时要输入币别和该币别的汇率。

(1) 启动“凭证录入”功能，打开“记账凭证”录入窗口，检查“日期”、“凭证字”、“凭证号”是否正确。

(2) 在“摘要”栏中输入“收到 HIP 公司前欠货款”或按 F7 功能键获取摘要。在“会计科目”栏中输入“100202 银行存款-中行高新办 1188”科目，这时录入窗口由本位币格式自动转换为外币格式，如图 2.60 所示。

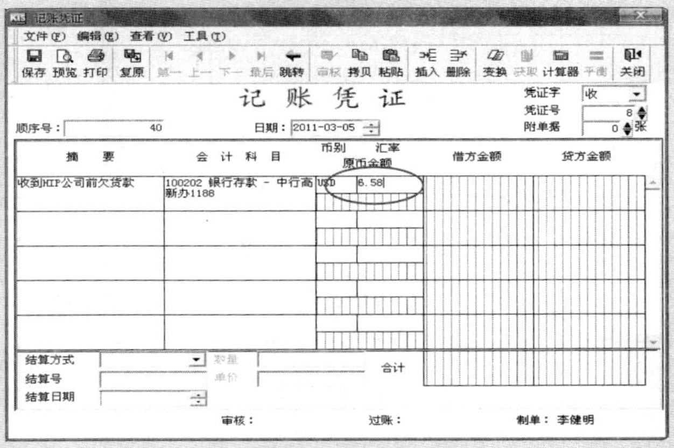

图 2.60　外币凭证录入

(3) 在“汇率”栏中输入“6.57”，“原币金额”处输入“10000”，这时“借方金额”栏中自动显示“65700”，如图 2.61 所示。

(4) 在第二条分录的“摘要”栏中输入摘要“收到 HIP 公司前欠货款”。在“会计科目”栏中输入“112202-KH006 应收账款-应收外币-(往来单位)香港 HIP 有限公司”或通过按 F7 键进行输入，在“贷方金额”栏中输入“65700”。

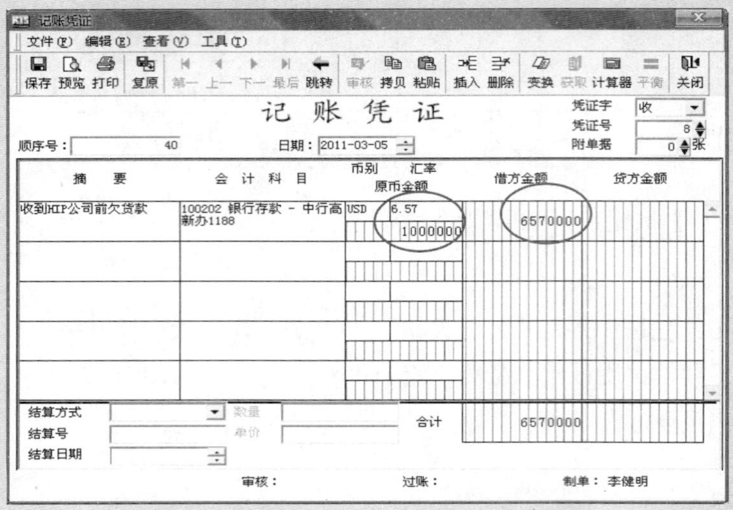

图 2.61 汇率、原币金额录入

(5) 单击【保存】按钮或按 F8 功能键，保存凭证。录入完成的凭证如图 2.62 所示。

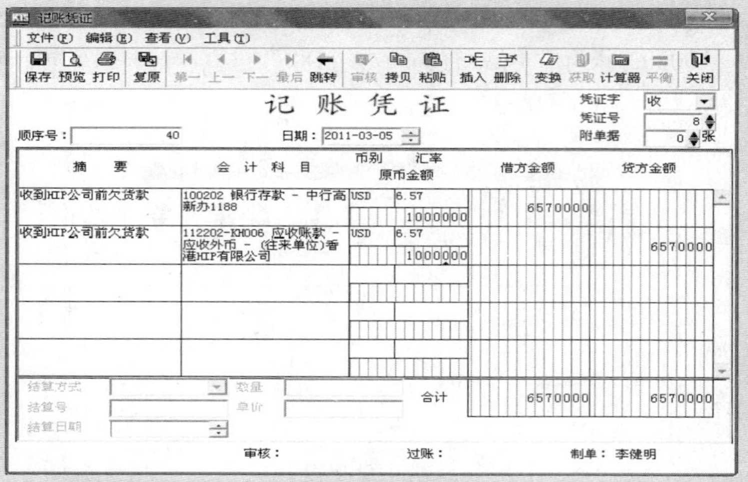

图 2.62 录入完成的外币凭证

业务 7

3 月 5 日，向美国 HPD 公司购入外购件 C100 个，单价为 70 美元，当天汇率为 6.57，已验收入库，货款未付，业务号为 HPD110301。关税完税凭证上注明的进口关税为 1 541 元，增值税为 7 818.30 元，运费为 489 元，签发工行高新办 18640 户(人民币存款户)转账支票一张，用于支付税款及运费，支票号码为 AV110303。

要求：填制采购成本计算单(采购成本计算单号为 NO.20117238)，填制记账凭证。

金源国际科技股份有限公司

采购成本计算单

供货单位：美国 HPD 公司　　　　2011 年　月　日　　　　NO：20117238

名称	买价	运费	税金	合计	数量	单位成本
外购件 C						
合计						

业务 8

3 月 5 日，签发工行高新办 18640 户(人民币存款户)转账支票一张，金额为 50 000 元，支票号码为 AV110304，用于缴纳增值税。

要求：填制记账凭证。

业务 9

3 月 10 日，发放上月职工工资，将工资发放表数据和转账支票(AV110305)一同交于银行。根据工资汇总表所提供的数据，应付职工薪酬为 365 365 元，代扣个人所得税 29 256.5 元，各种罚款共 26 000 元。

要求：填制记账凭证。

业务 10

3 月 10 日，向深圳电子器件公司购入外购件 B100 个，单价 26 元，税率 17%，已验收入库，货款未付。业务号为 SM110301。

要求：计算材料采购成本，填制记账凭证。

业务 11

3 月 10 日，签发工行高新办 18640 户(人民币存款户)现金支票一张，金额 30 000 元，支票号码为 AV110306，提取现金备用。

要求：填制记账凭证。

业务 12

3 月 10 日，生产保健器领用材料，结转材料成本。(领料单号为 NO：201103001)。

要求：填制记账凭证。

金源国际科技股份有限公司

领料单

NO：201103001

领料部门：总装车间　　2011年03月10日　　发料仓库：材料仓库

材料类别	名称及规格	计量单位	数量		计划单价	金额	用途
			请领	实领			
外购配件	外购件A	个	50	50	728.00	36 400.00	保健器
外购配件	外购件B	块	50	50	26.15	1 307.50	保健器
主要材料	导线	米	500	500	1.00	500.00	保健器
合计						38 207.50	

记账联

仓库主管：庄严明　发料人：王红卉　领料部门主管：殷尚贤　领料人：欧阳金

业务13

3月10日，生产配件领用材料，结转材料成本。(领料单号为NO：201103002)。

要求：填制记账凭证。

金源国际科技股份有限公司

领料单

NO：201103002

领料部门：配件车间　　2011年03月10日　　发料仓库：材料仓库

材料类别	名称及规格	计量单位	数量		计划单价	金额	用途
			请领	实领			
主要材料	薄钢板	吨	0.3	0.3	1 850	555	
主要材料	硬塑料	块	300	300	10	3 000	
合计						3 555	

记账联

仓库主管：庄严明　发料人：王红卉　领料部门主管：王参政　领料人：王霞

业务14

3月15日，何建国报销医药费5 000元，以人民币现金付讫。

要求：填制记账凭证。

业务 15

3 月 15 日，行政管理部李健明购买办公用品花费 2 000 元，持发票前来财务部报销，以人民币现金付讫(未借款)。

要求：填制记账凭证。

3 月 15 日对 1 月 15 日的凭证进行审核、记账。

操作提示

1. 凭证查询

(1) 单击“账务处理”下的“凭证查询”选项，系统会弹出“凭证过滤”对话框，如图 2.63 所示。

图 2.63 “凭证过滤”对话框

知识提示

(1) 内容：在此处选择要按什么项目内容去过滤。系统提供了日期、凭证字、凭证号、摘要、会计科目、币别、原币金额、汇率、数量、单价、业务编号、结算方式、结算码、借方金额、贷方金额等项目内容。

(2) 比较关系：选择项目内容按照什么比较关系与比较值进行比较。系统提供了“等于”、“不等于”、“大于”、“大于或等于”、“小于或等于”、“包含”、“不包含”、“为空值”、“不为空值”几种比较关系。

(3) 比较值：输入要过滤凭证中比较项目条件满足的数值。凭证过滤还提供了各项条件的综合查询方案，在多项条件之间提供了“并且”与“或者”逻辑运算。在设定上述过滤条件的同时，还可以设定要过滤凭证的范围。

(4) 凭证范围：过滤凭证的范围有两组选项，一组是“未过账”、“已过账”、“全部”，另一组是“未审核”、“已审核”、“全部”，在每组中选定一个范围选项。

(2) 设置查询参数。例如，查询“会计期间”等于“1”，且“凭证字”等于“收”的所有凭证，填写方法如图 2.64 所示。

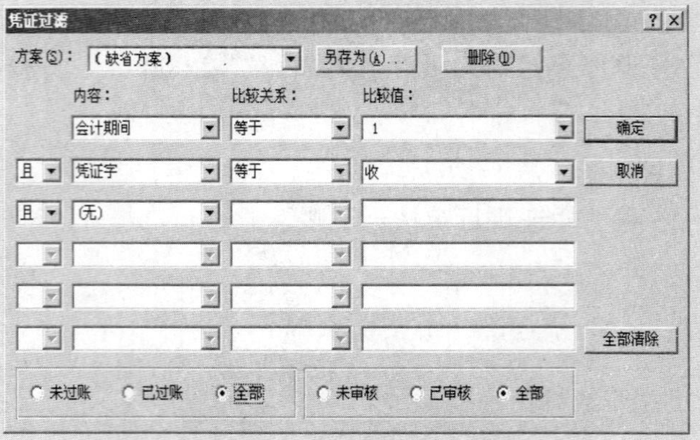

图 2.64　设置查询参数

(3) 单击【确定】按钮，系统会将满足条件的凭证显示在“会计分录序时簿”窗口中，如图 2.65 所示。

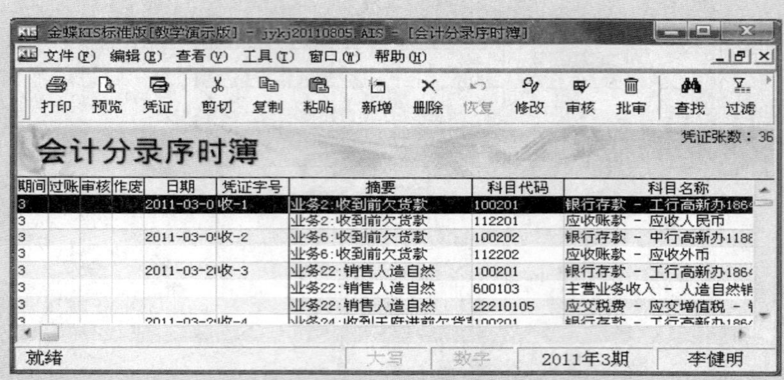

图 2.65　“会计分录序时簿”窗口(1)

2. 凭证审核

知识提示

凭证输入完成后，在过账(记账)之前，必须由专人审核，以确认凭证输入是否有误。会计制度规定，凭证的审核人与制单人不能为同一操作员。

凭证一经审核，就不允许对其进行修改或删除操作，必须经反审核操作后才能对其进行修改或删除操作。

凭证的审核方式包括单张审核方式和成批审核方式。

(1) 单张审核方式。

操作提示

① 通过“文件”菜单中的“更换操作员”命令切换系统操作员，如更换操作员为“李健明”。

② 单击“账务处理”下的“凭证审核”选项，系统会弹出“凭证过滤”对话框，如图 2.66 所示。

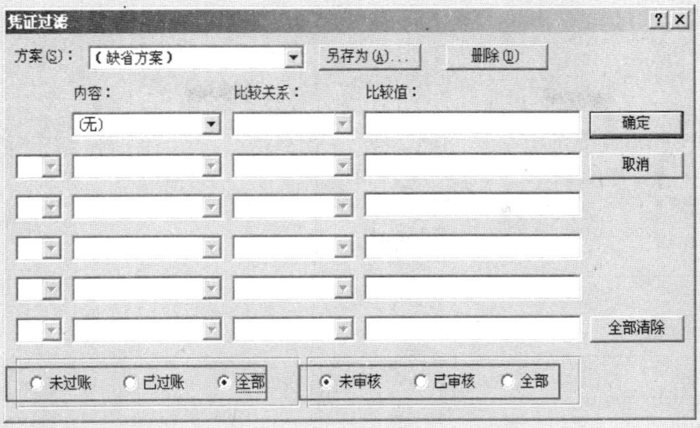

图 2.66　“凭证过滤”对话框

③ 根据实际情况选择凭证范围，单击【确定】按钮，系统会将满足条件的凭证显示在“会计分录序时簿”窗口中，如图 2.67 所示。

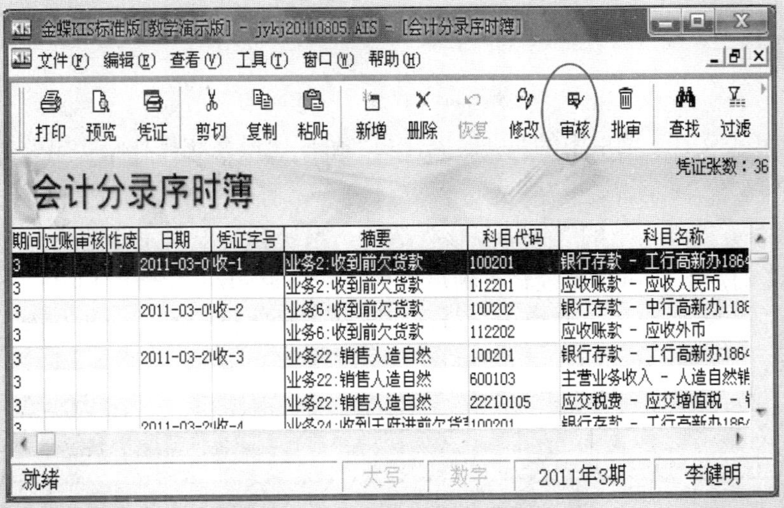

图 2.67　“会计分录序时簿”窗口(2)

④ 将光标定位在需要审核的凭证上，单击工具栏上的【审核】按钮，系统会进入“记账凭证”界面，单击工具栏上的【审核】按钮，凭证下方即显示审核人的名字“李健明”，表示这张凭证审核成功，如图 2.68 所示。

审核后，当再次单击【审核】按钮时，审核人的名字将会被去掉，表示这张凭证被反审核。

(2) 成批审核方式。

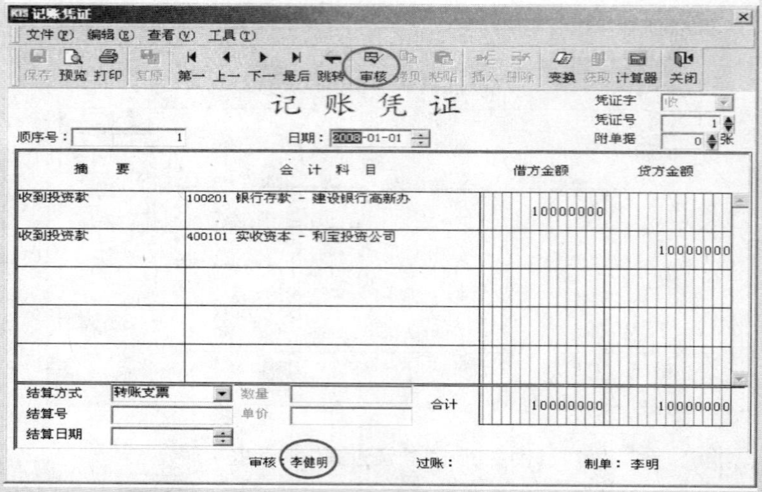

图 2.68　审核凭证

操作提示

① 通过单击“文件”菜单中的“更换操作员”命令切换系统操作员，如更换操作员为“李健明”。

② 单击“账务处理”下的“凭证审核”选项，系统会弹出“凭证过滤”对话框，设置过滤方案，单击【确定】按钮，系统会将满足条件的凭证显示在“会计分录序时簿”窗口中。

③ 在“会计分录序时簿”窗口中，单击工具栏上的【批审】按钮，如图 2.69 所示。

图 2.69 “会计分录序时簿”窗口(3)

④ 这时系统会弹出“信息提示”对话框，如图 2.70 所示。

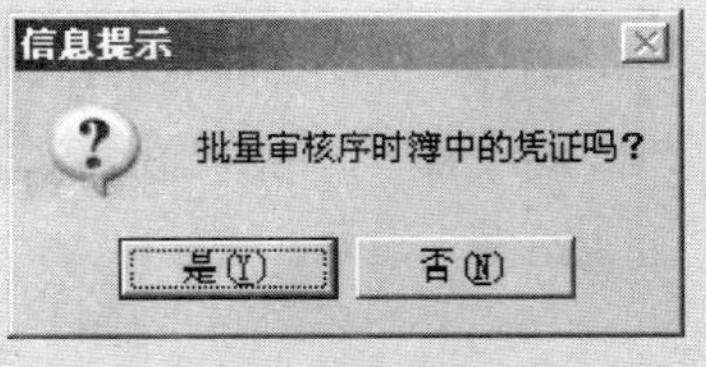

图 2.70 “信息提示”对话框

⑤ 单击【是】按钮，完成审核后显示“批量审核报告”对话框，如图 2.71 所示。

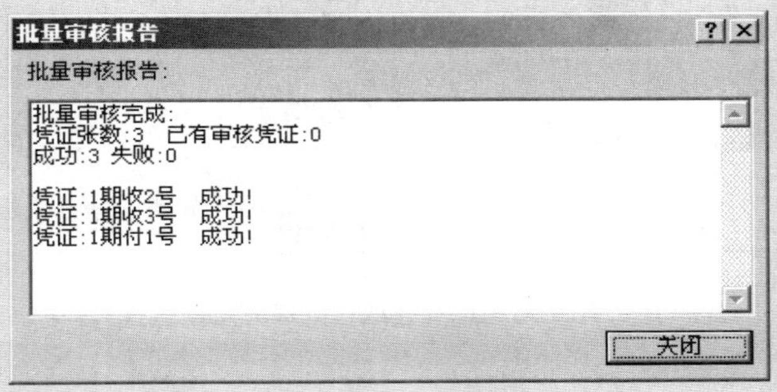

图 2.71 “批量审核报告”对话框

3. 凭证过账

操作提示

(1) 在“账务处理”窗口中单击【凭证过账】按钮，打开“凭证过账”对话框，如图 2.72 所示。在该对话框中，系统会提示在凭证过账之前需要完成的准备工作。如果还没有准备好，也可以单击【取消】按钮，停止过账。单击【前进】按钮，系统就会进入到凭证过账的第二个操作步骤。

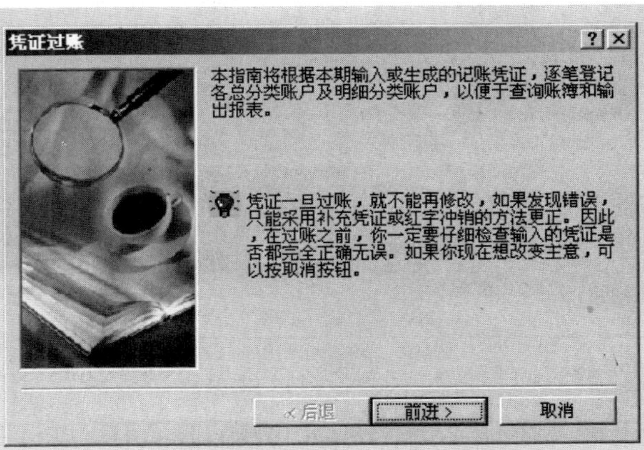

图 2.72 “凭证过账”对话框

(2) 对凭证号连续性处理方法的选择。为了给用户的操作提供方便，这里未对凭证号的连续性做严格的限制，而是把控制权交给了用户自己。在这里，用户可以根据自身对凭证号连续性要求的高低来进行选择，如图 2.73 所示。

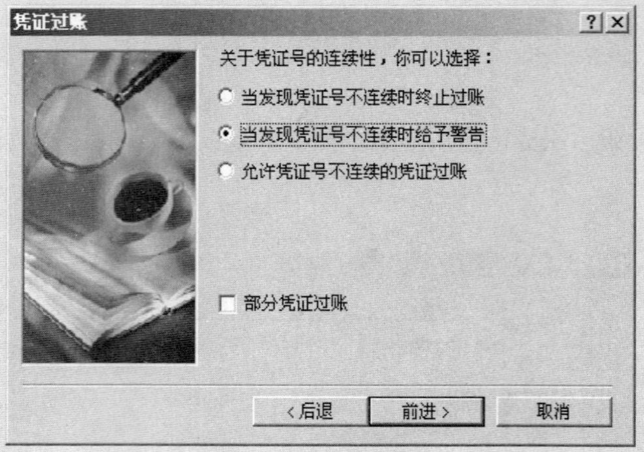

图 2.73　对凭证号连续性处理方法的选择

(3) 完成过账。

打开如图 2.74 所示的“凭证过账”对话框后，系统将开始对凭证进行过账，在过账之前系统还会让用户最后确认是否要进行过账处理。如果此时认为不需要进行过账处理，只需单击【取消】按钮即可放弃凭证过账。单击【完成】按钮后开始过账，并显示出过账进度。

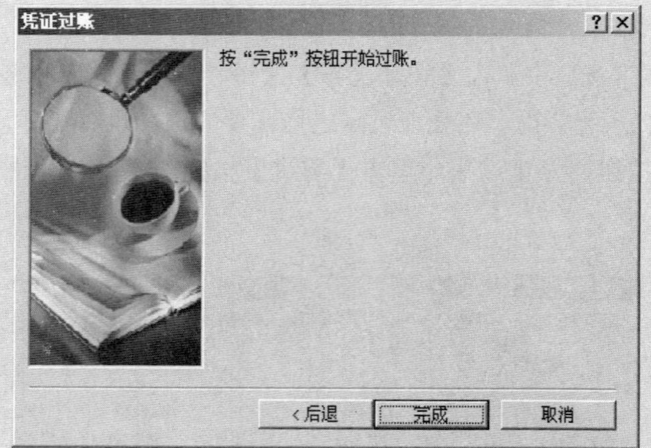

图 2.74　完成过账

(4) 显示过账凭证信息。

系统会将本次所过账的表内科目和表外科目凭证及各种业务资料的数量、金额等内容显示在窗口中，为用户提供过账信息。用户在看完过账信息之后，可以单击【完成】按钮，结束本次过账操作，如图 2.75 所示。

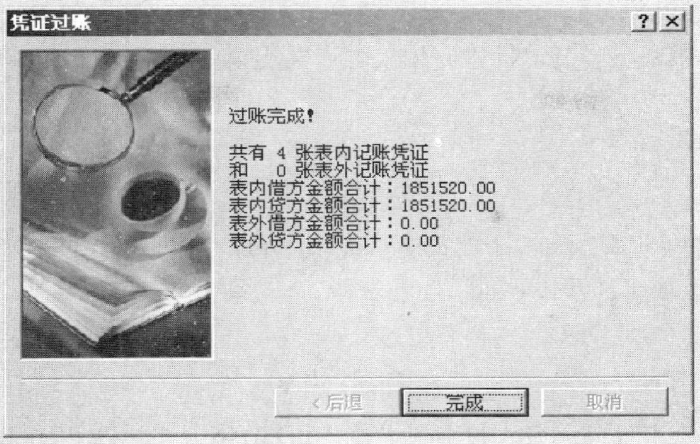

图 2.75　显示过账凭证信息

知识提示

为了方便用户对已经过账的凭证进行修改，系统提供了反过账的功能(Ctrl+F11)。通过此功能，就可以对反过账、反审核的凭证进行修改和删除了。

业务 16

3 月 18 日，以人民币现金支付困难职工生活补助费。

要求：填制记账凭证。

金源国际科技股份有限公司困难职工生活补助费发放表

2011 年 3 月 18 日

职员代码	职员姓名	所属部门代码	所属部门名称	补助金额	领取人签名
2248	邱荷香	BM08	总装车间	1 000.00	
2249	吕超霸	BM08	总装车间	1 000.00	
2253	何以心	BM08	总装车间	1 000.00	
2259	何菜花	BM08	总装车间	1 000.00	
2260	张茗	BM08	总装车间	1 000.00	
2261	林知足	BM09	新品车间	500.00	
2263	徐新生	BM09	新品车间	500.00	
合计				6 000.00	

业务 17

3 月 20 日，产品推销部杨长江持有关单据前来财务会计部报销业务招待费 2 000 元，财务会计部以人民币现金付讫。

要求：填制记账凭证。

业务 18

3 月 20 日，核销长城卡开支，本月用长城卡共支付业务招待费 5 000 元，依据相关票据进行费用处理。

要求：填制记账凭证。

业务 19

3 月 20 日，核销外埠存款账户上的开支，本月由外埠存款账户支付上海办事处费用共 5 000 元，依据相关费用单据进行费用处理。

要求：填制记账凭证。

业务 20

3 月 20 日，通过中行高新办支付前欠美国 HPD 有限公司货款 20 000 美元，当天市场汇率为 6.57，已办妥相关付款手续，信用证结算号为 XZ581825，业务号为 HPD1012002。

要求：填制记账凭证。

业务 21

3 月 25 日，购买修理配件一批，已验收入库。增值税专用发票上注明金额 5 000 元，税额 850 元。通过工行高新办以汇兑方式进行结算，结算票号为 HD110302。

要求：填制记账凭证。

业务 22

3 月 26 日，产品推销部杨长江本月销售人造自然 4 台，单价 22 500 元(不含税)，收到银行汇票一张，已缴存工行高新办，结算票号为 HP55301。

要求：填制记账凭证。

业务 23

3 月 28 日，签发工行高新办 18640 户(人民币存款户)转账支票一张，金额 29 256.50 元，支票号码为 AV110307，用于上交个人所得税。

要求：填制记账凭证。

业务 24

3 月 29 日，收到北京王府井电器商场前欠货款 234 000 元，对方以转账支票方式结算，支票号码为 AV55301，支票缴存工行高新办入账，业务号为 WF1012003。

要求：填制记账凭证。

业务 25

3 月 29 日，收到广州天河城商业广场前欠货款 368 550 元，对方以银行汇票结算方式结算，结算票号为 HP568515，汇票缴存工行高新办入账，业务号为 TH1012002。

要求：填制记账凭证。

业务 26

3 月 29 日，产品推销部杨长江本月销售 5 台人造自然给重庆百货总公司，单价 30 000 元(不含税)，货款未收，确认为本月销售收入和应交税费分别为 150 000 元和 25 500 元，业务号为 CQ1103001。

要求：填制记账凭证。

业务 27

3 月 29 日，预提本月借款利息，其中预提长期借款利息 10 000 元、短期借款利息 10 000 元，并进行相应的账务处理。

要求：填制记账凭证。

业务 28

3 月 29 日，产品推销部何建国销售 40 部电子保健器给北京王府井电器商场，单价为 5 000 元(不含税)，税率为 17%，货款未收，确认本月销售收入和应交税费，业务号为 WF1103001。

要求：填制记账凭证。

业务 29

3 月 29 日，产品推销部张山男销售 20 个家用机器人给广州天河城商业广场，单价为 15 000 元(不含税)，货款未收，税率为 17%，确认本月销售收入和应交税费，业务号为 TH1103001。

要求：填制记账凭证。

业务 30

3 月 29 日，收到重庆百货总公司转来银行汇票一张，面额为 175 500 元，用于付上个月所购商品款，业务编号为 CQ1012011。结算票号为 HP550311，已缴存工行高新办。

要求：填制记账凭证。

业务 31

3 月 29 日，领用包装箱，结转材料成本 (领料单号为 NO：201103003、NO：201103004)。

要求：填制记账凭证。

金源国际科技股份有限公司

领料单

NO：201103003

领料部门：总装车间　　2011 年 03 月 29 日　　发料仓库：材料仓库

材料类别	名称及规格	计量单位	数量		计划单价	金额	用途
			请领	实领			
其他材料	包装箱	个	100	100	0.9	90.00	保健器
合计						90.00	

记账联

仓库主管：庄严明　发料人：王红卉　领料部门主管：殷尚贤　领料人：欧阳金

金源国际科技股份有限公司

领料单

NO：201103004

领料部门：新品车间　　2011年03月29日　　发料仓库：材料仓库

材料类别	名称及规格	计量单位	数量		计划单价	金额	用途
			请领	实领			
其他材料	包装箱	个	100	100	0.9	90.00	机器人
	包装箱	个	100	100	0.9	90.00	人造自然
合计		个	200	200	0.9	180.00	

记账联

仓库主管：庄严明　发料人：王红卉　领料部门主管：林知足　领料人：胡南山

业务32

3月31日，摊销本月应负担的报刊订阅费2 000元(前期已计入预付账款)。

要求：填制记账凭证。

业务33

3月31日，签发工行高新办18640户(人民币存款户)转账支票一张，支付前欠深圳电子器件贸易公司50 000元计算机配件货款，支票号码为AV110310，业务编号为SM1012007。

要求：填制记账凭证。

知识提示

在录入相关凭证时，如发现“会计科目”库中没有相关科目，可单击“会计科目”窗口中的【增加】按钮添加会计科目。

3月31日对16—31日的所有未记账凭证进行审核、记账。

2.6.2 固定资产核算

业务1：购进(增加)处理。

3月8日，购买小轿车一辆，供产品推销部使用，单价为200 000元，税率为17%，属于辅助生产设备，残值率为5%。折旧方法为平均年限法，预计使用期为10年，折旧费用科目为“销售费用”。开出面额为234 000元的工行银行汇票一张，支付货款及税款，汇票号码为HP750301。

要求：录入固定资产卡片，生成记账凭证。

操作提示

单击“会计之家”窗口中的“固定资产”选项，系统会切换到“固定资产”处理界面，如图 2.76 所示。

(1) 单击“固定资产增加”选项，系统会弹出“固定资产变动资料-输入”窗口，如图 2.77 所示，可以在此对固定资产所涉及的增加、减少或变动业务进行处理。

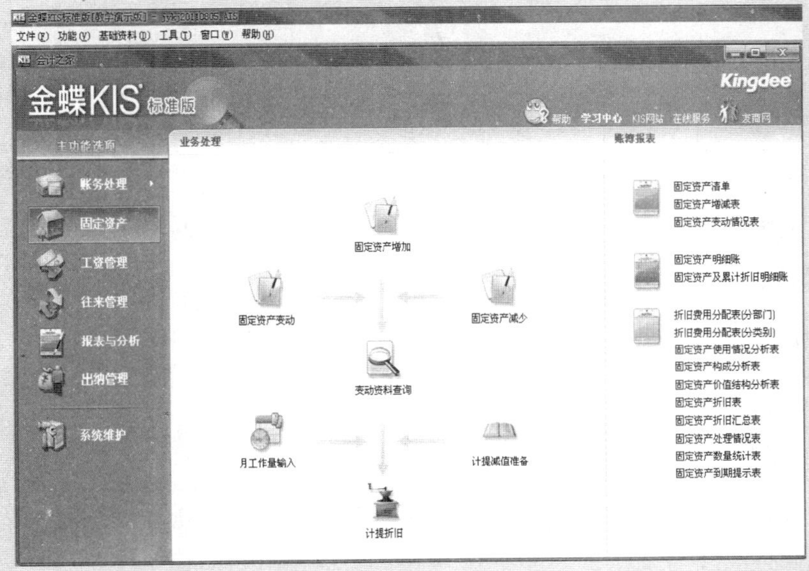

图 2.76　固定资产处理界面

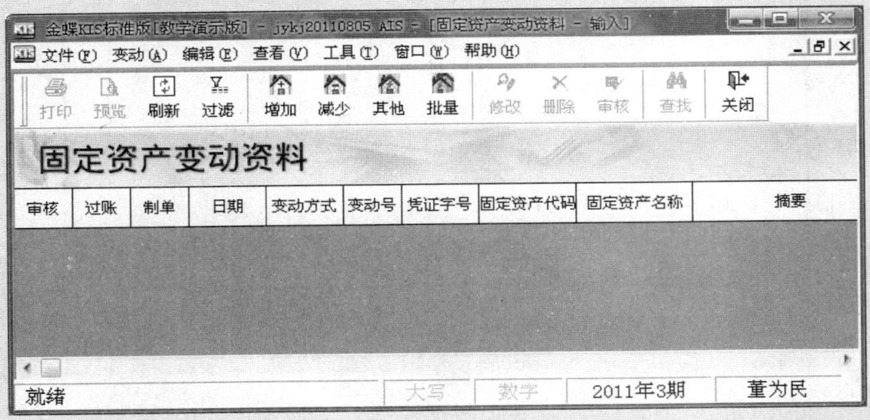

图 2.77　固定资产变动资料

(2) 单击工具栏上的【增加】按钮，或单击【变动】菜单中的【增加】命令，打开“固定资产增加”对话框。

(3) 录入新增固定资产资料。录入增加的固定资产内容及附属设备内容。“固定资产增加”对话框中有“基本信息”、“折旧与减值准备信息 1”和“折旧与减值准备信息 2”3 个选项卡，如图 2.78、图 2.79、图 2.80 所示。

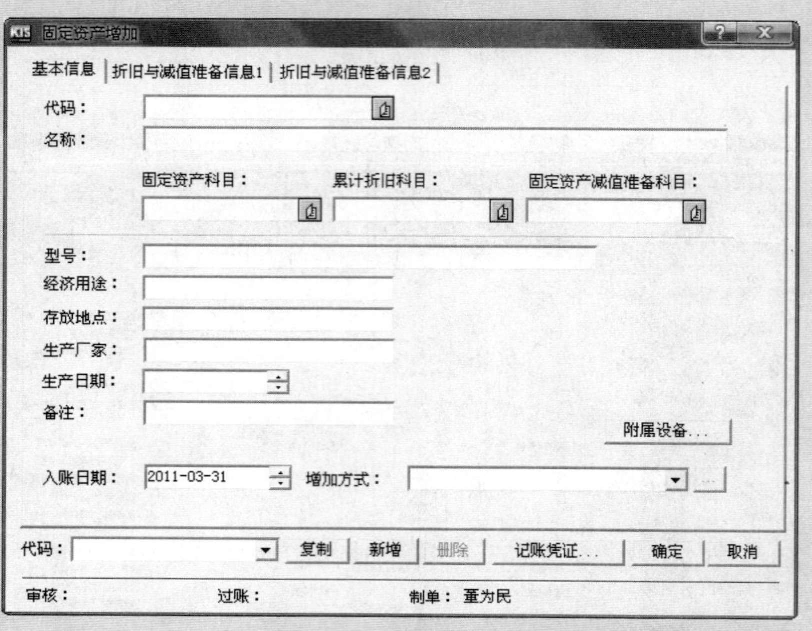

图 2.78 “基本信息”选项卡

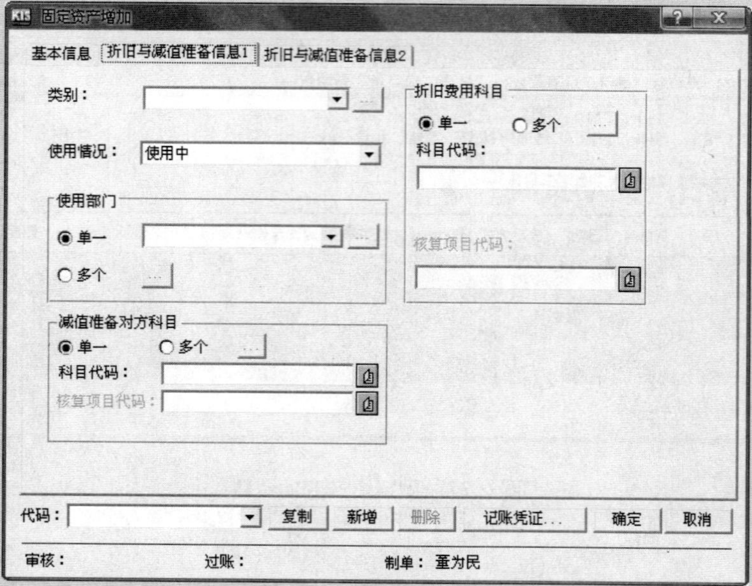

图 2.79 “折旧与减值准备信息 1”选项卡

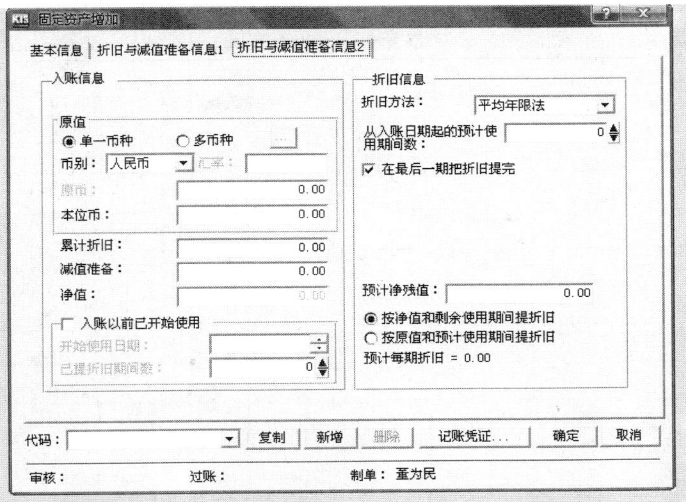

图 2.80 “折旧与减值准备信息 2”选项卡

知识提示

固定资产增加在以下几方面与初始化处理不同。

(1) “入账以前已开始使用”用于指定该固定资产是否在入账前已开始使用。此选项用于处理先使用后入账固定资产补提已使用期间折旧的情况。选择此项时必须输入下列两类信息：该固定资产入账前已开始使用的开始使用日期(在入账日期之前)及已计提折旧期间数(年限、工作数量)。该数据不能大于从开始使用日期起的预计使用期间(年限、工作总量)数。将来在固定资产发生折旧要素变动后可使用该数据计算剩余使用期间(年限、工作量)。

(2) 系统也为日常处理新增的固定资产折旧计算提供了平均年限法、工作量法、双倍余额递减法、年数总和法 4 种折旧计算方法。但是，对于每种折旧方法计算折旧时的要素，系统只提供两个选项：按净值提折旧和按剩余使用期间提折旧。该方法一般用于企业增加一个旧固定资产，却找不到原值、原预计使用期间或者企业认为没有必要按该固定资产的原始状态计提折旧的情况。选择此选项即意味着企业入账时开始将该固定资产的净值作为原值，剩余使用期间(年限、工作量)作为预计使用期间(年限、工作总量)计提折旧。按原值和预计使用期间计提折旧用于新增一个全新的固定资产或增加旧固定资产时按该固定资产的原始状态(原值、预计净残值、预计使用期间、年限、工作总量)计提折旧。

(4) 调整记账凭证。

录入完毕后，系统能够自动生成相应的记账凭证，如图 2.81 所示。系统在生成记账凭证时，其固定资产的对方科目是根据在卡片的“增加方式”中设定的会计科目代码来生成的。

在下图的窗口中单击【记账凭证】按钮可以查看、调整记账凭证的有关分录，记账凭证中除蓝色的有关固定资产和累计折旧的科目数据不允许修改外，其他科目数据都可以调整。操作提示参见账务处理中的相关描述。

操作完毕后，单击【确认】按钮保存新增的固定资产。

业务 2：其他变动处理。

3 月 20 日，综合大楼装修使原值增加 200 000 元，开出面额 200 000 元工行银行汇票一张，支付装修费用，汇票号码为 HP750302。

要求：变更固定资产卡片，生成记账凭证。

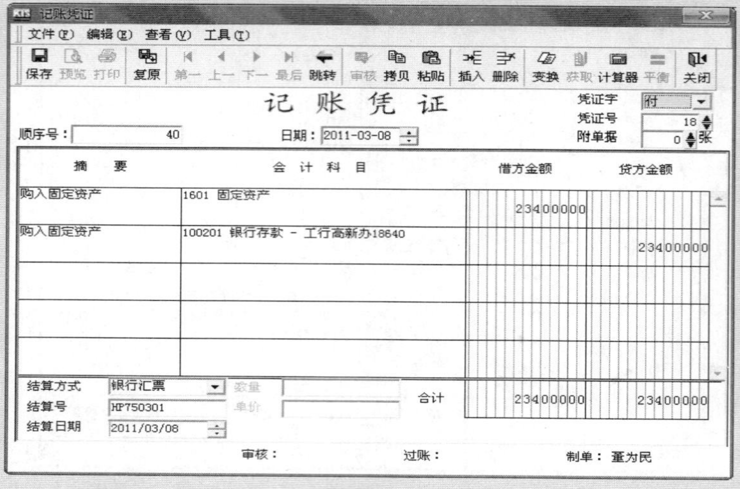

图 2.81 自动生成相应的记账凭证

操作提示

(1) 在固定资产变动窗口里，单击工具栏上的【其他】按钮或从“变动”菜单中单击【其他变动】命令，打开“固定资产其他变动”对话框，如图 2.82 所示。

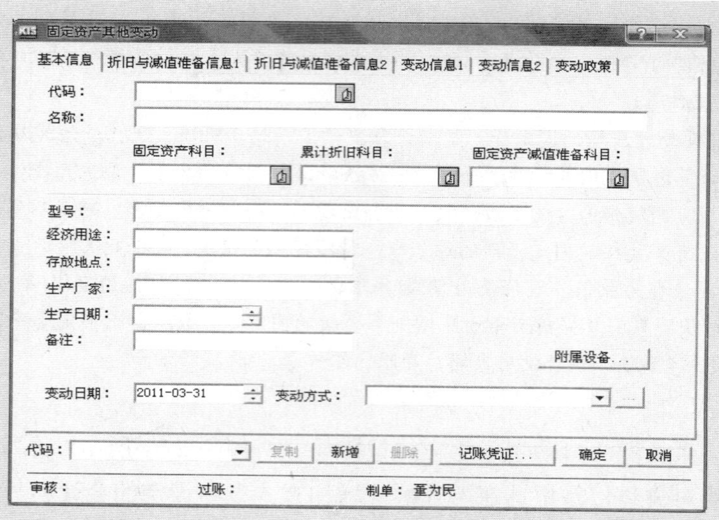

图 2.82 “固定资产其他变动”对话框

(2) 在“代码”文本框中输入发生变动的固定资产代码或单击输入框右边的【查看】按钮查看以选择固定资产项目。

知识提示

(1) “固定资产其他变动”对话框与“固定资产增加”对话框一致，折旧与减值准备信息反映的是固定资产期初有关折旧信息的内容。“变动信息 1”选项卡中主要包括类别变动、使用情况变动、使用部门变动以及折旧费用科目变动选项。“变动信息 2”选项卡主要用于调整固定资产的有关折旧要素变动项目，主要包括固定资产类别、使用情况、使用部门、折旧费用科目、预计使用期间、原值调增、累计折旧调整及预计净残值的变动选项。

(2)“变动政策”选项卡主要用于设定固定资产折旧要素发生变化之后折旧的处理方法。

(3) 编制调整记账凭证。资料录入完毕后，单击【记账凭证】按钮查看调整记账凭证的有关分录。操作提示与修改记账凭证相同。

(4) 在“固定资产其他变动”对话框中单击【确定】按钮保存录入的资料。

业务 3：固定资产减少核算。

3 月 29 日，出售旧冲床一台，资产编号为 GD04，价款为 1 700 000 元，已通过转账支票收存银行，支票号码为 AV550308。以工行高新办 18640 户(人民币存款户)银行存款支付清理费用 30 000 元，转账支票号码为 AV110308。已清理完毕，对相关费用进行结转。

要求：对固定资产减少进行处理，进行相关的凭证处理。

操作提示

(1) 用于录入减少一项固定资产的资料。单击如图 2.77 所示的固定资产变动资料工具栏上的【减少】按钮或在【变动】菜单中单击【减少】命令，打开“固定资产减少”对话框，如图 2.83 所示。

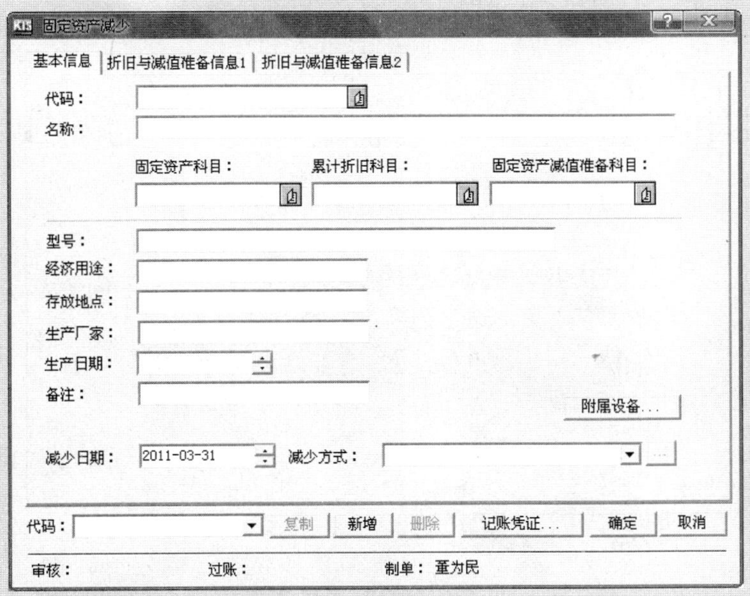

图 2.83 “固定资产减少”对话框

(2) 选择要减少的固定资产。单击【代码】输入框右侧的【查看】按钮选择要减少的固定资产，输入减少日期和选择固定资产减少方式。资料录入完毕后，单击【记账凭证】按钮查看调整记账凭证的有关分录。可以根据实际情况对记账凭证进行调整。操作提示与修改记账凭证相同。

知识提示

固定资产减少处理主要用于对固定资产进行“报废”、“出售”、“盘亏”等处理。

(3) 保存资料。在“固定资产减少”对话框中单击【确定】按钮保存录入的资料，返回到变动资料列表窗口。

知识提示

根据会计制度的要求，固定资产当期减少当期要计提折旧。因此，系统在进行固定资产减少处理时会自动进行本项账务处理。如果在计提折旧之前减少本期应提折旧的固定资产，系统会预留出本期应提折旧额，然后再进行减少处理。

业务 4：计提本月固定资产折旧。

要求：生成折旧凭证。

操作提示

(1) 单击“固定资产”下的“计提折旧”选项，系统会弹出“计提折旧”对话框，如图 2.84 所示。

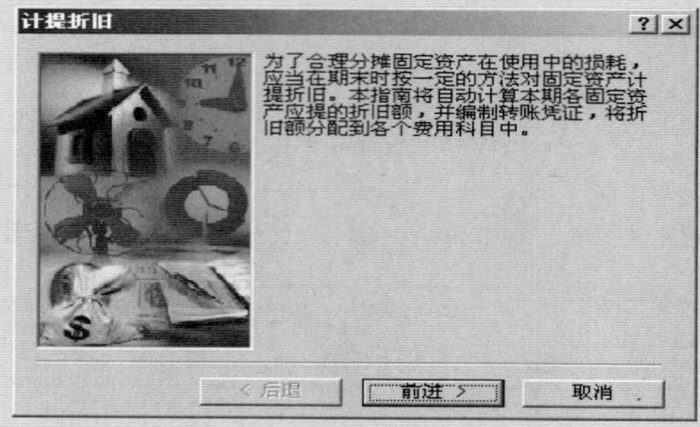

图 2.84 “计提折旧”对话框

(2) 单击【前进】按钮，系统会弹出如图 2.85 所示的对话框，用户可以对“凭证摘要”和“凭证字”进行修改。

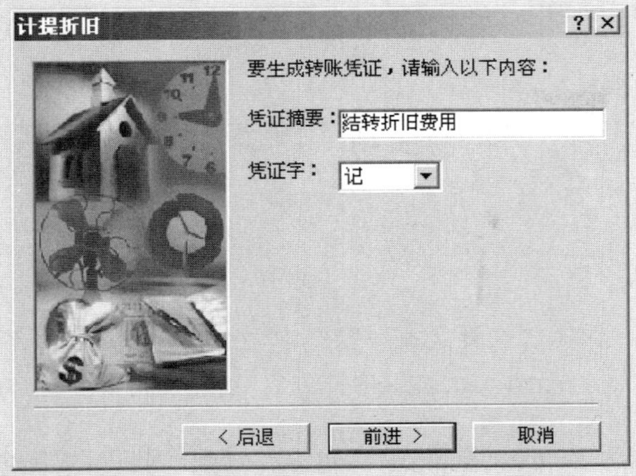

图 2.85　凭证摘要、凭证字录入

(3) 单击【前进】按钮，系统会弹出如图 2.86 所示的对话框。

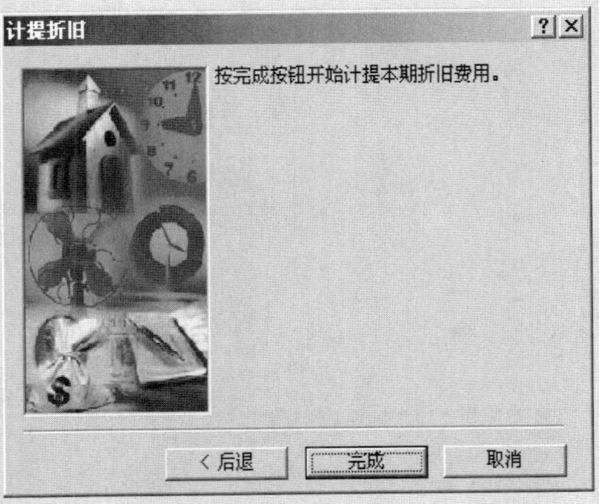

图 2.86　计提折旧完成

(4) 单击【完成】按钮，系统会弹出如图 2.87 所示的“信息提示”对话框。

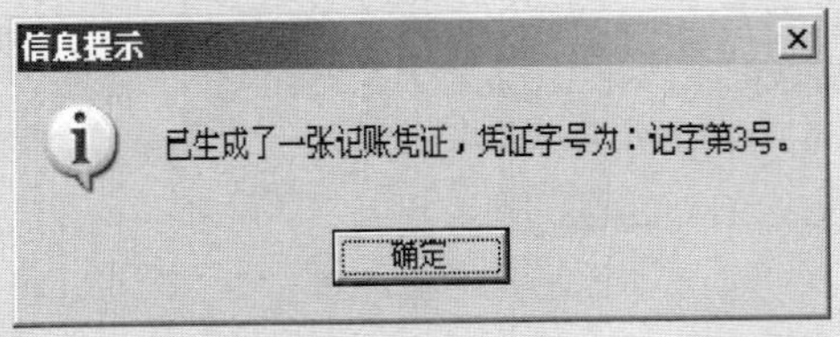

图 2.87　生成凭证信息提示

单击【确定】按钮完成计提折旧工作。如需对计提折旧凭证进行查询，可以利用“账务处理”下的“凭证查询”选项获得。

对上述凭证进行审核、记账(过账)。

业务 5：固定资产账表的查询与输出。

2.6.3 工资核算

业务 1：设置工资项目。

工资项目包括职员代码、职员姓名、部门、底薪、奖金、其他工资、津贴、应发工资、税款、扣款、实发工资。

操作提示

(1) 启动工资系统。单击“会计之家”窗口中“工资管理”，系统会切换到“工资管理”模块的“业务处理”界面，如图 2.88 所示。

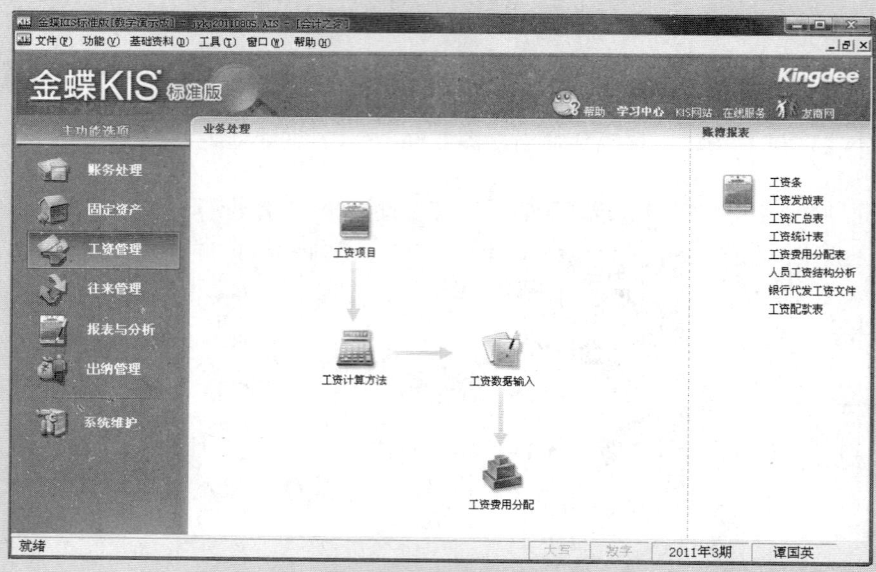

图 2.88 “业务处理”界面

(2) 增加工资项目。

① 单击“工资管理”下的“工资项目”选项，系统会弹出“工资项目”对话框，如图 2.89 所示。

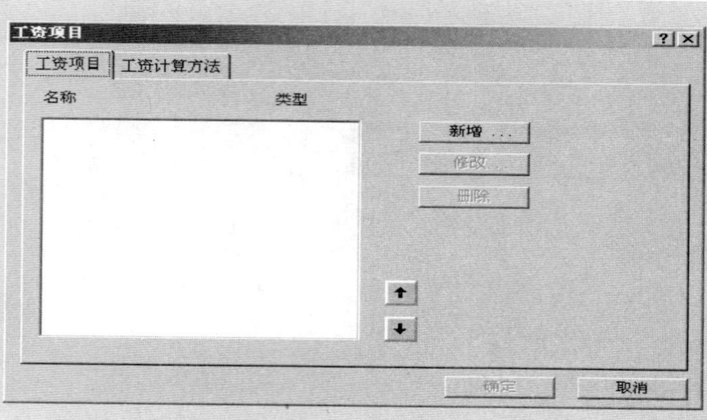

图 2.89 “工资项目”对话框

② 单击【新增】按钮，系统会弹出“工资项目”新增对话框，如图 2.90 所示。

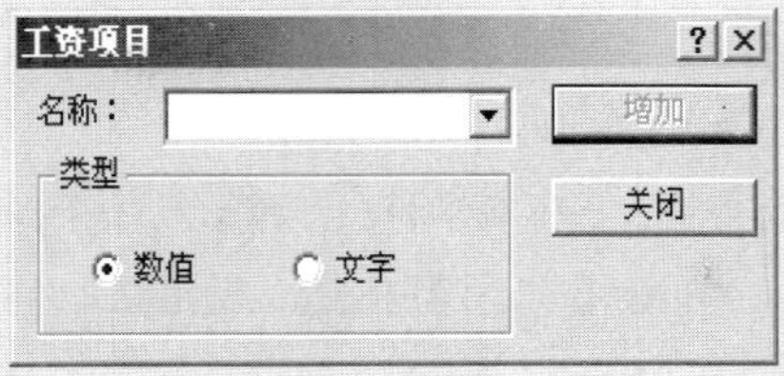

图 2.90 “工资项目”新增对话框

③ 单击“名称”下拉列表框的下拉按钮，该账套内部所有的选项就会显示出来，如“职员代码”、“职员姓名”等，如图 2.91 所示。

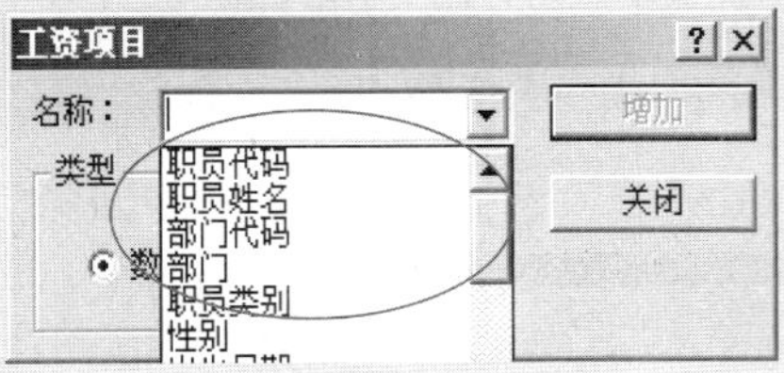

图 2.91 工资项目选择

④ 如选择“职员代码”选项，单击【增加】按钮，“工资项目”对话框中就会显示出“职员代码”项目，如图 2.92 所示。

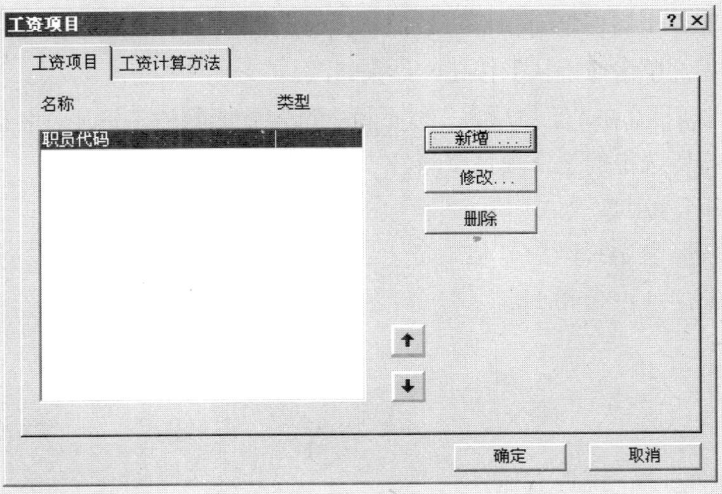

图 2.92 已录入工资项目列表

⑤ 当系统内没有要设置的工资项目时，可以手工输入。

知识提示

工资项目有以下两种类型。

数值型：只能输入数字，可以参加计算。

文字型：可以作为逻辑判断的条件，但不能参加数据计算。

⑥ 工资项目增加完成后，单击【关闭】按钮，返回到“工资项目”对话框，结果如图2.93所示。

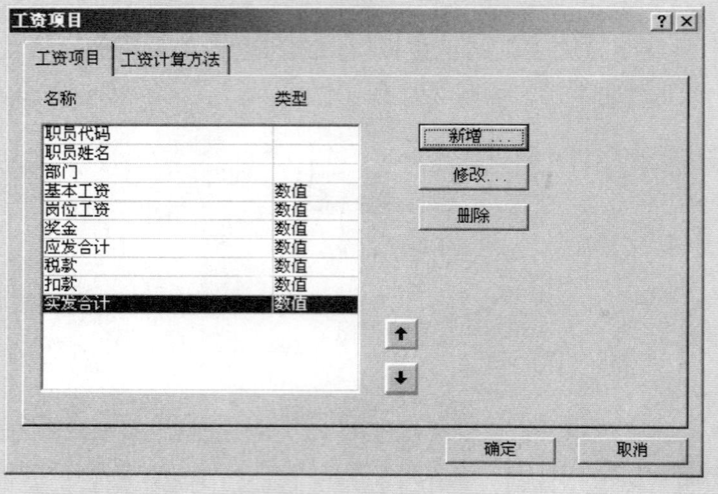

图 2.93　工资项目录入完成

(3) 修改工资项目。在“工资项目”选项卡中选定要修改的工资项目名称，然后单击【修改】按钮，系统会弹出与新增对话框一致的修改对话框，可以修改工资项目名称或项目的类型，修改完毕之后，单击【确认】按钮，结束修改。

(4) 删除工资项目。在“工资项目”对话框中选定要删除的工资项目名称，然后单击【删除】按钮，即可将所选定的工资项目删除。

业务 2：编辑工资计算公式。

应发工资=底薪+奖金+津贴+其他工资

税款=(应发工资−1 400)×0.1

If 税款＜0 则

税款=0

End If

实发工资=应发工资-税款-扣款

如果 实发工资＜0 则

报警“工资不够扣”

End If

操作提示

在工资项目窗口如图 2.93 中，单击“工资计算方法”，进入计算方法设置窗口。单击“引导输入”选项，相应的运算符号和项目内容即可显示在屏幕上。然后在系统的条件提示下进行公式设置，如图 2.94 所示。

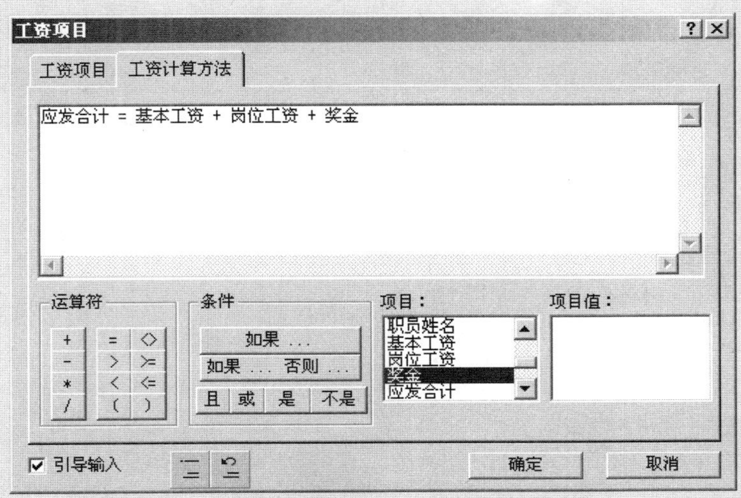

图 2.94　编辑工资计算公式

业务 3：录入 2011 年 3 月份的工资变动数据。

操作提示

在图 2.88“业务处理”界面中，单击【工资数据输入】按钮，系统会弹出“工资数据输入”对话框，如图 2.95 所示。单击【确定】按钮，进入“金蝶 KIS 标准版［教学演示版］-jykj20110805.AIS-［工资数据录入］”窗口，如图 2.96 所示，录入相应的工资项目数据即可。工资数据表见图 2.96 后。如果改变了工资项目或计算公式，应执行“重算工资”处理，这样才能将变化后的结果反映到工资表中。

图 2.95 “工资数据输入”对话框

图 2.96 工资数据录入

金源国际科技股份有限公司

2011 年 3 月份工资数据表

职员代码	职员　姓名	底薪	奖金	津贴	其他工资	应发工资	税款	扣款	实发工资
2201	李有金	5 000	700	300	1 500	7 500	610.00	500	6 390
2204	陈兰花	5 000	700	300	1 500	7 500	610.00	500	6 390
2205	李辉	5 000	700	300	1 500	7 500	610.00	500	6 390
2206	杨小明	5 000	700	300	1 500	7 500	610.00	500	6 390
2211	王红卉	5 000	700	300	1 500	7 500	610.00	500	6 390
2212	李健明	5 000	700	300	1 500	7 500	610.00	500	6 390
2213	朱谨严	5 000	700	300	1 500	7 500	610.00	600	6 290
2214	刘玉香	5 000	700	300	1 500	7 500	610.00	500	6 390

续表

职员代码	职员姓名	底薪	奖金	津贴	其他工资	应发工资	税款	扣款	实发工资
2215	谭国英	5 000	700	300	1 500	7 500	610.00	480	6 410
2216	董为民	4 500	700	300	1 500	7 000	560.00	600	5 840
2217	孔丽英	4 500	700	300	1 500	7 000	560.00	620	5 820
2218	何建国	4 500	900	1 100	2 000	8 500	710.00	520	7 270
2219	杨长江	4 500	800	1 200	1 500	8 000	660.00	650	6 690
2220	张山男	4 500	800	1 200	1 600	8 100	670.00	480	6 950
2221	吴冬雪	4 500	800	1 200	1 000	7 500	610.00	600	6 290
2222	庄严明	4 500	600	300	450	5 850	445.00	300	5 105
2223	李小娟	4 500	600	1 000	900	7 000	560.00	560	5 880
2226	范国良	4 500	600	800	960	6 860	546.00	369	5 945
2227	毛明心	4 000	900	800	1 500	7 200	580.00	800	5 820
2228	张海东	4 000	360	800	1 000	6 160	476.00	560	5 124
2231	张远东	4 600	360	680	1 000	6 640	524.00	269	5 847
2232	单健田	4 000	320	960	1 400	6 680	528.00	360	5 792
2234	殷尚贤	3 000	1 200	360	1 500	6 060	466.00	560	5 034
2235	孙勇	3 800	800	390	1 100	6 090	469.00	456	5 165
2237	舒展	4 200	600	400	500	5 700	430.00	860	4 410
2238	余兰	5 000	800	630	1 000	7 430	603.00	258	6 569
2241	欧阳金	4 000	800	600	1 500	6 900	550.00	630	5 720
2243	叶青林	6 000	1 100	564	1 100	8 764	736.40	548	7 479
2244	邓彪	4 800	1 300	600	1 200	7 900	650.00	789	6 461
2248	邱荷香	4 600	1 200	900	1 100	7 800	640.00	564	6 596
2249	吕超霸	4 000	700	360	800	5 860	446.00	458	4 956
2253	何以心	4 500	200	320	200	5 220	382.00	478	4 360
2259	何菜花	4 780	500	400	300	5 980	458.00	480	5 042
2260	张茗	3 600	1 000	1 200	230	6 030	463.00	420	5 147
2261	林知足	3 000	1 200	450	200	4 850	345.00	470	4 035
2262	董秀丽	4 200	1 000	450	100	5 750	435.00	450	4 865
2263	徐新生	3 200	1 000	250	400	4 850	345.00	690	3 815
2265	胡南山	3 700	1 000	240	440	5 380	398.00	470	4 512
2266	黎正南	3 800	600	500	1 200	6 100	470.00	487	5 143
2268	钟爱江	3 600	1 200	250	360	5 410	401.00	450	4 559
2271	曾琴	2 690	1 200	450	1 500	5 840	444.00	125	5 271
2272	温理清	6 000	100	200	360	6 660	526.00	450	5 684
2279	沈屈才	3 600	800	1 200	800	6 400	500.00	480	5 420
2280	马赐福	2 500	2 100	1 000	800	6 400	500.00	800	5 100
2281	王参政	2 900	1 400	250	360	4 910	351.00	460	4 099

续表

职员代码	职员　姓名	底薪	奖金	津贴	其他工资	应发工资	税款	扣款	实发工资
2284	程精惠	3 300	1 400	360	260	5 320	392.00	460	4 468
2285	姚惠敏	3 200	1 200	350	110	4 860	346.00	150	4 364
2286	庄可塑	2 600	2 400	1 200	360	6 560	516.00	480	5 564
2289	钟洁	2 500	1 500	1 000	360	5 360	396.00	780	4 184
2297	蒙国柱	3 700	1 200	800	340	6 040	464.00	589	4 987
2298	来富文	3 500	1 100	800	400	5 800	440.00	690	4 670
2300	王霞	4 500	1 200	256	458	6 414	501.40	235	5 677.60
合计		216 870	46 540	30 070	49 148	342 628	26 982.80	26 485	289 160.20

业务 4：分配结转工资费用。

金源国际科技股份有限公司

工资费用分配表

职员类别	应发工资费用科目	
	费用科目代码	费用科目名称
管理人员	660205	管理费用/职工薪酬
服务人员	660205	管理费用/职工薪酬
推销人员	6601	销售费用
机修人员	510104	制造费用/辅助费用
保健器工人	50010102	生产成本/保健器/直接人工/(成本中心)/保健器总装组
机器人工人	50010202	生产成本/机器人/直接人工
人造自然工人	50010302	生产成本/人造自然/直接人工
清气机工人	50010203	生产成本/机器人/制造费用
配件工人	50010402	生产成本/配件生产/直接人工
总装车间管理	510101	制造费用/总装车间
新品车间管理	510102	制造费用/新品车间
配件车间管理	510103	制造费用/配件车间
仓库管理人员	660205	管理费用/职工薪酬

要求：进行费用分配，生成转账凭证。

操作提示

(1) 进入费用分配。在工资处理窗口中单击【费用分配】按钮，打开“工资分配向导”对话框，如图 2.97 所示。在此对话框中对工资分配进行说明，在分配工资费用之前，还可以选择是否要重新对工资数据进行计算。如果要重新计算，则需要在此对话框中选中“重新计算工资”复选框。然后单击【前进】按钮，则会打开工资费用分配参数设定对话框。

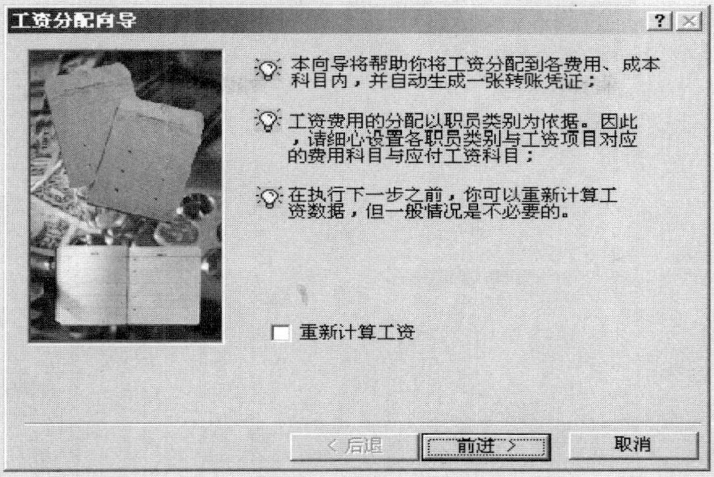

图 2.97 “工资费用分配”对话框

(2) 设置费用分配。在“工资分配向导”对话框中，可以通过“职员类别”、“工资项目”、“费用科目代码”、“应付工资代码”4 个选项框设定它们之间的对应关系，作为工资分配的依据，如图 2.98 所示。

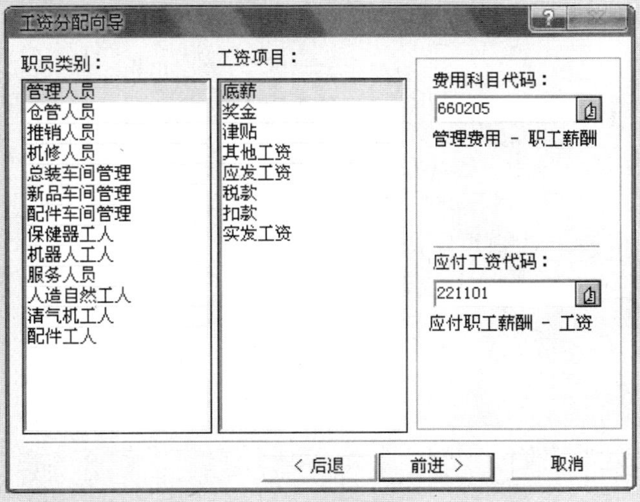

图 2.98 进行工资费用分配

(3) 各类别人员分别设置完成后，单击【前进】按钮，系统会弹出如图 2.99 所示的对话框。

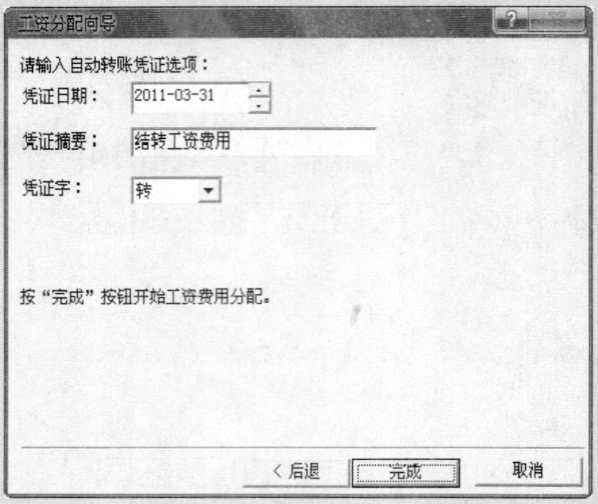

图 2.99　自动转账凭证选项输入

(4) 在如图 6.99 所示的“工资分配向导”对话框中选择凭证日期，填写好凭证摘要、凭证字，单击【完成】按钮，系统在后台进行处理后会弹出如图 2.100 所示的“信息提示”对话框。单击【确定】按钮，结束整个费用分配操作过程。

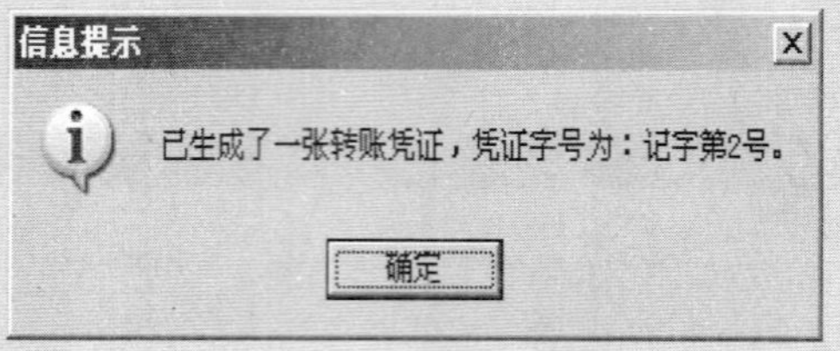

图 2.100　生成凭证信息提示

对上述凭证进行审核、记账(过账)。

业务 5：工资账表的查询与输出。

操作提示

(1) 单击“工资管理”下的“工资条”选项，系统会弹出“工资报表输出”对话框，如图 2.101 所示。

在第一次使用报表时，必须通过单击【编辑】按钮设置显示的项目。

(2) 选中“工资条”报表，单击【编辑】按钮，系统会弹出“工资报表”对话框，如图 2.102 所示。

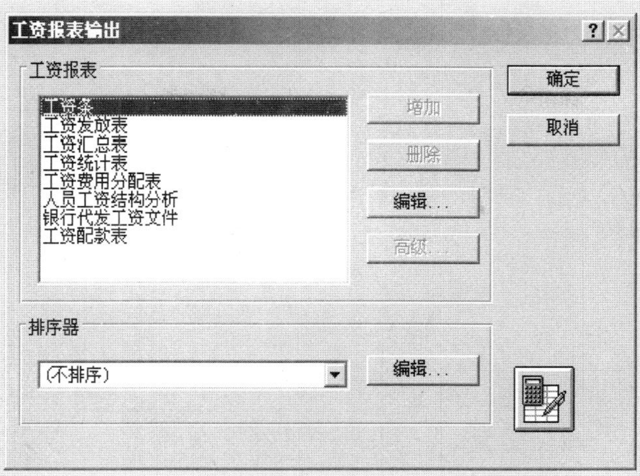

图 2.101 “工资报表输出”对话框

(3) 根据需要选择工资项目。

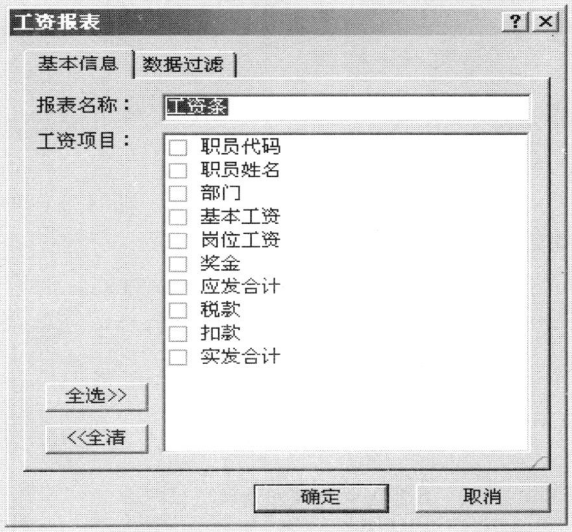

图 2.102 “工资报表”对话框

(4) 条件设置完成，单击【确定】按钮返回“工资报表输出”对话框。

(5) 单击【确定】按钮，系统进入“工资条打印”对话框，如图 2.103 所示。

(6) 调节字体、外观等，可以通过单击【打印预览】按钮查看效果，不满意可以再次进行微调，直到满意为止。

(7) 单击【打印】按钮，可输出工资条。如果暂时不想输出，可单击“关闭”按钮，退出“工资条打印”对话框，系统会自动保存刚才设定的格式。

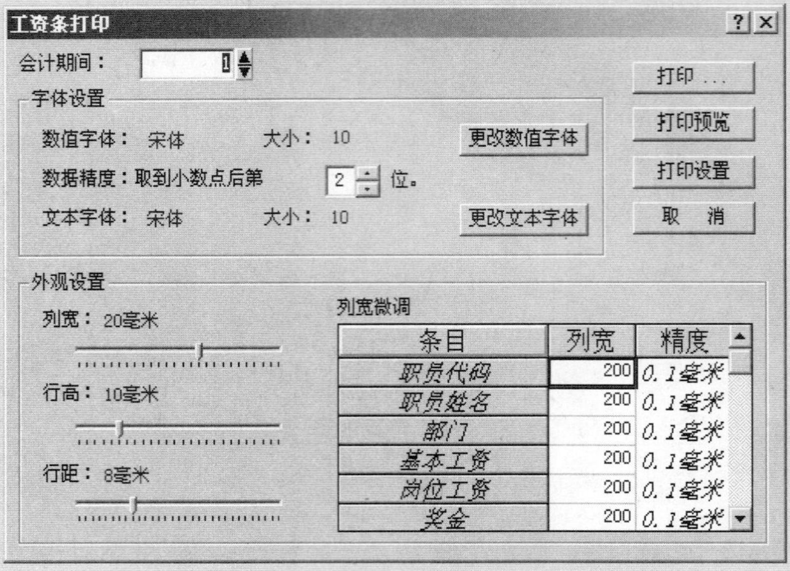

图 2.103 “工资条打印”对话框

2.6.4 期末业务处理

业务 1：分配结转辅助费用。

要求：根据维修工时进行辅助费用的分配。各车间的维修工时已提供，待分配金额通过查询“制造费用/辅助费用”账户本期发生额获取，计算分配率(保留 3 位小数)和分配额填入表。填制记账凭证，对该张凭证进行审核记账。

金源国际科技股份有限公司

辅助费用分配表

2011 年 3 月

借 方 科 目	维 修 工 时	分 配 率	分 配 额
制造费用/总装车间	140		
制造费用/新品车间	100		
制造费用/配件车间	80		
合计	320		

业务 2：分配结转总装车间制造费用。

要求：查阅“制造费用/总装车间”账户本期发生额，计算分配率和分配额填入表；填制记账凭证。

金源国际科技股份有限公司

制造费用分配表

车间：总装车间　　　　　　　　　　　2011年3月

借方科目	金额	贷方科目	金额
生产成本/保健器/制造费用(总装组)		制造费用/总装车间	
合计		合计	

业务3：分配新品车间制造费用。

要求：查阅“制造费用/新品车间”账户本期发生额，计算分配率和分配额填入表；填制记账凭证。

金源国际科技股份有限公司

制造费用分配表

车间：新品车间　　　　　　　　　　　2011年3月

借方科目	生产工时	分配率	分配金额	贷方科目	金额
生产成本/机器人/制造费用	1 400			制造费用/新品车间	
生产成本/人造自然/制造费用	1 800				
合计	3 200			合计	

业务4：分配配件车间制造费用。

要求：查阅“制造费用/配件车间”账户本期发生额，计算分配率和分配额填入表；填制记账凭证。

金源国际科技股份有限公司

制造费用分配表

车间：配件车间　　　　2011年3月

借方科目	金额	贷方科目	金额
生产成本/配件生产/制造费用		制造费用/配件车间	
合计		合计	

对上述3张凭证进行审核记账。

业务5：配件完工入库，结转成本。

要求：填制记账凭证。

金源国际科技股份有限公司

产品成本计算表

2011年3月

产品	成本项目(生产成本/配件生产)			合计	完工数量	单位成本
	直接材料	直接人工	制造费用			
外罩	31 000	12 000	25 000	68 000	2 000	34.0
面板	17 100	10 000	12 000	39 100	2 300	17.0
底盘	11 981	8 174	13 045	33 200	2 000	16.6
合计	60 081	30 174	50 045	140 300		

业务6：产品完工入库。

要求：填制记账凭证。

3月31日，75部电子保健器完工入库，仓库已全部验收。

金源国际科技股份有限公司

产品成本计算表

2011年3月

产品		成本项目			
		直接材料	直接人工	制造费用	合计
电子保健器	投入成本	38 207.50	31 364.00	96 432.50	166 004.00
	完工成本	31 866.50	31 364.00	96 432.50	159 663.00
	在产成本	6 341.00			6 341.00
	完工单位成本	424.89	418.19	1 285.76	2 128.84

3 月 31 日，10 个家用机器人完工入库，仓库已全部验收。

金源国际科技股份有限公司

产品成本计算表

2011年3月

产品		成本项目			
		直接材料	直接人工	制造费用	合计
家用机器人	投入成本	41 217.00	23 090.00	36 251.82	100 558.82
	完工成本	40 516.00	23 090.00	36 251.82	99 857.82
	在产成本	701.00			701.00
	完工单位成本	4 451.60	2 309.00	3 625.10	9 985.78

3 月 31 日，7 台人造自然完工入库，仓库已全部验收。

金源国际科技股份有限公司

产品成本计算表

2011年3月

产品		成本项目			
		直 接 材 料	直 接 人 工	制 造 费 用	合 计
人造自然	投入成本	33 865.00	24 010.00	30 152.35	88 027.35
	完工成本	30 077.33	24 010.00	30 152.35	84 239.68
	在产成本	3 787.67			3 787.67
	完工单位成本	4 296.76	3 430.00	4 307.48	12 034.24

业务 7：结转本月产品销售成本。

要求：填制记账凭证。

金源国际科技股份有限公司

产品销售统计表

2011 年 3 月

商品名称	销量	单位成本	总成本
人造自然	6	12 100	72 600
人造自然	3	12 000	36 000
家用机器人	20	8 700	174 000
电子保健器	40	2 100	84 000

业务 8：期末调汇。期末汇率中美元汇率为 1∶6.56。

要求：对所有未记账凭证进行审核、记账。执行期末调汇处理，生成自动转账凭证。

操作提示

(1) 在结账处理窗口中，单击【期末调汇】按钮，系统会弹出“期末调汇”对话框，如图 2.104 所示。

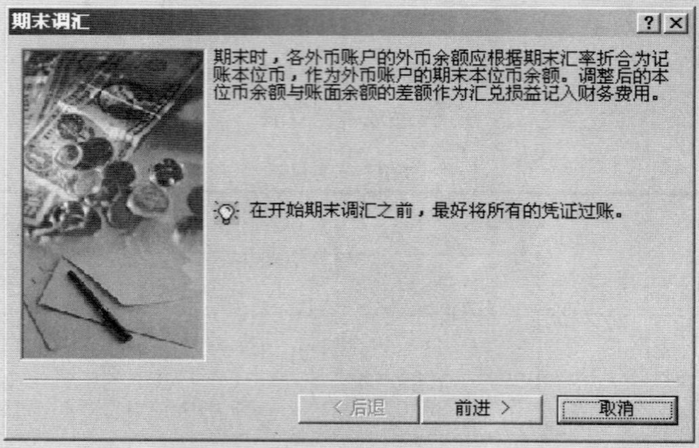

图 2.104 “期末调汇”对话框

(2) 单击【前进】按钮进入下一步操作，在打开的对话框中输入期末汇率，如图 2.105 所示，系统将根据此汇率来计算汇兑损益。

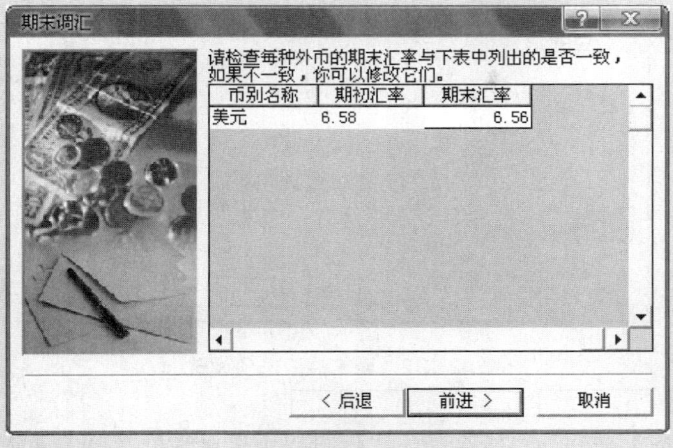

图 2.105　输入期末汇率

(3) 单击【前进】按钮，系统会提示输入“汇兑损益”科目的代码，可按 F7 键获取，如图 2.106 所示。

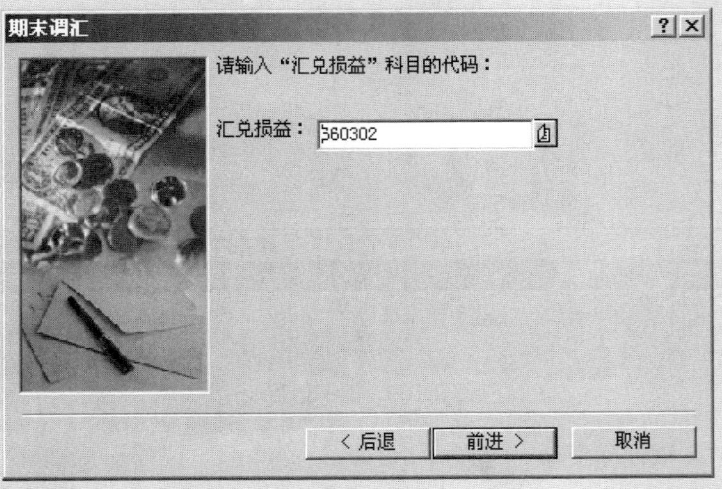

图 2.106　输入“汇兑损益”科目的代码

(4) 单击【前进】按钮，系统会提示输入记账凭证参数，也可采用默认值，如图 2.107 所示。

知识提示

(1) “生成转账凭证”选项：选中此选项，则系统将根据调汇的情况，将期末调汇的结果直接生成记账凭证。选定生成记账凭证选项之后，要求输入凭证摘要的内容以及凭证字。

(2) “输出汇率调整表”选项：选中此选项之后，系统会将期末调汇的结果生成汇率调整表，供用户查询和打印。

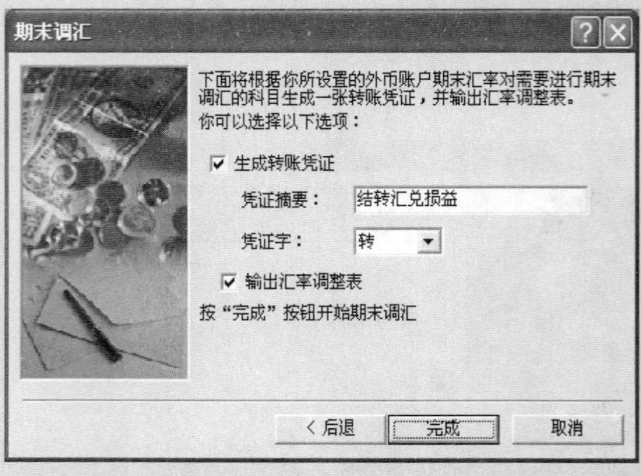

图 2.107 期末调汇选项设置

(5) 单击【完成】按钮，系统会弹出“信息提示”对话框，单击【确定】按钮即可，如图 2.108 所示，这时将显示“汇率调整表”，如图 2.109 所示。

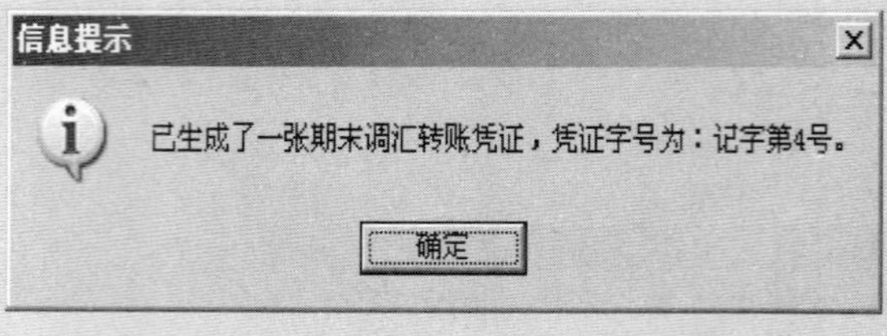

图 2.108 生成凭证信息提示

汇率调整表

科目代码	科目名称	币别	汇率	原币余额	调整前本位币余额	调整后本位币余额	调整前后本位币差额
100102	库存现金 - 港币	港币	1.12	20,000.00	21,400.00	22,400.00	1,000.00
10020202	银行存款 - 中国银行高新	美元	8.27	110,000.00	916,300.00	909,700.00	-6,600.00
	合计				937,700.00	932,100.00	-5,600.00

图 2.109 汇率调整表

业务 9：结转本期期间损益。

要求：对所有未记账凭证进行审核、记账，执行期间损益结转处理，生成自动转账凭证并审核、记账。

知识提示

系统是按照在“会计科目”中选定的科目类别来进行自动结转损益工作的。只有科目类别设定为“损益类”的科目余额才能对其进行自动结转。在日常财务处理中，损益类科目的余额在每期的期末都要结转到本年利润科目或本年利润科目的明细科目中去。如果要结转本期损益，最好使用系统提供的“结转本期损益”功能，否则在输出有关损益类的会计报表时，会出现不正确的数据。

操作提示

(1) 单击“账务处理”中的“结转损益”选项，打开“结转本期损益”对话框，如图 2.110 所示。

(2) 单击【前进】按钮，设置“凭证摘要”为“结转本期损益”，在“凭证字”下拉列表框中选择“记”选项，如图 2.111 所示。

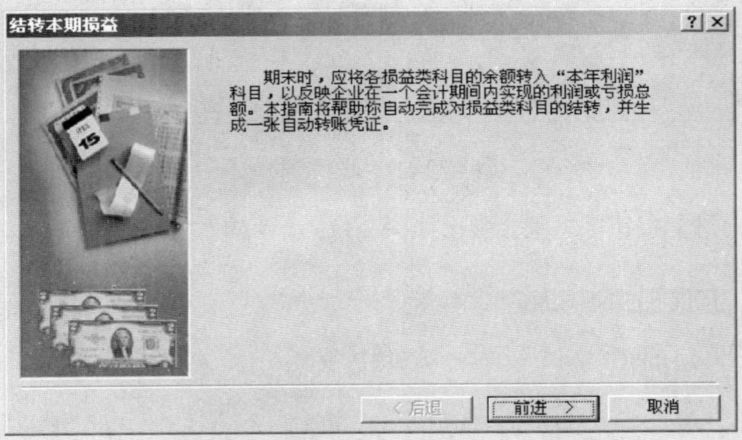

图 2.110　“结转本期损益”向导界面

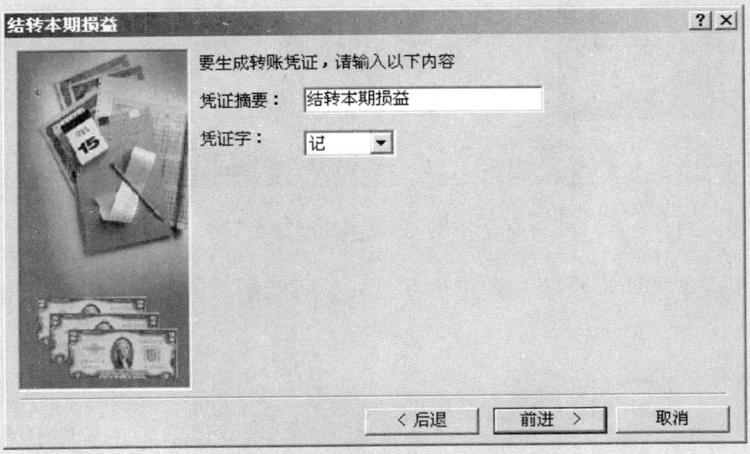

图 2.111　设置凭证摘要、凭证字

(3) 单击【前进】按钮，设定对应科目，可采用系统默认值，如图 2.112 所示。

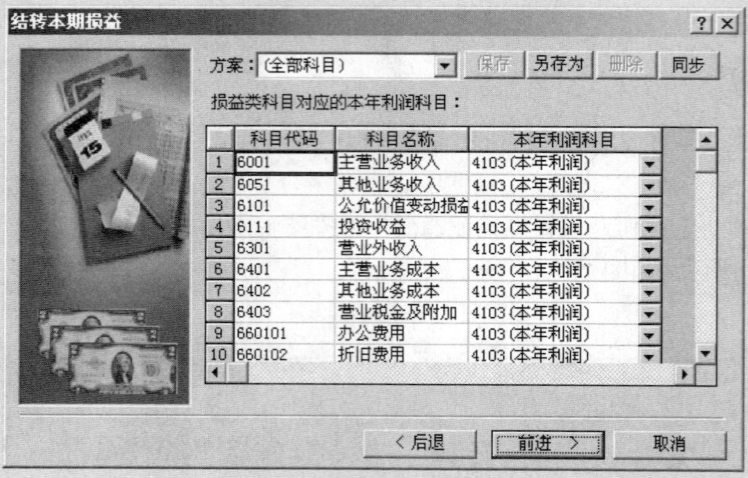

图 2.112 设定对应科目

(4) 单击【前进】按钮，系统会弹出如图 2.113 所示的对话框。

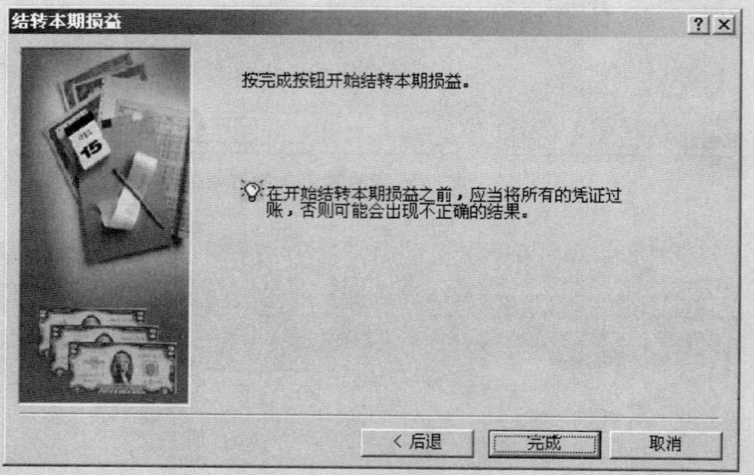

图 2.113 完成本期损益结转

(5) 单击【完成】按钮，系统会弹出如图 2.114 所示的“信息提示”对话框，单击【确定】按钮即可。

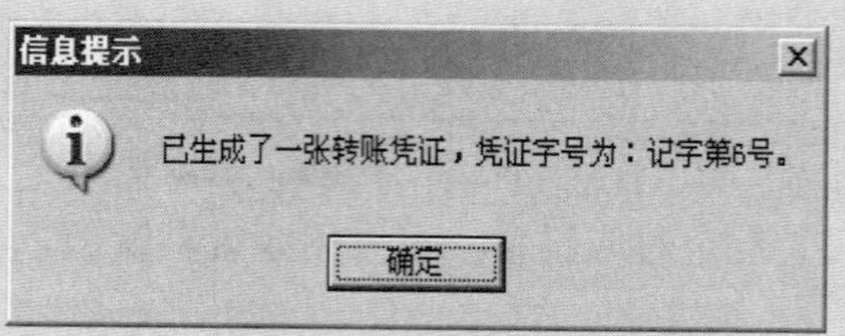

图 2.114 生成转账凭证信息提示

2.6.5 账簿管理

1. 查询各总分类账

操作提示

(1) 在“账务处理”窗口中单击【总账】按钮，打开“总账”查询条件输入对话框，输入相关内容，如图 2.115 所示。

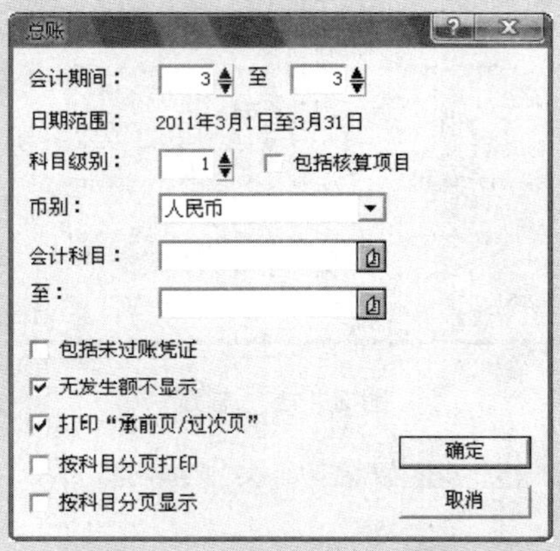

图 2.115 “总账”查询条件输入对话框

知识提示

要注意区别“币别”栏中的“本位币”与“综合本位币”。在这里，如果选择“本位币”选项，则输出的总账只是本位币的原币发生额，它不包括外币折合的本位币数额。例如，假设记账本位币为“美元”，如果在“币别”下拉列表框中选择了“美元”选项，则在输出账簿时只输出有关美元的发生额，并不包括其他货币的发生额。如果出现在总账中查询的数值与在试算平衡中查询科目的数值不一致的问题，可以考虑一下选择的是否是综合本位币。

(2) 查询条件输入完毕后，单击【确定】按钮，系统即按所设定的条件显示总账，如图 2.116 所示。

2. 查询各明细账

操作提示

(1) 在“账务处理”窗口中单击【明细账】按钮，系统会弹出明细分类账查询条件输入对话框，即“过滤条件”窗口。在此对话框中设定明细账查询的条件及范围，如图 2.117 所示。

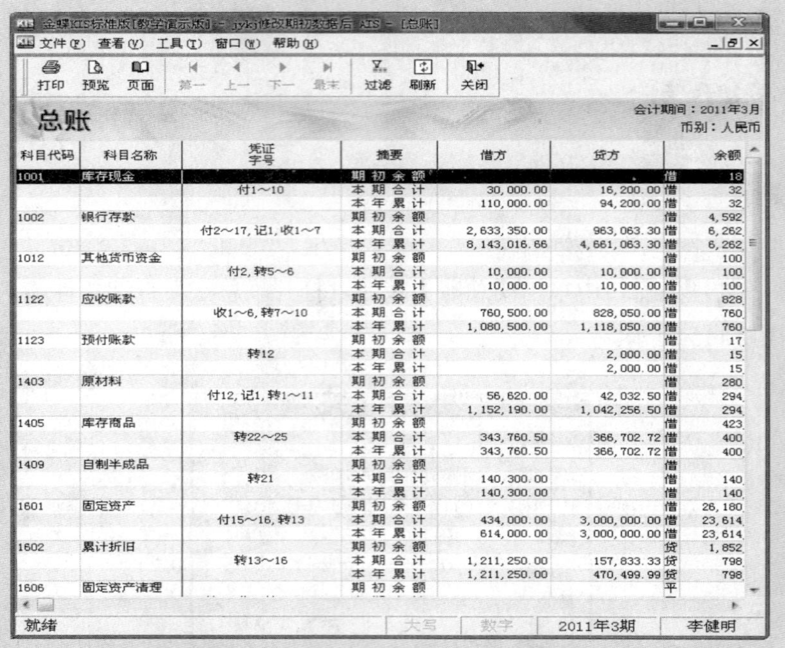

图 2.116　总账

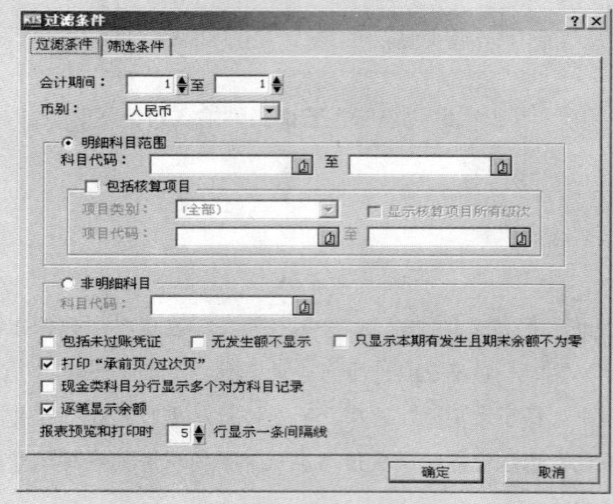

图 2.117　明细分类账查询条件输入对话框

知识提示

(1) 明细科目范围。

科目代码范围：查询明细账时科目代码的起止范围。

包括核算项目：选择是否进行核算项目的明细账输出，以便统计出以“明细科目—往来单位—部门—职员”为顺序的明细分类账。

项目类别：选择要输出哪一种核算项目类别的明细账数据。

项目代码范围：在“核算项目”类别中选定的核算项目的范围。

(2) 非明细科目：选择“非明细科目”选项表示明细账，不按照明细科目的方式输出，而是将明细科目中发生的业务全部在一级科目下反映出来。

(3) 包括未过账凭证：如果选取此选项，则在输出明细账时，将未过账的凭证也一同包含在明细账中输出。

(4) 无发生额不显示：如果选取此选项，则在输出明细账时，没有本期借方或本期贷方发生额的科目将不显示。

(5) 现金类科目分行显示多个对方科目记录：选取此选项，则在现金类科目分行一一显示。若不选，则汇总显示相同的多个对方会计科目。

(2) 输入完条件范围之后，单击【确定】按钮，系统即按所选条件生成明细分类账，如图 2.118 所示。

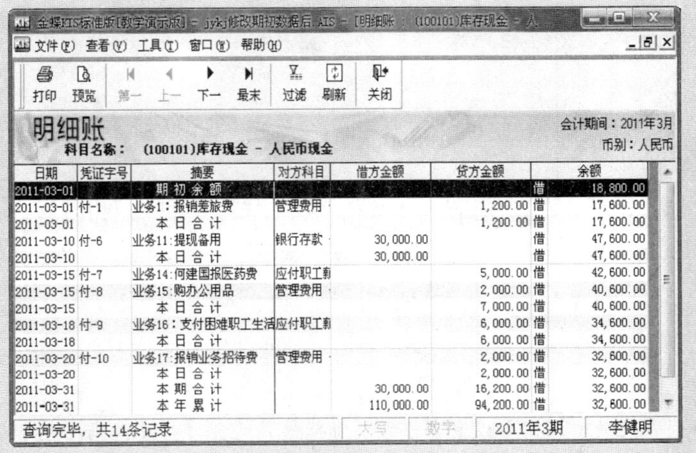

日期	凭证字号	摘要	对方科目	借方金额	贷方金额		余额
2011-03-01		期初余额				借	18,800.00
2011-03-01	付-1	业务1：报销差旅费	管理费用		1,200.00	借	17,600.00
2011-03-01		本日合计			1,200.00	借	17,600.00
2011-03-10	付-6	业务11:提现备用	银行存款	30,000.00		借	47,600.00
2011-03-10		本日合计		30,000.00		借	47,600.00
2011-03-15	付-7	业务14:何建国报医药费	应付职工薪		5,000.00	借	42,600.00
2011-03-15	付-8	业务15:购办公用品	管理费用		2,000.00	借	40,600.00
2011-03-15		本日合计			7,000.00	借	40,600.00
2011-03-18	付-9	业务16：支付困难职工生活	应付职工薪		6,000.00	借	34,600.00
2011-03-18		本日合计			6,000.00	借	34,600.00
2011-03-20	付-10	业务17:报销业务招待费	管理费用		2,000.00	借	32,600.00
2011-03-20		本日合计			2,000.00	借	32,600.00
2011-03-31		本期合计		30,000.00	16,200.00	借	32,600.00
2011-03-31		本年累计		110,000.00	94,200.00	借	32,600.00

图 2.118　明细账

3. 建立并查询多栏账

建立并查询“管理费用”、“生产成本”、“制造费用”科目多栏账。

操作提示

(1) 在“账务处理”窗口中单击【多栏式明细账】按钮，系统将弹出“多栏式明细账”对话框，如图 2.119 所示。

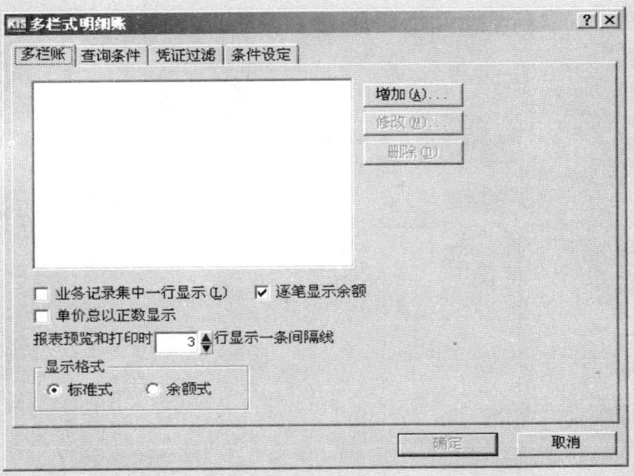

图 2.119　“多栏式明细账”对话框

(2) 单击【增加】按钮，打开“多栏明细账”对话框，如图 2.120 所示。

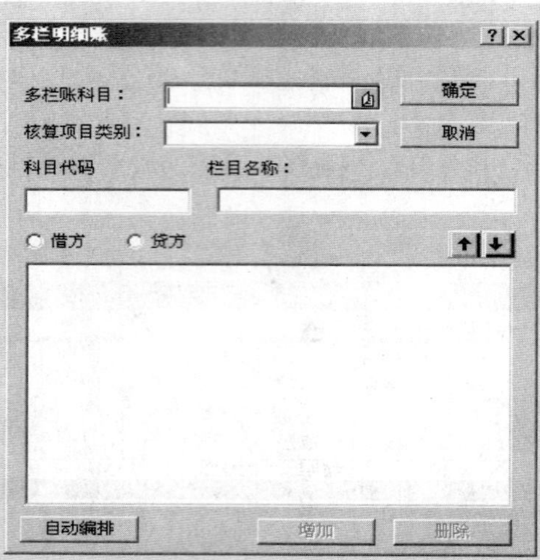

图 2.120 “多栏明细账”对话框

知识提示

(1) 多栏账科目：在此处输入需要设置多栏式明细账格式的会计科目代码，也可以通过输入框右边的获取按钮从会计科目表中获取会计科目代码，注意，此处所输入的会计科目代码必须为非最明细级科目代码，如果所输入的科目代码没有下级科目或核算项目，则系统无法生成多栏式明细账格式。

(2) 核算项目类别：这是在多核算项目中才使用的，在本书相应部分会有详细说明。

(3) 科目代码：在此处输入“多栏账科目”下属的明细科目代码。

(4) 栏目名称：对应于科目代码，在多栏式明细账中输出的栏目名称。在输入科目代码后，系统会自动将代码对应的科目名称显示在栏目名称中，可以对该名称进行修改。

(5) 借方、贷方：指明将某一栏目所对应科目中的哪一方发生额输出到所定义的栏目之中。

(6) 自动编排：为了提高多栏式明细账格式设定的速度，系统提供了“自动编排”功能。

(3) 在“多栏账科目”文本框中输入科目，然后单击【自动编排】按钮，系统会自动将明细科目引入，如图 2.121 所示。

图 2.121 引入多栏式明细账科目

(4) 生成完毕后，单击【确定】按钮，系统会弹出“保存多栏账”对话框，提示输入保存多栏式明细账的名称，如图 2.122 所示。

图 2.122　“保存多栏账”对话框

(5) 单击【确定】按钮，系统即保存所生成的多栏式明细账格式，如图 2.123 所示。

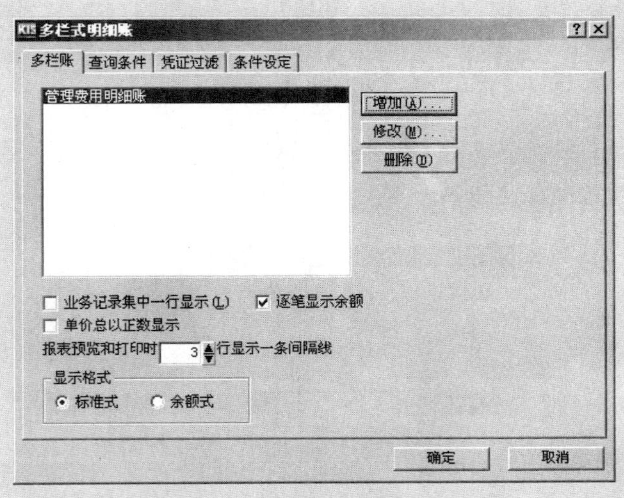

图 2.123　已建多栏账列表

知识提示

如果用户在查询账簿时，对报表的格式还有其他需求，可以利用“文件”菜单中的“引出”功能，引出 Excel 或其他数据库后再进行报表加工。

4. 查询数量金额总账

操作提示

在“账务处理”窗口中单击【数量金额总账】按钮，系统会弹出“数量金额总账”查询条件输入对话框，如图 2.124 所示，设定方式同“查询总分类账”。

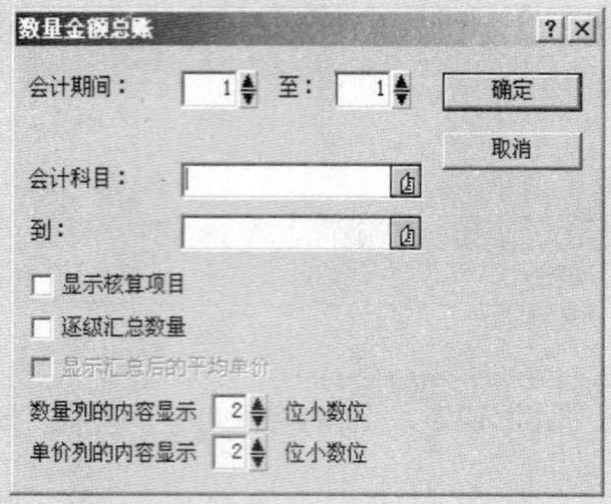

图 2.124 “数量金额总账”查询条件输入对话框

5. 查询核算项目分类总账

操作提示

(1) 在“账务处理”窗口中单击【核算项目总账】按钮，系统会弹出“核算项目总账”对话框，输入相关内容，如图 2.125 所示。

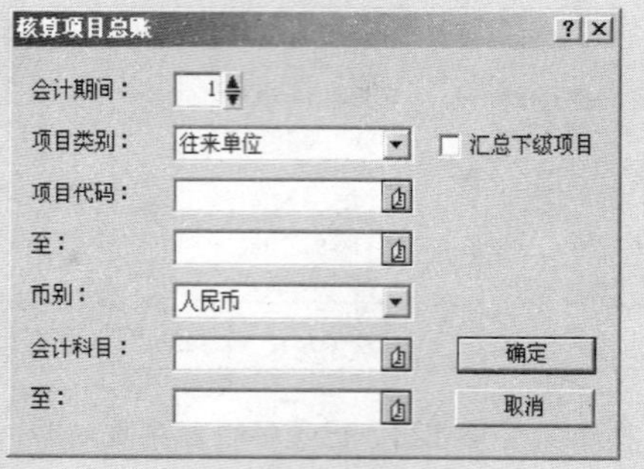

图 2.125 “核算项目总账”对话框

(2) 设定完核算项目总账查询条件之后，单击【确定】按钮，系统即根据所设定的条件生成核算项目总账，如图 2.126 所示。

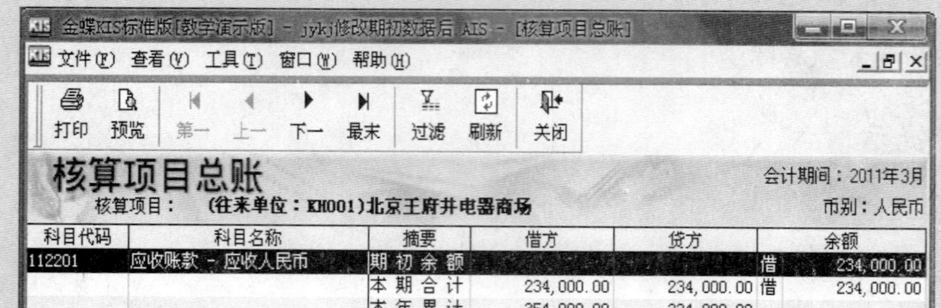

图 2.126 核算项目总账

6. 查询数量金额明细账

2.6.6　会计报表管理

1. 查看日报表

2. 查看科目余额表

3. 查看试算平衡表

4. 查看核算项目明细表

5. 编制 3 月份的资产负债表

操作提示

(1) 单击【报表与分析】中的【资产负债表】选项，系统会弹出“资产负债表”窗口，如图 2.127 所示。

	A	B	C	D	E	F
1	资　产	期末余额	年初余额	负债和所有者权益（或股东权益）	期末余额	年初余额
2	流动资产：			流动负债：		
3	货币资金	0	0	短期借款	0	0
4	交易性金融资产	0	0	交易性金融负债	0	0
5	应收票据	0	0	应付票据	0	0
6	应收账款	0	0	应付账款	0	0
7	预付款项	0	0	预收款项	0	0
8	应收利息	0	0	应付职工薪酬	0	0
9	应收股利	0	0	应交税费	0	0
10	其他应收款	0	0	应付利息	0	0
11	存货	0	0	应付股利	0	0
12	一年内到期的非流动资产			其他应付款	0	0
13	其他流动资产	0	0	一年内到期的非流动负债		
14	流动资产合计	0	0	其他流动负债	0	0
15	非流动资产：			流动负债合计	0	0
16	可供出售金融资产	0	0	非流动负债：		
17	持有至到期投资	0	0	长期借款	0	0
18	长期应收款	0	0	应付债券	0	0

图 2.127　“资产负债表”窗口

(2) 第一次打开报表时数据为空，单击【运行】菜单中的【报表重算】命令，或单击工具栏上的【重算】按钮，系统会根据报表中单元格所设定的公式自动计算出数值，如图 2.128 所示。

	A	B	C	D	E	F
1	资　产	期末余额	年初余额	负债和所有者权益（或股东权益）	期末余额	年初余额
2	流动资产：			流动负债：		
3	货币资金	6663894.85	3232761.49	短期借款	1000000	1000000
4	交易性金融资产	150000	150000	交易性金融负债	0	0
5	应收票据	0	0	应付票据	0	0
6	应收账款	760500	863850	应付账款	60128.6	191600
7	预付款项	15378	17378	预收款项	0	0
8	应收利息	0	0	应付职工薪酬	409594	443331
9	应收股利	0	0	应交税费	194788.1	128265
10	其他应收款	20000	20000	应付利息	40000	20000
11	存货	715941.95	749729	应付股利	0	0
12	一年内到期的非流动资产			其他应付款	12125	12125
13	其他流动资产	0	0	一年内到期的非流动负债		
14	流动资产合计	8325714.8	5033718.49	其他流动负债	0	0
15	非流动资产：			流动负债合计	1716635.7	1795321

图 2.128　重算后的资产负债表

知识提示

计算时需注意窗口右下角的“会计期间”是否正确，查看其他“会计期间”报表的方法是：单击【查看】菜单中的【会计期间】命令，系统会弹出“报表期间”对话框，在对话框中设置所需的期间即可。

6. 编制 3 月份的利润表

利用报表模板，修改取数公式，生成利润表。

操作提示

(1) 单击【报表与分析】中的【利润表】选项，系统即进入“利润表”窗口，如图 2.129 所示。

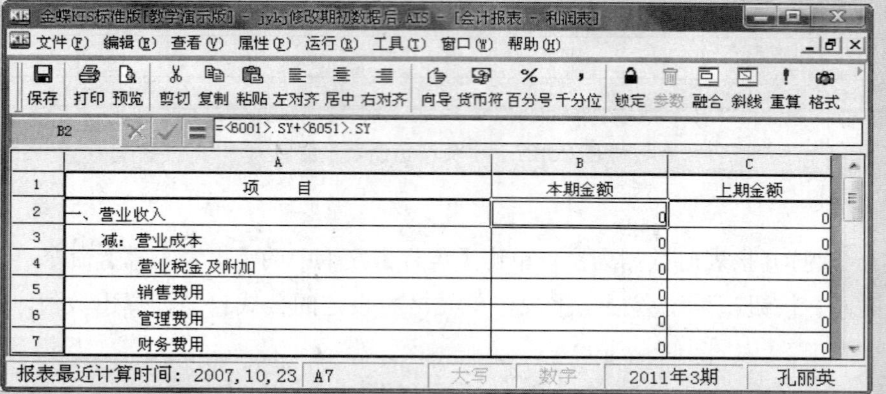

	A	B	C
1	项　目	本期金额	上期金额
2	一、营业收入	0	0
3	减：营业成本	0	0
4	营业税金及附加	0	0
5	销售费用	0	0
6	管理费用	0	0
7	财务费用	0	0

图 2.129　“利润表”窗口

(2) 单击【运行】菜单下的【报表重算】命令，或单击工具栏上的【重算】按钮，系统会根据报表单元格中的公式自动计算出数值，如图 2.130 所示。

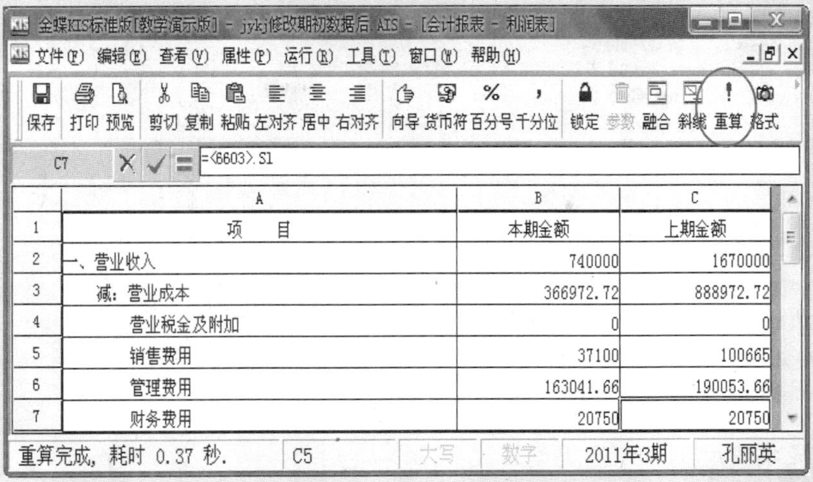

图 2.130　重算后的利润表

7. 编制 3 月份的管理费用明细表

依照表样自行设计报表结构，编辑取数公式，生成管理费用明细表。

管理费用明细表

会股 02 表附表 5

单位名称：金源国际科技股份有限公司　　　　2011 年 3 月 31 日　　　　单位：元

项　　目	行　　次	本期发生额	本年累计发生
办公经费	1		
业务招待费	2		
差旅交通费	3		
折旧费	4		
工资费用	5		
福利费用	6		
工会经费	7		
税金	8		
水电费	9		
无形资产摊销	10		
跌价损失	11		
其他费用	12		
合计			

负责人：　　　　　　会计主管：　　　　　　制表人：

操作提示

(1) 单击【报表与分析】中的【自定义报表】选项，打开“会计报表”对话框，如图 2.131 所示。

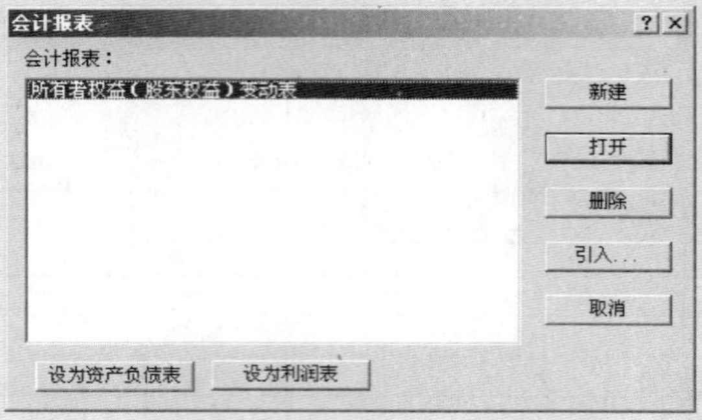

图 2.131 “会计报表”对话框

知识提示

(1) 新建：单击【新建】按钮可以打开一个空白会计报表设置窗口。

(2) 打开：选中所需报表，单击【打开】按钮，打开报表查询窗口。

(3) 删除：单击【删除】按钮，可以将所选中的报表删除。

(4) 引入：单击【引入】按钮，可以从其他账套引入报表。

(5) 设为资产负债表：单击此按钮可以将选中的报表设为资产负债表。

(6) 设为利润表：单击此按钮可以将选中的报表设为利润表。

(2) 在“会计报表”窗口中单击【新建】按钮，系统会弹出会计报表窗口。

(3) 单击【查看】菜单中的【显示公式】命令，如图 2.132 所示。

图 2.132 “显示公式”命令

知识提示

(1) 显示公式：即显示当前报表中所设定的公式，在“显示公式”状态下进行格式编辑比较方便。

(2) 显示数据：即计算当前报表中的公式并显示结果数据。

(4) 在 A1 单元格中录入“项目”，在 A2～A6 单元格中分别录入“办公经费、业务招待费、差旅交通费、折旧费、工资费用、福利费用、工会经费、税金、水电费、无形资产摊销、跌价损失、其他费用、合计”，在B1单元格中输入“行次”，在C1单元格中输入“本期发生额”，在D1单元格输入“本年累计发生”，如图2.133所示。

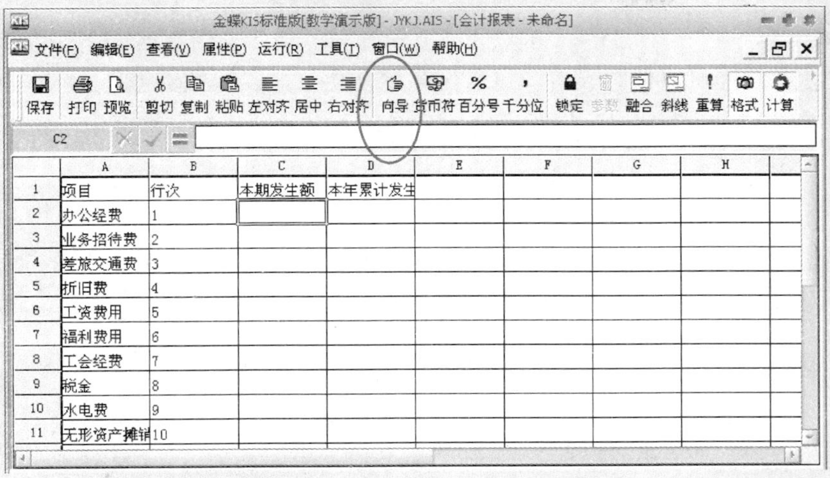

图 2.133 向导命令

(5) 在C2单元格取“管理费用——办公经费”科目的借方发生额数据。单击工具栏上的【向导】按钮，或单击【编辑】菜单中的【公式向导】命令，系统会弹出“自定义报表公式向导”对话框，如图2.134所示。

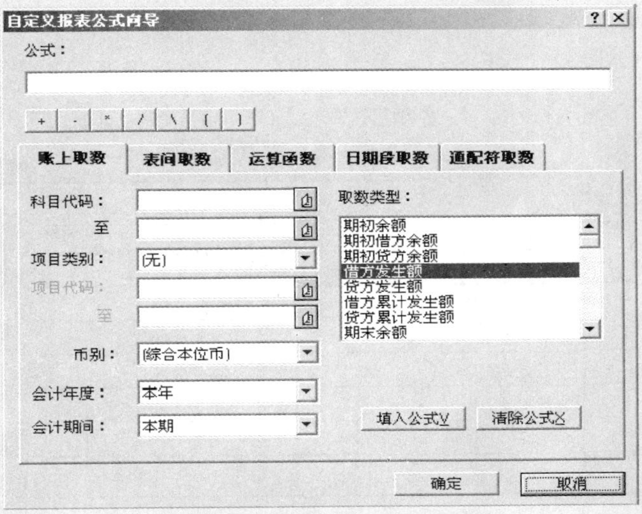

图 2.134 自定义报表公式向导(1)

知识提示

(1) 账上取数：可以随意设置科目范围、会计年度、会计期间和取数类型，有“项目类别”核算的科目可以设定项目范围。

(2) 表间取数：可以取报表中任意单元格中的数据。

在C2单元格中取“管理费用——办公经费”科目的借方发生额数据的步骤如下所示。

① 在“自定义报表公式向导”对话框的“科目代码”处按F7键获取科目“660101 管理费用——办公经费”。

② 取数涉及时间可以任意设置，可采用系统默认值，“取数类型”为“借方发生额”。

③ 单击【填入公式】按钮，将所设定的公式填入到“公式”文本框中，如图2.135所示。

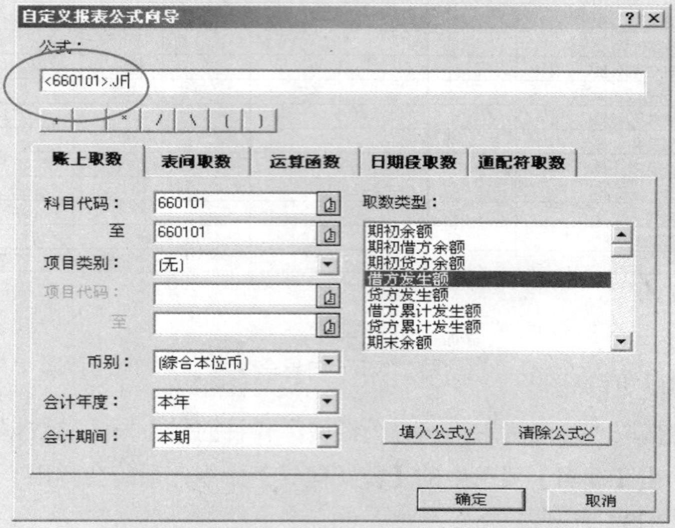

图2.135　自定义报表公式向导(2)

④ 单击【确定】按钮将公式填写到报表编辑栏，若需保存当前所设定的公式，一定要单击编辑栏中的“√”(确定)按钮，反之单击“×”(取消)按钮，如图2.136所示。

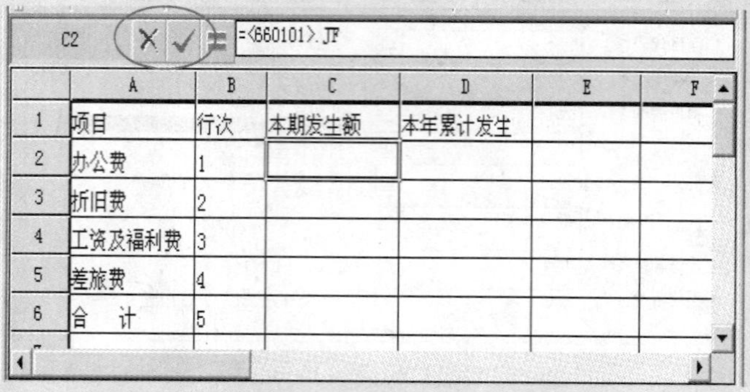

图2.136　编辑栏命令按钮

知识提示

取数类型代码及其说明

代码	说　明	代码	说　明
省略	为本期期末余额	B	取科目预算数据
C	期初余额	TC	折合本位币期初余额
JC	借方期初余额	TJC	折合本位币借方期初余额
DC	贷方期初余额	TDC	折合本位币贷方期初余额
AC	期初绝对余额	TAC	折合本位币期初绝对余额
Y	期末余额	TY	折合本位币期末余额
JY	借方期末余额	TJY	折合本位币借方期末余额
DY	贷方期末余额	TDY	折合本位币贷方期末余额
AY	期末绝对余额	TAY	折合本位币期初绝对余额
JF	借方发生额	TJF	折合本位币借方发生额
DF	贷方发生额	TDF	折合本位币贷方发生额
JL	借方本年累计发生额	TJL	折合本位币借方本年累计发生额
DL	贷方本年累计发生额	TDL	折合本位币贷方本年累计发生额
SY	损益表本期实际发生额	TSY	折合本位币损益表本期实际发生额
SL	损益表本年实际发生额	TSL	折合本位币损益表本年实际发生额

(6) 将其余单元格中的公式补充完整，操作提示同步骤(5)。公式设置完成后的报表窗口如图 2.137 所示。

图 2.137　公式设置完成后的报表窗口

(7) 单击【查看】菜单中的【显示数据】命令，切换显示状态并调整列宽。

(8) 单击【属性】菜单中的【报表属性】命令，系统会弹出“报表属性”对话框，在“报表行列”选项卡中将“总行数”设为“6”，“总列数”设为“4”，如图 2.138 所示。单击【确定】按钮保存设置。

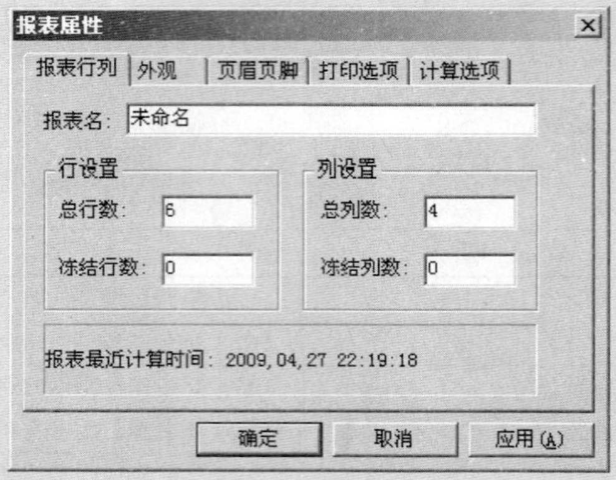

图 2.138　报表属性

(9) 单击【保存】按钮，系统会弹出“保存报表”对话框，在此对话框中输入“管理费用明细表”，单击【确定】按钮进行保存，如图 2.139 所示。

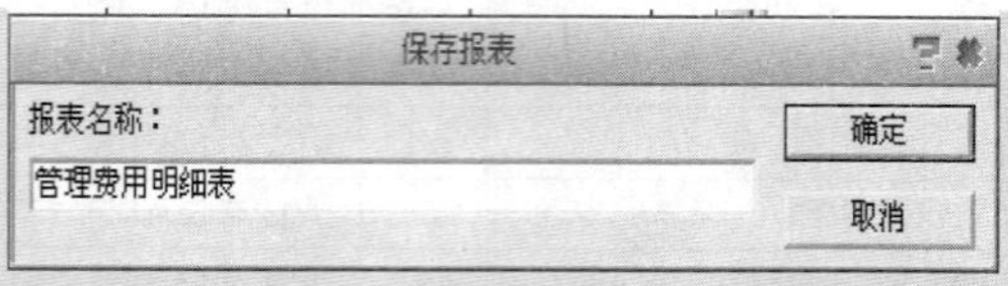

图 2.139　“保存报表”对话框

(10) 修改页眉、页脚。

① 单击【属性】菜单中的【报表属性】命令，系统会弹出“报表属性”对话框，在“页眉页脚”选项卡中选择第一条页眉<报表名称>，单击【编辑页眉页脚】按钮，系统会弹出“自定义页眉页脚”对话框，如图 2.140 所示。

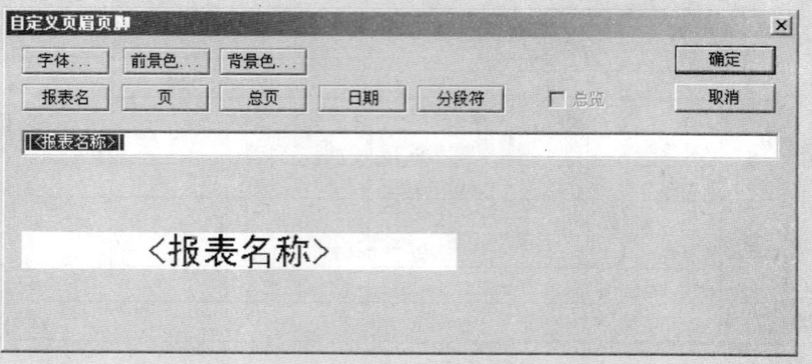

图 2.140　自定义页眉页脚(1)

② 将录入栏中的“<报表名称>”删除，再单击工具栏上的【报表名】按钮进行替换，这时在“预览”区域可以见到显示的是“管理费用明细表”，如图 2.141 所示。

③ 单击【确定】按钮返回到“报表属性”对话框。

④ 选中第二行“第&[页]页”，单击【编辑页眉页脚】按钮，在“自定义页眉页脚”对话框中将录入栏删除，单击【确定】按钮返回到“报表属性”对话框。

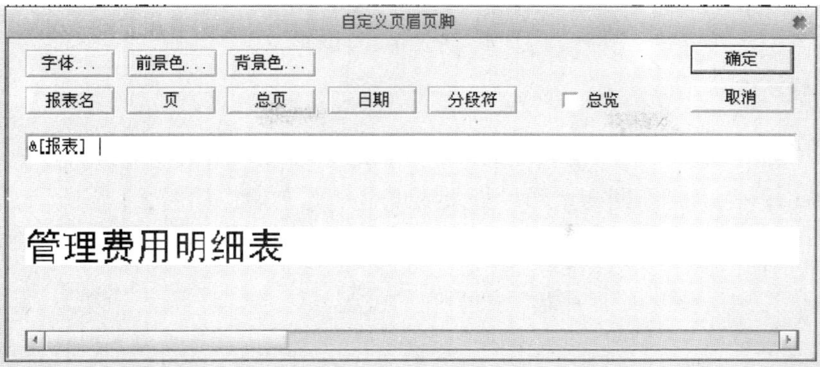

图 2.141　自定义页眉页脚(2)

⑤ 选中“页脚 1”，单击“预定义类型”下拉列表框，选择“第&[页]页||总页：&[总页]”选项，表示将“页脚 1”改为此格式，如图 2.142 所示。

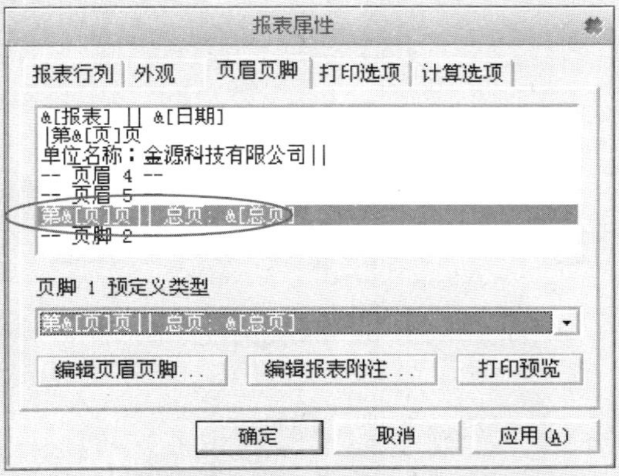

图 2.142　“报表属性”对话框

⑥ 单击【确定】按钮保存格式的更改。至此，“管理费用明细表”已经设置完成。若需对项目内容、公式进行修改，先删除再重新录入即可。若需修改格式，选中要修改的格式后单击【属性】菜单中的相应命令，或工具栏上的相应按钮修改即可。

2.6.7　财务分析

1. 查看本月财务状况和损益分析表

2. 制作管理费用的简易分析表，进行管理费用的结构分析

2.6.8　出纳事务管理

1. 录入库存现金初始余额

科目名称	外　币	汇　率	金　额
现金/人民币			18 800.00
现金/美元	1 000	6.58	6 580.00

操作提示

(1) 单击“会计之家”窗口中“出纳管理”下的“现金初始余额”功能，系统弹出“现金初始余额”窗口，在“启用期初余额”处录入现金初始余额，如图2.143所示。

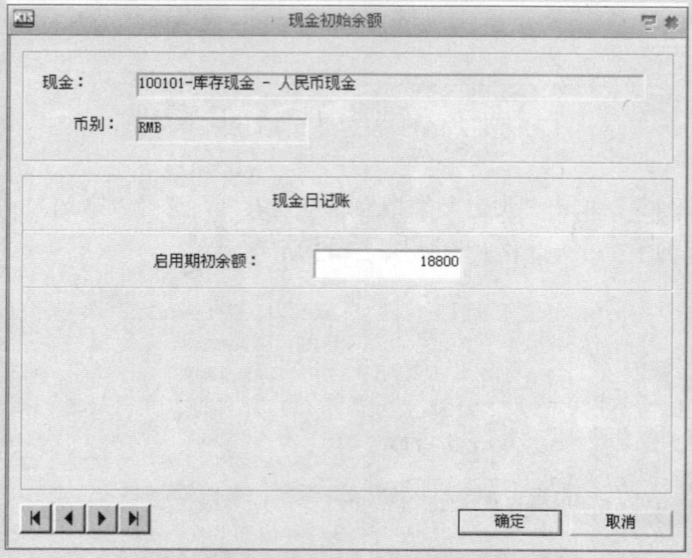

图2.143 “现金初始余额”对话框

(2) 单击【确定】按钮，保存数据并退出窗口。

知识提示

：向前移动到第一个“现金科目”。
：向前移动一个“现金科目”。
：向后移动一个“现金科目”。
：向后移动到最后一个“现金科目”。

2. 手工输入或从凭证引入现金日记账

“现金日记账”的登记方法有3种：直接录入、从凭证引入现金日记账和编辑日记账时自动从账务引入数据。

(1) 直接录入法。

操作提示

① 单击“会计之家”窗口中“出纳管理”下的“现金日记账”选项，系统会弹出“现金

日记账-库存现金-人民币现金”对话框，如图 2.144 所示。

图 2.144 “现金日记账-库存现金-人民币现金”对话框

② 在上图所示的对话框中随意选择某个现金科目，即可按某个期间范围或日期范围、金额范围、方向条件进行查询。在此采用默认值，直接单击【确定】按钮，进入“现金日记账”窗口，如图 2.145 所示。

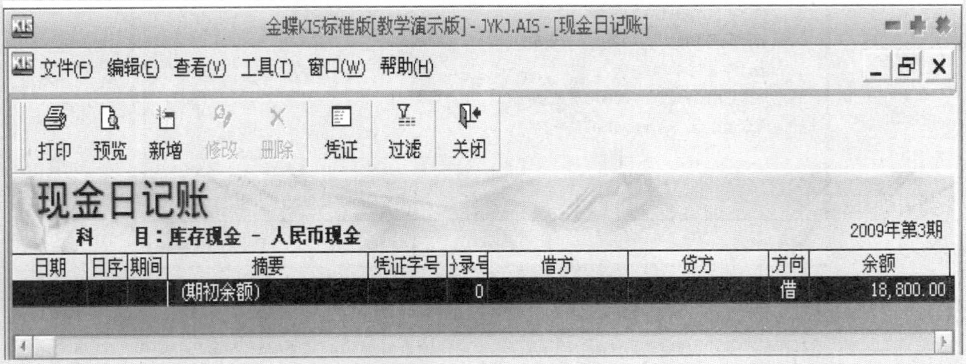

图 2.145 “现金日记账”窗口

③ 单击【新增】按钮，系统会弹出“现金日记账-库存现金-人民币现金”登记对话框，如图 2.146 所示。按实际的【现金流水账】进行登记，登记完成一笔业务后单击【增加】按钮。

(2) 从凭证引入现金日记账。

操作提示

① 单击“系统维护”下的“账套选项”选项，系统会弹出“账套选项”对话框，如图 2.147 所示。

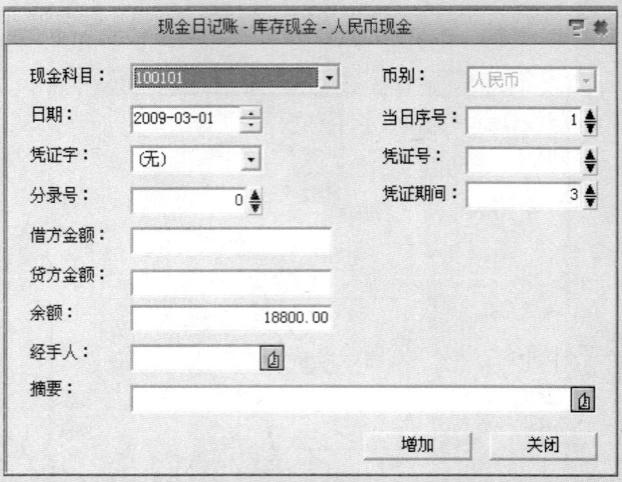

图 2.146 “现金日记账-库存现金-人民币现金”登记对话框

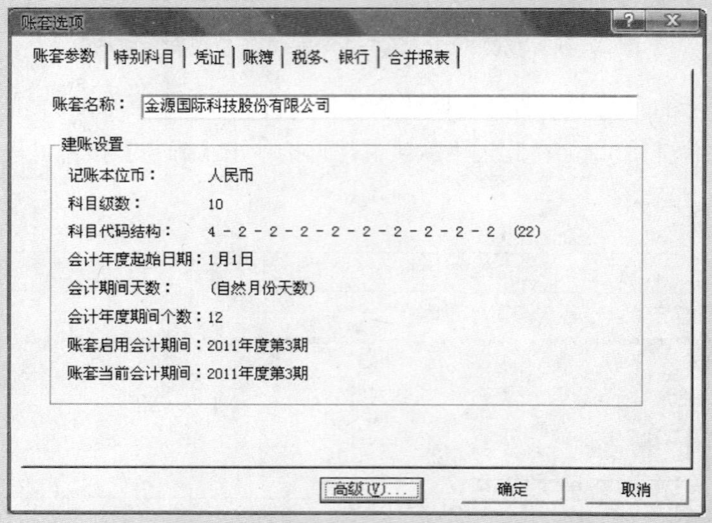

图 2.147 “账套选项”对话框

② 单击对话框底部的【高级】按钮，系统会弹出“高级配置选项”对话框。选择“出纳”选项卡，如图 2.148 所示。

③ 选中“可以从凭证引入现金日记账”和“从凭证引入日记账时覆盖出纳中相同的记录”选项。

④ 单击【确定】按钮，退出“高级配置选项”对话框，单击【确定】按钮，返回“会计之家”窗口。

⑤ 单击“会计之家”窗口中“出纳管理”下的“现金日记账”，系统进入“现金日记账”窗口。单击【文件】菜单中【从凭证引入现金日记账】命令，如图 2.149 所示。

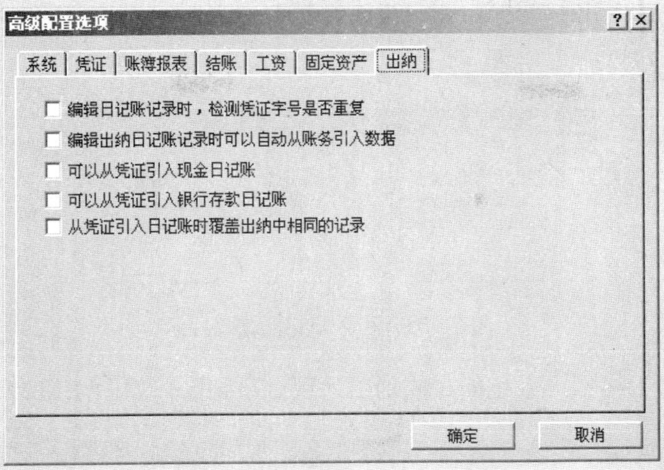

图 2.148 “高级配置选项”对话框

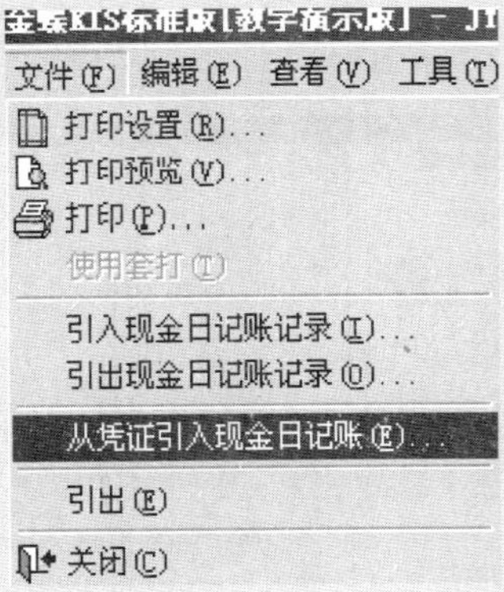

图 2.149 “文件”菜单

⑥ 在打开的“凭证过滤-所有用户制作的凭证”对话框中设置过滤条件，如图 2.150 所示。注意对话框下方的过账、审核选项的选定方式。

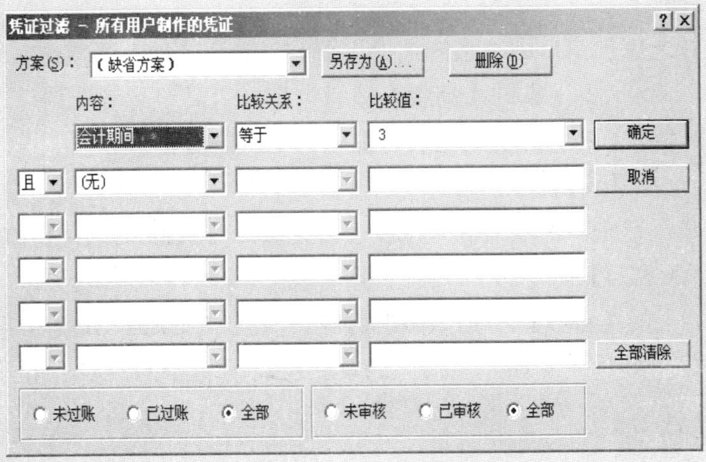

图 2.150 凭证过滤

⑦ 单击【确定】按钮，系统在后台进行处理后会弹出“信息提示”对话框，如图 2.151 所示。

图 2.151　引入日记账信息提示

⑧ 单击【确定】按钮，系统即可成功引入现金日记账，如图 2.152 所示。

图 2.152　现金日记账记录

(3) 编辑日记账时自动从账务引入数据。

操作提示

① 单击“会计之家”窗口中“系统维护”下的“账套选项”选项，系统会弹出“系统选项”对话框。单击该对话框下部的【高级】按钮，打开“高级配置选项”对话框。选择“出纳”选项卡，选中“编辑出纳日记账记录时可以自动从账务引入数据”选项，单击【确定】按钮，返回“会计之家”窗口。

② 单击“现金日记账”选项，打开“现金日记账”对话框，单击【编辑】菜单中的【编辑时自动从账务引入数据】命令。

③ 单击工具栏上的【新增】按钮，系统会弹出“现金日记账-库存现金-人民币现金”窗口，选择所需的“凭证字”和“凭证号”，系统会自动引入该凭证下的数据，如图 2.153 所示。

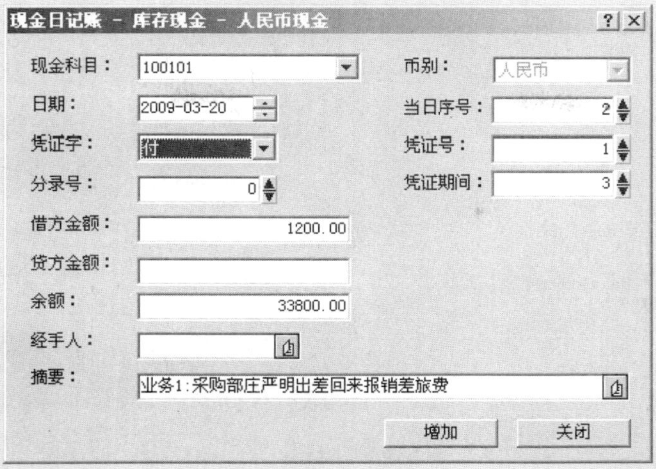

图 2.153　新增现金日记账

④ 单击【增加】按钮，保存业务。

3. 录入银行存款和银行对账单初始余额

科目名称	单位日记账			银行对账单
	外币	汇率	金额	金额
工行高新办 18640			4 592 048.15	4 735 648.15
中行高新办 1188	50 000.00	6.58	329 000.00	329 000.00

4. 录入上月末未达账情况(工行高新办 18640)

2 月 28 日，收到上海第一百货公司转来前欠 50 000 元商品款，业务编号为 SH101211。以汇兑方式进行结算，结算号为 HD770211，单位未记入银行存款日记账。

2 月 28 日，购入材料以银行汇票支付了 93 600 元，汇票号为 HP110211，银行未做付款处理。

操作提示

(1) 单击“会计之家”窗口中“出纳管理”中的“银行存款初始余额”选项，系统会弹出“银行存款初始余额”对话框，如图 2.154 所示。

知识提示

(1) 启用期初余额：在此处录入期初数据。

(2) 企业未达：涉及“企业未达”数据时，单击该按钮，系统会弹出“企业期初未达账”窗口，如图 2.155 所示。

(3) 银行未达：涉及“银行未达”数据时，单击“银行未达”按钮进行录入，方法和“企业未达”数据录入方法相同。

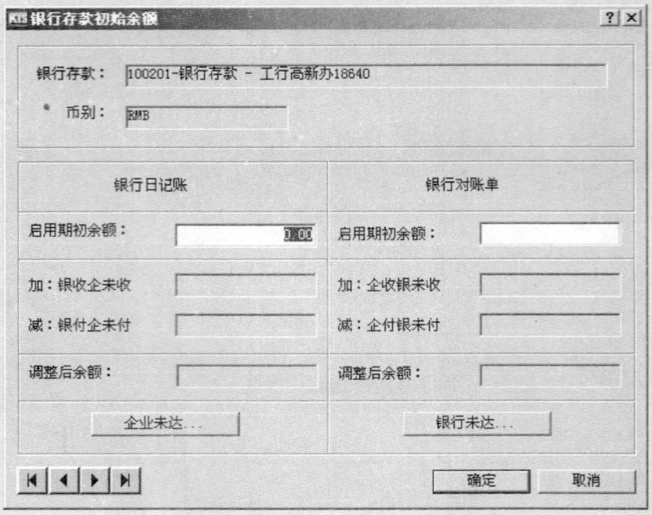

图 2.154 “银行存款初始余额”对话框

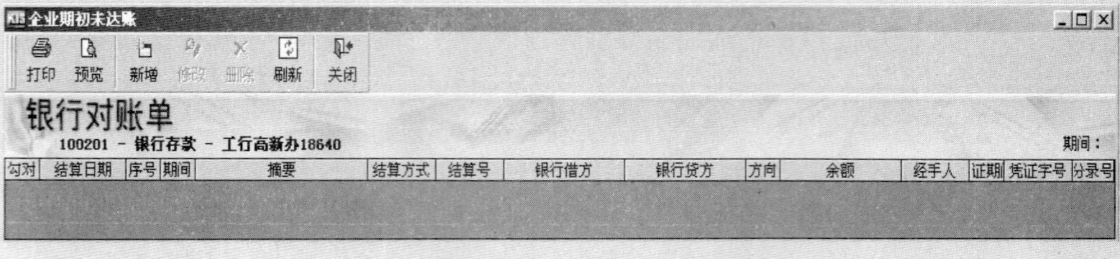

图 2.155 企业期初未达账

(2) 单击如图 2.155 所示的“企业期初未达账”窗口工具栏上的【新增】按钮，系统会弹出“银行对账单-银行存款-工行高新办 18640”对话框，如图 2.156 所示。

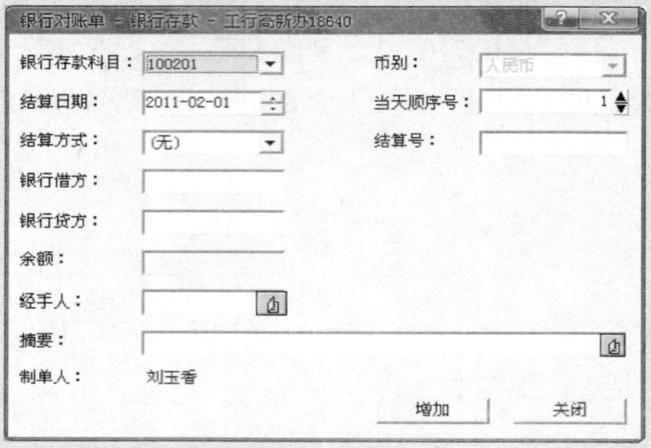

图 2.156 “银行对账单录入”对话框

(3) 在如图 2.156 所示的对话框中录入“企业未达”数据，每录入完成一条后单击一次【增加】按钮，录入完成后单击【关闭】按钮，退出录入对话框。再单击“银行对账单”窗口工具栏中的“关闭”按钮，返回到“银行存款初始余额”对话框。“银行未达”账的录入方法与“企业未达”账的相同。

(4) 单击“银行存款初始余额”对话框左下角的切换按钮可以切换银行科目。

(5) 数据录入完成后，单击【确定】按钮保存设置，退出对话框。

5. 手工录入或从凭证引入银行日记账

操作提示

(1) 单击“会计之家”窗口中“出纳管理”下的“银行日记账”选项，系统会弹出“银行日记账”对话框，如图 2.157 所示。

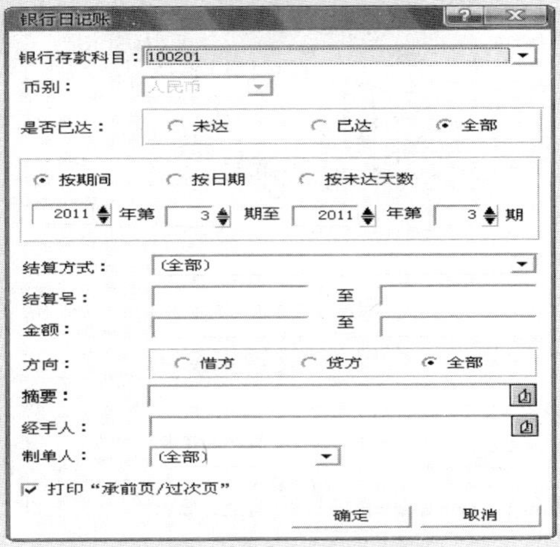

图 2.157　“银行日记账”对话框

(2) 设置条件后，单击【确定】按钮进入“银行日记账”窗口，如图 2.158 所示，单击【文件】菜单中的【从凭证引入银行日记账】命令引入所有数据。

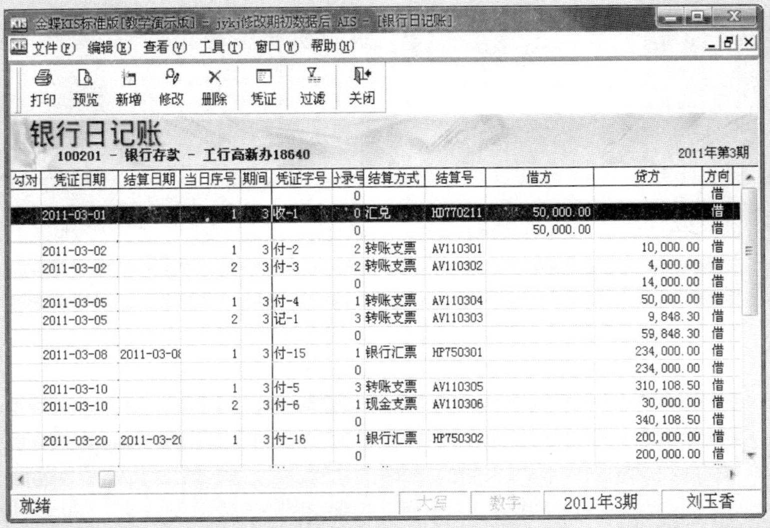

图 2.158　银行日记账列表

6. 录入银行对账单

工行高新办 18640 对账单

日　期	摘　要	结算方式	号　码	银行借方	银行贷方
2011-03-01	支付材料款	银行汇票	HP110211	93 600.00	
2011-03-02	用于补存两种特殊存款	转账支票	AV110301	10 000.00	
2011-03-02	交纳上月电话费和水电费	转账支票	AV110302	4 000.00	
2011-03-05	支付进口材料运费及税金	转账支票	AV110303	9 848.30	
2011-03-05	缴纳增值税	转账支票	AV110304	50 000.00	
2011-03-08	购买小轿车	银行汇票	HP750301	234 000.00	
2011-03-10	发放职工工资	转账支票	AV110305	310 108.50	
2011-03-10	提取现金备用	现金支票	AV110306	30 000.00	
2011-03-20	装修综合大楼	银行汇票	HP750302	200 000.00	
2011-03-25	购修理配件	汇兑	HD110302	5 850.00	
2011-03-26	销售产品	银行汇票	HP55301		105 300.00
2011-03-28	上缴个人所得税	转账支票	AV110307	29 256.50	
2011-03-29	出售旧冲床取得收入	转账支票	AV550308		1 700 000.00
2011-03-29	报废冲床支付清理费用	转账支票	AV110308	30 000.00	
2011-03-29	收到王府井前欠货款	转账支票	AV55301		234 000.00
2011-03-29	收到天河城前欠货款	银行汇票	HP568515		368 550.00
2011-03-31	收到重百前欠货款	银行汇票	HP550311		175 500.00

操作提示

(1) 单击“会计之家”窗口中“出纳管理”下的“银行对账单”选项，系统会弹出“银行对账单”对话框，设置好条件，单击【确定】按钮，系统会弹出【银行对账单】登记对话框，如图 2.159 所示。

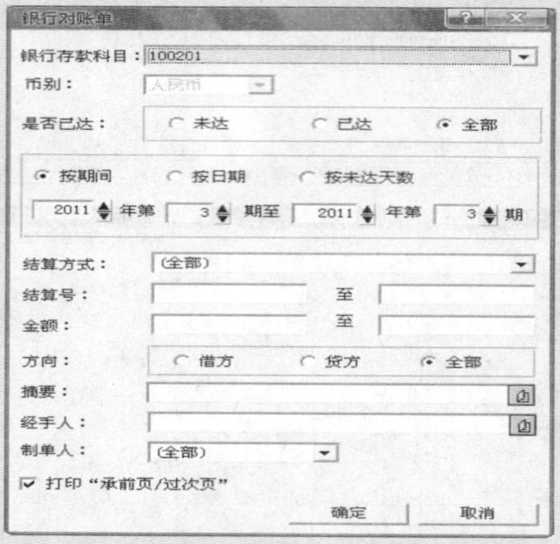

图 2.159 “银行对账单”登记对话框

(2) 录入完相应内容后，单击【确定】按钮，将当前记录登记到“银行对账单”对话框。

(3) 单击【关闭】按钮返回银行对账单窗口，如图 2.160 所示。

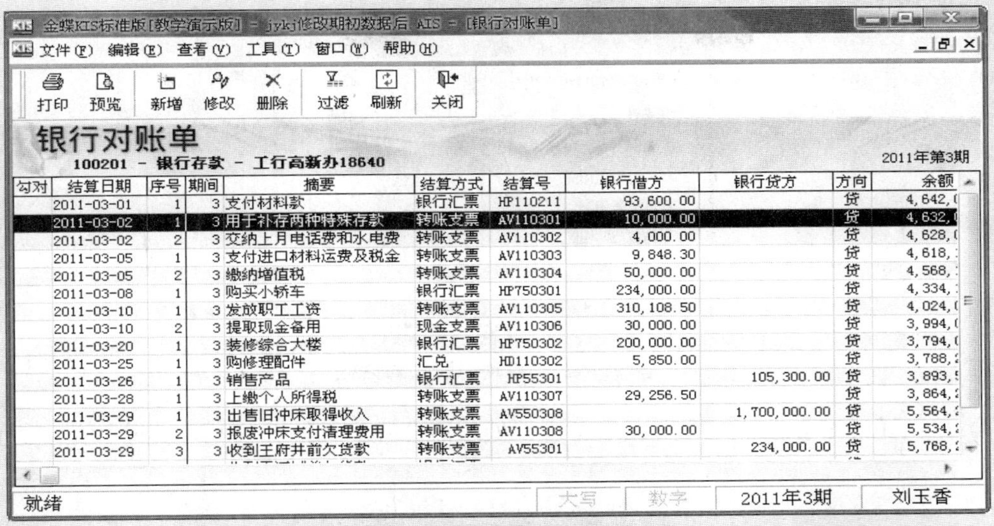

图 2.160　银行对账单列表

7. 进行银行对账并生成银行余额调节表

操作提示

(1) 单击“会计之家”窗口中“出纳管理”下的“银行存款对账”选项，系统会弹出“银行存款对账”对话框，如图 2.161 所示。

图 2.161　“银行存款对账”对话框

(2) 系统提示“请输入本次对账日期”，这里采用默认值，单击【确定】按钮。

(3) 单击【自动对账】按钮，系统会弹出“自动对账”对话框，选中除“结算日期相同”外的其他选项，如图 2.162 所示。

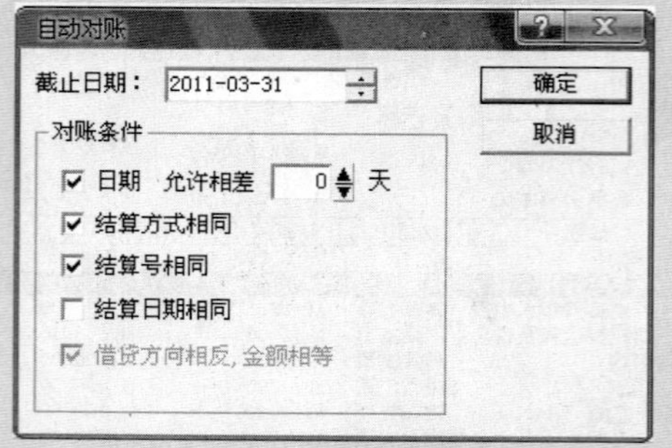

图 2.162 “自动对账”对话框

(4) 单击【确定】按钮，系统在后台进行处理后会弹出如图 2.163 所示的“信息提示”对话框。

图 2.163 成功对账信息提示

(5) 单击【确定】按钮，返回“银行存款对账”对话框，系统会为满足对账条件的记录加上标记“*”，表示对账成功，如图 2.164 所示。

图 2.164 “银行存款对账”对话框

(6) 单击“会计之家”窗口中“出纳管理”下的“银行存款余额调节表”选项，查看生成的银行存款余额调节表，如图 2.165 所示。

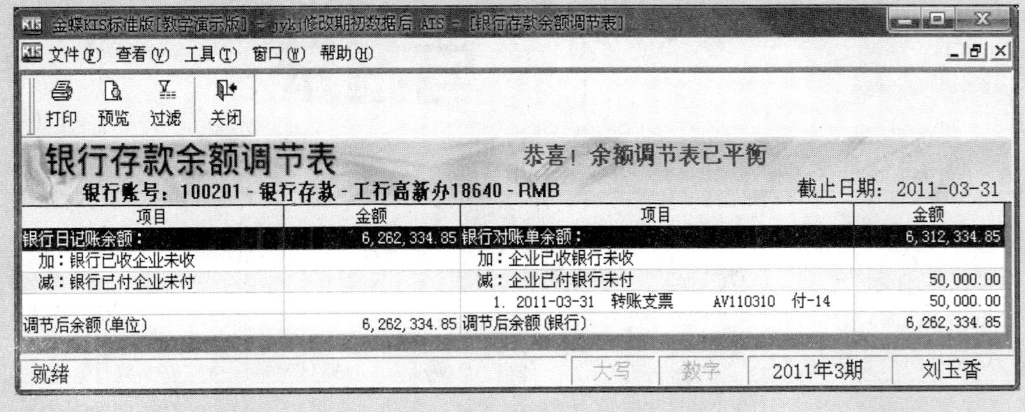

项目	金额	项目	金额
银行日记账余额：	6, 262, 334. 85	银行对账单余额：	6, 312, 334. 85
加：银行已收企业未收		加：企业已收银行未收	
减：银行已付企业未付		减：企业已付银行未付	50, 000. 00
		1. 2011-03-31 转账支票 AV110310 付-14	50, 000. 00
调节后余额(单位)	6, 262, 334. 85	调节后余额(银行)	6, 262, 334. 85

图 2.165 银行存款余额调节表

2.6.9 往来业务处理

1. 核销往来业务
2. 查看往来单位对账单
3. 查看账龄分析表

2.6.10 期末对账、结账

1. 进行期末对账
2. 进行期末结账
3. 进行月度数据的备份
4. 查看会计核算期间的变化
5. 查询新期间各类账户的期初余额
6. 查看科目余额表和试算平衡表并与上期进行比较

知识提示

在进行期末结账前，必须将本期的所有工作完成(因为期末结账后不能再对上期业务资料进行改动)。

第三部分 数据参考答案与提示

1. 期初试算平衡表数据

试算平衡表							
科目代码	科目名称	年初借方	年初贷方	累计借方	累计贷方	期初借方	期初贷方
1001	库存现金	23 380.00		80 000.00	78 000.00	25 380.00	
1002	银行存款	3 109 381.49		5 509 666.66	3 698 000.00	4 921 048.15	
1012	其他货币资金	100 000.00				100 000.00	
1101	交易性金融资产	150 000.00				150 000.00	
1122	应收账款	863 850.00		320 000.00	290 000.00	893 850.00	
1123	预付账款	17 378.00				17 378.00	
1221	其他应收款	20 000.00				20 000.00	
1403	原材料	184 800.00		1 095 570.00	1 000 224.00	280 146.00	
1405	库存商品	423 000.00				423 000.00	
1409	自制半成品	51.00				51.00	
1411	周转材料	5 300.00				5 300.00	
1511	长期股权投资	520 000.00				520 000.00	
1601	固定资产	26 000 000.00		180 000.00		26 180 000.00	
1602	累计折旧		1 539 347.49		312 666.66		1 852 014.15
2001	短期借款		1 000 000.00				1 000 000.00
2202	应付账款		191 600.00				191 600.00
2211	应付职工薪酬		443 331.00				443 331.00
2221	应交税费		128 265.00				128 265.00
2231	应付利息		20 000.00				20 000.00
2241	其他应付款		12 125.00				12 125.00
2501	长期借款		1 500 000.00				1 500 000.00
4001	实收资本		25 500 000.00		1 500 000.00		27 000 000.00
4002	资本公积		729 950.00		306 346.00		1 036 296.00
4101	盈余公积		170 000.00				170 000.00
4103	本年利润		317 423.00				317 423.00
4104	利润分配		1 728.00				1 728.00
5001	生产成本	136 629.00				136 629.00	
合　计		31 553 769.49	31 553 769.49	7 185 236.66	7 185 236.66	33 672 782.15	33 672 782.15

注：借方年初余额＝期初余额+本年累计贷方发生额－本年累计借方发生额

贷方年初余额＝期初余额+本年累计借方发生额－本年累计贷方发生额

2. 2011年3月份经济业务数据计算和凭证处理提示

业务1

【记账凭证提示】

借：管理费用/差旅交通费　　1 200

　　贷：库存现金/人民币现金　　1 200

业务2

【记账凭证提示】

借：银行存款/工行高新办18640　　50 000

　　贷：应收账款/应收人民币　　50 000

业务3

【记账凭证提示】

借：其他货币资金/长城卡存款　　5 000

　　其他货币资金/外埠存款　　5 000

　　贷：银行存款/工行高新办18640　　10 000

业务4

【记账凭证提示】

借：管理费用/水电费　　600

　　制造费用/辅助费用　　3 400

　　贷：银行存款/工行高新办18640　　4 000

业务5

【记账凭证提示】

借：原材料/其他材料/包装箱　　1 000.00

　　应交税费/应交增值税/进项税额　　166.60

　　贷：应付账款/国内供应商　　1 166.60

业务6

【记账凭证提示】

借：银行存款/中行高新办18640　　65 700

　　贷：应收账款/应收外币　　65 700

业务7

采购成本计算单(采购成本计算单号为NO.20117238)如下所示。

金源国际科技股份有限公司

采购成本计算单

供货单位：美国HPD公司　　2011年 3月5 日　　NO.20117238

名称	买价	运费	税金	合计	数量	单位成本
外购件C	45 990	489	1 541	48 020	100	480.2
合计	45 990	489	1 541	48 020	100	480.2

【记账凭证提示】

借：原材料/外购配件/外购件C　　48 020.00

　　应交税费/应交增值税/进项税额　　7 818.30

　　贷：应付账款/国外供应商　　45 990.00

　　　　银行存款/工行高新办18640　　9 848.30

业务 8

【记账凭证提示】

借：应交税费/应交增值税/已交税金　　50 000

　　贷：银行存款/工行高新办 18640　　50 000

业务 9

【记账凭证提示】

借：应付职工薪酬/工资　　36 5365.00

　　贷：应交税费/应交个人所得税　　29 256.50

　　　　营业外收入　　26 000.00

　　　　银行存款/工行高新办 18640　　31 0108.50

业务 10

【记账凭证提示】

借：原材料/外购配件/外购件 B　　2 600

　　应交税费/应交增值税/进项税额　　442

　　贷：应付账款/国内供应商　　3 042

业务 11

【记账凭证提示】

借：库存现金/人民币现金　　30 000

　　贷：银行存款/工行高新办 18640　　30 000

业务 12

【记账凭证提示】

借：生产成本/保健器/直接材料　　38 207.50

　　贷：原材料/外购配件/外购件 A　　36 400.00

　　　　原材料/外购配件/外购件 B　　1 307.50

　　　　原材料/主要材料/导线　　500.00

业务 13

【记账凭证提示】

借：生产成本/自制件生产/直接材料　　3 555

　　贷：原材料/主要材料/薄钢板　　555

　　　　原材料/主要材料/硬塑料　　3 000

业务 14

【记账凭证提示】

借：应付职工薪酬/福利费　　5 000

　　贷：库存现金/人民币现金　　5 000

业务 15

【记账凭证提示】

借：管理费用/办公经费　　2 000

　　贷：库存现金/人民币现金　　2 000

业务 16

【记账凭证提示】

借：应付职工薪酬/福利费　　6 000

　　贷：库存现金/人民币现金　　6 000

业务 17

【记账凭证提示】

借：管理费用/业务招待费　　2 000

　　贷：库存现金/人民币现金　　2 000

业务 18

【记账凭证提示】

借：管理费用/业务招待费　　5 000

　　贷：其他货币资金/长城卡存款　　5 000

业务 19

【记账凭证提示】

借：销售费用　　5 000

　　贷：其他货币资金/外埠存款　　5 000

业务 20

【记账凭证提示】

借：应付账款/国外供应商　　131 400

　　贷：银行存款/中行高新办 1188　　131 400

业务 21

【记账凭证提示】

借：原材料/其他材料/机修配件　　5 000

　　应交税费/应交增值税/进项税额　　850

　　贷：银行存款/工行高新办 18640　　5 850

业务 22

【记账凭证提示】

借：银行存款/工行高新办 18640　　105 300

　　贷：主营业务收入/人造自然销售收入　　90 000

　　　　应交税费/应交增值税/销项税额　　15 300

业务 23

【记账凭证提示】

借：应交税费/应交个人所得税　　29 256.50

　　贷：银行存款/工行高新办 18640　　29 256.50

业务 24

【记账凭证提示】

借：银行存款/工行高新办 18640　　234 000

　　贷：应收账款/应收人民币　　234 000

业务 25

【记账凭证提示】

借：银行存款/工行高新办 18640　　368 550

　　贷：应收账款/应收人民币　　368 550

业务 26

【记账凭证提示】

借：应收账款/应收人民币 175 500

贷：主营业务收入/人造自然销售收入 150 000

应交税费/应交增值税/销项税额 25 500

业务 27

【记账凭证提示】

借：财务费用/利息支出 20 000

贷：应付利息 20 000

业务 28

【记账凭证提示】

借：应收账款/应收人民币 234 000

贷：主营业务收入/电子保健器销售收入 200 000

应交税费/应交增值税/销项税额 34 000

业务 29

【记账凭证提示】

借：应收账款/应收人民币 351 000

贷：主营业务收入/家用机器人销售收入 300 000

应交税费/应交增值税/销项税额 51 000

业务 30

【记账凭证提示】

借：银行存款/工行高新办 18640 175 500

贷：应收账款/应收人民币 175 500

业务 31

【记账凭证提示】

借：生产成本/保健器/直接材料 90

生产成本/机器人/直接材料 90

生产成本/人造自然/直接材料 90

贷：原材料/其他材料/包装箱 270

业务 32

【记账凭证提示】

借：管理费用/其他费用 2 000

贷：预付账款 2 000

业务 33

【记账凭证提示】

借：应付账款/国内供应商 50 000

贷：银行存款/工行高新办 18640 50 000

3. 固定资产核算业务数据计算与凭证提示

业务 1：购进(增加)处理。

【记账凭证提示】

借：固定资产 234 000

贷：银行存款/工行高新办 18640 234 000

业务 2：其他变动处理。

【记账凭证提示】

借：固定资产　200 000

　　贷：银行存款/工行高新办 18640　200 000

业务 3：固定资产减少核算。

(1) 出售的固定资产转入清理。

【记账凭证提示】

借：固定资产清理　1 788 750

　　累计折旧　1 211 250

　　贷：固定资产　3 000 000

(2) 收回残料变价收入。

【记账凭证提示】

借：银行存款/工行高新办 18640　1 700 000

　　贷：固定资产清理　1 700 000

(3) 发生清理费用。

【记账凭证提示】

借：固定资产清理　30 000

　　贷：银行存款/工行高新办 18640　30 000

(4) 固定资产清理后的净损失。

【记账凭证提示】

借：营业外支出　118 750

　　贷：固定资产清理　118 750

业务 4：计提本月固定资产折旧。

【记账凭证提示】

借：制造费用/总装车间　71 250.00

　　制造费用/新品车间　32 916.67

　　制造费用/配件车间　35 625.00

　　管理费用/折旧费　18 041.66

　　贷：累计折旧　157 833.33

4. 工资核算业务数据计算和凭证处理提示

业务 4：分配结转工资费用。

【记账凭证提示】

借：生产成本/保健器/人工费　31 364.00

　　生产成本/机器人/直接人工　35 890.00

　　生产成本/人造自然/直接人工　24 010.00

　　生产成本/自制件生产/直接人工　30 174.00

　　制造费用/总装车间　17 850.00

　　制造费用/新品车间　15 450.00

　　制造费用/配件车间　10 230.00

　　制造费用/辅助费用　13 360.00

　　销售费用　32 100.00

　　管理费用/职工薪酬　132 200.00

　　贷：应付职工薪酬/工资　342 628.00

5. 期末业务处理数据计算和凭证处理提示

业务 1：分配结转辅助费用。

通过查阅明细账“制造费用/辅助费用”账户本期发生额获得待分配数据。辅助费用分配表如下所示。

金源国际科技股份有限公司

辅助费用分配表

2011 年 3 月

借方科目	维修工时	分配率	分配额
制造费用/总装车间	140	52.375	7 332.50
制造费用/新品车间	100	52.375	5 237.50
制造费用/配件车间	80	52.375	4 190.00
合计	320	52.375	16 760.00

【记账凭证提示】

借：制造费用/总装车间　7 332.50

　　制造费用/新品车间　5 237.50

　　制造费用/配件车间　4 190.00

　　贷：制造费用/辅助费用　16 760.00

业务 2：分配结转总装车间制造费用。

通过查询“制造费用”科目本期发生额及余额表获得数据。制造费用分配表如下所示。

金源国际科技股份有限公司

制造费用分配表

车间：总装车间　　2011 年 3 月

借方科目	金额	贷方科目	金额
生产成本/保健器/制造费用(总装组)	96 432.50	制造费用/总装车间	96 432.50
合计	96 432.50	合计	96 432.50

【记账凭证提示】

借：生产成本/保健器/制造费用(总装组)　96 432.5

　　贷：制造费用/总装车间　96 432.5

业务 3：分配新品车间制造费用。

制造费用分配表如下所示。

金源国际科技股份有限公司

制造费用分配表

车间：新品车间　　2011 年 3 月

借方科目	生产工时	分配率	分配金额	贷方科目	金额
生产成本/机器人/制造费用	1 400	16.75	23 451.82	制造费用/新品车间	53 604.17
生产成本/人造自然/制造费用	1 800	16.75	30 152.35		
合计	3 200		53 604.17	合计	53 604.17

【记账凭证提示】

借：生产成本/机器人/制造费用 23 451.82

　　生产成本/人造自然/制造费用 30 152.35

　　贷：制造费用/新品车间 53 604.17

业务 4：分配配件车间制造费用。

通过查阅“制造费用/配件车间”账户获取本期发生额。制造费用分配表如下所示。

金源国际科技股份有限公司

制造费用分配表

车间：配件车间　　　　2011 年 3 月

借方科目	金额	贷方科目	金额
生产成本/配件生产/制造费用	50 045.00	制造费用/配件车间	50 045.00
合计	50 045.00	合计	50 045.00

【记账凭证提示】

借：生产成本/配件生产/制造费用 50 045.00

　　贷：制造费用/配件车间 50 045.00

业务 5：配件完工入库，结转成本。

【记账凭证提示】

借：自制半成品/外罩 68 000

　　自制半成品/面板 39 100

　　自制半成品/底板 33 200

　　贷：生产成本/配件生产/直接材料 60 081

　　　　生产成本/配件生产/直接人工 30 174

　　　　生产成本/配件生产/制造费用 50 045

业务 6：产品完工入库。

(1) 电子保健器完工入库。

【记账凭证提示】

借：库存商品/电子保健器 159 663.00

　　贷：生产成本/保健器/直接材料 31 866.50

　　　　生产成本/保健器/人工费 31 364.00

　　　　生产成本/保健器/制造费用 96 432.50

(2) 家用机器人完工入库。

【记账凭证提示】

借：库存商品/家用机器人 99 857.82

　　贷：生产成本/机器人/直接材料 40 516.00

　　　　生产成本/机器人/直接人工 23 090.00

　　　　生产成本/机器人/制造费用 36 251.82

(3) 人造自然完工入库。

【记账凭证提示】

借：库存商品/人造自然 84 239.68

　　贷：生产成本/人造自然/直接材料 30 077.33

　　　　生产成本/人造自然/直接人工 24 010.00

　　　　生产成本/人造自然/制造费用 30 152.35

业务 7：结转本月产品销售成本。

【记账凭证提示】

借：主营业务成本/人造自然　108 600

　　主营业务成本/电子保健器　84 000

　　主营业务成本/家用机器人　174 000

　　贷：库存商品/人造自然　72 600

　　　　库存商品/人造自然　36 000

　　　　库存商品/电子保健器　84 000

　　　　库存商品/家用机器人　174 000

业务 8：期末调汇。

【记账凭证提示】

(1) 借：财务费用/汇兑损益　−170

　　　贷：应收账款/应收外币/HIP 公司　100

　　　　　应付账款/国外供应商/HPD 公司　−270

(2) 借：财务费用/汇兑损益　20

　　　贷：库存现金/美元现金　20

(3) 借：财务费用/汇兑损益　900

　　　贷：银行存款/中行高新办 1188　900

业务 9：结转本期期间损益。

【记账凭证提示】

(1) 借：主营业务收入/电子保健器销售收入　200 000.00

　　　　主营业务收入/家用机器人销售收入　300 000.00

　　　　主营业务收入/人造自然销售收入　240 000.00

　　　　营业外收入　26 000.00

　　　　贷：本年利润　766 000.00

(2) 借：本年利润　706 614.38

　　　贷：主营业务成本/电子保健器　84 090.00

　　　　　主营业务成本/家用机器人　174 090.00

　　　　　主营业务成本/人造自然　108 792.72

　　　　　销售费用　37 100.00

　　　　　管理费用/办公经费　4 000.00

　　　　　管理费用/业务招待费　7 000.00

　　　　　管理费用/差旅交通费　1 200.00

　　　　　管理费用/折旧费　18 041.66

　　　　　管理费用/职工薪酬　132 200.00

　　　　　管理费用/水电费　600.00

　　　　　财务费用/利息支出　20 000.00

　　　　　财务费用/汇兑损益　750.00

　　　　　营业外支出　118 750.00

6. 会计报表管理参考数据

(1) 3 月份资产负债表参考数据。

资 产 负 债 表

编制单位：金源国际科技股份有限公司　　2011 年 3 月 31 日　　单位：元

资　产	期末余额	年初余额	负债和所有者权益	期末余额	年初余额
流动资产：			流动负债：		
货币资金	6 663 894.85	3 232 761.49	短期借款	1 000 000.00	1 000 000.00
交易性金融资产	150 000.00	150 000.00	交易性金融负债		
应收票据			应付票据		
应收账款	760 500.00	863 850.00	应付账款	60 128.60	191 600.00
预付款项	15 378.00	17 378.00	预收款项		
应收利息			应付职工薪酬	409 594.00	443 331.00
应收股利			应交税费	194 788.10	128 265.00
其他应收款	20 000.00	20 000.00	应付利息	40 000.00	20 000.00
存货	856 292.95	749 780.00	应付股利		
一年内到期的非流动资产			其他应付款	12 125.00	12 125.00
其他流动资产			一年内到期的非流动负债		
流动资产合计	8 466 065.80	5 033 769.49	其他流动负债		
非流动资产：			流动负债合计	1 716 635.70	1 795 321.00
可供出售金融资产			非流动负债：		
持有至到期投资			长期借款	1 500 000.00	1 500 000.00
长期应收款			应付债券		
长期股权投资	520 000.00	520 000.00	长期应付款		
投资性房地产			专项应付款		
固定资产	22 815 402.52	24 460 652.51	预计负债		
在建工程			递延所得税负债		
工程物资			其他非流动负债		
固定资产清理			非流动负债合计	1 500 000.00	1 500 000.00
生产性生物资产			负债合计	3 216 635.70	3 295 321.00
油气资产			所有者权益：		
无形资产			实收资本（或股本）	27 000 000.00	25 500 000.00
开发支出			资本公积	1 036 296.00	729 950.00
商誉			减:库存股		
长期待摊费用			盈余公积	170 000.00	170 000.00
递延所得税资产			未分配利润	378 536.62	319 151.00
其他非流动资产			所有者权益合计	28 584 832.62	26 719 101.00
非流动资产合计	23 335 402.52	24 980 652.51			
资产总计	31 801 468.32	30 014 422.00	负债和所有者权益总计	31 801 468.32	30 014 422.00

(2) 3 月份的利润表参考数据。

利 润 表

编制单位：金源国际科技股份有限公司　　　　2011 年 3 月　　　　单位：元

项　　目	本期金额	本年累计金额
一、营业收入	740 000.00	1 670 000.00
减：营业成本	366 972.72	888 972.72
营业税金及附加		
销售费用	37 100.00	100 665.00
管理费用	163 041.66	190 053.66
财务费用	20 750.00	20 750.00
资产减值损失		
加：公允价值变动收益（损失以“–”填列）		
投资收益（损失以“–”号填列）		
其中：对联营企业和合营企业的投资收益		
二、营业利润（亏损以“–”号填列）	152 135.62	469 558.62
加：营业外收入	26 000.00	26 000.00
减：营业外支出	118 750.00	118 750.00
其中的非流动资产处置损失		
三、利润总额（亏损总额以“–”填列）	59 385.62	376 808.62
减：所得税费用		
四、净利润（净亏损以“–”号填列）	59 385.62	376 808.62
五、每股收益		
(一）基本每股收益		
(二）稀释每股收益		

7. 银行存款余额调节表参考数据

银行存款余额调节表

第 1 页

单位名称：金源国际科技股份有限公司

银行账号：100201-银行存款-工行高新办 18640-RMB

截止日期：2011-03-31

项目	金额	项目	金额
银行日记账余额:	6 262 334.85	银行对账单余额	6 312 334.85
加：银行已收企业未收		加：企业已收银行未收	
减：银行已付企业未付		减：企业已付银行未付	50 000.00
		1. 2011-03-31　转账支票 AV110310 付-14	50 000.00
调节后余额(单位)	6 262 334.85	调节后余额(银行)	6 262 334.85

批准：　　　　审核：　　　　操作员：刘玉香　　　　【KIS】

参 考 文 献

[1]张维宾，姚津. 新编会计模拟实习——工业会计分册[M]. 上海：立信会计出版社，2007.
[2]刘喜波，崔莉莉. 会计综合模拟实训[M]. 北京：机械工业出版社，2006.
[3]王孝忠，刘重. 电算化会计实务[M]. 北京：中国人民大学出版社，2005.

北京大学出版社高职高专经管类规划教材书目

财务会计类

序号	书　　名	标准书号	主编	定价	出版年份	配套情况
1	统计学基础	978-7-81117-756-5	阮红伟	30	2009	ppt
2	统计学原理	978-7-81117-825-8	廖江平　刘登辉	25	2009	ppt
3	统计学原理与实务	978-7-5038-4836-0	姜长文　简家进	26	2009	ppt
4	实用统计基础与案例	978-7-301-20409-2	黄彬红	35	2012	ppt
5	经济法原理与实务	978-7-5038-4846-9	孙晓平　邓敬才	38	2009	ppt
6	经济法实用教程	978-7-81117-675-9	胡卫东　吕　玮	39	2009	ppt
7	财经法规	978-7-81117-885-2	李　萍　亓文会	35	2009	ppt
8	会计基本技能	978-7-5655-0067-1	高东升　王立新	26	2010	ppt
9	会计基础实训	978-7-301-19964-0	刘春才	29	2012	ppt
10	企业会计基础	978-7-301-20460-3	徐炳炎	33	2012	ppt/浙江省重点教材建设项目网站
11	基础会计	978-7-5655-0062-6	常　美	28	2010	ppt
12	基础会计教程	978-7-81117-753-4	侯　颖	30	2009	ppt
13	基础会计教程与实训	978-7-5038-4845-2	李　洁　王美玲	28	2009	ppt
14	基础会计教程与实训（第 2 版）	978-7-301-16075-6	李　洁	30	2011	ppt
15	基础会计实训教程	978-7-5038-5017-2	王桂梅	20	2009	ppt
16	基础会计原理与实务	978-7-5038-4849-0	侯旭华　缑宇英	28	2009	ppt
17	财务管理教程与实训	978-7-5038-4837-7	张　红　景云霞	37	2008	ppt
18	财务会计	978-7-5655-0117-3	张双兰　李桂梅	40	2011	ppt
19	财务会计	978-7-301-20951-6	张严心　金敬辉	32	2012	ppt
20	财务会计（第 2 版）	978-7-81117-975-6	李　哲　等	32	2010	ppt
21	财务会计实用教程	978-7-5038-5027-1	丁增稳　高　丛	36	2008	ppt
22	财务活动管理	978-7-5655-0162-3	石兰东	26	2011	ppt
23	财务管理	978-7-5655-0328-3	翟其红	29	2011	ppt
24	财务管理	978-7-301-17843-0	林　琳　蔡伟新	35	2011	ppt
25	Excel 财务管理应用	978-7-5655-0358-0	陈立稳	33	2011	ppt
26	成本会计	978-7-81117-592-9	李桂梅	28	2009	ppt
27	成本会计	978-7-5655-0130-2	陈东领　周美容	25	2010	ppt
28	成本会计	978-7-301-19409-6	徐亚明　吴雯雯	24	2011	ppt
29	成本费用核算	978-7-5655-0165-4	王　磊	27	2011	ppt
30	成本会计实务	978-7-301-19308-2	王书果	36	2011	ppt
31	成本会计实训教程	978-7-81117-542-4	贺英莲	23	2008	ppt
32	审计学原理与实务	978-7-5038-4843-8	马西牛　杨印山	32	2007	ppt
33	审计业务操作	978-7-5655-0171-5	涂申清	30	2011	ppt
34	审计业务操作全程实训教程	978-7-5655-0259-0	涂申清	26	2011	ppt
35	税务会计实用教程	978-7-5038-4848-3	李克桥　郭　华	37	2008	ppt
36	涉税业务核算	978-7-301-18287-1	周常青	29	2011	ppt
37	企业纳税实务	978-7-5655-0188-3	司宇佳	25	2011	ppt
38	企业纳税与筹划实务	978-7-301-20193-0	郭武燕	38	2012	ppt
39	会计电算化实用教程	978-7-5038-4853-7	张耀武	28	2008	ppt
40	会计电算化实用教程（第 2 版）	978-7-301-09400-6	刘东辉	20	2008	ppt
41	会计英语	978-7-5038-5012-7	杨　洪	28	2009	ppt
42	行业特殊业务核算	978-7-301-18204-8	余　浩	20	2011	ppt
43	财经英语阅读	978-7-81117-952-1	朱　琳	29	2010	ppt
44	资产评估	978-7-81117-645-2	董亚红	40	2009	ppt
45	预算会计	978-7-301-20440-5	冯　萍	39	2012	ppt
46	电算会计综合实习	978-7-301-21096-3	陈立稳　陈　健	38	2012	ppt

金融贸易类

序号	书　　名	标准书号	主编	定价	出版日期	配套情况
47	国际结算	978-7-5038-4844-5	徐新伟	32	2009	ppt
48	国际结算	978-7-81117-842-5	黎国英	25	2009	ppt
49	货币银行学	978-7-5038-4838-4	曹　艺　卞桂英	28	2009	ppt
50	国际金融基础与实务	978-7-5038-4839-1	冷丽莲　刘金波	33	2008	ppt
51	国际贸易概论	978-7-81117-841-8	黎国英　张新亚	28	2009	ppt
52	国际贸易理论与实务	978-7-5038-4852-0	程敏然　贺亚茹	40	2008	ppt
53	国际商务谈判	978-7-81117-532-5	卞桂英　刘金波	33	2008	ppt
54	国际商法实用教程	978-7-5655-0060-2	聂红梅　史亚洲	35	2010	ppt
55	进出口贸易实务	978-7-5038-4842-1	周学明　金　敏	30	2008	ppt
56	金融英语	978-7-81117-537-0	刘　娣	24	2009	ppt/省级精品课程网站
57	财政基础与实务	978-7-5038-4840-7	才凤玲　张云莺	34	2007	ppt
58	财政与金融	978-7-5038-4856-8	谢利人　郝巧亮	37	2008	ppt
59	国际贸易实务	978-7-301-19393-8	李湘滇　刘亚玲	34	2011	ppt